高校转型发展系列教材

法律实务教程

丁　鹏　主　编

李精振　栾严峰　副主编

U0331274

清华大学出版社

北　京

内 容 简 介

法律的生命在于实施，法学是一门实践性很强的学科。《法律实务教程》从诉讼与非诉讼的基本程序出发，结合实际案例，全面系统地阐述了法律实务的原理、技能与方法。

本书对法律诉讼实务和非诉讼实务进行全面梳理，强调法务实践，突出可操作性。分别从法律职业认知、民事诉讼实训、民事非诉讼与商事仲裁程序、刑事诉讼实训、行政诉讼实训等模块训练学生从不同的法律职业视角审视案件，进行案例分析，理清法律立场，了解法律的实践价值，熟悉法律实务操作步骤、方法、程序和技巧等。本书的特色在于重视证据应用，三大诉讼实务模块重点介绍了证据在举证责任、举证期限、质证、证据审查等方面的应用。

本书可作为普通高校、高职院校的相关专业研究生、本科生教材。

图书在版编目(CIP)数据

法律实务教程 / 丁鹏 主编. —北京：清华大学出版社，2017（2025.2重印）
（高校转型发展系列教材）
ISBN 978-7-302-47605-4

Ⅰ. ①法… Ⅱ. ①丁… Ⅲ. ①法律—中国—高等学校—教材 Ⅳ. ①D92

中国版本图书馆 CIP 数据核字(2017)第 154195 号

责任编辑：施 猛 马遥遥
封面设计：常雪影
版式设计：方加青
责任校对：牛艳敏
责任印制：刘 菲

出版发行：清华大学出版社
      网 址：https://www.tup.com.cn，https://www.wqxuetang.com
      地 址：北京清华大学学研大厦 A 座   邮 编：100084
      社 总 机：010-83470000   邮 购：010-62786544
      投稿与读者服务：010-62776969，c-service@tup.tsinghua.edu.cn
      质 量 反 馈：010-62772015，zhiliang@tup.tsinghua.edu.cn
装 订 者：三河市人民印务有限公司
经 销：全国新华书店
开 本：185mm×260mm   印 张：21.25   字 数：544 千字
版 次：2017 年 7 月第 1 版   印 次：2025 年 2 月第 7 次印刷
定 价：59.00 元

产品编号：074432-03

序 言

　　法律的生命在于实施，法学是一门实践性很强的学科。法学高等教育既要培养高层次的法学理论研究者和法学家，也要培养并训练既能解决实际问题，又能熟练掌握实务技巧并具备职业道德的法律从业人员。正如王利明教授所说，"法学是一门学科，需要构建自身的理论体系，但法学不是象牙之塔，不能仅仅满足于概念、体系的自我周延，更应当以解决实践中具体的法律问题为目标"。为了贯彻落实教育部、中央政法委发布的《关于实践卓越法律人才教育培养计划的若干意见》，促进高等法学教育与社会主义法治国家建设实践相结合，推动法学毕业生向"动手能力强，综合素质好"的应用型法律人才方向转型，我们编写了《法律实务教程》这本法学实训教材。

　　沈阳大学是沈阳市市属综合性大学，拥有百余年的办学历史，文法学院是16个院(部)之一。文法学院一直非常重视法学教育，特别是法学本科的实践教学活动，先后与沈阳市检察机关、审判机关、律师事务所等设立多个法学教学实践基地。此外，文法学院也非常重视各类法学教材的编写和出版工作，鼓励教师特别是课程实践性较强的教师编写各类教辅资料，以期为法学专业学生提供更多的实践素材。《法律实务教程》是文法学院法学实践教学改革的实践成果之一，是适合法学本科生的法律实训教材。本书的特色在于对法律诉讼实务和非诉讼实务进行全面梳理，强调法务实践，突出可操作性。着重培养学生从法官、检察官、律师三种职业法律人的视角审视案件，进行案例分析，理清法律立场，了解法律的实践价值，熟悉法律实务操作步骤、方法、程序和技巧等。本书的另一特色在于重视证据应用，三大诉讼实务模块重点介绍了证据在举证责任、举证期限、质证、证据审查等方面的应用。

　　本书的编写分工为：李精振编写第一篇、第四篇，丁鹏编写第二篇、第三篇，栾严峰编写第五篇。在由各篇编写人校对的基础上，全书由丁鹏统稿。

　　由于时间仓促，编者水平有限，书中可能存在某些错漏或不足，敬请读者批评指正。反馈邮箱：wkservice@vip.163.com。

丁　鹏

2015年4月18日

目　录

第一篇　法律职业认知

第二篇　民事诉讼实务

第三篇　民事非诉讼与商事仲裁程序

第四篇　刑事诉讼实务

第五篇 行政复议与行政诉讼实务

第一篇
法律职业认知

第一章　法律职业概述

本章学习目的和要求：

(1) 通过对本章的学习，明确法律职业的重要意义。

(2) 重点掌握法律职业的从业人员必须具备的能力。

建设社会主义法治国家，既要有健全的法律体系，也要有一支高素质的法律职业共同体队伍。[①]法治国家目标的实现，不仅要求有良好的法律制度设计，更需要有具备较高职业素养的法律职业人。"对正义的实现而言，操作法律的人的质量比起操作的法律的内容更为重要。"[②]

法律职业是社会众多职业的一种，广义的法律职业指所有从事法律工作的人所形成的职业，但一般意义上的法律职业特指经法律专业训练、具有娴熟的法律职业技能与伦理的人所形成的职业。[③]这种职业是在法律圈子里不能为其他职业类型所概括的、具有独立形态的职业类型。法律职业的主体，即法律职业共同体，是法律职业道德的承载体，是一个共同拥有专业的法律知识结构、独特的法律思维方式、强烈的社会正义感和公正信仰的整体。

在我国，从事法律工作的人员一般分为三类：一是应用类法律人才，主要是指律师、法官和检察官；二是学术类法律人才，主要是指立法人员、法律教师和法学研究人员；三是法律辅助类技术应用人才，其主要职责是辅助律师、法官和检察官工作，其分工及职业结构与医师和护士、工程师和技术员相似。此外，还包括公证员、仲裁员等人员。

1. 法律职业的意义

法律职业具有如下意义。

(1) 法律职业共同体的形成是实现法治国家的重要前提和基础。法律职业共同体是实现依法治国的核心力量，他们受过系统的法律职业教育和训练，是国家立法、司法、法学教育活动的主要力量，有着以权利和义务为中心概念的参照系，并掌握以这一参照系为定向的解释法律和进行法律推理的方法。他们在执法、向社会提供法律服务、法学教育和法学研究中以维护社会正义和自由、维护法律权威、推动法治前进为己任，这是实现法治国家的重要基础。

(2) 法律职业共同体是社会法律文化、法律观念的最重要创造者，是国家法治不断完

---

① 王允武. 法律职业伦理培养——不应忽视的法学素质教育[J]. 法学家，2003(6).

② 王利明. 司法改革研究[M]. 北京：法律出版社，2001：35.

③ 孙笑侠. 法治乃法律人之治. http://www.legalinfo.gov.cn/moj/lsgzgzzds/，2014-12.

善的动力源泉。法律职业者一般是社会的精英阶层，对社会进步的影响力极大，他们以共同的法律精神内涵为纽带，一旦形成稳固的集体，势必成为一股更为强大的合力，拉动我国法治建设不断前进。特别是这个共同体发展出的法律职业话语，不断向大众及社会传递理性、专业的精神，极大地推进和促进了法治进程。

(3) 法律职业共同体是法律权威的最有力支撑。强大而有威信的职业法律人群体构成法律权威的最稳定、最持久、最可靠的基础。具体体现为：第一，静态的法律制度本身具有不可避免的缺陷，如相对于社会生活的滞后性、不完善性等，这种缺陷只有在运行层面通过法律人的法律素养加以完善和弥补，才能树立法律的权威；第二，法律职业者是最有动力维护法律权威的群体，职业法律家是以法律为业的人，从理性的、自利的角度，必然捍卫其赖以安身立命的法律权威；第三，民众对法律的认知往往始于职业法律家，要想提升法律权威，就要形成一个相对独立的、精英化的、有威望的职业法律家阶层。

(4) 法律职业共同体促进民主政治的形成。法律职业共同体在人才选拔和培育上较其他职业更倾向精英化，法治国家的历史经验表明，这个精英群体一旦形成成熟的共同体，便会不断向政府和其他政治机构、企事业单位的决策层输送人才，并在这个过程中传递法律人的价值观。因此，有人认为，"法治"即"法律人之治"。[①]而由法律人掌管政府机构，必然将法律职业的思维方式、行为模式带到政府的管理中来，使之形成法治氛围。

(5) 从这一群体自身来看，法律职业共同体的形成将有助于协调法律职业间的利益冲突，促进群体自身的良性发展。法律职业共同体是由法官、检察官、律师以及法学学者构成的一个颇为复杂的社会人群，各法律职业之间还存在明显的利益冲突，这里不仅存在共同代表"公益"的两个法律职业间的冲突，甚至涉及"公益"与"私益"的冲突。法律职业共同体的形成，能够使各法律职业者在一定程度上独立于各自背后的利益主体，真正本着法律的公平、正义精神不受干涉地行使职权。这有助于在共同体内形成一种只忠于法律的风气，从而简化法律职业者之间的关系，使各职业间的利益冲突更容易消解。另外，经过共同的法律职业文化熏陶和相同的法律职业技能培训，也能增强各类法律职业之间的相互理解，促进协调各自的利益冲突，从而促进法律职业整体自身的良性发展。

2. 选择法律职业应具备的能力

法学本科学生在社会生活中往往表现为多层面的角色定位，大多数要被相关工作岗位所吸纳，作为法学人才活跃在社会生活的各个领域。如果选择法律职业，需要具备以下三种能力。

(1) 扎实的理论能力。法律职业在工作岗位要面临法学理论知识的检验。检验的形式可谓多种多样：法律文书的起草、法律建议的提供、法律诉讼的参与等，任何一种方式均可检验法学本科人才专业理论知识的娴熟程度。法学理论知识的学习，是法学本科人才必经的学习历程。法学理论知识学习得扎实与否，直接关系专业基本功的扎实与否。法学理论知识的学习，其主体是学生。学生只有树立认真学习法学理论知识的自我意识，才能积

---

① 　孙笑侠.法律人之治——法律职业的中国思考[M].北京：中国政法大学出版社，2005：26.

极、主动地学习，并且达到最优效果。在学习中，学生应努力培养法学理论能力的创新意识，这种创新要以论文为载体。注重法学论文写作能力的培养，是固化法学理论创新的关键。

(2) 娴熟的实践能力。实践能力的培养，是培养法学本科人才社会适应能力的重要内容。为实现这一目的，教师在课堂上应注重理论联系实践，培养学生分析问题、解决问题的思维方式和思考路径。学生可利用实践基地实现课内培养与课外培育的有机结合，可亲身感受、参与司法实践活动，从中积累经验、增长智慧、增长才干。通过总结实践经验，有利于学生客观评价个体的实践能力，从而提升自我的实践认知。

(3) 深厚的综合能力。综合能力并非与生俱来，而是后天形成的。品德能力是法学本科人才社会适应能力的第一要素。如果没有踏实刻苦的精神，没有勤奋执着的情怀，很难成就个人事业，也很难服务于社会、奉献于社会。心理能力是法学本科人才社会适应能力的基本要素。良好的心理能力，是个体健康、愉快工作的前提。学生要培养豁达平和的心态，这是通过良好的个人修养达成的，是严于律己、宽以待人的人生观和价值观的直接体现。学生应该具有坚韧不拔的气概，直面人生，笑看挫折与逆境，砥砺自身，坦然反思与前行。

第二章　法官

本章学习目的和要求：
(1) 明确法官的定义与职责。
(2) 掌握成为法官的条件。
(3) 重点掌握法官职业道德的内容，结合实践深刻体会法官职业行为的规范性。

第一节　法官概述

■ 一、法官的定义和任职条件

(一) 法官的定义

法官是指依照法律规定的程序产生，在司法机关(一般指法院)中依法行使国家审判权的审判人员，是司法权的执行者。《中华人民共和国法官法》(以下简称《法官法》)第二条明文规定：“法官是依法行使国家审判权的审判人员，包括最高人民法院、地方各级人民法院和军事法院等专门人民法院的院长、副院长、审判委员会委员、庭长、副庭长、审判员和助理审判员。”

(二) 法官的任职条件

《法官法》第九条明确规定，担任法官必须具备下列条件。
(1) 具有中华人民共和国国籍。
(2) 年满二十三岁。
(3) 拥护《中华人民共和国宪法》。
(4) 有良好的政治、业务素质和良好的品行。
(5) 身体健康。
(6) 高等院校法律专业本科毕业或者高等院校非法律专业本科毕业具有法律专业知识，从事法律工作满二年，其中担任高级人民法院、最高人民法院法官，应当从事法律工作满三年；获得法律专业硕士学位、博士学位或者非法律专业硕士学位、博士学位具有法律专业知识，从事法律工作满一年，其中担任高级人民法院、最高人民法院法官，应当从事法律工作满二年。

适用第一款第六项规定的学历条件确有困难的地方，经最高人民法院审核确定，在一定期限内，可以将担任法官的学历条件放宽为高等院校法律专业专科毕业。

(三) 不得担任法官的人员

《法官法》第十条规定了下列人员不得担任法官。

(1) 曾因犯罪受过刑事处罚的。

(2) 曾被开除公职的。

■ 二、法官的职责

(一) 法官的基本职责

首先，法官的职责是查清案件事实，司法上称之为"事实审"，其基本原则是"以事实为依据"。这一职责要求法官必须当庭充分听取双方当事人的发言，根据庭外的调查取证和庭审双方当事人的陈述，查清与案件有关的每一个事实和情节，尽可能地恢复案件事实，诉讼活动中的"直接言词原则"即体现在此。审判活动即"审"和"判"的活动，审理是裁判的前提，审判中查清案件事实是审判活动的一个关键环节，因此查清案件事实也就是法官的首要职责。

其次，法官的基本职责是正确适用法律，司法上称之为"法律审"，其基本原则是"以法律为准绳"。在查清楚案件事实的基础上，运用自己的法律专业知识，判断案件应该适用的法律。在这个过程中，法官应该是独立的，裁判的标准只能是案件事实，而不能受其他因素的干扰。也就是说，法官在裁判的过程中，每个环节都要受到法律的支配，严格依法判决。一个判决是否合法、公正，很大程度上取决于司法审判人员是否严格执行法律程序，是否针对特定的客观事实而正确地援引并解释法律。

最后，法官必须依靠案件事实和相应的法律规范作出合理判决。选定适用的法律之后，其适用程度必须恰当，在刑法中称为量刑。定罪是前提，在一种罪名下选择适当的量刑幅度一般需要依靠法官行使自由裁量权，这个环节要求法官不偏不倚地作出合理的判决。总之，一个判决是否合法、公正，很大程度上取决于司法审判人员是否严格执行法律程序，是否针对特定的客观事实而正确地援引并解释法律。

(二) 法官的根本职责

法官更深一层次的职责是定纷止争，维护社会的公平正义。查清案件事实，正确适用法律，作出合理判决，是法官维护社会公平正义的必经过程和必要前提。定纷止争，维持社会公共正义才是法官的终极目标。在法官身上，除了要有一种捍卫正义和公平的精神，还必须具备一种为国家、为社会、为当事人尽心办事、全力负责的信念。一个称职的法官在明察秋毫之时，还要用心体会当事人的切身感受，充分考虑判决结果对双方当事人未来生活所造成的影响，如此才能作出恰当的裁判。

　　作为国家法律的最后执行者，法官掌管人民给予的审判权力，肩负百姓赋予的期望和重托，如何以自己的执法行为，体现法律的尊严和公正，展示法官的廉洁奉公，从而使法院和法官真正得到人民的信任和敬慕，这对从事法官职业的人来说是至关重要的。当前，我国的法制建设不断加强，公民的法制观念逐渐增强，这就向法官提出了更高的要求。法官必须具备高素质、高水平，真正做到勤勉敬业、公正廉洁，以公正的司法来保障社会主义的经济建设和人民的合法权益，让法院成为人民百姓抵御他人侵犯其合法权益的后盾，让法官成为人民百姓拥戴信赖的公仆。

(三) 法官的角色定位

　　国家赋予法官主持公平正义、裁决各类纠纷的权力，法官甚至掌握生杀予夺的大权，所以对于法官必须有个准确的角色定位。法官应充分认识到自己肩负的职责，摆正自己的位置，唯有如此才能正确行使国家赋予的权力。

　　1. 法官是是非纷争的裁决者

　　法院裁判的终局性是"司法最终解决原则"的体现。我国宪法规定人民法院依法独立行使审判权，因此，在决定诉讼案件的最终结果上，只有法院才有权作出裁决，并不为其他机关所分享。也就是说，依据法律处理纠纷，只能由行使审判权的法院通过诉讼程序，以国家强制力作为背景进行。这既是纠纷解决制度设计的重要内容，也是纠纷处理正当化机能的必然要求。

　　2. 法官是法律运行的实践者

　　法官的审判活动就是适用法律的过程，法官根据现行有效的法律，将静态的法律变为动态的工具，以此解决各类纠纷。法官适用法律的过程就是将应然的法律变为实然的法律的过程，没有法官对法律的实践，法律就是一纸空文。作为法律的忠实执行者和法治精神的努力践行者，如果司法人员知法犯法，本身就不尊重法律、不信仰法律，在执行的过程中偏离法律，那么法律和司法权威将荡然无存。

　　3. 法官是公平正义的维护者

　　法官行使审判权的过程是一个公平、公正、公开的过程。对于法官这一角色，公平、公正地审判是法律工作的基本要求。法官在审判过程中不偏袒任何一方当事人，严格按照"以事实为依据，以法律为准绳"的基本原则来审判，取得人民的信任，那么法官的地位随着法治的完备，随着人民内心对法律的敬仰，将在社会中成为至高无上的荣誉象征，法官将成为公平正义的代言人。

　　4. 法官是法治文化的传播者

　　法治文化是一个国家或民族对于法律生活所持有的以价值为核心的思维方式和运行方式。法官的职业道德要求法官要树立良好的形象，保持正常的生活方式和水准，不得以其身份、地位、声誉牟取利益。同时要求法官在审判活动中保持中立的态度，以法服人，树立法律的权威。法官所作的判决将形成一种价值判断，这种价值判断融入社会价值体系，并作为社会制度的基本思想发挥着构建"制度大厦"的作用。法官的价值判断过程直接影响法治文化的建设。

第二节　法官职业道德

■ 一、法官职业道德的定义

法官职业道德是维系法官职业群体的内在因素，是法官从事审判活动及其个人生活中必须遵守的道德准则和道德规范。

不同国家在制定本国法官职业道德规范时，对法官行为的具体要求可能有不同规定，但基本上围绕职业道德基本要素展开。我国最高人民法院颁布的《法官职业道德基本准则》，在参考、汲取各国法官管理的主要方式和经验的基础上，从法官职业的特点和我国法官队伍建设的实际情况出发，全面、系统地制定了我国法官职业道德基本规范。

■ 二、法官职业道德要素

根据《法官职业道德基本准则》的规定，我国法官职业道德的基本要素包括以下6个方面内容，即保障司法公正、提高司法效率、保持清正廉洁、遵守司法礼仪、加强自身修养、约束业外活动。

(一) 保障司法公正

"公正"一词包含公平、正义的含义，它是人类社会共同尊崇的价值追求，也是司法活动重要的价值目标。司法活动作为一种社会控制手段，担负着定纷止争、解决矛盾、维护社会秩序、最终实现公平与正义的社会功能。要发挥司法活动的社会功能，司法活动本身必须是公正的。法官只有本着公正的精神，运用法律专业知识和技能，公正裁判案件，正确履行司法职责，才能实现司法活动的目的。正因如此，保障司法公正不但是法官的法律义务，也是法官职业道德上的义务，它构成法官职业道德中一项最主要、最基本的内容。

司法公正包括实体公正和程序公正两个方面。实体公正又称结果公正，指法院认定案件事实和适用法律正确，诉讼结果正确。程序公正是指诉讼过程的公正，它要求在诉讼过程中，当事人诉讼地位平等，法官中立，程序公开。实体公正是司法活动追求的重要目标，程序公正是司法活动必备的基本要素。保障司法公正，要求法官坚持以事实为根据，以法律为准绳，严格遵守法律程序，根据案件客观事实和具体的法律规范，正确分配当事人实体的权利、义务，在实现实体公正的同时实现程序公正。具体来说，应达到以下几个方面的要求。

1. 坚持独立行使审判权

独立行使审判权是法官排除各种干扰，公正行使审判权，正确适用法律的必要条件。我国宪法和法律规定人民法院独立行使审判权，不受任何行政机关、社会团体和个人干涉。法官在履行职责时，应当忠于宪法和法律，坚持和维护独立行使审判权的原则。在审判活动中坚持以事实为根据，以法律为准绳，根据自己对案件事实、证据的认知和对法律的理解，独立思考、自主判断；敢于坚持正确意见，自觉抵制和排除各种案外因素对审判活动的干扰。独立行使审判权也要求法官在审判活动中，在抵制各种外来非法干扰的同时排除自身好恶和个人利益的影响，不得因为自身原因损害公正裁判。法官在坚持独立行使审判权原则的同时，也应当尊重其他法官对审判职权的独立行使，除非基于履行审判职责或者通过适当程序，不得对其他法官正在审理的案件发表评论，不得对与自己有利害关系的案件提出处理建议和意见，不得利用上下级法院的关系擅自过问或者干预下级人民法院正在审理的案件，不得向上级人民法院就二审案件提出个人的处理建议和意见。

2. 保持中立的裁判角色

法官在审判活动中应当保持中立，不偏不倚，维护司法公正的形象和要求。现代诉讼制度是以控、辩、裁三方构建的纠纷解决机制，其中，裁判中立是诉讼结构得以存续和推进的基础。无论是刑事诉讼还是行政诉讼或民事诉讼，都把裁判者的中立作为一项基本要求加以详尽规定。保持中立的裁判角色，要求法官必须严格遵守诉讼程序规定。在审判活动中自觉遵守回避制度，当存在法定回避事由或其他可能引起公众对公正裁判产生合理怀疑的情形时，应提出不宜审理该案件的请求。法官应当抵制当事人及其代理人、辩护人或者案外人利用各种社会关系说情，并按照有关规定处理。诉讼中不得违背当事人的意愿，以不正当的手段迫使当事人撤诉或者接受调解。法官在履行职责时，应当平等对待当事人和其他诉讼参与人，不得在言语和行为中表现出任何歧视，并有义务制止和纠正诉讼参与人和其他人员的任何歧视性言行。法官应当充分注意由于当事人和其他诉讼参与人的民族、种族、性别、职业、宗教信仰、教育程度、健康状况和居住地等因素可能产生的差别，保障诉讼各方平等、充分地行使诉讼权利和实体权利。此外，法官在宣判前不得通过言语、表情或者行为流露出自己对裁判结果的观点或态度。法官在审判过程中应当注意言行审慎，避免当事人和其他诉讼参与人对其公正性产生合理怀疑。

3. 恪守公开原则

公正的前提是公开，司法活动不仅要实现公正，而且要在人们能够看见的情况下实现公正。公开原则要求法官在履行职责时，除了法律规定不应公开或者可以不公开的情况，其他司法活动应当以公开的方式进行。为此，法官在审判活动中应严格遵守法律确定的公开内容和范围。如审判公开的案件应向当事人和社会公开，允许公民旁听，允许新闻采访，只要有关人员遵守法律规定，法官应本着公正的精神对其予以相当尊重。法官在审判活动中，不得私自单独会见一方当事人及其代理人。应当避免主观偏见、滥用职权和忽视法律等情形的发生。法官在诉讼活动中采取涉及当事人权利的措施时应当依法说明理由，避免主观、片面、武断地作出结论。公开原则不仅体现在诉讼活动过程中，也体现在司法裁判的说理中。司法裁判内容不仅确定了当事人的权利义务关系，其本身还是一种法律推理活动，并蕴涵一定的价值观念的评判与选择。科学合理的裁判有利于当事人和社会公众对司法的理解和接受，增强司法权威。因此，法官应增强裁判文书的说理性，将法官裁判理由公之于众，接受逻辑法则和经验法则的检验，接受社会公众的评判，力争以理服人。

(二) 提高司法效率

司法活动有句名言："迟来的正义不是正义。"司法活动只有保证一定的效率，才能真正实现法律公正。离开效率，司法公正就会失去存在的基础，成为空谈。司法效率是当今世界各国亟须解决的一个普遍性问题，随着我国经济社会的不断发展，社会关系日益复杂，各种纠纷大量涌现，案件数量激增，难度加大，司法效率已成为各级法院面临的突出问题。不少地方案件拖延越来越严重，当事人为诉讼耗费大量的精力、财力，以致出现打官司输得起拖不起的怪现象。司法效率成为法院和社会舆论关注的热点，成为法院审判工作首要考虑的问题之一。提高司法效率有多种途径，如增加法官编制、加大装备投入、提升法官业务能力、建立和完善各种管理考核机制等。职业道德层面上的效率作为一项道德要求，是从道德角度为法官设定一些义务，从法官内心深处、良知层面上，对法官提出提高司法效率的职业道德义务，发挥法官在提高司法效率方面的主观能动性。提高司法效率的职业道德义务要求法官应当迅速、便捷地履行司法职责，在确保司法公正的前提下，采取各种措施节约司法资源，降低诉讼成本。

1. 勤勉敬业

勤勉敬业直接反映法官的工作作风、能力以及对待工作的基本态度。法官要恪守勤勉敬业的道德义务，首先，应当对审判业务具有高度的责任心，全身心地致力于履行职责，正确处理职业活动和个人事务的关系，不因个人事务影响法官职责的正常履行。实践中，有的法官业余爱好广泛，有的法官社会交际频繁，然而一个人的时间和精力总是有限的，当个人事务占用大量时间及精力时，必然会影响本职工作，以致办案拖沓、效率低下、质量不高。因此，每一位法官都应当妥善处理个人事务和工作的关系，保证自己有足够的精力投入到审判活动之中。其次，勤勉敬业要求法官正确处理审判业务活动和其他公务活动的关系。不少法官在承担审判职责的同时，往往还承担其他公共职责，如担任本院行政或党团工作，承担地方党委政府分派的临时性任务。过多兼职必然影响法官精力，作为一名职业法官，应当尽量避免因其他活动影响本职工作。各级领导机关以及法院也应当为法官排除各种非必要公职活动的干扰，保障法官能全身心投入审判工作。最后，勤勉敬业还要求法官具有一定的创新精神和开拓意识。目前我国正处于改革时期，法律制度也在变革之中。近些年来，司法改革方兴未艾，各种改革措施陆续出台，这些无一不是在开拓创新精神的指导下完成的。法官勤勉敬业的义务要求法官勇于开拓创新，积极进取，不能因循守旧、抱残守缺。这是改革的要求，也是我们所处时代的要求，从改革大业出发，从建立科学、完善的法律制度包括司法制度出发，实现司法职能。

2. 守时

守时包括两方面的要求，首先是指法官在司法活动中严格遵守法律规定的诉讼期限，其次是指法官在诉讼活动中有效监督当事人遵守诉讼期限。就法官自身而言，遵守法律规定的诉讼期限，就是要力争做到在法定期限内尽快立案、审理、判决，认真、及时、有效地完成本职工作。为此，法官应合理安排各项审判事务，以提高诉讼效率；对于各项司法职责的履行都给予足够的重视，对于所承办的案件都给予同样审慎的关注，并且投入合理的、足够的时间；在保证审判质量的前提下，注意节省当事人及其代理人、辩护人的时间，注重与其他法官和其他工作人员共事的有效性。当前司法实践中的一个突出问题就是超越审理期限。这一现象的产生既有客观原因，也有主观原因。从职业道德层面上看，法官应当尽量提高司法效率，确保在诉讼期限内审结案件。遇有特殊情况不能在法定审限内结案的，也应当按照法定程序办理延长审限的手续。不得未经批准超期审理，也不得无故超越审限。在遵守诉讼期限的道德义务要求时，应注意避免以下几种情况：一是机械地看待法律规定的诉讼期限，认为自己只要在期限内完成职责就符合守时的要求。这种做法会导致实际上一些本可以在较短的时间内审理完的案件拖了较长时间。虽然表面上看是在审限内结案，但实际上仍然违反了职业道德的要求。二是不合理延长办案期限。有的法官利用法律对诉讼期限的例外性规定，以此为由延长办案期限，表面上看也符合法律规定，实际上却是以合法的方式规避法律精神，也违反了职业道德要求。三是法官的职权活动应充分考虑效率因素。法官在审判活动中，有权依法采取或不采取各种程序性措施。这些措施都可能影响案件审理的正常进行，影响效率。根据职业道德的要求，法官在采取这些措施时，必须充分考虑效率因素。

法官在审判活动中除本身应严格遵守诉讼期限，也应当监督当事人遵守诉讼程序和各种时限规定，避免因诉讼参与人的原因导致不合理或者不必要的延误，确保审判活动的效率。实践中，有的当事人由于能力、经验、知识等方面的原因或出于主观恶意，拖延审判活动的正常进行。在这种情况下，法官应当在不违反其中立地位的前提下，督促当事人或其代理人提高效率，减少拖延，遵守法律规定的时限或合理期限。

3. 加大执行力度，提高执行效果

判决执行可实现生效法律文书的内容，恢复被侵害的社会关系，使之恢复正常的法律秩序。离开执行，法官的审判活动就会失去意义。执行不力，法院形象会受到损害，国家司法权威无法体现，更谈不上司法效率。因此，提高司法效率不仅体现在法官审判活动中，也体现在判决执行中。法官对生效法律文书应当依法采取有效措施，尽快予以执结。"执行难"是我国司法实践中十分突出的问题，大量生效判决得不到有效执行。为了判决的执行，有的当事人托关系、给回扣，以求早日执结；有的当事人聘请带"黑社会"性质的组织或人员"收数"，严重危害社会治安和社会秩序；更有当事人因胜诉后长期无法执行而沿街"叫卖"法院判决，严重损害司法权威和判决公信力。作为一项职业道德要求，为保证判决内容的实现，法官在司法活动中应避免只管判决不问执行的现象。对一些案件，在审理过程中就应当考虑执行问题，并采取有效措施防止判决得不到实施；对法律规定可以先予执行的案件，法官应当充分考虑各种因素，及时采取先予执行措施；有些案件，如法官在判决前就能够预测难以执行，应当通过其他手段防止判决成为一纸空文。如当事人根本没有执行能力的案件，如果可以采取调解结案，法官可以适当加大调解力度。目前，各地法院正探索各种办法解决执行难的问题，如对有能力而拒不执行的"老赖"采取集中登报公告亮相、司法拘留、限制消费等措施，这些探索对于解决执行难的问题十分有益。

(三) 保持清正廉洁

保持清正廉洁的道德义务是指法官应保持在物质利益和精神生活方面的纯洁与清廉，合理地处理公职与私利之间的关系，正确对待外部的不当利益，保持生活的俭朴，维护司法尊严和公信力。法官职业是神圣的，但法官在履行职责的过程中，不可避免地要涉及各种社会关系和人际关系，触犯某些人的私人利益。加之我国"重人情、轻法制"的落后思想还有广泛的社会基础，诉讼中为当事人讲话、说情、拉关系的现象仍很突出。这就要求法官在办案过程中，秉公执法，依法办事，不徇私情、不牟私利。明朝的海瑞曾有句名言："吏不畏吾严而畏吾廉，廉生威。"法官做到清正廉明，有利于超脱各种利益干扰，公正司法，保持法官的良好形象，提高公众对司法的信任，树立司法权威。正因如此，我国法官职业道德准则将保持清正廉洁作为法官在职业道德方面的一项重要义务加以规定。一名职业法官能够坚守清正廉洁的道德情操，不但能为法官增添人格魅力，更易为当事人所信任，对其裁判也更容易接受。

目前，我国法官队伍总体来说是遵纪守法、清正廉明的，但是我们也应看到，在法官队伍中，确有少数人经受不起利益诱惑、人情关系而违背清廉道德的义务。例如，收受当事人钱物，接受当事人宴请，要当事人为自己报销个人费用；向当事人借钱，借用交通工具、通信工具及其他物品供个人使用；为当事人推荐、介绍代理人，或者为律师、其他人员介绍办理案件，从中获取好处；甚至公然索贿受贿、贪污腐化。上述种种行为对司法公正造成了严重影响，社会上对此反映十分强烈，如"大盖帽，两头翘，吃了原告吃被告"就是对这种现象的辛辣讽刺和鞭挞。应该看到，这些人的行为与法官职业道德要求是格格不入的。司法腐败，即使是少数或极少数法官腐败，对法官职业声誉的影响都是相当恶劣的，会直接导致人民对整个司法制度甚至党和政府的不满，导致国家司法权威扫地。因此，任何一位法官都应高度重视保持清廉的道德操守。

1. 禁止获取不当利益

法官在履行职责时，不得直接或者间接地利用职务和地位牟取任何不当利益。法官不得接受当事人及其代理人、辩护人的款待和其他利益。法官应当妥善处理个人事务，不得为了获得特殊照顾而有意披露自己的法官身份；不得利用法官的声誉和影响力为自己、亲属或者他人牟取私人利益。作为经济社会中的一员，除国家薪俸之外，法官也可以获得法律许可的其他收入，如合法投资收入、继承、稿酬等。但是，法官不得获得可能影响司法公正与廉洁的任何收入，更不应获得法律禁止的其他非法收入。

2. 限制从事法官职业外活动

法官不得参与可能导致公众对其公正廉洁形象产生不信任感的商业活动或者其他经济活动。法官不得兼任律师、企事业单位或者个人的法律顾问等职务；不得就未决案件给当事人及其代理人、辩护人提供咨询意见和法律意见。法官不得兼任律师是各国法律或司法职业道德之通例。这一规定的主要目的在于确保法官的中立地位，保持法官的廉洁。这项规定作为一般原则很容易被法官接受，但有几种情况需要特别注意：首先，法官为律师介绍案件并从中收取提成。这种行为是严重违反职业道德的行为，已经为法律、纪律所禁止。其次，法官离职后从事律师职业的问题。法官因故不再担任法官职务后，从事其他职业并兼任律师，或者专职从事律师职业的，在我国也受到一定限制。虽然这些规定实际上限制了离职法官的工作权利，但是由于目前各种制约机制不健全，离职法官可能会利用自己原有的法官职位的影响，牟取不当利益，所以，这种限制在当前特定的时期是必要的，也是适应中国司法职业道德现状的。

3. 保持正当的生活方式

目前，有的法官盲目追随所谓的时尚生活方式，而不顾及对法官职业形象造成的危害。清正廉洁应当包括对法官生活方式的要求。保持正当的生活方式，首先，要求法官的生活水平与自己的收入相符。目前，我国法官的工资并不高，如果法官经常出入高消费场所，生活奢华，不仅与普通的社会公德相悖，更容易给公众留下一种不廉洁的印象，使其失去公众信任。其次，法官应当旗帜鲜明地反对社会上的腐朽现象和思想。作为一名法官，肩负历史使命，代表一种正义和进步的力量，明确反对社会上各种腐朽现象和思想，不仅符合其自身职业道德要求，对社会公众的思想和行为方式也有一定的导向作用。最后，法官应当按照国家有关规定如实申报财产。我国现行立法中有关于公职人员申报个人财产的规定，但从近年查处的一些法官腐败案件来看，绝大多数存在隐匿不报的现象。在当前的社会现实条件下，就法官所承担的社会责任和历史使命而言，法官更应当从道德层面理解并支持有关申报制度，如实申报个人财产，主动及时接受监督，以维护法官整体的清廉形象。

4. 约束家庭成员的行为

法官必须向家庭成员告知法官行为守则和职业道德要求，并督促家庭成员不得违反有关规定。从我国司法实践中存在的问题看，遵守督促家庭成员活动的道德要求，关键要处理好法官的家属从事律师职业的问题。一些地方少数法官家属在法官所在法院辖区内从事律师职业，即使法官没有帮其开展业务，其家属也能够或多或少地利用法官的影响力。近几年来，最高人民法院和地方一些法院相继出台有关制度，限制法官的家属从事有偿法律服务活动。这一规定的目的是明显的，就是要防止法官家属利用法官的职位获取不当利益。由于涉及法官家属工作权的问题，这些规定在执行中遇到了不少困难。有的法院曾采取公示的方式将与法官关系密切的亲属公之于众，本意是防止诉讼当事人通过法官亲属疏通案件，结果却成为少数当事人的行贿指南。在当前法治水平不高的情况下，要解决这一问题，关键还在于提高法官职业道德水平，促使法官严格自律，才能达到事半功倍的效果。

(四) 遵守司法礼仪

任何一种职业活动都有其应当遵循的职业礼仪，如教师礼仪、外交礼仪、军人礼仪。职业礼仪反映了职业活动的本质特征，是特定职业群体的内心信仰和职业态度的外在表现，同时可强化职业群体的荣誉感和归属感，加深人们对该职业的认同。司法礼仪就是指司法活动主体在司法活动中应当遵守的礼节、仪式以及行为态度和方式。

司法礼仪在司法活动中有着特殊意义。作为一种程式化的礼节和仪式，司法礼仪首先是司法活动的外在形象，体现出法官的职业素养和法官职业的文明程度，有助于提高司法公信力，提升法官形象。司法活动依照特定仪式进行，强化了司法权的神圣性，有利于维护司法权威和尊严，使纠纷在一种文明、可信的环境中得到解决。司法礼仪尽管不一定是法定的诉讼程序，但能否遵守相应的礼仪往往被人们作为判断程序是否公正的重要标准，因此它在一定程度上成为程序公正的内容，保障实体公正的实现。基于上述原因，各国司法机关均十分重视司法礼仪，司法礼仪在各国带有明显的普适性。在我国，由于人们长期以来注重司法机关作为专政工具的性质，忽视其所承担的管理社会事务的职能，导致司法文化带有强烈的军事色彩，司法礼仪欠缺人性化和司法文明的因素。多数法官在受教育阶段及以后的职业生涯中没有受过良好的礼仪教育，不少法官在司法活动中不拘小节、随心所欲，有损法官形象和司法威严。把司法礼仪作为职业道德规范，就是要从职业道德的高度规范法官行为，增强法官的责任感和荣誉心，维护自身形象和司法尊严，更好地履行审判职责。因此，法官应做到以下几点。

1. 注意自身仪表适当

法官无论在法庭上，还是在工作期间，都应当保持与身份、职责相符的良好形象，举止大方得体。例如，有些法官不注意自身仪表举止，在法院系统换装之初穿着法官袍上街扛煤气罐，其行为及表现出来的精神气质与司法活动的要求极不协调，也是我国法官职业道德准则所不允许的。作为职业群体中的一员，每个法官的仪态形象都代表着法官整体的职业形象，因此，应当提高到职业道德的高度严格要求自己。法官应当改变不良习惯，培养文明、得体的仪态，以树立法官的职业形象。

2. 遵守法庭礼仪

法庭是法官活动的主要场所，也是司法礼仪表现最充分的地方。在法庭里，与其他诉讼参与人一样，法官必须起到模范作用，遵守相关的司法礼仪。法官应当按照规定着法官袍或者法官制服、佩戴徽章，并保持整洁；准时出庭，不缺席、迟到、早退，不随意出入；庭审过程中集中精力，专注庭审，不做与审判活动无关的事，并监督法庭内所有人员遵守法庭规则，保持法庭的庄严。现实中有些法官不注意遵守法庭礼仪，开庭时抽烟、接电话，动辄胡乱敲打法槌，或者一边开庭一边办理其他案件，这些都是不符合法庭礼仪的行为，法官应当注意纠正。

3. 对其他有关人员应礼貌对待

法官应当尊重当事人和其他诉讼参与人的尊严，以礼貌、文明、善意的态度对待当事人和其他诉讼参与人以及旁听人员，为当事人和其他人员正常参与诉讼活动、旁听人员行使了解审判活动的权利提供良好的条件。能否礼貌待人，不仅能反映法官个人素质的高低，更体现了司法活动的文明程度。具体来说，法官应当认真、耐心地听取当事人和其他诉讼参与人发表意见，开庭时除因维护法庭秩序和庭审的需要，不得随意打断或者制止当事人和其他诉讼参与人的发言。法官应注意使用文明、规范的语言，不得使用侮辱、挖苦的语言，甚至粗鲁谩骂当事人，职务活动中对有过激言论的当事人应及时制止，切忌与其发生争吵。

(五) 加强自身修养

在法治发达的国家中，法官是具有很高学识和修养的精英人士。尤其在普通民众心目中，"法官是有修养的人，甚至有着慈父般的威严"。法官之所以被认为应当具有很高的修养，与其职业特殊性有密切联系。职业法官的首要职责是对争议纠纷进行裁决，为保证裁决的公正合理，确保各方当事人以及社会公众认可并接受裁决，法官必须拥有深厚的法律功底、敏锐的观察和分析问题的能力，通过对纷繁复杂的证据材料和案件事实抽丝剥茧、去芜存菁，准确发现案件争点及其法律意义，正确适用法律，解决纷争。同时，为适应时代发展的需要，法官在履行审判职责时，不能局限于片面狭隘的法律观点，而应善于通过个案把握时代脉搏，使判决适应时代要求，实现法律效果和社会效果的统一，维护社会稳定发展。因此，要成为一名称职的法官，必须不断加强自身修养，全面提高自身综合素质，具体包括以下几个方面。

1. 法官应当加强修养

法官应具备良好的政治、业务素质和良好的品行，忠实地执行宪法和法律，全心全意为人民服务。作为一名法官，具有良好的政治素质、业务素质和个人品行，是全心全意为人民服务的必要条件。法官应当具备良好的政治素质，这是各国对法官素质的普遍要求。即使标榜法官超然中立的国家，其法官任用条件和程序中也包含对法官政治素质的考察。如美国总统任命最高法院法官时，首先要考虑法官的思想观念是否与自己的党派相一致。在我国，要提高法官政治素质，必须切实加强对法官队伍的政治思想教育，用科学的理论武装法官头脑，使法官善于运用辩证唯物主义和历史唯物主义的观点、立场和方法观察分析问题，严格依法办案，力求做到法律效果与社会效果的统一。法官应具备良好的业务素质。法官业务素质的高低直接影响审判职能的正常发挥，一个业务水平低的法官也不可能在司法活动中展现出良好的政治素质。法官应当具备的业务知识十分广泛，包括深厚的法律知识、良好的法律意识、高超的司法技能和分析、解决具体问题的能力。每一位法官都应当在司法实践中通过自身努力不断提高业务素质，以适应司法实践的需要。此外，法官还应具有良好的个人品行。一位好公民不一定可以成为一名法官，但是一名法官必须是一位好公民，法官只有起到模范作用，遵守社会公德，享有良好的个人声誉，才能树立法官的权威和良好形象。

2. 法官应当具有丰富的社会经验

法官应当具备忠于职守、秉公办案、刚正不阿、不徇私情的职业理念；惩恶扬善、弘扬正义的社会良知；正直善良、理智果断、谦虚谨慎的品格素养。法官应忠诚地对待本职工作，全身心地致力于司法职责的履行；以国家和人民的利益为重，严格依法办案；在履行职责时，刚强正直，无私无畏，执法如山，既不偏袒任何人，也不屈从任何人。法官在个人品格素养上应做到为人正派、公道、与人为善、助人为乐、虚心，并注重自己的言行等。在司法活动中，法官应当具有丰富的社会经验和对社会现实的深刻理解，尤其是对我国社会主义初级阶段的国情有着清醒的认识，具有强烈的社会责任感和使命感，只有这样才能切实担起维护社会公正的重任。法官应当富有正义感和同情心，在司法活动中注重并倡导人文关怀，对不同当事人一视同仁，给予必要的关心，为其提供必要的便利。法官在审理裁判案件时，应当全面考虑各方利益，以宽厚仁慈的心怀对待每一位当事人，在不同的社会价值体系中作出选择与平衡，以实现司法公正与社会公正的最佳结合。

3. 努力提高业务能力

业务能力高低不是法官职业道德的内容，但是法官保持并不断提高业务能力则是各国司法职业道德的一项基本要求。法官在职业生涯中必须不间断地刻苦钻研法律业务，树立良好的学风，精研法理，汲取新知识，提高驾驭庭审、判断证据、制作裁判文书等各项司法技能，具备审判工作所必需的知识和专业能力。一些国家虽然规定法官保持高水准的业务能力是法官职业道德的重要内容，但基于法官独立原则，并不强制法官必须参加各种教育培训，而只是为其提供相应条件，是否接受培训由法官自行决定。《法官法》以及《法官职业道德准则》均规定法官有权利并有义务接受教育培训，各级法院也采取多渠道、多形式、分层次的培训手段，大力提高法官队伍整体素质。鉴于社会不断发展，法律体系日益充实和完善，审判工作所必需的知识和专业能力不断更新。因此，法官必须转变思想，树立终身教育、终身培训的观念，认真参加专业培训、岗位培训等，自觉接受培训，刻苦学习，不断强化自己的业务素质和道德水平，以满足不断发展的社会现实的需要。

4. 法官在日常生活中，应当严格自律

法官应培养崇高的道德操守，成为遵守社会公德和家庭美德的楷模。作为社会中的一员，法官应当首先遵守公民的道德规范。中共中央发布的《公民道德建设实施纲要》为每一名法官首先成为一个好公民提供了标准。而职业道德是公民道德或社会道德在一个职业群体中的体现，是特定化而且升华的社会道德。法官除了要以自己的职业行为树立法官的职业形象外，在日常生活中，也应当以其表现出的判断是非标准和善恶标准，体现法官道德素质。法官应当具备的道德品质范围十分广泛，如善良、诚实、谦和、正直、互助、进取、勤劳、无私等。这些品质对于一个法官来说至关重要，因为它直接关系法官在审判工作中的表现，涉及司法公正的实现。

(六) 约束业外活动

法官业外活动是指法官从事超出其司法职责范围的一切活动的总称，既包括法官工作日以外的活动，也包括法官在工作时间以内所做的与本职工作无关的事情。业外活动是法官行为的重要组成部分，在一定程度上也是法官司法职责的延伸，能够间接反映法官的职业能力、个人素养、工作态度等与司法职责有关的问题。严格约束法官业外活动，尽量减少与司法职责相冲突的行为，有利于树立法官公正、独立的良好形象，有利于维护司法权威。因此，多数国家将约束法官业外活动作为法官职业道德的一项重要内容。

我国各级法院历来重视约束法官业外行为，但长期以来我国并没有把法官与一般国家干部加以区别，对法官业外活动的要求并没有体现法官职业特点和需要，甚至有些要求还与法官司法职责相冲突。此外，不少法官只注重司法职务的履行，而对业外活动不加注意，影响法官形象、损害法律权威和法院公信力等情况时有发生。随着社会对法官职业特殊性的认识逐渐一致，社会公众对法官的期望值不断提高，对法官职业操守的要求也越来越高，对法官的评价已不局限于职务行为，而是扩展到法官的一切行为甚至其表露的思想。因此，法官不仅应当严格履行司法职责，而且应当严格约束业外活动。法官从事各种业外活动时，必须始终注意维护司法公正形象，加强职业意识培养，注重职业荣誉，不做

有损法官身份的事情，避免使公众对法官的公正司法和清正廉洁产生怀疑，避免影响法官司法职责的正常履行，避免对人民法院的公信力产生不良影响，具体包括以下几个方面。

1. 在业外活动中遵守保密义务

法官在业外活动中，必须遵守保密义务，不得披露或者使用非公开的审判信息和在审判过程中获得的商业秘密、个人隐私以及其他非公开的信息。保密义务既是法官应当遵守的法律义务，也是法官的一项道德义务。这项要求作为法律义务，目的在于维护国家利益及诉讼当事人的合法权益；作为道德义务，则是司法公信力的基础。实践中，有的法官对保密义务的重要性认识不够，常常有意无意违反保密要求。如把审判中知悉的个人隐私作为茶余饭后的谈资，为他人提供审判过程中获得的商业秘密等。这些行为不仅损害国家利益和侵害当事人的合法权益，而且使司法公信力受到严重损害。法官遵守保密义务时，必须妥善处理与新闻媒体的关系。一般情况下，法官最好避免接受采访，因为法官在审判过程中接受采访可能泄露审判秘密，有违司法公正，案件审结之后，判决的理由尽在裁判文书之中，法官的额外解释不但多余，而且可能引起不必要的上诉或者申诉。按照《法官职业道德基本准则》的规定，通过一定的程序，法官可以接受媒体采访，但也应当保持谨慎的态度，避免针对具体案件和当事人进行不适当的评论和批评，避免因言语不当而使公众对司法公正产生怀疑或丧失对司法的信心。另外，遵守保密义务也需要在调研工作中注意有关数据和案例的使用，法官撰写调研文章时，常常需引用相关数据和案例，对这些数据和案例的使用必须符合保密要求，谨防泄密。

2. 培养良好的个人爱好和行为习惯

法官职业道德对一般社会道德有引导和指引功能，因此法官应当注意加强自身修养，在职务外活动中注意自己的一言一行，杜绝与公共利益、公共秩序、社会公德和良好习惯相违背的，以及可能影响法官形象和公正履行司法职责的不良嗜好和行为。法官应当着重培养有利于完善法官形象、提高工作能力和水平的爱好和习惯，如勤于钻研、参加锻炼、热心环保等。而对于那些与社会公共道德、公共利益、公共秩序和善良风俗相违背的，以及可能影响法官形象和公正履行司法职责的爱好和习惯应予摒弃，如赌博、酗酒等行为。法官只有保持良好、健康的个人爱好和习惯，才能成为一位高尚的、令人敬重的人，从而有利于法官权威的建立。

3. 谨慎参与社会活动

法官必须与社会保持一定的距离。法官在进行司法外行为的时候，一方面应当不脱离社会，注意了解社会的发展动态，防止自己成为与社会隔绝的人；另一方面要与社会保持一定的距离，有了距离，才有权威，才能保证审判职责的公正行使。为此，法官在参与社会活动时应当注意对参与度的把握。法官应尽量避免参加那些以后很可能成为案件诉讼参加人的社会组织，远离有损其职业形象的商业活动，不得参加营利性社团组织或者可能借法官影响力营利的社团组织，更不得参加带有邪教性质的组织。法官在符合法律规定、不妨碍公正司法和维护司法权威、不影响审判工作的前提下，可以参与各种非营利性活动，如参加教育、慈善、学术组织等一些非营利性的社会团体或组织，进行与法律有关的学术交流活动或为其提供服务。但在参与这些活动时，应注意保持公正超然的形象，避免引起公众误解。此外，法官还应当谨慎出入社交场合，谨慎交友。法官是生活在社会中的人，与社会有着千丝万缕的联系，可以有自己的社交圈和朋友，但是法官在交友时要注意把握分寸。

4. 法官退休后应当继续维护法官的良好形象

法官退休后，应避免因其不当行为而使公众对司法公正产生合理的怀疑。根据《法官法》的规定，法官在退休或者辞职后的一段时间里，不得从事律师职业。从职业道德层面上讲，法官退休或离任后，虽不再具有法官的身份，但其行为在一定程度上仍对法官职业的信誉和司法机关的形象有所影响。比如，有的法官退休后试图利用其原有的法官身份和影响力从事营利性活动，为自己或其亲属牟取不正当利益，这就使得法官形象受到不良影响。当然，这与法官队伍的退休保障等制度的不完善有关。但是法官退休后，其行为仍应谨慎、适度、守法，以维护法官的良好形象。这项要求应该成为所有法官的共识，因为它涉及法官队伍的整体形象和社会公信力。

第三章　检察官

本章学习目的和要求：

(1) 明确检察官的定义与职责。

(2) 掌握成为检察官的条件。

(3) 重点掌握检察官职业道德的内容。

(4) 结合实践深刻体会检察官职业行为的规范性。

第一节　检察官概述

■ 一、检察官的定义和任职条件

(一) 检察官的定义

检察官是指依照法律规定的程序产生，在检察机关(一般指检察院)中依法行使国家检察权的检察人员。《中华人民共和国检察官法》(以下简称《检察官法》)第二条明文规定："检察官是依法行使国家检察权的检察人员，包括最高人民检察院、地方各级人民检察院和军事检察院的检察长、副检察长、检察委员会委员、检察员和助理检察员。"

(二) 检察官的任职条件

《检察官法》第十条明确规定，担任检察官必须具备下列条件。

(1) 具有中华人民共和国国籍。

(2) 年满二十三岁。

(3) 拥护中华人民共和国宪法。

(4) 有良好的政治、业务素质和良好的品行。

(5) 身体健康。

(6) 高等院校法律专业本科毕业或者高等院校非法律专业本科毕业具有法律专业知识，从事法律工作满二年，其中担任省、自治区、直辖市人民检察院、最高人民检察院检察官，应当从事法律工作满三年；获得法律专业硕士学位、博士学位或者非法律专业硕士学位、博士学位具有法律专业知识，从事法律工作满一年，其中担任省、自治区、直辖市人民检察院、最高人民检察院检察官，应当从事法律工作满二年。

适用第一款第六项规定的学历条件确有困难的地方，经最高人民检察院审核确定，在一定期限内，可以将担任检察官的学历条件放宽为高等院校法律专业专科毕业。

(三) 不得担任检察官的人员

《检察官法》第十一条规定了下列人员不得担任检察官。

(1) 曾因犯罪受过刑事处罚的。

(2) 曾被开除公职的。

二、检察官的职责

《检察官法》第六条明确规定，检察官的职责有：

(1) 依法进行法律监督工作。

(2) 代表国家进行公诉。

(3) 对法律规定由人民检察院直接受理的犯罪案件进行侦查。

(4) 法律规定的其他职责。

检察官是具体行使国家检察权的检察人员，根据《中华人民共和国宪法》(以下简称《宪法》)、《中华人民共和国检察院组织法》(以下简称《检察院组织法》)、《中华人民共和国刑事诉讼法》(以下简称《刑事诉讼法》)、《中华人民共和国民事诉讼法》(以下简称《民事诉讼法》)、《中华人民共和国行政诉讼法》(以下简称《行政诉讼法》)等法律规定，检察官的主要职责包括以下几个方面。

1. 依法进行法律监督工作

根据《宪法》和《检察院组织法》的规定，我国各级人民检察院是国家的法律监督机关，负有对有关国家机关，主要是司法机关执行和遵守国家法律的情况进行监督的职责。检察官作为直接行使国家检察权的人员，其职责之一就是依法进行法律监督工作。检察官进行法律监督的目的是保证国家法律得到正确的贯彻实施，保障公民的人身权利、民主权利和其他权利不受侵犯，保证违法者受到法律追究。

就法律监督的具体工作内容来说，主要包括对人民法院的审判活动进行监督，对公安机关的刑事侦查活动进行监督，对监狱、看守所等场所执行国家法律的情况进行监督。根据法律规定，人民检察院对审判活动的监督不仅包括对刑事审判活动是否合法进行监督，还包括对民事审判活动、行政审判活动进行监督。为了更好地保证检察机关依法履行法律监督的职责，法律对检察机关的法律监督工作及程序作了具体规定。例如，对于人民法院一审判决和裁定认为确有错误的，依法向上一级人民法院提出抗诉，并在人民法院依照二审程序开庭审理时出庭。此外，根据《刑事诉讼法》的规定，最高人民检察院对各级人民法院、上级人民检察院对下级人民法院已经发生法律效力的判决和裁定，如果发现确有错误的，有权按照审判监督程序向同级人民法院提出抗诉。人民法院按照审判监督程序再审时，相应的人民检察院的检察官也应代表国家以公诉人的身份出庭。又如，人民检察院认为公安机关应当立案侦查而不立案的，或者被害人认为公安机关对应当立案侦查的案件而不立案侦查的，依法要求公安机关说明理由而理由不能成立的，通知公安机关立案侦查；

省级人民检察院依法批准或决定延长侦查羁押期限；受理并审查人民法院已审结的民事案件、行政案件当事人的申诉，以决定是否提出抗诉等。

2. 代表国家进行公诉

代表国家对刑事被告人依法提起公诉是人民检察院的重要职责之一。根据《刑法》和《刑事诉讼法》的规定，除少数由当事人自诉的案件，大多数刑事案件依法由人民检察院审查以决定是否需要提起公诉。人民检察院经过审查，认为犯罪嫌疑人的犯罪事实已经查清，证据确凿充分，依法应当追究刑事责任的，应当作出起诉决定并向人民法院提起公诉。人民检察院决定提起公诉的案件，检察官以国家公诉人的身份出席法庭审判，支持公诉包括对被告人提出指控，参加法庭调查和辩论等。

3. 对法律规定由人民检察院直接受理的犯罪案件进行侦查

根据《检察院组织法》和《刑事诉讼法》的规定，人民检察院还负有对特定案件的直接侦查职责。作为直接行使国家检察权的人员，检察官的职责之一就是依法开展对人民检察院直接受理的刑事案件的侦查活动。由人民检察院直接受理的进行侦查的刑事案件具体是指《刑事诉讼法》第十八条第二款规定的犯罪行为，主要包括贪污贿赂犯罪、国家工作人员的渎职犯罪、国家机关工作人员利用职权实施的非法拘禁、刑讯逼供、报复陷害、非法搜查等侵犯公民人身权利以及民主权利的犯罪行为。另外，对于国家机关工作人员利用职权实施的其他重大的犯罪案件，需要由人民检察院直接受理的时候，经省级以上人民检察院决定，可以由人民检察院侦查。这里的"贪污贿赂犯罪"是指《刑法》分则第八章中规定的犯罪行为以及《刑法》分则其他章节中规定按照《刑法》分则第八章贪污贿赂罪的规定定罪处罚的犯罪行为。这里的"国家工作人员的渎职犯罪"是指《刑法》分则第九章规定的渎职罪。另外，《刑法》第二百四十八条规定的监管人员殴打、体罚、虐待被监管人罪也由人民检察院直接受理侦查。

4. 法律规定的其他职责

检察官行使法律规定的其他职责，主要是指依法履行除上述职责以外的其他依法应属人民检察院的职责。根据《检察院组织法》《刑事诉讼法》《民事诉讼法》《行政诉讼法》等法律的规定，检察官的其他职责主要包括以下方面：受理公民的控告、举报、报案并依法及时处理；对公安机关提请批准逮捕的案件进行审查以决定是否批准，以及其他法律授权由检察机关行使的职责。

第二节　检察官职业道德

一、检察官职业道德的定义

检察官职业道德，是指检察官在行使检察权、履行检察职能的过程中，或者从事各种社会活动时应该遵循的行为规范和应该具备的道德品质。检察官职业道德是检察官职业操守、职业态度、职业纪律和职业作风的集中体现，是法律职业道德的有机组成部分。树立崇高的职业道德，培养规范的职业行为，是检察官公正执法、正确履行检察职能的必备条件，也是维护检察机关形象和国家法制统一和尊严的重要保证。

二、检察官职业道德要素

我国社会主义检察官职业道德建设随着我国检察事业的发展不断加强，经过一代又一代检察人员的努力，检察职业道德规范日趋系统和完善。1996年，最高人民检察院根据中共中央《关于加强社会主义精神文明建设的若干重要问题的决议》，较系统地将检察职业道德的规范概括为：爱岗敬业，恪尽职守；严格执法，文明办案；遵纪守法，清正廉明；刚直不阿，护法为民。2002年2月，最高人民检察院再次根据《公民道德建设实施纲要》的要求和《检察官法》的有关规定制定和颁发《检察官职业道德规范》。该规范针对检察官的职业特点，在总结吸收以往检察官职业道德建设成果的基础上，提出了"忠诚、公正、清廉、严明"的基本道德规范，这标志着我国检察官职业道德建设进入新的历史阶段。

(一) 忠诚

忠诚是中华民族的传统美德，从字面意义上可以理解为忠贞不二、真挚诚实。但对于检察官这个特殊群体来说，"忠诚"有着更高层次的要求，除了一般意义上的"忠诚"，还特指检察官要"忠于党，忠于国家，忠于人民，忠于事实和法律，忠于人民的检察事业，恪尽职守，乐于奉献"。忠诚的道德规范是根据我国人民检察机关的性质和本质特征提出的，是我国社会主义制度下检察官职业道德的基石，也是检察官的职业本色。每一名检察官只有首先做到忠诚，才能不辜负党的重托，才能取信于人民。

1. 忠于党，忠于国家，忠于人民

忠诚首先要求爱党爱国、一心为民，要求检察官有坚定的政治立场和基本的政治信念，始终站在党和人民的立场上，这是每一名检察官必备的政治素质在职业道德中的体现。中国共产党是中国工人阶级和中华民族的先锋队，代表中国先进生产力的发展要求，代表中国先进文化的前进方向，代表中国最广大人民的根本利益。忠于党就是要求每一名检察官坚定共产主义信念，坚定对党的事业的信心，拥护党的路线方针政策，坚持在党的领导下独立行使检察权，努力维护党的声誉和检察工作的正确政治方向。忠于国家就是要求检察官对祖国无限忠诚，对国家的前途、民族的命运无比关心，具有强烈的爱国主义精神，保持自尊、自信、自强的民族精神，依法忠实履行法律监督职能，切实维护国家利益和国家尊严。在任何情况下，不说有损国家形象的话，不做有损国家利益的事。忠于人民就是要求每一名检察官始终牢记全心全意为人民服务的宗旨，在思想上牢固树立人民利益高于一切和立检为公、执法为民的观念，在行动上始终把人民利益作为检察工作的出发点和落脚点，切实做到权为民所用、法为民所执、情为民所系、利为民所谋，以让人民满意作为做好检察工作、从事一切职业活动的最高工作标准和行为准则。

2.忠于事实和法律

忠于事实和法律与以事实为根据、以法律为准绳这一检察工作必须贯彻的法律原则是相互契合的。忠于事实与忠于法律紧密联系，相辅相成，缺一不可。忠于法律必须首先做到忠于事实，落实到检察官的职务行为中，就是要注意查明并忠实于案件事实真相，处理案件时，要求切实做到事实清楚，证据确实、充分。因此，实践中检察官应当注意防止出现两种错误倾向：一种是无证据而认定事实。案件事实是建立在诉讼证据基础之上的，绝不能以主观臆测、道听途说得来的"事实"作为处理案件的客观依据。刑事诉讼中，为防止冤假错案发生，特别规定只有被告人供述，没有其他证据的，不能认定被告人有罪和处以刑罚。因此，即使犯罪嫌疑人认罪，如果没有相关证据，检察官也不能以此作为定案依据。另一种错误倾向是脱离案件，过分追求客观真实。诉讼中案件的事实都是历史性的，一旦发生即无法再现，对案件事实的认识应根据刑法对犯罪构成的规定来进行，不必也不应要求所有与定罪量刑无关的事实都必须有证据证明，对只有间接证据而无直接证据的案件，如果间接证据已经能够形成证据锁链，排除其他可能性，也可以作为定案根据。忠于事实的同时必须忠于法律，即要求检察官遵守实体法和程序法的规定，在查明事实真相的基础上，准确理解和执行法律，处理案件做到程序合法，适用法律无误。

3.忠于人民检察事业，恪尽职守，乐于奉献

忠于人民检察事业，关键是要做到恪尽职守，乐于奉献。这不仅表现为检察官在行使检察权时忠于职守、严肃认真、积极勇敢的工作态度，和公正无私、尽心尽责、舍身护法的工作责任心，而且应该表现为检察官在日常工作中爱岗敬业、乐于奉献的敬业精神。为此，它要求每一名检察官从内心对检察职业充满光荣感、神圣感，深深地被检察职业的魅力所吸引，忠实地履行自己的职责，自觉地做到忠实于事实真相、忠实于法律、忠实于人民检察事业，尽心尽职地做好本职工作。检察机关因工作需要内设许多不同的岗位，有的岗位能够充分展现个人能力和才华，立功受奖机会较多；有的岗位工作枯燥烦琐，难以出名，一些同志尤其是年轻检察官往往向往那些容易证明自身价值、立功受奖机会多的岗位，而不愿意从事那些默默无闻的工作，甚至因此产生埋怨情绪，不安心本职工作，这实际上是有悖职业道德要求的。忠实于检察事业，就是要在平时的职业活动中，干一行、爱一行、精一行，对检察岗位不挑挑拣拣，只要是工作需要，无论在哪个岗位上都能做到勤勤恳恳、兢兢业业、任劳任怨地工作，努力显示自己在这个岗位上的存在价值。要正确认识到检察机关的各个岗位只有特点和分工的不同，没有高低贵贱之分，都是事业整体中一个不可缺少的组成部分。无论在什么岗位，只要有爱岗敬业的精神和忠于职守的品德就可以做出应有的贡献，甚至取得骄人的业绩。

(二) 公正

公正是司法工作的灵魂和最高价值追求，是检察官职业道德的核心内容。检察机关作为国家的法律监督机关，担负着打击敌人、惩治犯罪、保护人民、维护社会稳定、维护法律尊严的神圣使命，检察人员只有切实做到公正执法，才能确保国家法律统一、正确地实施，才能有效遏制直至消除人民群众深恶痛绝的司法腐败。因此，公正既是履行检察职能

的根本要求，又是每一名检察官在职业活动中必须严格遵守的最重要的行为准则。检察官应遵循公正的职业道德要求，就是要"崇尚法治，客观求实，依法独立行使检察权，坚持法律面前人人平等，自觉维护程序公正和实体公正"。

1. 牢固树立崇尚法治的理念

崇尚法治作为检察官的职业道德规范，就是要求检察官应当将法治的目标和要求化为自己的内在信念，将法治的理想状态作为自己毕生的职业信仰和职业追求，在职务活动中提高公正执法的自觉性、主动性，在日常生活和社会活动中具有比普通人更强烈的法律意识，自觉尊重和维护法律尊严。崇尚法治要求检察官应当具有为履行检察职责所必备的一系列现代法治理念，尤其应当牢固树立罪刑法定、罪刑相适应、法律面前一律平等等现代刑事法律理念，以及打击犯罪和保障人权并重、公平与效率兼顾、程序正义和实体正义并重的诉讼价值观。同时，这种理念通过检察官的职业行为表现在检察官的精气神上，即内在信念通过外在的言行举止来反映、衬托，表现出检察官特有的一种精神气质，体现为检察官代表社会正义、严格执法、追求公正的职业形象。

2. 坚持客观求实的标准

客观与公正是紧密相连的，公正是客观求实的目标和归宿，客观则既是实现公正的一个前提和基础，也是衡量检察官职务行为是否公正及公正程度高低的一个基本尺度。离开公正讲客观，要么导致对客观的追求失去正当的目的性，要么会损害司法的公正价值，特别是会严重损害司法程序公正；离开客观讲公正，公正则会失去赖以存在的事实基础。客观求实是公正执法的基本要求。因此，客观求实是公正这一行为准则对检察官提出的必然要求。坚持客观求实的标准，就是要求检察官在职业活动尤其是在办案过程中坚持以事实为根据、以法律为准绳的原则，作出的一切诉讼处理决定都应当建立在相应的事实基础之上。坚持重证据、重调查研究，依照法定程序搜集能够证实犯罪嫌疑人、被告人有罪或者无罪、犯罪情节轻重的各种证据，以证据作为认定案件事实的客观依据，防止主观臆断。

3. 坚持在党的领导下依法独立行使检察权

独立是公正的前提，我国宪法和法律规定检察机关独立行使检察权，不受行政机关、社会团体和个人的干涉。宪法和法律只规定检察机关作为整体的独立性，并没有赋予检察官的独立地位。但是在具体的司法活动中，检察机关总是通过检察官的职权行为实现检察权的运作，因此，检察机关独立行使检察权必然落实在检察官的职业活动中。作为一项职业道德，它要求每一名检察官在履行职责时自觉维护检察机关的独立性，在办理案件时依据自己对证据、案件事实的认识和对法律的理解独立判断，敢于坚持正确的意见。在检察机关内部，不同检察官之间应当相互尊重，检察官既不能非法干预他人办理案件，也不能为他人的非法干预所左右。检察长、副检察长和部门负责人应当支持、尊重案件承办检察官合法、正确的职务行为和意见，要不受任何外来非法干预的影响，大胆行使检察权。检察机关独立行使检察权是在党的领导下实现的，坚持党的领导是正确行使检察权的政治保证，是检察官必须遵守的一项政治纪律。同时，坚持党的领导有利于获得各级党组织的支持，有效排除和抵制各种干扰，维护检察权的独立地位。

4. 坚持法律面前人人平等

法律面前人人平等是法治国家的基本标志，是社会主义法制的本质要求，是公正执法的必然要求。对检察官而言，坚持法律面前人人平等有三个方面的要求：①坚持实体法面前人人平等。检察官在行使职权的过程中，对于具有同样法定情形或条件的自然人和社会组织，要平等地适用实体法，平等地保护其合法权益。无论什么人或单位实施了犯罪行为，都要依法予以追究。②坚持程序法面前人人平等。检察官在行使检察权的过程中，对具有同等法律地位和诉讼身份的自然人、社会组织，要平等地适用程序法的有关规定，平等地尊重和维护各方当事人及其委托人的合法程序权利，平等地处理他们作出的违反程序的行为，平等地促使他们履行自己应尽的程序性法律义务。③反对任何特权。检察官在行使职权的过程中，既不能迁就、维护任何人或单位凌驾于宪法和法律之上的地位、特权，也不能超出法律规定为有关个人和单位附加特殊义务。

5. 自觉维护程序公正和实体公正

程序公正和实体公正同属司法公正不可偏废的两个方面，是衡量司法机关及其工作人员是否公正执法不可或缺的两个标准。检察官既肩负着公正执法的职责，也担负着监督其他有关机关公正执法的使命，自觉维护程序公正和实体公正是他们义不容辞的责任。因此，既要坚持客观真实的诉讼目的，追求实体公正，又要摒弃重实体、轻程序的片面的程序工具价值观，树立程序公正与实体公正并重的观念，具体来说就是要做到：①努力实现实体公正，即作出的诉讼处理决定的实质内容必须客观、准确。起诉书、不起诉决定书以及在诉讼过程中制作的其他检察法律文书都应当以相应的事实作为客观基础，并且有准确的实体法律依据。②坚持程序公正。程序公正要求检察官在诉讼中平等对待当事人，同等情况同等对待，不同情况应根据具体情形和条件适当处理；充分尊重和保障所有诉讼参与人的诉讼权利，认真听取诉讼参与人的陈述和意见；当检察官与案件存在利害关系或其他关系，有可能影响公正处理案件时，应依据法律规定回避；坚持检务公开，除依据刑事诉讼法、保密法等有关法律规定不得公开的内容外，应及时将案件处理情况、进展及决定向当事人、有关单位和个人以及社会公开；遵守法律规定的诉讼期限等。③强化法律监督，维护公平正义。作为法律监督机关，检察机关除自身要遵循诉讼公正的要求外，还要监督侦查机关、审判机关以及刑罚执行机关的活动。检察官应当在办案过程中切实履行监督职责，依法审查相关机关及其工作人员的职权行为是否符合法律规定。被监督者无论是违反了实体法的规定，还是违反了程序法的规定，检察官都要敢于和善于依法及时予以纠正。

(三) 清廉

清廉是指一个人品行正派、清正廉洁、克己奉公，不贪污腐化、奢侈浪费，也不以权谋私、贪赃枉法。清廉是中华民族传统的优秀品质之一，在我国传统文化中，它所要处理的实际上是一个义利关系，它所要告诉人们的是如何修身养性、励精图治、廉洁奉公、勤政为民，它所要达到的目的是使人们得到精神上的激励、思想上的启迪以及言行上的鞭策。早在春秋战国时期，孔子便提出"不义而富且贵，于我如浮云"的思想；宋代名臣包拯奉行"廉者民之表也，贪者民之贼也"的信条；明代于谦更有"清风两袖朝天去，免得闾阎话短长"的诗句长留人间。作为中华民族优秀传统文化的一个重要组成部分，清廉为共产党人所继承和发扬，并赋予了新的时代精神。早在革命战争年代，无数共产党人便把清廉与国家命运、民族解放和人民利益联系在一起。如方志敏在国民党狱中写下"清贫"一文，指出革命不是为了发财，面对牺牲他写道："为着阶级和民族的解放，为着党的事业的成功，我毫不稀罕那华丽的大厦，却宁愿居住在卑陋潮湿的茅棚；不稀罕美味西餐大菜，宁愿口吞刺口苞粟和菜根；不稀罕舒服柔软的钢丝床，宁愿睡在猪栏狗巢似的住所。"体现了一名共产党人崇高的精神境界。在社会主义现代化建设进程中，尤其自改革开放以来，在社会主义市场经济条件下呈现利益分化和价值多元化趋势，各种腐朽没落思想和生活方式影响并侵蚀着部分干部的思想，干部队伍面临拒腐防变的严峻考验。大力弘扬清廉的价值观念，倡导清廉的行为准则，是密切党同人民群众联系的内在要求，是党始终得到广大人民群众拥护和支持的根本原因，是从严治党、端正党风的重要前提，是贯彻落实党的路线、方针、政策，促进改革开放和经济建设，维护政治社会稳定，构建和谐社会的重要保证。检察官作为干部队伍的一员，同样应当遵守清廉的道德操守。

在检察官的职业道德体系中，清廉是最基本的道德规范，是检察官职业道德建设的基本保障。检察官既是执法者，又承担着法律监督的职责。作为执法者，清廉是对一名检察官最起码的要求。作为法律监督职责的承担者，与一般公职人员相比，遵守清廉的道德要求和职业纪律对检察官具有更重要的意义。正人先正己，打铁还需自身硬。检察官只有保持清廉本色，不为物役、不为利诱，做到心底无私天地宽，养成"富贵不能淫、贫贱不能移"的浩然正气，才能真正大胆地履行法律赋予的职责，维护检察官的形象和法律尊严。为此，检察官应当在职务行为以及其他社会活动和个人生活中努力做到"模范遵守法纪，保持清正廉洁，淡泊名利，不徇私情，自尊自重，接受监督"。

1. 模范遵守法纪，保持清正廉洁，淡泊名利

检察官模范守法，率先遵纪，是其有效监督、保障法律正确实施和捍卫法律尊严的客观要求。作为清廉的职业道德要求，这里所说的"模范遵守法纪"主要是指检察官应当遵守廉洁自律方面的法律法规以及职业纪律，以保持清正廉洁。为此，首先，检察官应当遵守国家法律有关廉洁自律的相关内容，如《检察官法》《中华人民共和国公务员法》和《刑法》等法律对检察官等公职人员保持职务行为廉洁性的规定。其次，检察官应当遵守系统内各项廉洁自律的职业纪律。如最高人民检察院《关于最高人民检察院机关实行<廉洁从检十项纪律>的决定》，对所有检察人员廉洁从检作了详细规定，检察官应当率先遵守。最后，检察官应当模范遵守各级党组织制定的廉洁从政的各项制度。我国检察官多数是党员干部，不少还是领导干部，对党内廉政建设的规定也应当模范遵守，将清廉作为职业道德规范，着眼于检察官从道德层面的高度认识廉洁自律的重要性，形成清廉的内在信念，增强遵纪守法的主动性。这就要求检察官要在观念上处理好名与法、利与法的关系问题，树立法重于名、法高于利的观念，真正做到淡泊名利、洁身自好，不为名所累，不为利所诱，不为色所惑，不为名亵渎法律，不为利滥权枉法，一身正气，两袖清风，抵得住侵袭，抗得住腐蚀，忍得住清贫，受得住简朴，保得住人格，守得住节操。

2. 不徇私情，自尊自重

保持清廉要求检察官在实际工作和生活中必须妥善处理情与法的关系。检察官必须清醒地认识到，自己手中的权力是人民赋予的，是用来维护社会正义和司法公正的，除了依法办案，检察官无权利用手中权力以权谋私。为此，检察官必须珍惜自己的职业身份和职业声誉，自尊自重，始终将宪法和法律置于人情之上，自觉抵制情的干扰，不以情代法；自觉抵制利的诱惑，不以权谋私；自觉抵制色的腐蚀，不搞权色交易；自觉抵制势的压力，不趋炎附势。坚持用法律的标准来区分案件的是非曲直，极力挡住一切形式的说情风，公正无私，克己奉公，秉公办事。近年来，检察系统涌现出不少清正廉洁的先进典型，如全国十大杰出检察官王书田在反贪工作第一线，不为钱所惑，不为情所动，多年来始终坚持清廉如水，宁可卖房治病，也不收受贿礼，检察官完全可以也应当以此为榜样和参照，不断鞭策自己。

3. 接受监督

权力失去监督必然导致腐败，这是一条颠扑不破的真理。有效的监督是检察官保持清廉不可或缺的前提，检察官要保持清廉的本色，不仅要主动遵纪守法，不徇私情，努力做到大公无私，而且要自觉接受监督。对检察官的监督既有检察机关内部的监督，也有来自检察机关外部的监督。为防止检察权的滥用，杜绝以权谋私、以案谋私的现象出现，最高人民检察院专门制定了一系列规范性文件，通过规范办案程序，建立了一整套内部监督制约机制，如"侦查与审查决定逮捕相分离""侦查与审查起诉相分离""侦查与对不立案、撤案决定的复议、复查相分离"以及"侦查与扣押款物管理相分离"等。这些规定既有利于保证案件的正确办理，也有利于保证检察官的清廉，检察官对这些规定应当不折不扣地执行。此外，检察机关在队伍建设工作中也制定了详细的廉政建设工作制度，如规定检察官个人重大事项申报制度等。当检察官面临上述事项时，应当主动、及时地向组织申报，接受组织监督。除检察机关系统内部的监督外，检察官也应当主动接受当事人、新闻媒体和人民群众的监督。当前，检察机关建立检务公开制度和人民监督员制度的目的在于依靠广大群众对检察工作进行有效监督，使人民群众监督实现制度化。检察官在履行职责时，应自觉接受群众监督，对人民监督员的监督意见和建议应当虚心听取。

(四) 严明

严明作为检察官的职业道德规范，是指检察官在执法活动中要"严格执法、文明办案，刚正不阿、敢于监督，勇于纠错、捍卫宪法和法律尊严"。它是对检察官履行法律监督职责的基本要求，是检察官职业观念、态度、纪律和作风的综合体现。将"严明"与"忠诚""公正""清廉"一同确定为检察官职业道德的基本规范，表明了检察官职业道德源于一般的社会职业道德而又高于社会职业道德的特点。

1. 严格执法、文明办案

严明的道德规范首先要求检察官在履行职责的过程中，坚持做到严格执法、文明办案。每一名检察官都应当具有严肃认真的工作态度，遵循严格规范的工作程序，秉持严谨细致的工作作风，进行严密周全的系统思考，展现严正凛然的执法精神。在具体的执法活动中，要保持文明热情的工作态度，使用文明规范的工作语言，坚持文明规范的工作方式，维护文明严肃的职业形象。要做到不在人民群众面前耍威风、称霸道，不在执法过程中粗暴蛮横、滥用警械和强制手段。既要对犯罪分子坚决打击、毫不留情，又要认真保护犯罪嫌疑人、被告人的合法权益；既要勇于正大光明地行使监督职能，又要虚心接受人民群众的监督，通过各种职业活动展现检察官的良好风貌。严格执法、文明办案既是检察官的职业道德要求，也是检察官的一项职业纪律。近年来，最高人民检察院通过一系列文件对检察官办案纪律作了严格规定，分别对检察官严格执法、文明办案提出了一系列具体要求。如严禁刑讯逼供和以威胁、引诱、欺骗以及其他非法方法搜集证据；不得非法拘禁他人或者以其他方法非法剥夺他人的人身自由；不得非法搜查他人身体、住宅或者非法侵入他人住宅；严禁超越管辖范围办案；严禁对证人采用强制措施和在立案前对犯罪嫌疑人采取强制措施；严禁超期羁押、非法羁押和非法提讯犯罪嫌疑人、被告人或者非法传讯他人；不得非法查封、扣押、冻结、没收公私财产；不得违反规定使用技术侦查手段；不准对告诉求助群众采取冷漠、生硬、蛮横、推诿等"官老爷"态度；不得在工作日饮酒或者着检察官制服在公共场所饮酒等。每一名检察官不仅要从职业纪律的角度严格遵守这些规定，而且应从职业道德的层面领会和理解这些要求的意义，将其转化为自觉自为的行动。

2. 刚正不阿、敢于监督

严明的道德规范不仅要求检察官严格执法、文明办案，而且要求检察官履行职责时能够做到刚正不阿、敢于监督。刚正不阿、敢于监督的道德要求直接反映出检察官的职业特点，是检察官严格执法、维护公正、捍卫法律尊严的品德保障。我国检察机关作为国家法律监督机关，担负着打击犯罪、惩治腐败、强化诉讼监督的职能作用，而这种职能作用是通过每一名检察官的职权行为实现的。检察官在行使检察权的过程中，所面临的监督对象往往拥有一定的社会地位，拥有相当的社会资源，对检察监督常常采取各种手段干扰、抵制甚至反抗，检察官常常因此承受各方面的压力。检察官只有养成正直勇敢、不畏艰险的刚强品格，养成铁面无私、不畏权贵的浩然正气，养成敢于斗争、善于斗争的胆识和韬略，才能切实履行法律监督职责，维护宪法和法律的统一和有效实施。为此，作为一名检察官，应当树立高度的责任心和强烈的使命感，对于涉嫌犯罪的腐败分子，不管什么人，不管是否位高权重，都要敢于依照法律规定的职权和程序，追究行为人的刑事责任；对于公安机关、人民法院在诉讼中的违法情形，都要坚持原则，依照法定的途径和方式，坚决依法纠正。

3. 勇于纠错、捍卫宪法和法律尊严

人非圣贤，孰能无过。检察官的职业活动主要体现在办理各类诉讼案件之中，受各种主客观因素的影响，在认定案件事实和性质时难免会犯错误。坚持有错必纠对检察官来说是一种法律上的义务，同时也是检察官职业道德的要求，是检察官通过自省、修身以提高自身道德修养的重要内容。在道德层面上达到勇于纠错的要求，一是要求检察官具有追求真理、求真务实的道德品质。检察官应注重培养崇尚真理的道德信念，把追求真理化作办案的动力，工作坚持以事实为根据、以法律为准绳，力求对案件的认识和处理决定符合客观实际。二是要有大公无私的高尚情操。出现错误，尤其是办案中出现错误往往会给检察官甚至所在检察机关带来种种不利影响，如小到取消评先评优资格，大到追究法律责任。检察官纠正错误时必须在各种利益面前做出正确选择，要始终坚持以人民利益、社会公共利益为重，坚持以法律规定作为判断利益归属的标准，在利益冲突面前真正做到大公无私，有错必纠。三是要有不屈不挠的精神气节。检察官在纠正错误时可能会遇到各方面的阻力，实践中，一些同志往往会因此而退缩，采取事不关己、高高挂起的态度。为此，一名具有良好道德品质的检察官必须在职业活动中养成刚毅坚韧的性格，在纠正错误尤其是纠正冤假错案时要有一股不屈不挠的精神气节。如被评为"2005年中国法制十大人物"的检察官蒋汉生，在纠正"胥敬祥被错判有罪"一案中，历时达7年之久，先后两次提起无罪抗诉，最后以检察机关撤回起诉决定纠正原案错误。古人云："过而能改，善莫大焉。"检察官只有真正树立勇于纠错的道德品质，才能成为称职的法律监督工作者，以自己的行动捍卫宪法和法律的尊严。

第四章 律师

本章学习目的和要求：

(1) 明确律师的定义与职责。

(2) 掌握成为律师的条件。

(3) 重点掌握律师职业道德的内容。

(4) 结合实践深刻体会律师职业行为的规范性。

第一节 律师概述

一、律师的定义和任职条件

(一) 律师的定义

律师是指依法取得律师执业证书，接受委托或者指定，为当事人提供法律服务的执业人员。按照工作性质的不同，律师可分为专职律师与兼职律师；按照业务范围的不同，律师可分为民事律师、刑事律师和行政律师；按照服务对象和工作身份的不同，律师可分为社会律师、公司律师和公职律师。律师业务主要分为诉讼业务与非诉讼业务。

(二) 律师的任职条件

《中华人民共和国律师法》(以下简称《律师法》)第五条明确规定，律师执业，应当取得律师资格和执业证书。第六条规定，取得律师资格应当经过国家统一的司法考试。具有高等院校法律专业本科以上学历，或者高等院校其他专业本科以上学历具有法律专业知识的人员，经国家司法考试合格的，取得资格。适用前款规定的学历条件确有困难的地方，经国务院司法行政部门审核确定，在一定期限内，可以将学历条件放宽为高等院校法律专业专科学历。第七条规定，具有高等院校法学本科以上学历，从事法律研究、教学等专业工作并具有高级职称或者具有同等专业水平的人员，申请律师执业的，经国务院司法行政部门按照规定的条件考核批准，授予律师资格。第八条规定，拥护《宪法》并符合下列条件的，可以申请领取律师执业证书。

(1) 具有律师资格。

(2) 在律师事务所实习满一年。

(3) 品行良好。

(三) 不能担任律师的人员

《律师法》第九条规定，有下列情形之一的，不予颁发律师执业证书。

(1) 无民事行为能力或者限制民事行为能力的。

(2) 受过刑事处罚的，但过失犯罪的除外。

(3) 被开除公职或者被吊销律师执业证书的。

二、律师的职责

律师制度是现代国家法律制度的重要组成部分，律师制度的建立和完善是伴随着律师职业的发展而来的，律师制度的高度发展是现代法治得以产生与维持的重要基石，是司法民主化的重要标志。从《律师法》的规定可以看出，我国的律师职责主要有以下两个方面。

(一) 维护当事人的合法权益

维护当事人的合法权益是律师的直接任务，也是律师职业得以产生的根本原因。在我国，公民、法人和其他组织依法享有广泛的权利和权益，如人身权利、民主权利、财产权利和经济权益等。律师在从事法律服务时，通过充当刑事、民事、经济、行政委托人的代理人，担任犯罪嫌疑人、被告人的辩护人，承办委托的法律事务和担任法律顾问等，帮助公民、法人和其他组织依法行使享有的权利，维护其合法权益，这是律师的天职。律师维护当事人的合法权益的任务是极其广泛的，只要是合法的权益，律师都应依法维护；律师的这项任务又是具体的、有针对性的，保护当事人的合法权益，就是律师向特定的服务对象提供具体的法律服务。

(二) 维护法律的正确实施

维护法律的正确实施是律师执业的基本原则，也是律师的重要责任。在我国，法院行使国家审判权，检察院行使检察权，而律师则通过被委托或者担任辩护人参与诉讼，保障法律的正确实施。律师提供法律服务，必须严格遵守宪法和相关法律，恪守律师职业道德和执业纪律。律师依法执行业务，也就维护了法律的正确实施。律师应在法律规定的范围内行事，不得超越法律规定的权利，不得歪曲法律。

第二节　律师职业道德

一、律师职业道德的定义

律师职业道德是指作为律师业务从业人员，在执行律师职务、履行律师职责的过程中所应遵守的道德规范的总称。律师职业道德是法律职业道德的重要组成部分，是指导律师执业行为的准则，是判断律师职业行为是否符合律师职业要求的标准，是对违规律师、律师事务所追究职业责任的重要依据。世界各国普遍重视律师职业道德建设，大多数国家专门制定了规范性文件，对律师职业道德的基本内容作出规定。我国的律师职业道德应当是有别于和优越于其他社会形态的新型律师职业道德。我们要在律师行业中倡导以忠于法律、维护正义、诚实守信、勤勉尽责、公平竞争、严格自律为主要内容的职业道德，并适应形势发展的需要，不断追求更高层次的道德目标，逐步形成与发展社会主义市场经济和依法治国相适应的律师职业道德体系。

■ 二、律师职业道德的基本内容

律师以维护法律的正确实施、维护当事人的合法权益、维护社会的公平正义为使命。根据《律师执业行为规范(试行)》的规定，我国律师职业道德大致包括以下几方面基本内容。

(一) 忠于宪法、法律

《宪法》第五条第五款规定："任何组织或者个人都不得有超越宪法和法律的特权。"第三十三条第四款规定："任何公民享有宪法和法律规定的权利，同时必须履行宪法和法律规定的义务。"《律师法》第三条第一款规定："律师执业必须遵守宪法和法律。"第八条规定："我国公民申请领取律师执业证书，首先必须具备拥护《中华人民共和国宪法》的条件。"这是律师必须忠实于宪法、法律要求的相关法律依据。忠于宪法和法律，这是律师作为中华人民共和国的普通公民所必须做到的。同时，作为以法律为职业的"法律人"，律师更应是忠于宪法、法律的模范。因此，《律师执业行为规范(试行)》第六条也明确规定："律师必须忠于宪法、法律。"

法律是律师职业的生命。没有法律就没有律师，只有在一个严格遵守宪法、法律的社会中，律师才有尊严和地位。律师如果违反宪法、法律，不仅破坏律师的形象，给国家法治建设带来严重的危害，而且会破坏自己生存的条件和基础。一些律师办理案件时，热衷于拉关系、走后门。试想一下，如果拉关系、走后门能办成案件，律师就不称为律师，而是"关系师"了，这种"关系师"是任何一个厚颜无耻的人都可以做的，社会还要律师做什么？遵守宪法、法律，应该成为律师的自觉行动，更应该成为不需提醒就能恪守的规则。律师的执业活动充满各种矛盾、是非和诱惑，为使自己不偏离轨道，必须坚持忠于宪法、法律，严格依法履行职务，对此不能有丝毫的动摇。在律师业务活动中，一些当事人为了一己私利，或要求律师为其开脱罪责，逃避法律的制裁；或希望律师规避法律，为其牟取非法利益找到法律的漏洞。在这些当事人面前，律师应不为其诱惑、恐吓所动，要坚持原则，绝不能无原则地迎合、迁就当事人的不合法要求，更不能采取非法手段，或者以损害国家、集体及他人合法权益的手段去为当事人牟利。律师要在法律赋予的权限范围内，通过合法的方式和途径提供服务，实现维护当事人的合法权益与维护法律的正确实施的统一。此外，正确处理律师与司法、行政执法人员的关系，对律师遵守并忠于宪法、法律也是至关重要的。随着司法改革的不断深入、依法行政的大力推进和诉讼制度的日益完善，律师在司法程序中的职能和作用不断强化。这在客观上必然要求律师与司法、行政执法人员建立以相互独立、相互尊重、相互支持、相互监督为基本内容的关系。律师不得违反规定会见法官、行政执法人员，更不能向法官、行政执法人员请客送礼或者行贿。律师在开拓业务的过程中，也不应当向当事人炫耀和吹嘘其同法官、行政执法人员的关系，否则就会使律师丧失职业方面的独立人格。

(二) 诚实守信，勤勉尽责

《律师执业行为规范(试行)》第七条规定，律师必须诚实守信、勤勉尽责，依照事实和法律，维护委托人的利益，维护法律尊严，维护社会公平、正义。

律师的这项职业道德是律师在执业活动过程中正确处理与当事人的关系时需要遵守的规范。当事人委托律师办理法律事务，多数是在遇到难题的情况下，从某种程度上讲，他们是需要律师帮助的"弱者"。律师对待他们，态度上要热情，要有扶弱济困的侠肝义胆。对于经济上有困难的当事人，不能因为他们交不起律师费就置之不理，而应当依法积极履行法律援助义务，向他们伸出救援之手，帮助他们渡过难关，维护他们的合法权益。律师在接受当事人委托或法院指定后，应当坚持诚实信用的原则，勤勤恳恳地为他们提供法律服务，做到尽职尽责，禁止一切欺骗、愚弄、搪塞当事人的行为。可以说，诚信是对律师基本的道德和法律要求，是律师执业活动的生命线。律师与委托人的关系是以信任为基础的，律师开展业务活动的重要条件是信誉、形象和声望。因此，律师应当坚持以诚信为本，本着公平、真诚、恪守信用的精神，尽职尽责地为当事人提供法律服务。如果律师不讲信用、不尽职责，不但有悖职业道德要求，还可能会给当事人造成损失，影响其合法权益的实现。诚实信用、勤勉尽责，既要求律师端正服务态度，尽最大努力为当事人的合法权益工作，不得敷衍马虎；也要求律师处理好自身利益与当事人利益的关系；还要求律师事务所建立健全律师执业中的利益冲突审查规范，严格约束律师的代理行为等。当律师的利益与当事人的利益不一致时，如果律师不妥善处理，就会破坏其与当事人之间的信任关系，也会对整个律师行业产生不良影响。相较于其他社会行业，诚信、勤勉等良好的职业道德形象对律师职业的发展更加重要。律师职业由于其本身的特点，本来就容易引起社会的不满情绪，一旦人们发现某些律师道德素质低下，提供的法律服务"质次价高"，自然会对整个律师界产生一种不信任感，怀疑律师行业存在的正当性。在当今市场经济社会中，诚信为本应是一条普遍的规则。面对我国律师诚信缺失、道德滑坡的现状，更让人感到规范律师执业行为的重要性。只有提高律师的社会公信力，才能使律师真正成为当事人信赖的人，受到广大人民的爱戴和尊敬，从而较好地完成维护法律正义和维护委托人利益的双重任务，不断开拓法律服务市场，壮大律师职业队伍。

律师是为委托人服务的，但律师在为委托人提供法律服务时，并不唯委托人的利益是从，而是要讲原则，即以事实为根据，以法律为准绳。律师要通过为委托人提供服务，来维护委托方当事人的合法权益，并在维护委托人合法权益的过程中，维护法律的尊严，维护社会的公平与正义。现在我们提倡构建社会主义和谐社会，而公平正义正是社会和谐的基本条件，是律师工作的神圣使命和价值追求。律师在工作中要不断提升职业理想和精神追求，克服拜金主义思想的影响，树立正确的执业观。要在严格依法执业的同时，彰显热情服务、不畏艰险、伸张正义的精神特质，履行法律职责。要有把每一个案件办成铁案、精品的决心和意志，认真做好每个环节、每个方面的工作，把办案过程当作维护社会公平正义的具体实践。如今，我们面临的发展机遇前所未有，面对的挑战也前所未有，必须看到影响和谐稳定的因素大量存在，社会矛盾的关联性、聚合性和敏感性不断增强，在一些社会情绪较强烈的地方，往往一起很小的、普通的案件就很可能酿成影响稳定的重大事件。广大律师要深刻认识当前社会矛盾的这种特点，强化大局意识，保持政治敏锐性，把维护个案正义与维护大局稳定、促进社会公平正义有机统一起来。所以，从这个角度讲，律师不仅要对委托人勤勉尽责，而且要对国家和社会勤勉尽责；律师不仅要对委托人诚实守信，而且要对国家和社会诚实守信。

(三) 注重职业修养，珍视职业声誉

《律师执业行为规范(试行)》第八条规定，律师应当注重职业修养，珍视和维护律师职业声誉，以法律法规以及社会公认的道德规范约束自己的业内外言行，以影响、加强公众对于法律权威的信服与遵守。

注重职业修养是由律师职业特点所决定的，律师职业修养与律师的外在形象密切相关，一个高层次的职业必须有极佳的形象。与律师的职业地位相称，律师职业修养的基本标志是文明、规范的言谈，端庄的举止和整洁的仪容，其具体要求就是语言文明、精确、规范，举止端庄，仪表整洁、质朴大方，显示出一流的气质和风貌。从另一个角度来说，就是要求律师在日常生活中摒弃一切恶习，注意修为。从职业道德的角度对律师提出职业修养的要求，要求其以法律法规和社会公认的道德规范来约束自己的职业内外言行，其目的就在于维护律师职业形象，以影响、强化公众对于律师权威的信服与遵守。这不仅是律师的个人素质问题，也是律师业的整体形象问题。具体而言，律师要注重职业修养，在社会上树立良好的形象，必须做到以下几点：①廉洁自律。律师不是公务员，但也不是商人，律师为当事人提供法律服务时需收取费用，但营利不是律师工作的第一目的。所以，律师除了依法取得一定的办案报酬外，不能在正常业务收费之外索要或者收受委托人或其他利害关系人的钱、物。沾上铜臭气的律师绝不可能为实现社会正义而工作，绝不能很好地维护当事人的合法权益。律师的工作性质决定了他要经常独自承办业务，要经常与当事人打交道，律师事务所及律师管理部门对律师的监督比较困难，这就需要律师通过自律来实现廉洁的要求，为此律师必须自觉遵守律师执业规章和律师协会章程，遵守律师的各项管理法规。②勤奋工作，严密审慎，讲求效率。律师承办的各项法律事务，关系委托人的各项权利，如财产权、生命权、名誉权等，这对当事人来说都是重要的权利。律师工作的质量和效率，关系当事人权利的予夺、得失。因此，律师必须为当事人勤奋工作，想当事人所想、急当事人所急，周密思考，谨慎从事，及时、迅速地完成委托人委托的法律事务。③注重仪表，礼貌待人。仪表是一个人的容貌、姿态和风度等的外在表现。注重仪表的律师，不仅能够增强当事人的信任，还能够约束自己的行为，不至于放纵自己做出令人

生厌的言行。律师应温文尔雅，老成持重，礼貌地对待法官、委托人、对方当事人及其他人，切不可骄傲自大、目中无人、言行粗鲁，否则，就会断送自己的前程。

律师行业是一项伟大的事业，每一个律师都应关心它、爱护它，为这一事业的兴旺发达贡献自己的力量。律师事业能否兴旺发达受很多因素制约，其中，律师的职业修养对它有重要的影响。为了我国的律师事业能够不断向前发展，每一位律师都应从我做起，努力钻研和掌握执业所应具备的法律知识和服务技能，不断陶冶情操，加强职业修养，为律师群体增光添彩。每个律师都应像爱护眼睛一样维护本人及律师群体的名誉，不能抹黑它，不能诋毁和玷污它。注重职业修养，维护律师名誉，是每个律师对律师事业、律师群体应尽的义务，每个律师都应牢记这条职业道德规范。

(四) 严格保守秘密

《律师执业行为规范(试行)》第九条规定，律师必须保守国家机密、委托人的商业秘密及个人隐私。

"作为律师，我的嘴巴是密封的"——这是著名律师、美国律师协会道德与专业职责常务委员会前任主席劳伦斯·福克斯的一句名言。保守执业秘密，既是律师必须恪守的职业道德，也是律师的法定义务。所谓"秘密"就是指具有隐蔽性质的信息，当事人对其不被泄露具有精神或物质上的利益，包括国家机密、委托人的商业秘密和个人隐私。所谓"保守秘密"就是保卫、守护和不泄露秘密，律师在主观方面要有保密观念，在客观方面要有保密的举措和行动，以保障职务秘密不被他人获悉，包括在一定条件下受调查时仍有就保密事项拒绝作证的权利和义务。

由于律师职业的特殊性，加上法律授予律师的权利，使得律师在执业过程中接触各类秘密的可能性很大，涉及秘密的范围也很广，因而在律师职业道德规范中，就律师保守职务秘密作出规定就十分必要，这是保护委托人合法权益的需要，是律师与当事人建立相互信任关系的需要，也是保护律师职业活动的顺利进行和保护律师声誉以及保护律师业自身的需要。在美国，关于律师保守执业秘密的义务，曾经有一个经典的案例——Purcell案件。具体情况为：Purcell先生在多次接触他的律师之后，感到这位律师不仅十分不称职，而且不可理喻。于是他对这位律师说："我将要烧掉你的律师楼。"这位律师立刻劝Purcell先生说："如果你焚烧掉我们的律师楼，那会是非常糟糕的事情，你将因此受到法律的制裁。"尽管如此，在Purcell先生离开律师楼后，这位律师仍然十分紧张，担心Purcell先生会做出过激的举动，于是拨通"911"报了警。警方当即拘捕了Purcell先生，但到了法庭调查取证的时候，戏剧性的场面出现了：报警的律师拒绝向法官透露Purcell先生与他谈话的一切内容，理由是他必须为当事人的所有言行保密。就这样，Purcell先生被无罪释放。

(五) 努力钻研业务，提高执业水平

《律师执业行为规范(试行)》第十条规定，律师应当努力钻研业务，不断提高执业水平。

律师是"法律之师",他以自身的法律知识和法律技能为社会提供服务,这就决定了律师只有具备扎实的业务功底和高度的职业素质,才能胜任其职业使命。因此,努力钻研业务,不断提高执业水平就成了对律师职业道德的要求。特别是随着市场经济和法制社会的同步发展,法律调整的经济关系和社会关系愈加多样化和复杂化,需要律师提供法律服务的领域更加广泛,专业化、国际化服务的要求越来越高。同时,法律服务领域的竞争是一个优胜劣汰的过程,这也要求律师必须努力钻研业务知识,不断提高职业水平,只有掌握高水平的专业知识和技能,才能立于不败之地。实践证明,不注重钻研业务和提高职业水平,停留在原有水平的律师是难以适应市场的变化和要求的;而专长突出的律师则很受欢迎,他们最具竞争力,是律师行业的佼佼者。当然,律师努力钻研业务,不断提高执业水平,并不仅仅在于法学理论知识方面,还包括日益发展的科学知识、善辩的口才和科学的思维方式,并且要注意在实践中不断提高自己的应变能力。律师只有努力钻研业务,不断提高执业水平,才能使其法律服务工作在更广泛的范围和更深的层次上得到开拓和发展,为律师业自身创造更为广阔的空间。

(六) 尊重同行,公平竞争

《律师执业行为规范(试行)》第十一条规定,律师必须尊重同行、公平竞争、同业互助。

尊重同行、公平竞争、同业互助是律师处理同行之间关系的基本职业道德规范,它要求律师应以谦恭、友爱和公平为准则,强调尊重、互助和公平竞争,律师应遵循这一共同的准则并使这一职业道德规范充分体现在其职业活动中,体现在处理与其他成员的关系之中。因为,所有的律师都是为社会提供法律服务的人员,肩负着同样的职责和使命,他们的最终目标是一致的,即维护当事人的合法权益,维护法律的正确实施。在我们社会主义国家,没有根本的利害冲突,大家都应从全局出发,秉承互相尊重、同业互助的精神,互相学习,携手并肩,共同提高执业水平。在承办具体法律事务方面,大家要依法开展公平竞争,用提高律师执业水平、树立良好的律师形象等方法,取得广大公民的信任,扩大业务来源,绝不允许采用非法手段,进行不正当竞争。

(七) 热心公益事业

《律师执业行为规范(试行)》第十二条规定,律师应当关注、积极参加社会公益事业。

律师职业是需要专门学识和使命感的社会自由职业,尽管作为一种自由职业,与其他职业一样需要经济收入,甚至需要较高的收入以便从经济压力中解放出来,更好地从事公共事业,但取得高收入毕竟不是律师职业的首要目的而只是附带的结果。律师职业与医生、教师等职业类似,最根本的价值是为公众服务。律师的职业信念必须得到高度发扬,人权和正义是律师职业的正统性基础。在"法律商业主义"的倾向下,律师对委托人"尽忠"可能会使律师获得高额经济收入,但也会使律师职业的社会形象受到损害。因此,强调律师对委托人忠诚的同时,要认识到律师的这种忠诚是有限度的,律师可以把法律服务和技术出售给客户,但律师个人必须坚守自己的价值信念,律师职业人格的一部分必须贡献给正义和公共利益。比如,在美国,律师就被要求出于道德责任帮助社会上其他成员，美国的律师职业规范建议每位律师每年至少有50个小时的法律服务时间免费给那些不能负担法律服务费用的个人或慈善、宗教、社区、政府及教育机构，鼓励律师的执业活动着眼于改善法律、法律体制或法律界，捐款给那些向低经济收入的人群提供法律服务的机构。作为法律职业共同体中的重要一员，律师一定要有社会责任感，其作用不仅局限于打好官司、做好诉讼，将职业作为一个"饭碗"，重要的是要在促进经济发展、完善法制体系、使人民安居乐业等方面做出积极的贡献。律师要关注和积极参加社会公益事业，面向基层、面向社区、面向群众提供及时、便捷、优质、优惠的法律服务，促进人民群众最关心、与人民群众关系最直接且最现实的利益问题的有效解决，参与律师服务进社区、老年人维权、未成年人维权、妇女维权、消费者维权、动拆迁法律服务、法律援助、信访接待、国企改革、名律师网上法律咨询和与市民谈法、知识讲座等公益活动，围绕土地征收征用、城市建设拆迁、环境治理保护、企业重组改制和破产中遇到的涉法涉诉问题，以及就业、就学、就医、社会保障等民生问题提供及时便捷的法律服务，预防纠纷，减少诉讼，维护司法公正，维护国家、集体和公民的合法权益，维护社会的和谐稳定，为疏导和化解社会矛盾和群体性纠纷做出力所能及的贡献，而不调词架讼，故意激化社会矛盾或妨碍社会秩序以从中渔利。在这里，需要我们重点强调的就是律师不得拒绝或疏怠所承担的法律援助义务。这里所讲的"法律援助"，就是指律师为特定的委托人、当事人提供法律服务时，按规定不收、少收或延缓收取费用。对此，律师不能因为未收费或少收费而对承担的法律援助案件疏忽大意或者松懈怠慢，而应尽职尽责地做好调查、取证、提交法律文件、出庭等各个环节的工作。这里所谓的"尽职尽责"就是要求律师在承办法律援助案件时，凡是属于职业要求做的事就必须做，而且要负责任地做好。

(八) 遵守律师协会章程，履行会员义务

《律师执业行为规范(试行)》第十三条规定，律师必须遵守律师协会章程，履行会员义务。

律师协会是由律师组成的群众性社会团体，是律师群体自我教育、自我约束、自我管理的组织，其在我国律师制度中具有不可替代的作用。律师执业需要一个安全、稳定、可预测的法治空间，而这样的空间来自全体律师对于行业规定的共同遵守，这个统一标准来自律师管理组织的统一管理和调控。从我国律师制度的发展趋势看，在国家司法行政机关宏观指导下的律师协会行业管理体制正在逐步规范和完善，律师的行为规范大多是由律师协会实施管理。因此，作为律师协会的会员，遵守律师协会章程，接受协会制定的行业规范的约束，履行会员义务，自觉维护行业的信誉和形象，当然就成为律师职业道德的组成部分。

第二篇
民事诉讼实务

第五章　民事诉讼基本原理和流程

本章学习目的和要求:

(1) 能够掌握民事诉讼基础知识。

(2) 熟悉民事诉讼流程及主要的法律文书。

(3) 重点掌握民事诉讼中的证据应用。

(4) 充分熟悉民事诉讼程序,熟练应用民事诉讼中的证据。

第一节　庭审前准备

对于当事人以及法院的司法工作人员来说,庭审前准备都是一个非常重要的环节。对于当事人的代理律师而言,要对证据进行整理归类,编制证据目录,查阅、复制必要的卷宗,准备法庭调查提纲等。对于法院而言,即将开始诉讼中非常重要的程序——庭审程序,需要做好如下几项准备工作。

■ 一、书记员需做的准备工作

书记员应先期到达法庭,做好以下开庭前的准备工作。

(1) 请诉讼参加人入庭就坐,检查诉讼参加人的出庭情况。如有一方诉讼参加人未到庭,应立即报告审判长处理。

(2) 请诉讼参加人出示身份证件,到案前核对诉讼参加人的身份。如确认有证人、鉴定人、勘验人、检查人、具有专门知识的人员(简称"专家")出庭,还应核对其身份后请其退席,等候传唤。

(3) 核实当事人诉讼权利义务告知书、诉讼风险提示书、举证通知书、告知审判庭组成人员通知书和开庭传票及通知书以及诉状等诉讼材料的收悉情况。

(4) 公开开庭的,应当检查参加旁听的人员是否合适,是否有现场采访的记者。

本环节提示: 如发现有未成年人(经批准的除外)、精神病人和醉酒的人以及其他不宜旁听的人旁听开庭,应当请其退出法庭。如发现有记者到庭采访,应当确认其是否办理审批手续。如未经批准,不得录音、录像或者摄影,但应当允许记者作为旁听人员参加旁听和记录。

二、书记员宣布法庭规则和法庭纪律

书记员宣布：现在宣布法庭规则和法庭纪律。

法庭规则和法庭纪律的具体内容以《法庭规则》的有关规定为准。另外，可以特别提示全体人员关闭手机及其他通信工具的铃响。

三、法官入庭和报告庭审前准备情况

书记员宣布：全体起立！

然后引领审判长、审判员(人民陪审员)入庭。

待法官坐定后，书记员宣布：请坐下。

本环节提示： 如果法官是在书记员做准备工作或宣布法庭纪律时进入法庭的，书记员应中止手头工作，主持法官入庭仪式后，再恢复手头上的工作。

准备工作就绪后，向审判长报告庭审前的准备工作情况，具体包括以下几方面。

(1) 出庭的诉讼参加人有：_____。

(2) 出庭的其他诉讼参与人有：_____。

(3) 经批准到庭旁听采访的新闻单位及记者有：_____。

书记员报告：法庭准备工作就绪，请审判长主持开庭。

四、核对确认诉讼参加人的身份

在书记员已核对诉讼参加人身份的基础上，审判长简单核对即可。

征询各方当事人：对对方出庭人员的身份是否有异议。

经各方当事人确认无异议后，即宣布：经法庭当庭核对确认，出庭的诉讼参加人符合法律规定，准予参加本案的庭审活动。

五、宣布开庭

审判长先敲击法槌，然后庄严宣布：_____人民法院现在开庭！

六、宣告案名、案由、审理程序和方式

宣告案名：本庭现审理的是原告_____诉(与)被告_____(案由)一案。

宣告案由：原告_____因本案纠纷，于_____(时间)向本院提起诉讼；本院于_____(受理时间)决定受理本案。

如有追加当事人、延长审限、召开预审庭等情形，应一并予以说明。本案系再审案件、合并审理案件的，还应当说明。

宣告审理的方式和程序：依照《中华人民共和国民事诉讼法》第十二章"第一审普通程序"的有关规定，本庭依照第一审普通程序，公开开庭审理本案。

如不公开开庭审理的，应当说明理由。

七、介绍审判人员

审判长宣告：本院受理本案后，依法组成合议庭。

合议庭组成人员和书记员的名单已告知各方当事人。然后具体介绍合议庭组成人员和书记员，并说明其基本职务情况。

八、告知诉讼权利义务，征询申请回避意见

审判长询问：开庭前已经将当事人的权利义务告知书送达各方当事人，各方当事人是否收到，是否知悉自己在诉讼中的权利和义务？

在当事人确认知悉诉讼权利和义务后，审判长逐一询问各方当事人：是否申请合议庭成员和书记员回避？

一旦当事人提出回避申请，应当要求其说明理由。如果当事人提出法定的回避理由，法庭不必审查该理由是否成立即宣布休庭。当事人确认不提出回避申请的，庭审活动可以继续进行。

附件一：民事诉讼权利义务告知书

根据《中华人民共和国民事诉讼法》有关规定，现告知当事人在一审中的诉讼权利义务，具体如下所述。

1. 当事人的诉讼权利

(1) 如认为承办法官或书记员是本案的当事人或当事人、诉讼代理人的近亲属或与本案有利害关系或与本案当事人有其他关系，可能影响对案件的公正审理，有申请回避的权利。

(2) 有提出证据的权利。

(3) 对争议的事实有辩论权，可充分发表意见。

(4) 原告有放弃诉讼请求的权利，当事人主张的法律关系的性质或者民事行为的效力与人民法院认定不一致，经人民法院明确告知的，该当事人可变更诉讼请求，并可请求人民法院重新指定举证期限。

(5) 被告有对本诉进行反驳及反诉的权利。

(6) 当事人有自行和解或请求法庭调解的权利。

(7) 有最后陈述的权利。

(8) 有申请鉴定、调查和勘验的权利，经法庭许可，当事人可以向证人、勘验人、鉴定人发问。

(9) 认为法庭对自己的陈述记录有遗漏或者差错的，有申请补正的权利。

(10) 有使用本民族语言文字进行诉讼的权利。

2. 当事人的诉讼义务

(1) 必须依法正确行使诉讼权利，不得滥用诉权。

(2) 必须遵守诉讼程序，服从法庭指挥。庭审中不能使用侮辱、诋毁等不文明语言。不得妨碍民事诉讼活动。

(3) 提出回避申请应当说明理由。

(4) 必须履行发生法律效力的判决、裁定和调解的法律文书。

(5) 当事人对其主张的事实，有举出证据予以证明的义务。

(6) 在离婚诉讼中，当事人在判决书、调解书发生法律效力前不得另行结婚。

附件二：人民法院民事诉讼风险提示书
(2003年12月23日最高人民法院审判委员会第1302次会议通过)

为方便人民群众诉讼，帮助当事人避免常见的诉讼风险，减少不必要的损失，根据《中华人民共和国民法通则》《中华人民共和国民事诉讼法》以及《最高人民法院关于民事诉讼证据的若干规定》等法律和司法解释的规定，现将常见的民事诉讼风险提示如下。

1. 起诉不符合条件

当事人起诉不符合法律规定条件的，人民法院不会受理，即使受理也会驳回起诉。当事人起诉不符合管辖规定的，案件将会被移送到有权管辖的人民法院审理。

2. 诉讼请求不适当

当事人提出的诉讼请求应明确、具体、完整，对未提出的诉讼请求人民法院不会审理。当事人提出的诉讼请求要适当，不要随意扩大诉讼请求范围；无根据的诉讼请求，除得不到人民法院支持外，当事人还要负担相应的诉讼费用。

3. 逾期改变诉讼请求

当事人增加、变更诉讼请求或者提出反诉，超过人民法院许可或者指定期限的，可能不被审理。

4. 超过诉讼时效

当事人请求人民法院保护民事权利的期间一般为两年(特殊的为一年)。原告向人民法院起诉后，被告提出原告的起诉已超过法律保护期间的，如果原告没有对超过法律保护期间的事实提供证据证明，其诉讼请求不会得到人民法院的支持。

5. 授权不明

当事人委托诉讼代理人代为承认、放弃、变更诉讼请求，进行和解，提起反诉或者上诉等事项的，应在授权委托书中特别注明。没有在授权委托书中明确、具体记明特别授权的，诉讼代理人就上述特别授权事项发表的意见不具有法律效力。

6. 不按时缴纳诉讼费用

当事人起诉或者上诉，不按时预交诉讼费用，或者提出缓交、减交、免交诉讼费用申请未获批准仍不缴纳诉讼费用的，人民法院将会裁定按自动撤回起诉、上诉处理。当事人提出反诉，不按规定预交相应的案件受理费的，人民法院将不会审理。

7. 申请财产保全不符合规定

当事人申请财产保全，应当按规定缴纳保全费用而没有缴纳的，人民法院不会对申请保全的财产采取保全措施。

当事人提出财产保全申请，未按人民法院要求提供相应财产担保的，人民法院将依法驳回其申请。申请人申请财产保全有错误的，将要赔偿被申请人因财产保全所受到的损失。

8. 不提供或者不充分提供证据

除法律和司法解释规定不需要提供证据外，当事人提出诉讼请求或者反驳对方的诉讼请求，应提供证据证明。不提供相应的证据或者提供的证据证明不了有关事实的，可能面临不利的裁判后果。

9. 超过举证时限提供证据

当事人向人民法院提交的证据，应当在当事人协商一致并经人民法院认可或者人民法院指定的期限内完成。超过上述期限提交的，人民法院可能视其放弃了举证的权利，但属于法律和司法解释规定的新证据除外。

10. 不提供原始证据

当事人向人民法院提供证据，应当提供原件或者原物，特殊情况下也可以提供经人民法院核对无异的复制件或者复制品。提供的证据不符合上述条件的，可能影响证据的证明力，甚至可能不被采信。

11. 证人不出庭作证

除属于法律和司法解释规定的证人确有困难不能出庭的特殊情况外，当事人提供证人证言的，证人应当出庭作证并接受质询。如果证人不出庭作证，可能影响该证人证言的证据效力，甚至不被采信。

12. 不按规定申请审计、评估、鉴定

当事人申请审计、评估、鉴定，未在人民法院指定的期限内提出申请或者不预交审计、评估、鉴定费用，或者不提供相关材料，致使争议的事实无法通过审计、评估、鉴定结论予以认定的，可能对申请人产生不利的裁判后果。

13. 不按时出庭或者中途退出法庭

原告经传票传唤，无正当理由拒不到庭，或者未经法庭许可中途退出法庭的，人民法院将按自动撤回起诉处理；被告反诉的，人民法院将对反诉的内容缺席审判。

被告经传票传唤，无正当理由拒不到庭，或者未经法庭许可中途退出法庭的，人民法院将缺席判决。

14. 不准确提供送达地址

适用简易程序审理的案件，人民法院按照当事人自己提供的送达地址送达诉讼文书时，因当事人提供的己方送达地址不准确，或者送达地址变更未及时告知人民法院，致使人民法院无法送达，造成诉讼文书被退回的，诉讼文书也视为送达。

15. 超过期限申请强制执行

向人民法院申请强制执行的期限，当事人应遵守法律规定的申请执行期限。期限自生效的法律文书确定的履行期限届满之日起算。超过上述期限申请的，人民法院不予受理。

16. 无财产或者无足够财产可供执行

被执行人没有财产或者没有足够的财产履行法律文书确定义务的，人民法院可能对未履行的部分裁定中止执行，申请执行人的财产权益将可能暂时无法实现或者不能完全实现。

17. 不履行生效法律文书确定义务

被执行人未按生效法律文书指定期间履行给付金钱义务的，将要支付迟延履行期间的双倍债务利息。

被执行人未按生效法律文书指定期间履行其他义务的，将要支付迟延履行金。

附件三：×××人民法院应诉通知书

(××××)×××字第××号

×××：

本院已受理＿＿＿＿(原告或者上诉人的姓名或名称)诉你方＿＿＿＿(案由)纠纷一案，现发送＿＿＿＿诉状副本一份，并将有关事项通知如下：

一、当事人在诉讼过程中，有权行使《中华人民共和国民事诉讼法》第五十条、第五十一条、第五十二条等规定的诉讼权利，同时必须遵守诉讼秩序，履行诉讼义务。

二、你方应当在收到＿＿＿＿诉状之日起15日(涉外案件为30日)内向本院提交答辩状一式＿＿份。

三、法人或者其他组织参加诉讼的，应当提交法人或者其他组织资格证明以及法定代表人身份证明书或者负责人身份证明书。自然人参加诉讼的，应当提交身份证明。

四、需要委托代理人代为诉讼的，应当提交由委托人签名或者盖章的授权委托书，授权委托书应当依照《中华人民共和国民事诉讼法》第五十九条的规定载明委托事项和权限。

年　月　日

(院印)

附件四：民事诉讼举证通知书

＿＿＿＿＿人民法院举证通知书(　　)字第＿＿号

＿＿＿＿＿＿：

根据《中华人民共和国民事诉讼法》和最高人民法院《关于民事诉讼证据的若干规定》，现将有关举证事项通知如下：

一、当事人应当对自己提出的诉讼请求所依据的事实或者反驳对方诉讼请求所依据的事实承担举证责任。当事人没有证据或者提出的证据不足以证明其事实主张的，由负有举证责任的当事人承担不利后果。

二、向人民法院提供证据，应当提供原件或者原物，或经人民法院核对无异的复制件或者复制品，并应对提交的证据材料逐一分类编号，对证据材料的来源、证明对象和内容作简要说明，依照对方当事人人数提出副本。

三、申请鉴定，增加、变更诉讼请求或者提出反诉，应当在举证期限届满前提出。

四、你方申请证人作证，应当在举证期限届满的十日(注：适用简易程序的，当事人申请的时间可以不受十日的限制)前向本院提出申请。

五、申请证据保全，应当在举证期限届满的七日(注：适用简易程序的，当事人申请的时间可以不受七日的限制)前提出，本院可根据情况要求你方提供相应的担保。

六、你方在收到本通知书后，可以与对方当事人协商确定举证期限后，向本院申请认可。

你方与对方当事人未能协商一致，或者未申请本院认可，或本院不予认可的，你方应当于_____年_____月_____日前向本院提交证据。

七、你方在举证期限内提交证据材料确有困难的，可以依照最高人民法院《关于民事诉讼证据的若干规定》第三十六条的规定，向本院申请延期举证。

八、你方在举证期限届满后提交的证据不符合最高人民法院《关于民事诉讼证据的若干规定》第四十一条、第四十三条第二款、第四十四条规定的"新的证据"的规定的，视为你方放弃举证权利，但对方当事人同意质证的除外。

九、符合最高人民法院《关于民事诉讼证据的若干规定》第十七条规定的条件之一的，你方可以在举证期限届满的七日前书面申请本院调查收集证据。

附：

1. 存在最高人民法院《关于民事诉讼证据的若干规定》(以下简称《证据规定》)第四条或者第五条、第六条规定的情形的，审判人员可以针对不同案件情况填写。

2. 如当事人可能提供域外形成的证据的，审判人员应当根据《证据规定》第十一条、第十二条的规定，填写相关内容。

3. 审判人员认为有必要的，可以根据案件的具体情况，指定当事人提供与本案有关的证据。

_____年_____月_____日(院印)

附：

1. 本通知书适用于一审诉讼程序。

2. 人民法院指定举证期限时，应当指定举证期限届满的时间。后收到通知书的一方当事人举证期限不足三十日的，自其收到通知书起第三十一日为举证期限届满的时间。

第二节　民事诉讼庭审程序

庭审环节一般由审判长主持。根据庭审的需要，审判长也可以委托其他合议庭成员主持部分庭审活动，但应向诉讼参加人说明。进入庭审程序，由审判长宣布，庭审活动分为法庭调查、法庭辩论、当事人最后陈述、法庭调解、法庭休庭评议后进行宣判(适用调解不成的情况)等环节。

在庭审过程中,当事人可以要求法庭对诉讼权利义务、诉讼风险和举证责任的具体内容予以释明。法庭也可以对诉讼能力比较低的当事人给予适当的诉讼指导,以确保审判的公正和公平。

一、法庭调查

法庭调查是庭审的重心,调查的对象是事实,因此,本环节的主要任务是通过当事人举证、质证、认证,确认法律事实,达到司法裁判的首要标准——"以事实为依据"。法庭调查的质量在很大程度上决定了庭审的质量。从实践来看,做好法庭调查需要抓好以下环节。

第一,准确确定法庭调查的范围。在确定法庭调查的范围时,要正确处理法庭调查的范围和当事人争议焦点的关系;要正确处理法庭调查和法庭辩论的分工,法庭调查阶段一般不宜就法律适用等问题组织当事人辩论。

第二,法庭调查范围内的具体事项应当逐一展开。切忌在没有确定具体调查对象的情况下就组织当事人举证、质证。

第三,法庭调查应当有序进行。如果涉及前置的程序性问题,应先行调查处理。对其他实体性问题的审查原则上按时间顺序或者法律关系的基本要素有序安排,逐一进行。

法庭调查的具体程序如下所述。

1. 宣布法庭调查

主持人宣布:现在进行法庭调查。

本环节提示:法庭可对法庭调查顺序予以说明,法庭调查一般按当事人陈述、归纳小结、当事人当庭举证、当庭质证、法庭认证的顺序进行。

2. 当事人陈述

广义的"当事人陈述"包括诉讼请求或者主张以及所依据的事实和理由。其中,当事人就案件事实所做的叙述,属于证据,即狭义的"当事人陈述"。作为证据,当事人陈述的举证方式与书证、物证等证据不同。在组织当事人陈述过程中,当事人宣读诉状、补充陈述和答问陈述,既是举证的过程,也是质证(包括质辩)的过程。

主持人宣布:首先由当事人陈述。

主持人宣布:请原告宣读起诉状或者简要陈述诉讼请求及所依据的事实和理由,即指示原告陈述。

主持人宣布:请被告宣读答辩状或者简要陈述诉讼主张及所依据的事实和理由,即指示被告陈述。

主持人宣布:请第三人宣读答辩状(起诉状)或者简要陈述诉讼主张(诉讼请求)及所依据的事实和理,即指示第三人陈述。

本环节提示:当事人陈述的内容如果超出诉状范围,法庭可提示当事人另做补充陈述。当事人未提交诉状或者逾期提交诉状的,法庭应予以说明。

主持人宣布：现在，由当事人做补充陈述，即指示原告、被告、第三人依次做补充陈述。

本环节提示：法庭应引导当事人针对对方当事人的陈述，补充陈述相应的事实和理由，陈述的内容应避免重复。

主持人宣布：法庭现就案件的事实问题，向当事人发问。

本环节提示：在当事人主动陈述的基础上，法庭可根据案件的需要有针对性地向当事人发问，以理清案情、明确无争议的事实和讼争焦点。对法庭的发问，当事人应如实进行答问陈述。同时，针对当事人的答问陈述，法庭应当征询对方当事人的质证意见。

此外，当事人陈述也涉及举证期限问题。被告或者第三人逾期提交答辩状，或者当事人在举证期限届满后当庭口头答辩陈述的内容，以及补充陈述和答问陈述内容，实际属于逾期举证。对方当事人可以质证，也可以拒绝质证。拒绝质证的，该陈述不能直接予以认定，但法庭应保障当事人陈述的权利。

3. 归纳小结

主持人宣布：根据当事人陈述，结合案件的其他诉讼材料，法庭归纳总结以下几个方面的内容。

(1) 本案的诉讼请求是：_____。

(2) 当事人没有争议的事实有：_____。

在确认之前，主持人可以征询各方当事人的意见。对于各方当事人陈述一致或者都认可的事实，除涉及身份关系，或者涉及国家、第三人的权益，或者与其他证据有冲突的之外，经合议庭评议确认后可以直接予以认定，并当庭宣布：以上事实，各方当事人陈述一致或均予认可，足以认定。还应宣告：以上经法庭认定的事实，无须当事人举证、质证。

本环节提示：如果当事人对案件事实没有或者基本没有争议，且根据当事人陈述即可直接认定全案事实的，经合议庭评议确认后，即可宣布法庭调查结束。

(3) 本案诉讼争议的焦点有：_____。

在确认之前，主持人可以征询各方当事人的意见，在各方当事人均确认无异议后予以确认。

(4) 法庭进一步调查的范围如下：_____。

本环节提示：法庭确定调查的范围时无须征询当事人的意见。法庭调查的范围不以当事人诉讼争议的内容为限，但两者不一致的，法庭应予以释明。

法庭调查的范围主要是案件事实问题。有关法律适用问题则属于法庭辩论的范围，但对法律依据的有无以及法律条文的具体内容等发生的争议，法庭认为需要调查的，也可以作为法庭调查的范围。

法庭调查的范围确定后，应宣布：当事人当庭举证、质证应当围绕法庭确定的范围进行。

4. 当庭举证

对于法庭调查范围内的事项，应当逐一、有序地展开调查。

主持人宣布：现在，法庭调查_____，请当事人当庭举证。

然后，指示当事人当庭出示证据并进行说明。说明的内容包括证据的名称、种类、来源、内容以及证明对象等。由法庭调取的证据由法庭或者申请调取该证据的当事人出示和说明。

法庭应当引导举证当事人根据具体调查事项，有针对性地提供证据材料，具体包括以下方面。

(1) 书证和物证，应出示原件、原物；不能出示原件、原物的，可以出示复印件、复制品或者照片、抄录件等。

(2) 视听资料，应出示原始载体并当庭播放；不能出示原始载体或者当庭播放有困难的，可以以其他方式播放或者提供抄录件等。

(3) 证人、鉴定人、勘验人、检查人因故未出庭作证的，应当说明理由，并出示证人书面证言、提出鉴定结论、勘验笔录、检查笔录的原件。如证人、鉴定人、勘验人、检查人以及专家出庭作证，则另按出庭作证的程序举证、质证。

5. 当庭质证

举证完毕，主持人宣布：请当事人质证。

本环节提示：当庭质证一般以"一举一质"或"类举类质"的方式进行。法庭应当引导当事人围绕证据的真实性、关联性、合法性，针对证据证明力有无以及证明力大小，进行辨认与辩驳。质证时，法庭应当引导质证当事人首先作出是否认可的意思表示。如不认可，应提出具体的理由，并组织当事人展开质辩。法庭不得把质辩作为法庭辩论的内容，制止当事人在质证中进行质辩。

质辩至少进行一个轮回，即在质证当事人提出反驳的基础上，主持人宣布：请_____(举证当事人)辩解。举证当事人辩解后，宣布：请_____(质证当事人)辩驳。如法庭认为有必要，可以组织当事人进行多轮次的质辩。

在质证中，质证当事人提出相应的反证的，法庭应当当庭组织举证和质证。

6. 证人、鉴定人、勘验人、检查人以及专家出庭作证

有证人出庭作证的，当事人应当在规定的期限内提出传唤申请，由法庭通知证人出庭作证。通知书应告知证人作证的权利和义务以及作伪证应当承担的法律责任。

本环节提示：当事人在开庭时直接带证人到庭后申请法庭传唤出庭的，法庭按逾期举证处理。

在当庭举证的过程中，举证当事人申请传唤证人出庭作证的，应向法庭提出。经法庭审查准许后，主持人即宣布：传_____到庭。

证人出庭就座后，主持人宣布：请证人报告本人的基本情况，并说明与本案当事人的关系。在确认其知道作证的权利和义务以及作伪证应当承担的法律责任后，请证人当庭保证或者在保证书上签名。

证人出庭作证陈述的一般顺序：①根据法庭提示的调查事项，证人就其了解的事实作连贯性陈述；②举证当事人发问，法庭指示证人答问；③质证当事人发问，法庭指示证人答问。法庭根据需要也可以发问(一般在当事人发问后再行发问)。当事人或者证人对发问有异议的，可以向法庭提出。异议是否成立，由合议庭评议确定。

证人回答发问结束后，主持人宣布：请证人退庭。提示证人退庭后，在休息室休息，

休庭后还要审阅笔录和签名。如果需要再次出庭，则再行传唤。

证人退庭后，针对证人证言，法庭组织当事人进行举证说明和当庭质证。主持人宣布：请_____(举证当事人)说明。举证当事人说明后，主持人宣布：请_____(质证当事人)质证。法庭可以组织质辩。

鉴定人、勘验人、检查人、专家出庭作证的具体程序，参照证人出庭作证的程序执行(除出具保证外)。

7. 当庭认证

证据经当庭举证、质证后，合议庭当庭或者休庭进行评议，对证据进行审查核实并作出认证结论。能够当庭宣布认证结论的，应当当庭宣布；不能当庭宣布的，在下次开庭时或者宣判时宣布；不能当庭认证的，应当向当事人作出说明。

认证结论的表述主要有以下两种方式。

(1) 确认证据足予采信的，认证结论为：经合议庭评议确认，_____(证据名称)内容真实，形式合法，可以作为认定_____(案件事实)的根据。

(2) 确认证据不予采信的，认证结论为：经合议庭评议确认，_____(证据名称)因_____(不予采信的理由)，故不能作为本案认定事实的根据(不予采信)。

证据不予采信的理由包括：证据缺乏真实性或合法性或关联性，以致没有证明效力。

本环节提示： 在举证、质证的基础上，根据《证据规则》第八条第一、二、三款的规定确认当事人没有争议的事实。对于当事人没有争议的事实，一般无须再行举证和质证，法庭即可直接予以认定；但涉及身份关系(第八条第四款)，或者涉及国家利益、社会公共利益、他人合法权益事实，法庭认为当事人应当举证的(第十三条)，或者当事人在诉讼过程中承认的事实，但事后反悔并有相反证据足以推翻的(第七十四条)，以及与其他证据有冲突的(第七十三条)当事人陈述，法庭不能直接予以认定。

8. 发问和答问

法庭根据案件审理的需要，可以给当事人相互发问的机会。

然后主持人宣布：当事人有问题需要向对方当事人发问的，经法庭许可，可以发问。

然后，逐一征询各方当事人，如果当事人申请发问，请发问。法庭审查确认后，指示被问当事人答问。

本环节提示： 法庭根据案件审理的需要，也可以向当事人发问。当事人对发问有异议的，可以向法庭提出。异议是否成立，由合议庭评议确定。

9. 其他事项的调查

法庭调查范围内的调查事项调查完毕后，可以征询当事人是否还有其他事实需要调查或者是否有其他证据需要出示。

当事人申请调查其他事实，经法庭评议许可后，组织当事人当庭举证、质证。如果法庭经评议认为无调查必要的，可以驳回当事人的申请。

当事人申请出示其他证据的，应当说明理由和证明的对象。如系逾期提供的证据，法庭不组织质证，但对方当事人同意质证的除外。如系"新的证据"，法庭应当给对方当事人准备质证和收集反驳证据的时间，但对方当事人同意当庭质证的除外。如属于无须举证、质证范围内的证据，可以驳回当事人的举证申请。

10. 宣布法庭调查结束

经确认各方当事人没有新的证据提供、没有其他事实需要调查后，主持人宣布：法庭调查结束。

本环节提示：该环节是法庭调查的重要部分，要求学生对证据规则有深刻认识。关于证据应用问题，将在证据应用的相关章节中具体介绍。

二、法庭辩论

法庭辩论一般是在法庭调查的基础上，甚至在事实清楚的基础上，就法律的适用展开辩论，以确认是非曲直、行为性质、责任划分等。法庭辩论阶段一般不组织当事人就证据和事实的认定发表意见，关于证据和事实的质证辩论应当在法庭调查中进行，但法庭已经认定的事实和证据可以作为法庭辩论的依据。法庭辩论的具体程序如下所述。

1. 宣布法庭辩论

主持人宣布：现在进行法庭辩论。

本环节提示：主持人可以确定法庭辩论的范围，当事人应当围绕各自的诉讼请求或者诉讼主张，就法律的具体适用问题展开辩论。

当事人对证据和事实的认定产生的争议属于法庭调查的内容，一般不应作为法庭辩论的范围。

主持人可以强调法庭辩论的规则：在法庭辩论中，辩论发言应当经法庭许可；注意用语文明，不得使用具有讽刺、侮辱性质的语言；语速要适中，以便法庭记录；发言的内容应当避免重复。在法庭辩论的过程中，如有违反规则的言行，法庭应予以制止。

2. 对等辩论

主持人宣布：首先由当事人进行对等辩论。随即指示原告、被告、第三人依次进行辩论发言。

本环节提示：一轮辩论结束，法庭可根据实际情况决定是否进行下一轮辩论。如进行下一轮辩论，应强调发言的内容不宜重复。法庭根据需要可限定每一轮次各方当事人辩论发言的时间。

3. 互相辩论

主持人宣布：现在进行互相辩论。当事人要求辩论发言的，可以向法庭举手示意。经法庭许可，方能发言。

本环节提示：在互相辩论中，当事人未经许可而进行自由、无序的辩论发言或者辩论发言的内容重复的，法庭应予以制止。

4. 法庭调查阶段的回转

在辩论中如发现有关案件事实需要进行调查，或者需要对有关证据进行审查，应当宣布：中止法庭辩论，恢复法庭调查。

法庭调查结束后，宣布：恢复法庭辩论。庭审活动恢复到中止时的阶段。

5. 宣布法庭辩论结束

在确认各方当事人的辩论意见陈述完毕后，主持人即可宣布：法庭辩论结束。

■ 三、当事人最后陈述

根据《民事诉讼法》的规定，当事人最后陈述在法庭辩论终结后进行。民事诉讼当事人最后陈述的内容，主要是归纳本方诉讼意见，以及就案件的具体处理向法庭提出最后请求。最后陈述的内容应简明扼要，力求言简意赅。但需要强调的是，由于整个庭审活动都在法庭的主导下进行，当事人陈述发言以及其他诉讼活动均受到法庭的约束，当事人没有充分、自由的发言机会。因此，在当事人做最后陈述时，法庭有必要给予当事人一次自由的发言机会。一方面，可以切实保障当事人的诉讼权利，保障当事人充分表达思想的权利；另一方面，也可以满足当事人的心理需求，给当事人提供一个能够"充分说话"的地方，可能在一定程度上有利于增强审判的法律效果和社会效果。因此，一般情况下，当事人在做最后陈述时，法庭不宜打断或制止当事人发言；如果当事人陈述过于冗长，或陈述的内容多次重复，法庭方可适时给予提醒和劝阻。

主持人宣布：现在，由当事人陈述最后意见。随即指示原告、被告、第三人依次做最后陈述。

本环节提示：合议庭成员应当认真、耐心地听取当事人陈述，一般不宜打断当事人的发言。但如其陈述过于冗长，法庭应当予以引导；如当事人陈述的内容简单且重复多次，或者陈述的内容与案件没有直接关联，法庭应以适当的方式予以制止。

■ 四、法庭调解

法庭调解又称诉讼中调解，是指在民事诉讼中，双方当事人在法院审判人员的主持和协调下，就案件争议的问题进行协商，从而解决纠纷所进行的活动。具体程序如下所述。

1. 宣布法庭调解

主持人宣布：现在进行法庭调解。

本环节提示：法庭要把握时机，根据案件审理的实际情况，在法庭调查和法庭辩论中适时组织调解。在法庭辩论之后，当事人或者法定代理人出庭参加诉讼，或者委托的代理人有特别授权的，法庭应当组织调解。如果当事人或者法定代理人未出庭参加诉讼，而且委托的代理人也没有特别授权的，法庭不能当庭组织调解。庭后有调解必要和可能的，应当于休庭后组织调解。

2. 询问当事人的调解意愿

主持人征询各方当事人：是否愿意调解。各方当事人均表示愿意调解的，法庭即可组织调解；有一方当事人不同意调解的，主持人宣布：终结调解。随即宣布休庭。

本环节提示：由于刚经过法庭调查和法庭辩论，当事人情绪对立的情况可能比较严重。法庭应注意调整庭审气氛，讲究工作方法，在做好思想工作的基础上，适时征询当事人的调解意愿并开展调解工作。即使不能当庭调解，但确有再行调解的必要和可能的，应当在休庭后进一步做调解工作。

3. 组织调解

经确认各方当事人均有调解意愿的，主持人宣布：现由法庭组织调解。

法庭调解的一般程序如下所述。

(1) 先由原告方提出调解方案，征询被告方的意见。

(2) 被告同意原告的调解方案的，法庭予以审查确认；被告拒绝的，则由被告提出新的调解方案，并征询原告的意见。

(3) 原告同意被告提出的新的调解方案的，法庭予以审查确认；原告拒绝的，法庭可以再进行调解或者终止调解程序。

(4) 当事人各方提出的调解方案均被对方拒绝的，法庭可以提出调解方案，并征询当事人的意见。

调解成功后，审判长宣布闭庭。

本环节提示：对当事人达成的调解协议，法庭经审查确认调解协议内容的合法性和当事人意思表示的真实性后，制作调解书。调解书经双方当事人签收后，即具有法律效力。根据《民事诉讼法》第九十条的规定不需要制作调解书的案件，当事人各方同意在调解协议上签名或者盖章后生效，经人民法院审查确认后，应当记入笔录或者将协议附卷，并由当事人、审判人员、书记员签名或者盖章后即具有法律效力。当事人请求制作调解书的，人民法院应当制作调解书送交当事人。当事人拒收调解书的，不影响调解协议的效力。

4. 终结调解

调解不成，主持人宣布：法庭调解结束。

经合议庭评议认为没有进一步调解必要或可能的，应当休庭评议，及时作出判决。

五、休庭、评议和宣判

1. 宣布休庭

审判长先宣布：现在休庭。然后敲击法槌。

宣布休庭后应告知当事人复庭的时间。如果决定不当庭宣判，应当告知宣判的时间或者交代宣判时间另行通知。

2. 法官退庭和评议

决定当庭宣判的，应于休庭后立即进行评议；择期宣判的，应在庭审结束后5个工作日内进行评议。

本环节提示：合议庭评议案件时，先由承办法官对认定案件事实、证据是否确凿、充分以及适用法律等发表意见，审判长最后发表意见；审判长作为承办法官的，由审判长最后发表意见。对案件的裁判结果进行评议时，由审判长最后发表意见。审判长应当根据评议情况总结合议庭评议的结论性意见。合议庭成员应当认真负责，充分陈述意见，独立行使表决权，不得拒绝陈述意见或者仅做同意与否的简单表态。同意他人意见的，也应当提出事实根据和法律依据，进行分析论证。

评议后，合议庭应当依照规定的权限，及时对已经评议形成一致或者多数意见的案件直接作出判决或者裁定。

3. 法官入庭和宣布继续开庭

庭审准备就绪，书记员宣布：全体起立，请审判长、审判员(人民陪审员)入庭。

待法官坐定后，书记员再宣布：请坐下。

审判长敲击法槌后，即宣布：现在继续开庭。

4. 宣布评议结果

原定当庭宣判的，但经合议庭评议后未能作出裁判或评议决定不当庭宣判的，审判长应予说明，后宣布休庭。

经合议庭评议，能够当庭宣判的，审判长应宣告：经过合议庭评议，评议结论已经作出，现予宣布_____。

本环节提示：宣判的内容包括：认证结论(先前已宣布的认证结论除外)；裁判理由；裁判结果以及诉讼费的负担。关于当事人的基本情况、案由、当事人陈述等部分内容，在当庭宣判时无须宣读。在审判长宣告裁判结果(主文)前，由书记员宣布：全体人员起立。合议庭成员和书记员，以及诉讼参加人、旁听人员均应起立。

宣读完毕，审判长敲击法槌。然后书记员宣布：请坐下。

5. 征询意见

宣判后，审判长依次询问当事人：对本判决(裁定)有何意见？

当事人陈述意见后，审判长不必与当事人纠缠，指示书记员：请将当事人的意见记录在案。

6. 交代诉权和说明文书的送达方式

当庭宣判的，由审判长宣布：如不服本判决(裁定)，可在判决(裁定)书送达之日起_____日内，向本院递交上诉状，并按对方当事人的人数提出副本，上诉于_____法院。

书面文本的说明：除判决(裁定)结果外，本判决(裁定)的其他具体内容以书面文本为准。

本环节提示：文书送达的说明。经询问确认当事人或者其诉讼代理人、代收人同意在指定的期间到人民法院接受送达的，审判长宣告：请当事人于_____(时间)到_____(地点)领取判决书(裁定书)。无正当理由逾期不来领取的，视为送达。当事人要求邮寄送达的，审判长宣告：法庭将根据当事人确认的地址邮寄送达。邮件回执上注明的收到或者退回之日即为送达之日。

7. 宣布闭庭

审判长宣布：庭审结束，现在宣布_____闭庭！然后敲击法槌。

书记员宣布：全体起立！

待合议庭成员退庭后，宣布：散庭。诉讼参加人和旁听人员方可退庭。

8. 审阅笔录的说明

散庭后，书记员向诉讼参加人交代阅读法庭笔录的时间和地点。能够当庭阅读庭审笔录的，请诉讼参加人阅读并签名。

诉讼参加人认为笔录有误的，可以要求书记员更改；书记员不同意更改的，诉讼参加人应予以注明或者提交书面说明附卷。

附件一：法庭规则和法庭纪律

目前，各法院宣读的法庭纪律的内容仍然不规范、不统一，因此需要对法庭纪律的文本进行统一规范。根据《中华人民共和国法庭规则》的规定，确定如下几项内容。

法庭规则：诉讼参与人应当维护法庭秩序，不得喧哗、吵闹；发言、陈述和辩论，须经法庭许可。

法庭纪律：旁听人员必须遵守下列纪律：①不得录音、录像和摄影；②不得随意走动和进入审判区；③不得发言、提问；④不得鼓掌、喧哗、哄闹；⑤不得开放移动电话机等通信设备的铃响和接听电话；⑥不得实施其他妨害审判活动的行为。

新闻记者旁听应遵守法庭纪律，未经法庭许可，不得在庭审过程中录音、录像和摄影。

对于违反法庭规则的人，法庭可以口头警告、训诫，也可以没收录音、录像和摄影器材，责令退出法庭或者经院长批准予以罚款、拘留。对哄闹、冲击法庭，侮辱、诽谤、威胁、殴打审判人员等严重扰乱法庭秩序的人，可依法追究刑事责任；情节较轻的，予以罚款、拘留。其中第⑤项是对《法庭规则》规定的"其他妨害审判活动的行为"的补充，但法庭纪律不能与法庭使用管理的规章制度混淆。

第三节　民事诉讼中的证据

■ 一、证据简介

(一) 证据的概念及其分类

民事诉讼证据是指能够证明民事案件真实情况的事实。通常意义上讲，民事诉讼证据既是指民事诉讼中当事人向法院提供的或者法院依职权收集的用以证明案件事实的各种材料，也是法院认定有争议的案件的事实根据。

事实上，证据和证据材料是两个截然不同的概念，虽然证据来自证据材料，证据材料是证据的初始形态，但证据与证据材料有着明显的区别。

首先，证据材料要成为诉讼证据，需经过质证，还要经过法庭的审核和认定。

其次，证据材料出现在诉讼的较早阶段，而证据则形成于诉讼的中后阶段，因为只有在法庭调查终结和法庭评议以后才能确定能否将证据材料作为本案的证据。

因此，所谓民事诉讼的证据仅指民事诉讼证据，它是指能够证明民事案件真实情况的各种客观事实。

(二) 民事诉讼证据的特点

民事诉讼证据的特点有三个，即客观性、关联性和合法性。

1. 客观性

所谓民事证据的客观性，是指证据必须是客观存在的事实，即具有客观性。客观性是指民事诉讼证据本身是客观的、真实的，而不是想象的、虚构的、捏造的。

2. 关联性

所谓关联性，是指证据与证明对象之间具有某种内在的联系。关于证据的关联性问题，无论是大陆法系，还是英美法系，无论是社会主义国家，还是资本主义国家，都认为证据应具有关联性。证据材料最终被采信为证据要经过两个阶段：第一，必须看证据材料是否具有关联性，没有关联性的证据材料不能考虑采用为证据；第二，对于有关联性的证据材料，还应就其关联性的程度加以评价。

3. 合法性

所谓合法性，是指证据必须符合法律要求，不为法律所禁止，即具有合法性。

合法性不仅指证据必须按照法定程序收集和提供，还必须符合法律规定的条件。概括起来，合法性包括以下三个方面内容：第一，收集证据的合法性；第二，证据形式的合法性；第三，证据材料转化为证据的合法性，即证据材料要成为证据必须经过法律规定的程序。

(三) 民事诉讼证据客观性、关联性、合法性之间的联系

民事诉讼证据的客观性、关联性与合法性是任何一件民事证据必须同时具备的属性，三者缺一不可，但客观性、关联性和合法性之间又绝不能等量齐观。客观性是民事诉讼证据的前提属性，没有客观性不可能有关联性和法律性，只有具有客观性的证据材料才有可能具备关联性，只有具有客观性和关联性的证据材料才有可能具有合法性。在某种意义上，合法性是最重要的。一个证据材料如果同时具备客观性与关联性但不具备合法性，一般来说它不可能成为民事诉讼证据。例如，《民事诉讼法》第七十三条规定："勘验人应当将勘验情况和结果制作笔录，由勘验人、当事人和被邀参加人签名或者盖章。"也就是说，即使勘验情况和结果是客观的且与案件有关联，但如果没有满足合法性的要求，即勘验人或当事人没有在笔录上签名或盖章，它仍不能成为民事诉讼证据。

(四) 民事诉讼证据的种类

1. 当事人陈述

当事人陈述是指当事人在诉讼中就与本案有关的事实，向法院所作的陈述。当事人陈述作为证据的一个种类是我国民事诉讼证据种类划分的特色。当事人是民事诉讼法律关系的主体，由于与诉讼结果存在直接的利害关系，决定了当事人陈述具有真实与虚假并存的特点。

因此，审判人员在运用这一证据时应注意防止将虚假的证据作为认定案件事实的根据，对于当事人的陈述应结合本案的其他证据进行审查核实，以确定作为认定案件事实的根据。

2. 书证

书证是指以文字、符号、图形等所记载的内容或表达的思想来证明案件真实的证据。这种物品之所以称为书证，不仅因它的外观呈书面形式，而更重要的是它记载或表示的内容能够证明案件事实。

从司法实践来看，书证的表现形式是多种多样的。从书证的表达方式来看，有书写的、打印的，也有刻制的等；从书证的载体来看，有纸张、竹木、布料以及石块等；从具体的表现形式来看，有合同、文书、票据、商标图案等。因此，书证的主要表现形式是各种书面文件，但有时也表现为各种物品。书证在民事诉讼中是普遍被应用的一种证据，起着非常重要的作用。

3. 物证

物证是指以其存在的形状、质量、规格、特征等来证明案件事实的证据。物证是通过其外部特征和自身所体现的属性来证明案件的真实情况，它不受人们主观因素的影响和制约。因此，物证是民事诉讼中重要的证据之一。民事诉讼中常见的物证有：争议的标的物(房屋、物品等)；侵权所损害的物体(加工的物品、衣物等)；遗留的痕迹(印记、指纹)等。

4. 视听资料

视听资料是指利用录音、录像、电子计算机储存的资料和数据等来证明案件事实的一种证据。它包括录像带、录音片、传真资料、电影胶卷、微型胶卷、电话录音、雷达扫描资料和电脑储存的数据和资料等。国外民事诉讼法一般没有将视听资料作为一种独立的证据类型，仅将其归入书证和物证的种类中；我国民事诉讼法鉴于其具有独立的特点，将其归为一类独立的证据加以使用。

5. 电子数据

电子数据是存储于电子介质中的信息，包括电子签名、格式化的硬盘通过恢复取得的信息等，与传统的录像、录音等视听资料有所区别。

6. 证人证言

证人是指知晓案件事实并应当事人的要求和法院的传唤到法庭作证的人，证人就案件事实向法院所作的陈述称为证人证言。

7. 鉴定意见

鉴定意见是专业人员运用其专门知识，对案件证据材料进行分析鉴别，对专门性问题提出意见，以作为法官判断相关证据真伪的参考依据。从性质上来说，鉴定意见与其他证据类型存在很重要的区别：鉴定意见本身是构建在其他证据材料的基础上，得出的鉴定人的主观判断。在其他证据类型中，都力求证据材料契合客观案情，尽量与表述人的主观相分离；但在鉴定中，最有价值的反而是鉴定人通过主观知识鉴别证据材料的过程。

8. 勘验笔录

勘验笔录是指人民法院审判人员在诉讼过程中，为了查明一定的事实，对与案件争议有关的现场、物品或物体亲自进行或指定有关人员进行查验、拍照、测量后的记录。

二、民事诉讼中的证明对象

(一) 证明对象的内涵

民事诉讼中的证明对象所要解决的问题是在民事诉讼过程中，哪些需要运用证据加以证明，哪些事实无须证明。凡是需要当事人用证据加以证明的事实就是证明对象。

明确民事诉讼中的证明对象具有十分重要的意义。只有明确了证明对象才能进一步确定证明责任的分配，以及对证明对象的证明需要达到的证明标准，并进一步确定证明的程序。证明对象的确定使诉讼证明成为有意识、有目的的活动，使当事人的举证、质证和法院的查证、认证更加具有针对性，从而避免不必要的、没有意义的证明活动可能导致的诉讼拖延和司法资源的浪费。

(二) 证明对象的范围

根据民事诉讼的一般理论，必须同时具备以下三个条件才能成为民事诉讼的证明对象。

(1) 双方当事人对该事实存在争议。民事诉讼贯彻辩论主义原则，该原则的宗旨在于将人民法院裁决的基础建立在当事人事实主张的范围内。凡是当事人没有主张的事实，人民法院不得作出认定；同时，凡是当事人没有争议的事实或否认的事实，都应当作为判决的基础。因此，根据辩论主义的要求，双方当事人没争议的事实无须证明。

(2) 该事实的证明对于法官正确审理民事案件具有法律上的意义。诉讼证据的最终目的在于帮助法官认定案件事实，解决当事人之间的纠纷。案件事实可细化为更具体的组成部分和事实片段，但是在诉讼过程中并非所有的事实组成部分都必须由当事人加以证明。如果某一事实的证明对案件的处理没有法律意义，则该事实就不属于证明对象的范围。

(3) 该事实不属于法律明确规定无须当事人证明的事实。出于提高诉讼效率的考虑，许多国家在法律上明确规定，对于某些事实无须证明，可直接作为法院认定事实的依据，比如众所周知的事实、自然规律或定理等事实就不属于证明的范围。

(三) 免于证明的事实

在民事诉讼中，并非所有存在争议的事实都需要当事人提出证据加以证明。出于提高诉讼证明效率、减轻当事人证明负担的考虑，许多国家的民事诉讼法规定，对特定的事实无须当事人证明，而由人民法院直接予以认定，这类事实就是免于证明的事实。

根据《民诉意见》第七十五条的规定，以及《证据规定》中第八条、第九条的规定，在我国民事诉讼中，属于免于证明的事实有以下几类。

1. 当事人于诉讼上自认的事实

自认是一方当事人作出的，认为对方当事人的事实主张是真实的意思表示。民事诉讼以解决当事人之间的争议为目的，如果双方当事人对某一具体事实不存在争执或一方当事人明确同意另一方当事人对该事实的主张，则对于这样的事实自然无须当事人再以证据证明。

1) 诉讼上自认的构成要件

根据《民事诉讼法》以及《证据规定》的规定，诉讼上的自认属于免于证明的事实，它由以下要件构成。

(1) 当事人自认的时间必须发生在口头辩论或准备程序中。在我国的民事诉讼程序中，当事人可以在开庭审理前的准备程序中进行自认，也可以在法庭审理的过程中作出自认。此外，当事人在起诉状、答辩状中所承认的对己不利的事实，都可以发生自认的效力。当事人在诉讼之外作出的自认不具有免除对方当事人举证责任的作用，诉讼外自认的事实仍然需要有其他证据加以证实。当事人在某一案件审理的过程中进行的自认对于其他案件而言也属于诉讼外的自认，不能产生拘束自认方的效力。

(2) 当事人的自认必须针对法律允许自认的事实，而不能针对另一方提出的诉讼请求或法律、法规、法律的解释。当事人针对诉讼请求所作的承认在民事诉讼理论上称为认诺，与对事实的自认不同，一方当事人一旦对另一方当事人提出的诉讼请求进行了认诺，就会直接导致认诺方败诉的结果，但是，对事实所作的自认只会使该事实成为无须证明的事实，至于诉讼的最终结果如何，还要由法官综合案件的其他证据后作出判断。对于法律、法规、法律的解释的问题属于法院职权范围内的事项，不能以当事人的自认拘束法院的裁决权。

当事人的自认只能针对法律允许自认的事实，超出法律允许范围的自认不具有法律效力。在我国民事诉讼中，不允许当事人自认的事实是指涉及身份关系的案件的事实，比如，涉及婚姻关系和亲子关系的案件不能由当事人自认。

(3) 自认的事实必须对作出自认的一方当事人不利。当事人所作的有利于自己的陈述不能构成自认。

(4) 自认必须采用法律认可的方式。在我国民事诉讼中，能够发生法律效力的自认方式有明示与默示两种。明示的自认指当事人以口头或书面方式对于某些事实明确表示承认。默示的自认指当事人对于对自己不利的事实保持沉默，不加争辩。明示的自认是最主要的自认方式，但是，我国民事诉讼法也同样承认在一定条件下，当事人的沉默可能构成自认。《证据规定》第八条第二款规定："对一方当事人陈述的事实，另一方当事人既未表示承认也未否认，经审判人员充分说明并询问后，其仍不明确表示肯定或者否定的，视为对该项事实的承认。"当事人在诉讼中除了可以亲自自认，还可以通过诉讼代理人进行自认。诉讼代理人对一般性法律事实的自认视为当事人的自认，未经过当事人特别授权的诉讼代理人在诉讼过程中所谓的可能导致承认对方当事人的诉讼请求的自认，则不能视为当事人的自认。但是，如果当事人在场，且对其代理人的承认不作否认表示的，则该自认视为当事人的自认。

(5) 自认必须就对方当事人主张的事实进行。通常的自认过程是这样的，即一方当事人先作出对自己有利的事实陈述，然后另一方当事人承认该事实的真实性。但是实践中也不排除这种可能，即一方当事人(自认人)先作出于己不利的事实陈述，对方当事人在此之后对该陈述加以引用，在这种情况下也构成自认，即所谓的先行自认。但是，先行自认在被对方当事人引用之前是没有拘束力的，在被引用之后，产生自认的拘束力，作出自认的当事人不能撤回该自认。

2) 诉讼上自认的效力

自认一经作出就对双方当事人及人民法院发生效力

(1) 对自认方的效力。对于作出自认的当事人而言，该当事人必须受自认内容的约束，不能再对自认所涉及的事实作出相反的主张。自认一经作出非出于法定原因不得撤回。

(2) 对对方当事人的效力。对于对方当事人而言，该对方当事人对属于自认范围的事实无须再承担证明责任。

(3) 对于人民法院的效力。对于人民法院而言，按照民事诉讼中有关处分原则的规定，人民法院应当将自认的事实作为认定案件事实的依据，在当事人自认的事实范围内不得再进行证据调查，自认的内容应当成为人民法院认定案件事实的依据。并且，自认对人民法院的拘束力不仅表现在一审程序中，在二审程序中，人民法院同样应当受到当事人自认的拘束。但是，自认对人民法院的拘束力并不是绝对的，当人民法院认为当事人的自认是出于恶意或是为了达到规避法律或其他非法目的，或自认可能会给国家利益、社会公共利益或他人合法权益造成损害时，人民法院可以不受当事人自认的约束。

3) 自认的撤回

当事人的自认一经作出就会对对方当事人及人民法院产生拘束力，并有可能对诉讼的结果产生重要影响。因此，为了保证诉讼程序的顺利进行，防止当事人滥用自认制度，法律规定在一般情况下，自认是不允许撤回的。但是，为了保障作出自认方当事人的利益，根据《证据规定》，当事人的自认在满足以下条件时是可以撤回的。

(1) 当事人撤回自认的时间必须发生在法庭辩论终结前。法律之所以对撤回自认的时间作出这样的规定，是因为如果允许当事人在法庭辩论终结后撤回自认，则人民法院对于自认的事实是否存在将无从查明，而且对于对方当事人而言，自认方如果在法庭辩论终结前撤回自认，对方当事人仍有机会在法庭审理过程中证明自己所主张的事实，否则，法庭辩论一旦结束，举证方就失去了提出证据进行证明的机会。

(2) 撤回自认必须经对方当事人同意，或者有充分证据证明其自认行为是在受到胁迫或者存在重大误解的情况下作出的且与事实不符。在诉讼中，一方当事人的自认可能对对方当事人的利益造成重要的影响，该方当事人可能由于他方的自认对自己接下来的诉讼行为作出一定的安排。因此，自认的撤回并不是作出自认方的私事，出于保护对方当事人利益的考虑，法律规定，自认的撤回必须经过对方当事人的同意。但是，当当事人有证据证明其自认的行为是在受到威胁或存在重大误解的情况下作出的，并且自认的内容与事实不符时，由于自认并非当事人真实的意思表示，应当允许当事人撤回自认。

在这里还应当指出，自认的撤回仅适用于明示的自认。对于默示的自认，由于当事人在自认时没有明确的意思表示，只要在法庭辩论终结前或在上诉审理程序中，对默示的自认所涉及的事实加以争执，就可以使自认不再发生法律效力。

自认一旦被撤回，对方当事人的举证责任自行恢复。但是人民法院仍然可以考虑将当事人的这种时而自认、时而撤回的反复无常的行为，作为判断事实真伪的依据。

2. 众所周知的事实

众所周知的事实是指在一定的时间和地域范围内为受理案件的法官和一般社会成员所共知的事实。对于不同的事实，被了解的范围不同。比如，10月1日是国庆节这一事实是全国人民周知的事实；2003年爆发了"非典"则属于全世界人民都知道的事实。但是，成为众所周知的事实并不意味着在某一地域范围内的所有人都知晓该事实的存在，只要求绝大多数人知道该事实即可。规定众所周知的事实可以免除当事人的举证责任，有利于提高诉讼效率，减轻当事人的举证负担。但是，这并不意味着不允许当事人用相反的证据证明众所周知的事实不存在或与实际情况不符，如果证明成立，则以众所周知的事实来证明其诉讼请求的当事人仍需要承担证明责任。

3. 自然规律及定理

自然规律是对客观事物的性质或其发展规律的反映，具有科学性。比如，太阳东升西落，北半球的6月是夏季，等等。自然规律的真实性已经过科学的检验，所以对于此类事实无须当事人证明。定理是在科学范畴被证明为正确的、有规律性的命题或原则。各种自然科学定理由于已被社会生活实践和科学技术所证明，无须当事人举证证明。

4. 推定的事实

根据法律规定或者日常生活经验，通过已知的事实推断出的另一事实的思维活动就是推定。其中，现存的事实被称为基础事实；另一事实被称为推定事实。两者基于某种因果上的联系，可由基础事实推断推定事实的存在。推定可以分为事实上的推定与法律上的推定两类。事实上的推定是法官根据已知的事实推论出另一事实。事实上的推定具有高度的盖然性，因此主张事实存在的当事人不承担举证责任，但是如果对方当事人提出了充分的证据证明推定的事实不存在，则该推定无效。

法律上的推定可进一步分为法律上的事实推定和法律上的权利推定两类。前者指法律明确规定当某一事实存在时可以推知另一事实存在。比如，民事诉讼法规定，原告未经法庭许可中途退庭的，按撤诉处理。该规定就属于法律上的事实推定。法律上的权利推定，是指法律对于某种权利或法律关系是否存在直接加以推论的情况。比如，民法中关于过错的推定。法律上的推定实际上是一种直接推论，因此，只要作为推定前提的事实成立，推定就能成立。法律上的事实推定和法律上的权利推定都属于免于证明的事实。

5. 已为法院生效判决确认的事实

人民法院的生效判决和裁定具有既判力，对于当事人之间的权利和义务关系及法律事实的确认具有终局的效力，因此，对于已生效判决中记载的事实无须当事人加以证明。

6. 已为仲裁机构生效的仲裁裁决认定的事实

仲裁机构作出的生效的仲裁裁决与法院的生效判决具有同等的法律效力，应受到当事人和人民法院的尊重。

7. 已为有效的公证文书所证明的事实

公证文书是公证机关依据法定的程序对有关法律行为、法律事实加以证明的法律文书。公证文书一经作出就具有法律效力。因此，有效的公证文书具有证据的效力，无须当事人举证证明。但是如果对方当事人提出证据推翻了公证文书的真实性或合法性，法院可以否定公证文书的证据效力，当事人对有关事实仍需举证证明。①

三、举证责任

(一) 举证责任的一般规定

所谓举证责任又称为证明责任，是指诉讼当事人通过提出证据证明自己主张的有利于自己的事实，避免因待证事实处于真伪不明的状态而承担不利的诉讼后果。当作为裁判基础的案件事实处于真伪不明的状态时，必然有一方要承担由此带来的不利后果，那么这一后果应当由谁来承担呢？这就是证明责任分配所要解决的问题。证明责任分配的含义：法院在诉讼中按照一定的规范或标准，将事实真伪不明时所要承担的不利后果在双方当事人之间进行划分。

《民事诉讼法》第六十四条第一款规定，当事人对自己提出的主张，有责任提供证据。简言之，就是"谁主张，谁举证"。最高法院《民诉证据若干规定》第二条规定："当事人对自己提出的诉讼请求所依据的事实或者反驳对方诉讼请求所依据的事实有责任提供证据加以证明。没有证据或者证据不足以证明当事人的事实主张的，由负有举证责任的当事人承担不利后果。"

(1) 在合同纠纷诉讼中，主张合同关系成立并生效的一方承担证明责任；主张合同关系变更、解除、终止、撤销的一方当事人对引起合同关系变动的事实承担证明责任。对合同是否履行发生争议的，由负有履行义务的当事人承担证明责任。

(2) 代理权发生争议的，由主张有代理权的一方当事人承担证明责任。

(3) 在一般侵权诉讼案件中，主张损害赔偿的权利人应当对损害赔偿请求权产生的事实加以证明。损害赔偿法律关系产生的法律要件事实，包括侵害事实、侵害行为与侵害事实之间的因果关系、行为具有违法性以及行为人的过错等。

(4) 在劳动争议纠纷案件中，因用人单位作出开除、除名、辞退、解除劳动合同、减少劳动报酬、计算劳动者工作年限等而产生劳动争议的，由用人单位负证明责任。

(二) 举证责任的特殊规定

民事诉讼举证责任还有一种形式，即举证责任的倒置，它是指在某些特殊情况下，由于案件事实的特殊性，法律在确定举证顺序时，免除由原告对其主张的事实首先进行举证的责任，而确定由被告人承担举证责任。

最高人民法院《关于民事诉讼证据的若干规定》中对侵权案件举证责任的分配和倒置的具体条件也作了明确的规定。由被告负举证责任的案件包括：①因新产品制造方法发明专利引起的专利侵权诉讼，由制造同样产品的单位或者个人对其产品制造方法不同于专利方法承担举证责任；②高度危险作业致人损害的侵权诉讼，由加害人就受害人故意造成损

---

① 宋朝武. 民事诉讼法学[M]. 北京：中国政法大学出版社，2008：219-225.

害的事实承担举证责任；③因环境污染引起的损害赔偿的诉讼，由加害人就法律规定的免责事由及其行为与损害结果之间不存在因果关系承担举证责任；④建筑物或者其他设施以及建筑物上的搁置物、悬挂物发生倒塌、脱落、坠落致人损害的侵权诉讼，由所有人或者管理人对其无过错承担举证责任；⑤饲养动物致人损害的诉讼，由动物饲养人或者管理人就受害人有过错或者第三人有过错承担举证责任；⑥因缺陷产品致人损害的侵权诉讼，由产品的生产者就法律规定的免责事由承担举证责任；⑦因共同危险行为致人损害的侵权诉讼由实施危险行为的人就其行为与损害结果之间不存在因果关系承担举证责任；⑧因医疗行为引起的侵权诉讼，由医疗机构就医疗行为与损害结果之间不存在医疗过错承担举证责任。

■ 四、证明程序

在民事诉讼活动中，证明程序包括：在举证期限内向法院提交证据；答辩期届满后、开庭审理之前，人民法院组织交换证据；庭审过程中双方当事人对证据进行质证；审判人员对证据进行认证。

(一) 举证期限

举证期限是指负有举证责任的当事人应当在法律规定的或法院指定的期限内提出证据，否则就可能承担不利的法律后果的一项制度。

1. 确定举证期限的方式

民事诉讼中，举证期限的确定有人民法院指定与当事人协商约定两种方式。人民法院在向当事人送达案件受理通知书和应诉通知书的同时，还应当向当事人送达举证通知书。举证通知书上应当载明举证责任的分配原则与要求、可以向人民法院申请调查取证的情形、人民法院根据案件情况指定的举证期限以及逾期提供证据的法律后果。人民法院指定的举证期限不得少于30日。但是在简易程序审理的案件中，指定期限可以少于30日。

举证期限也可以由当事人协商一致确定，但当事人协商确定举证期限应当经人民法院认可。

2. 逾期举证的法律后果

对于当事人而言，逾期举证的行为可能导致一系列法律后果。

(1) 证据失权。即视为放弃举证。(《证据规定》第三十四条第一款)

(2) 不组织质证。对于当事人逾期提交的证据材料，人民法院审理时不组织质证，但对方当事人同意质证的除外。(《证据规定》第三十四条第二款)

(3) 承担经济责任。由于一方当事人的原因未能在指定举证期限内举证，该当事人请求提出新的证据的，另一方当事人有权要求赔偿由此增加的误工费、证人出庭作证费、其他诉讼合理费用以及由此扩大的直接损失。(《证据规定》第四十六条)

(4) 限制当事人增加、变更诉讼请求和被告反诉。当事人增加、变更诉讼请求或者提起反诉的，应当在举证期限届满前提出。在举证期限届满后提出的，法院不予审理。

(二) 证据交换

证据交换是指在诉讼答辩期届满后、开庭审理之前，人民法院组织当事人双方将各自持有的证据与对方进行交换的诉讼活动。但该环节不是诉讼活动的必经环节。根据《证据规定》，证据交换一般适用于以下情况。

(1) 证据较多或者复杂疑难的案件。

(2) 当事人申请证据交换的。

(三) 质证

质证是民事诉讼活动中的一个重要环节，它是指在法庭审理过程中，双方当事人在法官的主持下，采用询问、辨认、质疑、辩驳、核实等方式对证据的效力进行质辩的诉讼活动。质证的内容主要围绕证据的"三性"展开。(《证据规定》第五十条)

(四) 认证

认证是指审判人员对于当事人或者控辩双方经过举证和质证的证据材料进行分析、研究和鉴别，决定证据的取舍和证明力的大小，并对案件事实作出认定的诉讼活动。它既包括对单个证据材料的个别认证，也包括对全案证据的综合审查判断和对案件事实的认定。根据案件性质的不同，模拟审判中的具体认证规则各有不同。根据民事诉讼法和有关的司法解释，尤其是最高人民法院《关于民事诉讼证据的若干规定》(以下简称《民事证据规定》)的内容和精神，民事案件审判认证的具体规则包括以下几项。

1. 证据排除规则

根据《民事证据规定》第六十八条，以侵害他人合法权益或者违反法律禁止性规定的方法所取得的证据，不能作为认定案件事实的依据。

2. 补强证据规则

根据《民事证据规定》第六十九条，下列证据不能单独作为认定案件事实的依据：①未成年人所作的与其年龄和智力状况不相当的证言；②与一方当事人或者其代理人有利害关系的证人出具的证言；③存有疑点的视听资料；④无法与原件、原物核对的复印件、复制品；⑤无正当理由未出庭作证的证人证言。根据《民事证据规定》第七十六条，当事人对自己的主张，只有本人陈述而不能提出其他相关证据的，其主张不予支持，但对方当事人认可的除外。

3. 适格证据的确认规则

关于书证、物证、视听资料和勘验笔录，根据《民事证据规定》第七十条，一方当事人提出的下列证据，对方当事人提出异议但没有足以反驳的相反证据的，人民法院应当确认其证明力：①书证原件或者与书证原件核对无误的复印件、照片、副本、节录本；②物证原物或者与物证原物核对无误的复制件、照片、录像资料等；③有其他证据佐证并以合法手段取得的、无疑点的视听资料或者与视听资料核对无误的复制件；④一方当事人申请人民法院依照法定程序制作的对物证或者现场的勘验笔录。

关于鉴定意见，根据《民事证据规定》第七十一条，人民法院委托鉴定部门作出的鉴定意见，当事人没有足以反驳的相反证据和理由的，可以认定其证明力。

关于证人证言，根据《民事证据规定》第七十八条，人民法院认定证人证言，可以通过对证人的智力状况、品德、知识、经验、法律意识和专业技能等的综合分析作出判断。

关于公证法律行为、事实和文书，根据《民事诉讼法》第六十七条，经过法定程序公证证明的法律事实和文书，人民法院应当作为认定事实的根据，但有相反证据足以推翻公证证明的除外。

4. 自认及排除自认的规则

根据《民事证据规定》第七十二条、第七十四条，当事人认可的证据证明力的认定，按照下列方式进行：①一方当事人提出的证据，另一方当事人认可或者提出的相反证据不足以反驳的，人民法院可以确认其证明力；②一方当事人提出的证据，另一方当事人有异议并提出反驳证据，对方当事人对反驳证据认可的，可以确认反驳证据的证明力；③诉讼过程中，当事人在起诉状、答辩状、陈述及其委托代理人的代理词中承认的对己方不利的事实和认可的证据，人民法院应当予以确认，但当事人反悔并有相反证据足以推翻的除外。根据《民事证据规定》第六十七条，在诉讼中，当事人为达成调解协议或者和解目的作出妥协所涉及的对案件事实的认可，不得在其后的诉讼中作为对其不利的证据。

5. 争议证据的认定规则

根据《民事证据规定》第七十三条，双方当事人对同一事实分别举出相反的证据，但都没有足够的依据否定对方证据的，人民法院应当结合案件情况，判断一方提供证据的证明力是否明显大于另一方提供证据的证明力，并对证明力较大的证据予以确认。因证据的证明力无法判断而导致争议事实难以认定的，人民法院应当依据举证责任分配的规则作出裁判。

6. 当事人拒不提供证据时的推定规则

根据《民事证据规定》第七十五条，有证据证明一方当事人持有证据无正当理由拒不提供，如果对方当事人主张该证据的内容不利于证据持有人，可以推定该主张成立。

7. 最佳证据规则

根据《民事证据规定》第七十七条，人民法院就数个证据对同一事实的证明力，可以依照下列原则认定：①国家机关、社会团体依职权制作的公文书证的证明力一般大于其他书证；②物证、档案、鉴定结论、勘验笔录或者经过公证、登记的书证，其证明力一般大于其他书证、视听资料和证人证言；③原始证据的证明力一般大于传来证据；④直接证据的证明力一般大于间接证据；⑤证人提供的对与其有亲属或者其他密切关系的当事人有利的证言，其证明力一般小于其他证人证言。

8. 证据采纳理由的说明规则

根据《民事证据规定》第七十九条和第八十一条，人民法院应当在裁判文书中阐明证据是否采纳的理由。对当事人无争议的证据，是否采纳的理由可以不在裁判文书中表述。但适用简易程序审理的案件，不受此规定的限制。

第四节　民事诉讼中的证据应用

民事诉讼中的证据是民事诉讼的难点和核心内容。作为证明案件事实的证据一般具有时间、地点、人物、事件等基本要素，法庭要注意对这些基本要素的审查，以确认其是否具有证据的证明力以及证明力的大小。为此，在民事诉讼实训过程中，学生应熟练掌握证据的应用。本节主要通过在司法实践中证据应用的热点、难点及疑点问题结合理论和案例来分析阐述证据的应用。

一、民事诉讼中对民事证据收集主体有无法律要求

在司法实践中，存在证据收集主体的适合性是否影响证据证明力的问题。根据《民事诉讼法》的规定，当事人对自己的主张，有提供证据的责任，只有在当事人因客观原因不能收集证据或者人民法院认为有必要时，人民法院才主动调查收集证据。为了使当事人更好地承担提供证据的责任，《民事诉讼法》第六十一条赋予了其诉讼代理人收集证据的权利，即"代理诉讼的律师和其他诉讼代理人有权调查收集证据，可以查阅本案有关材料"。《民事诉讼法》只是规定当事人及其诉讼代理人有权调查收集证据，没有规定非当事人或诉讼代理人是否有权调查收集证据。可见，证据收集的主体在于当事人及其法定代理人。为此，可以对《民事诉讼法》第六十一条作反对解释，不是代理诉讼的律师和其他诉讼代理人无权调查收集证据。所以，在庭审中，对于非当事人或诉讼代理人调查收集的证据材料，可以以取证主体不合法为由，提出不具备证据资格的质证意见。[①]

二、对证据进行质证的顺序和内容

对证据进行质证，主要是从证据的"三性"，即证据的关联性、合法性和真实性三个方面来质证。证据的"三性"贯穿于举证、质证和认证的全过程，决定着证据与非证据、定案根据与非定案根据之间的界限，也决定了证明力的有无及大小。《民事证据规定》第五十条对"三性"的排列顺序是真实性、合法性、关联性，但随后最高法院在《关于行政诉讼证据若干问题的规定》(以下简称《行政证据规定》)第三十九条中，将排列顺序修正为关联性、合法性和真实性。"关联性、合法性和真实性"的排列反映了法庭质证和认证的逻辑顺序或者思维逻辑，也是"三性"所具有的不同功能的要求。

根据新法优于旧法原则，对于当事人提供或者法庭调取的证据材料，在质证及其后的认证中，首先审查是否与待证事实(证明对象)相关，如果不具有关联性，即直接予以排除，无须对其合法性和真实性进行质证；如果具有关联性，再进一步审查是否具有合法性。如果不具有合法性，直接予以排除，不再继续审查其是否具有真实性；如果具有合法

---

① 王新平. 民事诉讼证据难点、疑点、热点实务问答. http://www.360doc.com/content/14/1022/14/6702032_418939145.shtml，2014-12-25.

性，再进一步审查是否具有真实性。由于合法性是对证据的正当性的判断，即使证据是真实的，也应当因其违法而予以排除，因而在审查顺序上将合法性排在真实性前面，符合证据活动的规律。判断证据证明力的大小是根据有关认定证据真实性的规则进行的，因此，对证据证明力大小的问题的质证应当放在最后进行。

从内容来看，质证的内容是指质证主体对证据进行质证时所涉及的范围，即证据的关联性、合法性、真实性及证明力的有无和大小。具体而言，质证的内容或质证意见的类型包括：①无异议。即对证据的关联性、合法性与真实性均没有争议。②是否属于新的证据异议(即证据资格异议)。即认为证据的提供超过举证期限，是失权证据。③关联性异议。即认为证据要证明的事实与本案争议的事实不相关，或对本案争议的解决无实质意义。④合法性异议。即认为证据主体、取证程序、取证方式、证据形式不符合法律规定。另外，在审判活动中，证据应当经过法庭质证，违反这一程序即不具有合法性，不得作为证据使用。⑤真实性异议。即认为证据非原件、原物，或与原件、原物不相符。⑥证明力异议。即认为对方提供的证据没有证明力，不能证明对方的证明目的，或者证明力较弱。[①]

■ 三、证据质证中如何认定证据的客观性

《最高人民法院关于民事诉讼证据的若干规定》(以下简称《民事证据规定》)明确规定了证据的"三性"为真实性、合法性和关联性，如第五十条规定："质证时，当事人应当围绕证据的真实性、关联性、合法性，针对证据证明力有无以及证明力大小，进行质疑、说明与辩驳。"这里没有采用客观性的提法。真实性是保证发现客观真实的需要，但是，对真实性有不同的理解，真实性有形式上的真实与内容上的真实之分。形式上的真实，又可称为客观性，是指证据的载体或证据材料本身必须是真实的、非伪造(包括虚假、变造)的，而不论其是否客观、如实地反映了案件事实；内容上的真实是指证据材料所证明的内容是真实的，能够反映案件的客观事实。证据的真实性最终还应当立足于其内容(实体)的真实性，形式的真实性只是判断内容真实性的途径。所以，对证据真实性的要求仅限于形式上的真实性是不够的，还应包括证据所反映的内容也是真实、客观存在的。[②]

■ 四、内容不合法的证据是否属于非法证据

所谓非法证据，是指违反法律规定收集或取得的证据。从广义上讲，非法证据包括4种：①主体不合法的证据，即不具备法律规定的取证主体资格的人收集提取的证据。如鉴定机构或鉴定人员不具备相关的鉴定资格；鉴定事项超出鉴定机构项目范围或鉴定能力。

---

① 王新平. 民事诉讼证据难点、疑点、热点实务问答. http://www.360doc.com/content/14/1022/14/6702032_418939145.shtml，2014-12-25.

② 王新平. 民事诉讼证据难点、疑点、热点实务问答. http://www.360doc.com/content/14/1022/14/6702032_418939145.shtml，2014-12-25.

②程序不合法的证据，即违反法律规定的程序取得的证据。如询问证人没有个别进行而取得的证言；书面证言没有经证人核对确认；鉴定人违反回避规定；采集样品时当事人或者代理人未到场。③方式不合法的证据，即以侵害他人合法权益或者违反法律禁止性规定的方法取得的证据。如以暴力、威胁等非法手段取得的证人证言；以非法侵入住宅等手段取得的物证、书证。④形式不合法的证据，即不具备或不符合法定形式的证据。如鉴定文书缺少鉴定机构的鉴定专用章；鉴定文书缺少鉴定人签名或盖章。可见，证据合法性要求证据主体、证据收集程序及方式、证据形式等方面合法，不涉及证据的内容。如淫秽光盘，尽管内容不合法，但仍具有证据资格，不属于非法证据。[①]

五、证据效力和证明效力有何区别

在司法实践中，经常有当事人混淆证据效力和证明效力两个概念。证据效力，又称证据资格、证据能力，是指在法庭审理中为证明案件事实而得以作为证据使用的资格。证明效力(《行政证据规定》采用此表述)，也称证明力(《民事证据规定》采用此表述)或证据力，即证据的价值，是指证据对案件事实是否具有证明作用和作用的程度。证据效力是证明效力的基础，没有证据效力，证明效力也就无从谈起，而证明效力又是对有证据效力的证据的证明作用大小的量化。如果用"三性"的概念衡量，证据效力的主要内容是证据的关联性与合法性；证明效力的主要内容是证据的真实性和证明价值。同时具备关联性、合法性的证据材料即为具有证据效力的证据；反之，不具备关联性或合法性的证据材料，则不具有证据效力，不能作为证据使用。

六、复写件与复印件的效力是否一致

关于复写件的属性，《民事证据规定》未置一词，学理上观点纷呈，实务中也是主观随意，无章可循。一种观点认为，复写件属于书证的复制件，在法律上属于传来证据，需要其他证据佐证才能证实相应的事实，不能作为原始证据直接认定事实。除非某复写件被当事人事后签名或加盖印章加以确认，可视为当事人对该复写件所表达的文字内容的真实性予以认可，则该复写件具有原件的效力。另一种观点认为，复写件属于原件，是原件的一式多份中的一份，与复印件具有本质的不同。复写件产生于与所谓的原件同一过程，只是为了其他用途，而利用此方式一次性制作多份，但无论是几份，其制作是一个行为，即原始制作行为，原始制作行为制作出的材料应该是原件。

应该注意到，复写件不是原件。复写件是经过媒介复写纸而形成的，没有制作单位或制作人的最初签章，不能等同原件。复写件也不是复印件。复印件是在已有原件的基础上以复印的方式制作的，是派生的证据。复写件虽然不等同于原件，但它是与原件同步完成的，反映的是文书内容的原始状态，应属于原始证据，并非派生证据。在没有相反证据的

---

① 王新平. 民事诉讼证据难点、疑点、热点实务问答. http://www.360doc.com/content/14/1022/14/6702032_418939145.shtml，2014-12-25.

情况下，复写件应与原件具有同样的完全证明力。当事人如对复写件中的签名的真实性提出异议，复写件在实践中是可以作为适合的检材进行鉴定的。需要指出的是，复写件不管存在几份，在认定了其中一份的效力之后，其他的就自然失去效力。

鉴于《民事证据规定》第六十九条有关于无法与书证原件核对的复印件，虽然不能单独作为认定案件事实的依据，但是可以和其他证据结合使用的意旨，故若有其他证据证明复印件与原件相符，可以确认书证复印件的真实性，然后进一步对其内容的证明力大小予以考察；若没有其他证据印证该书证原件确实存在，对方当事人又不予认可的，则真实性无法判别，该书证复印件不能采信。需要注意的是，不论何种形式的书证复印件，都应当具有证据资格，只不过它们的证明效力不同而已。[①]

七、申请鉴定是否必须在举证期限内提出

《民事诉讼法》对当事人申请鉴定的举证期限未作规定，但对当事人要及时提供证据则有明确规定。依照《民事证据规定》第二十五条："当事人申请鉴定，应当在举证期限内提出。""对需要鉴定的事项负有举证责任的当事人，在人民法院指定的期限内无正当理由不提出鉴定申请或者不预交鉴定费用或者拒不提供相关材料，致使对案件争议的事实无法通过鉴定结论予以认定的，应当对该事实承担举证不能的法律后果。"

当事人应当在举证期限内申请鉴定是原则，但并不能绝对化理解。在审判实践中，许多鉴定申请是针对另一方当事人在庭审中出示的证据原件而提出的，在未组织证据交换的情况下，当事人并不能确认复印件的真实性，只能在质证过程中提出鉴定申请。如果硬性要求申请人在庭审前的举证期限内提出鉴定申请，显然有点脱离诉讼正常进行的客观实际，有违诚实信用原则。

此外，当事人由于法律认知较弱等原因，对鉴定事项负有举证责任未必有清楚的认识，需要法官释明。如浙江省高级人民法院《关于规范民商事案件中法官释明的若干规定(试行)》(2009年12月1日审委会讨论通过)第二十八条规定："在案件审理中，对案件的审理结果明显会起到决定作用的事项需要鉴定、评估、审计，但当事人未提出申请的，法官应当明确对该事项负有举证责任的当事人，并告知其在人民法院指定的期限内无正当理由不提出鉴定申请或者不预交鉴定费用或者拒不提供相关材料，致使该争议事实无法通过鉴定结论予以认定的法律后果。"因此，申请鉴定不是必须在庭前指定的举证期限内进行。[②]

八、如何判断鉴定程序是否严重违法

鉴定程序是指为保证有关鉴定各方权利义务的实施和鉴定活动的有序进行而依法制定的鉴定步骤、方法和规则。鉴定程序包括提请鉴定、决定鉴定、受理鉴定、鉴定材料的提

---

① 王新平. 民事诉讼证据难点、疑点、热点实务问答. http://www.360doc.com/content/14/1022/14/6702032_418939145.shtml，2014-12-25.

② 奚晓明.《民事诉讼法》修改条文理解与适用[M]. 北京：人民法院出版社，2012：165-166.

取及保存与复制、实施鉴定、制作鉴定文书等。鉴定程序违法可发生在鉴定程序的各个阶段，如鉴定启动程序违法包括：当事人无正当理由在举证期限内未申请鉴定而法院仍委托鉴定；当事人申请鉴定，不依法预交鉴定费用或者提供相关材料等。

鉴定程序严重违法是指鉴定的步骤、方法和操作规则等的违法。这里的"法"主要是指规章以上的法律规范。在鉴定程序严重违法的情形中，鉴定人没有依法回避就属于较严重的一种。《司法鉴定程序通则》第二十条第一款规定："司法鉴定人本人或者其近亲属与委托人、委托的鉴定事项或者鉴定事项涉及的案件有利害关系，可能影响其独立、客观、公正进行鉴定的，应当回避。"鉴定程序严重违法，无论是否有可能导致鉴定意见错误，依据《民事证据规定》第二十七条，都不予采纳，这项规定的价值取向是特别强调鉴定程序的合法性。[①]

■ 九、鉴定材料未经开庭质证，鉴定意见是否合法

法院在向鉴定机构移交鉴定使用的材料时，是否要对双方当事人提供的材料进行质证？按照程序化的要求，鉴定机构确定后，应由法院根据双方当事人庭审争议的焦点问题列明委托事项，并限期由当事人向法院提交相关鉴定使用的材料，对拟作为鉴定使用的证据材料，要开庭进行甄别、质证，使鉴定的基础材料具有合法性、真实性。因此，原则上讲，对纳入鉴定范围的材料没有开庭质证的，鉴定程序是违反法律规定的。但在实践中，如果一方当事人对另一方当事人提供鉴定的材料的合法性、真实性有异议，法院可以不对它事先作出认定，由鉴定机构对有异议的部分单独作出结论，交到法院后，根据举证责任的规定一并对事实作出认定，这种事后对鉴定材料进行开庭质证的做法，也是可以的。

■ 十、传真能否作为真实的举证

所谓传真件是指发件人通过传真机向接收人发送书面信息而形成的文字资料，其实质是数据电文的书面形式。如果一方当事人提供了传真件及传真成功接收的证明(如通过电信部门查询到的通话记录，通常保存6个月)，另一方当事人不承认发送过该传真，由审判人员对该传真件上留存的传真号码、传真件上的时间和通话记录进行核实，或结合其他证据进行审查。如果数据相吻合，且根据庭审调查不存在疑问，或能得到其他证据的佐证(如双方互有传真往来，彼此相互衔接)，法庭可对该传真件的真实性予以确认，即推定该传真件的真实性成立。当事人否认传真发送时，往往会对该传真件上的签名或者印章的真实性提出异议，而如传真件上的签名或者印章的真实性无法通过司法鉴定确定，则无法排除其是虚假证据，传真件的真实性就很难认定，法庭自会作出真实性存疑、证明力较小、不予采信的认证意见。

---

① 王新平. 民事诉讼证据难点、疑点、热点实务问答. http://www.360doc.com/content/14/1022/14/6702032_418939145.shtml，2014-12-25.

十一、手机短信的证明效力如何

蒋某向张某借款8 000元，出具了借条，约定还款期限为2004年12月。2005年4月，张某向法院提起诉讼，称蒋某借款一直未还，自己多次向其索要，蒋某均借故推脱，现请求判决蒋某归还借款。张某向法院提供了借条一张作为证据。在庭审过程中，蒋某辩称借款已于2005年春节期间偿还。由于张某借条不在身边，当时未取回借条。事后，两人因故发生冲突，张某为报复自己，以借条为据，要求自己重新偿还借款。蒋某当庭展示了手机上储存的短信，内容为"借条尚未取回，过两天给你。放心，账已清，我不会再向你要钱了"。蒋某当庭提供了电信局出具的张某个人入网资料、话费清单，证实短信确系张某发给他的。张某针锋相对地提出质证意见，认为蒋某提交的手机短信内容基本属实，但短信不是他发送的。

手机短信属于电子数据即电子证据的范畴，是《民事诉讼法》新增加的证据类型。判断一个证据是否具有证明效力，首先应当审查其是否具有证据能力。手机短信息是否具有证明效力，也应当先从证据能力方面考察。

本案中，蒋某所提供的手机短信内容是关于债权债务的处理，以证明借款已经归还的事实。由此看来，手机短信与本案事实的关联性是毋庸置疑的。再看合法性，证据的合法性是指证据的主体、形式、收集程序、提取方法或手段必须符合法律的有关规定。蒋某所提供的证据是自己手机上储存的信息，并在庭审时当场展示。由此可见，蒋某收集、提取证据的过程没有侵害他人权益，是正当合法的。

张某反驳短信内容不是他发送的，即对证据本身的真实性有疑问。手机短信的一个显著特点就是对应性。每一个手机号码均对应一个用户，手机短信的收发只能在特定的两个手机号码之间进行，即在特定的两个手机用户之间进行。在没有其他相反证据的情况下，两个特定的手机号码之间的短信收发可认定为两个特定的用户在特定的时间发生的通信行为。蒋某出具的个人入网资料、话费清单等间接证据均指向张某，这些足以推定短信是张某编写发送的，基本上可以排除冒名顶替的可能性。张某认为短信不是他发送的，但未提出反证，不应采信。

在审判实践中，对手机短信内容真实性的认定是最棘手、最重要的问题。任何证据，如果证明是伪造、变造的，即失去证明效力。手机短信等电子数据作为高科技手段的产物，也存在删除、修改、增加等可能，但由于技术性强，难以通过一般的观察来识别。本案中，张某对手机短信内容的真实性表示认可，故不存在问题。如果张某表示异议，审判人员在审查过程中，对该短信内容的真实性存在疑问(如蒋某手机收件箱中的短信不是只读文件，可以修改)，则应当借助专家鉴定或者检验等辅助手段加以判断(应由蒋某提出申请)。

综上，蒋某所提供的手机短信，其内容与案件的待证事实之间具有关联性，证据提取不违反法律规定，是适格证据，具有证据能力；而且手机短信内容真实，能够证明蒋某借款已还的法律事实。

十二、单一的视听资料能否采信

甲发现自己停放在小区内的汽车左侧严重损坏，经调取附近的监控摄像，发现当日凌晨另一辆汽车倒车时撞击到甲的汽车，肇事车辆的外形、车牌号清晰可见。法院采信了监控录像资料，判决肇事车辆车主乙负有赔偿责任。本案中，法院单凭视听资料认定案件事实，是否可以？

监控录像属于典型的视听资料，其他相似的证据，如录音笔、MP3、数码相机记录下来的录音、录像等，也都属于视听资料。视听资料是随着现代科学技术的发展而出现的一种新型的证据形式，其优点是具有直观性、客观性、准确性，故在正常情况下，它并非不能单独作为认定案件事实的依据。但是，视听资料也有其弱点，就是易被伪造、变造，例如录音带、录像带被消磁、被剪辑。所以在发现视听资料存在剪辑、增加、删改等疑点的情况下，其真实性无法确定，需要其他证据补强。对此，《民事证据规定》第六十九条规定，存有疑点的视听资料，不能单独作为认定案件事实的依据。上例中，监控录像完整地记录了肇事的过程和主体，就发生两辆汽车相撞的事实，该视听资料足以证明。如果肇事车辆车主乙对录像中记录的内容的真实性有意见，认为有修改、删除的可能，审判人员经审查持有疑问的，应当进行声像资料鉴定，再根据鉴定意见作出是否采信的认定。

第五节 法律实务中的证据应用

本节主要通过实践中发生的真实案例来对证据应用进行解读，力图让学生更深刻地掌握证据应用。

一、证据合法性的案例分析

【基本案情】

李某的丈夫周某与薛某之间有婚外同居关系，并因此导致夫妻感情恶化。李某无奈欲起诉与周某离婚，并依据《中华人民共和国婚姻法》(以下简称《婚姻法》)的规定向周某索赔精神损失。但李某一直苦于搜集不到周某与薛某有婚外同居关系的证据。某日中午，李某假装到外地出差，当晚回家发现周某与薛某一起睡在自己家的床上，当即拍照。事后李某向法院起诉，请求判令其与周某离婚，并要求周某赔偿自己因丈夫有外遇所受到的精神损失1万元。周某同意离婚，称已与薛某认识一年多时间，但否认其与薛某之间有婚外同居关系，并称李某捉奸拍照取得的证据不具有合法性，不应作为认定其与薛某有婚外同居关系的事实依据。

【法理分析】

本案的关键问题在于李某通过捉奸拍照的方式取得的证据是否具有合法性，能否作为本案的定案依据。实质上也就是李某私人取证方面的利益和其丈夫的隐私利益发生了冲突，法律优先保护哪一个权利的问题。

为保护夫妻双方中无过错一方的合法权益，制止和处罚近年来社会上出现的违反一夫一妻制的行为，2001年4月28日修订的《婚姻法》明确规定"禁止有配偶者与他人同居"，规定因此导致夫妻感情破裂的，应准予离婚，同时无过错方可以此为由向过错方请求损害赔偿。对"有配偶者与他人同居"行为的认定，《最高人民法院关于适用<中华人民共和国婚姻法>若干问题的解释(一)》第二条进行了界定，规定为"是指有配偶者与婚外异性，不以夫妻名义，持续、稳定地共同居住"的行为。由于此类案件中受害方对过错方"与他人同居"的事实负有举证责任，而过错方出于拒绝赔偿、畏于社会舆论的压力等因素的考虑往往会对此予以否认，实践中当事人能否切实拿起法律武器保护自己的合法权益，也就取决于当事人能否向法院提供证明自己主张的事实成立的证据。

在现代法治国家里，作为法院定案依据的证据必须具有合法性，即证据要在表现形式、收集程序或提取方法上符合法律的规定。以侵害他人合法权益或者违反法律禁止性规定的方法取得的证据，如故意违反社会公共利益和社会公德侵害他人隐私，或者是使用违法的窃听手段取得的证据，就不具有合法性，不能作为认定案件事实的依据。而隐私权是公民享有的对其个人的，与公共利益无关的个人信息、私人活动和私有领域进行支配的人格权。公民有权对自己的隐私进行隐瞒、自我利用，不为人所知，维护自己的隐私不受他人侵犯，有权按照自己的意愿进行支配，也可以公开部分隐私，准许他人利用自己的隐私。

毫无疑问，公民的性生活属于个人的私人活动，是个人隐私的一部分内容，他人对公民的性生活不得进行刺探、调查、窥视、擅自公布、非法利用等行为，否则构成对公民隐私权的侵犯，属于违法行为，受害人有权要求侵权人承担停止侵害、消除影响、赔礼道歉、赔偿损失等民事责任，依法保护自己的隐私权。那么，本案中的李某为保护自己的合法权益，向法院提供其在家中拍下的丈夫与他人睡在自己床上的照片，这种行为有没有侵害其丈夫的隐私权，是否符合法律规定呢？

侵害他人隐私权的行为属于一般侵权行为，行为人承担侵权行为责任的条件是：行为人主观上有过错，实施了违法行为，并因此导致他人的财产或精神受到了损害。就本案而言，首先，李某捉奸拍照的主观目的在于保护自己的合法权益，并非意在侮辱、伤害对方。其次，该行为也没有违法，因为李某作为周某的妻子，有权知道其配偶与他人有不正当男女关系的事实，有权收集与该事实有关的证据。李某原来一直苦于搜集不到周某与薛某有婚外同居关系的证据，为保护自己的权利，在情况紧迫而又不能及时请求公安等国家机关予以救助的情况下，李某进入自己家中，对睡在自己床上的丈夫及薛某进行拍照，该行为既没有侵害他人的人格尊严，也未限制他人的人身自由，并未违反法律的禁止性规定，而是一种对他人人身施加所谓法律或社会公德所认可的强制行为。事后李某也未将照片恶意公布、流传，只是提供给法院用于主张自己权利的事实根据。因此，李某捉奸拍照的行为是其丈夫违反夫妻忠实义务而付出的必要代价。虽然此时李某取证的权利与其丈夫的隐私权发生了冲突，但综合上述原因，并基于家庭伦理道德的考虑，此时李某私人取证方面的利益应优先于其丈夫周某(甚至包括与其婚外同居的薛某)的隐私利益，法律应优先对李某的私人取证利益加以保护。因此，法院应依法对李某提供的证据予以确认，并支持李某的诉讼请求。

补充说明：1995年3月6日，最高法院曾作出《关于未经对方当事人同意私自录音取得的资料能否作为证据使用问题的批复》。在该批复中，最高法院认为：未经对方当事人同意私自录制其谈话，系不合法行为，以这种手段取得的录音资料，不能作为证据使用。而2002年4月1日起施行的《民事证据规定》修正了这一规定，第六十八条规定："以侵害他人合法权益或者违反法律禁止性规定的方法取得的证据，不能作为认定案件事实的依据。"这在一定程度上确立并完善了我国司法的非法证据排除规则，也在某种程度上使偷拍偷录证据"合法化"了，此规定意味着未经对方同意私自录制的影像资料可以作为证据使用。

但是，并非所有的摄录器材都可用于偷拍偷录，凡是采用国家有关主管部门明令禁止销售、购买或者使用的针孔摄像机以及其他只有法定部门才能使用的特殊监视监听设备(如电话监听器)等而取得的视听资料，因关系国家安全和社会公共利益，应视为采用非法方法或手段取得，属非法证据，不能采纳。《中华人民共和国国家安全法》(以下简称《国家安全法》)第二十一条明确规定，任何个人和组织都不得非法持有、使用窃听、窃照等专用间谍器材。根据《中华人民共和国国家安全法实施细则》(以下简称《国家安全法实施细则》)第二十条的规定，专用间谍器材主要包括暗藏式窃听、窃照器材，突发式收发报机，一次性密码本、密写工具，用于获取情报的电子监听、截收器材等。窃听器材可以伪装成日常生活中的物品，如车钥匙、纽扣、钢笔、手表、U盘、打火机、内存卡、隐形眼镜等，且堂而皇之地摆在市场中、网络上出售。如果购买这些专用间谍器材偷拍偷录，不仅取到的证据无效，而且可能触犯《国家安全法》等。[①]

■ 二、未成年子女证言的案例分析

【基本案情】

段某(男，45岁)与宁某(女，42岁)于1988年结婚，婚后生育一子段某某。2004年6月，段某向人民法院提起诉讼，称两人经他人介绍结婚，缺乏感情基础，婚后夫妻关系一直不和谐，经常发生争吵。宁某对家庭生活和孩子的成长及教育问题漠不关心，经常不回家，使婚姻关系难以维系。现在夫妻双方感情确已破裂，请求人民法院依法判决离婚并要求抚养婚生子段某某。在人民法院指定的举证期限内，段某申请传唤段某某出庭作证。段某某证实父母经常在家中发生争吵。宁某认为，段某某尚未成年(14岁)，对夫妻感情问题缺乏判断能力，其提供的证言不能作为认定夫妻双方感情破裂的依据。自己与段某结婚十几年，婚姻基础较为牢固，虽然在日常生活中有矛盾并时常发生争吵，但夫妻感情远未破裂，因此，不同意离婚。

【法理分析】

本案所涉及的主要是未成年人的证言的证明力的问题。

《证据规定》第七十六条规定："当事人对自己的主张，只有本人陈述而不能提出其

---

① 吴在存，等.民事证据规则适用[M].北京：中国民主法治出版社，2013：155-156.

他相关证据的，其主张不予支持。但对方当事人认可的除外。"人民法院审理离婚案件以夫妻感情是否确已破裂作为判决准予或不准予当事人离婚的标准。在本案中，段某主张其与宁某的夫妻感情确已破裂，但宁某对此予以否认，根据上述司法解释的规定，如果只有段某的陈述而没有其他证据加以佐证，其主张是不能得到人民法院的支持的。所以，段某向人民法院申请传唤婚生子段某某出庭作证，希望通过段某某的证言证明自己关于夫妻感情确已破裂的主张。段某某作为本案唯一的证人，其提供的证言举足轻重，是认定段某与宁某夫妻感情是否确已破裂的唯一证据。

《证据规定》第五十三条规定："不能正确表达意志的人，不能作为证人。待证事实与其年龄、智力状况或者精神健康状况相适应的无民事行为能力人和限制民事行为能力人，可以作为证人。"段某某现年14岁，按照我国法律规定属于限制民事行为能力人，具有一定的认识和判断能力。而且，作为与段某和宁某长期共同生活的子女，段某某对父母之间的共同生活情况有切身的感受，其证言在一定程度上能够真实地反映段某和宁某的婚姻关系和感情状况。因此，由其出庭作证是适宜的，符合司法解释的规定。段某某提供的证言显示：段某与宁某在共同生活过程中经常发生争吵。关于这一事实，段某某能够正确地认识和判断。但仅凭这一事实即认定夫妻双方感情确已破裂，显然缺乏充分的依据。夫妻感情问题是一个非常复杂的问题，夫妻感情的好坏存在于夫妻之间的感情世界中，外人一般难以判别，作为年仅14岁的未成年人，段某某显然不能对夫妻感情是否确已破裂的问题作出准确的判断，即便判断的对象是自己的父母。这一待证事实与段某某的年龄和智力状况是不相符的。《证据规定》第七十八条规定："人民法院认定证人证言，可以通过对证人的智力状况、品德、知识、经验、法律意识和专业技能等的综合分析作出判断。"鉴于夫妻感情确已破裂的问题已经超出段某某理解和判断能力的范围，与其年龄、智力状况不相符合，因此，不能把段某某的证言作为认定段某与宁某夫妻感情确已破裂的依据。

《最高人民法院关于人民法院审理离婚案件如何认定夫妻感情确已破裂的若干具体意见》指出："判断夫妻感情是否确已破裂，应当从婚姻基础、婚后感情、离婚原因、夫妻关系的现状和有无和好的可能等方面综合分析。"因此，判断夫妻感情的好坏不能简单化，仅凭夫妻在日常生活中发生争吵就断定夫妻感情确已破裂是难以让人信服的。在本案中，段某与宁某结婚达十九年，婚姻基础较为牢固，而且有婚生子女。在仅有当事人的陈述而没有其他证据佐证的情况下，是不能认定夫妻感情确已破裂的，应当依法判决不准予离婚。①

■ 三、举证责任的案例分析

【基本案情】

张某与霍某是多年的街坊，也是同事，两个人平时关系比较密切。2012年8月，张

---

①　吴在存，等.民事证据规则适用[M].北京：中国民主法治出版社，2013：161-163.

某凭一张金额为5 000元、落款人为霍某的欠条，到人民法院提起诉讼，要求霍某偿还欠款。霍某矢口否认该借条为自己所写，指责张某的行为属于敲诈。这可怎么办呢？法官提出对欠条进行笔迹鉴定，但张某和霍某都认为应当由对方申请鉴定和预交鉴定费用。由于双方互相推诿，鉴定无法进行。

【法理分析】

本案的关键在于霍某"关于欠条不是自己所写"的答辩究竟是一种事实主张，还是一种抗辩理由，这决定了由谁提出鉴定申请并预交鉴定费用。如果霍某答辩是事实主张，那么他就负有证明自己主张事实成立的证明责任，应当申请笔迹鉴定。在其拒不申请鉴定的情况下，就应当承担举证不能的责任。如果认可其答辩是辩解理由，那么霍某无须再提出证据加以证明，不承担举证责任。

待证事实通常分为产生权利的事实、妨碍权利产生的事实和权利消灭的事实，谁主张相应事实，谁就应该对该事实加以证明。根据《证据规定》，在合同纠纷诉讼中，主张合同关系成立并生效的一方当事人对合同订立和生效的事实承担举证责任；主张合同关系变更、解除、终止、撤销的一方当事人应对合同关系变动的事实承担举证责任。张某持欠条到法院提起诉讼，属于主张合同关系成立并生效的一方当事人，其待证事实是产生权利的事实，应承担合同关系成立并生效的举证责任。能否认为，张某向法庭出示了证据，证实了合同关系成立并已生效，完成了举证责任，霍某的反驳是一种事实主张，应当承担证明欠条是伪造的证据的举证责任呢？

对此，应当看到，在张某出示的欠条遭到对方否认的情况下，该欠条还不足以证明合同关系的成立，因为该欠条的真实性尚存在疑问。在这里，霍某关于"欠条不是自己所写"的答辩是一种辩解理由，而不是事实主张。依据民事诉讼的证明标准理论，民事诉讼的证明标准应当是一种盖然性的证明要求，这种盖然性应当是高度盖然性，就是说证据虽然没有达到使法官对待证事实确信只能如此的程度，但已经达到相信存在极大可能或非常可能如此的程度。所以，在霍某提出上述答辩理由的情况下，张某持有的证据显然不能达到这种高度盖然性的证明要求，也就不能确认张某的证明责任已经完成。

另外，在证据理论上，待证事实还有积极事实和消极事实之分，对于积极事实，主张该事实的一方当事人应承担举证责任；对于消极事实，主张该事实的一方当事人无须承担证明责任。例如，一方当事人主张另一方当事人借款，另一方当事人辩称"没有借钱"，这是一种消极事实，另一方当事人不承担证明没有借钱的事实的证明责任。相反，若是一方当事人辩称"钱是赠予"，则是一种积极事实，应承担证明他方赠予事实的证明责任。在本案中，张某主张欠条真实有效，这是一种积极事实的主张，所以，张某应承担证明责任，而且要达到高度盖然性的证明标准。相反，霍某辩解欠据非其所写，是一种消极事实，无须承担证明责任。

综上所述，在本案中，张某应承担举证责任，提出鉴定申请，并预交鉴定费用。[①]

---

① 吴在存，等.民事证据规则适用[M].北京：中国民主法治出版社，2013：198-199.

第六节　法律文书

一、法律文书写作的基本方法

任何一篇文章都离不开主题、材料、结构、语言，这是文章的基本构造单位，法律文书作为一种书面语言也不例外。研究这些要素的基本运用规则及表达要求，对我们制作出高标准、高质量的法律文书是很有必要的。

(一) 法律文书的主旨

法律文书的主旨(主题)是文书所表现出来的写作目的和主张，也就是我们所说的文章的主题中心思想和基本观点。不同的法律文书，其主旨有不同的表现。例如，起诉书的内容应包括当事人的某种权利、义务、履行、违约、救济、诉讼请求、请求的依据等方面；代理词的内容应包括双方庭审事实、证据争议、法律争议、运用逻辑概念推理判断、如何得出结论等方面。

具体来说，法律文书的主旨表达要求有以下几个。

(1) 正确。法律文书应符合事实和法律要求，判断应正确。因此要求我们了解行业情况、生活常识，加强对法律知识的学习。

(2) 鲜明。观点明确，判断准确，是非清楚，责任划分明晰(从定性到定量)。

(3) 集中。一般情况下，一篇法律文书只有一个主旨，阐明一个基本观点、基本问题，对反映的问题应写得深与透，以切实发挥其功效。对于内容较多的文书，应划分多级主旨，构建逻辑结构关系，使其内容相互联结。

(二) 法律文书的材料

法律文书的材料是指案件(项目)的事实和证据材料，以及论证的法律条款和法学理论，其要求如下所述。

(1) 事实的真实性和客观性(应该侧重证据本身)。

(2) 证明事实证据有哪些，做到详略得当。

(3) 确保法律规定适用的准确性，体现上位法、下位法、体系性、适用现实性。

(4) 结合政府政策、现行状况，提出切实可行的意见和实施办法，解决具体案件的具体问题和争议。

(三) 法律文书的结构

法律文书的结构是指文书内部各部分内容的组织安排，体现文书脉络层次和发展顺序。即如何将搜集的材料组织起来，包括这篇文章有几个写作层次、先写什么、后写什么、详写什么、如何写开头和结尾等方面。所有这些问题都要依主旨要求，从全局着眼，统筹安排结构，合理组织材料。

1. **基本结构格式**

基本结构格式一般由首部、正文、结尾三部分构成。三部分内容在不同种类的法律文书中不完全一致，每一种文书都有各自的必备要素。但一般来说，法律文书的三部分内容大致如下所述。

1) 首部

(1) 文书制作机关名称、文种、编号。

(2) 当事人的身份事项。

(3) 案由、案件来源等情况。

2) 正文

正文包括事实、理由、结论三部分。

3) 尾部

(1) 签署、日期、印章。

(2) 附注事项。

2. **正文部分的结构形式**

1) 三段论式结构

三段论式结构包括事实、理由、结论三部分。

(1) 事实是形成理由的基础。事实叙述一般可以边叙事、边论证分析，也可以在叙述事实之后，集中陈述、分析论证。应重点把握法律构成案件的要素(时间、地点、人物、过程、目的、结果等)，确保叙述清楚。

(2) 理由是对事实的概括和升华。理由要与事实保持一致，要与适用法律条款保持一致。

(3)根据事实和理由得出结论，结论应与理由有密切关系。

三段论式是法律文书正文中最基本、最普通的结构形式，用于起诉书、答辩状。

2) 纵向式结构

纵向式结构是指文书按照事物的层递关系或认识过程来安排结构，多采用因果结构，由外到内、由浅入深、由易到难，找原因、下结论。这种结构具有说理透彻、论辩性强的优点，符合人们的认识思维过程，报告、法律意见等均可采用。

3) 横向式结构

(1) 按照事物组成部分安排内容。

(2) 按照事物空间分布安排内容。

(3) 按照观点的不同归纳、整理、展开。

4) 纵横结合式结构

纵横结合式结构在组织材料时，既考虑时间发展顺序又顾及事物理论及内在联系。它包括先横后纵、先纵后横两种。

总之，法律文书的结构安排，一是要准确反映诉讼和非诉讼法律事务的规律和内在联系；二是结构要服从文书主旨；三是要适合各文书种类的特点和要求。在具体实践中，应从写作内容的实际情况出发，选择恰当的结构形式。

二、典型民事法律文书的撰写及范文

(一) 民事起诉书

1.民事起诉书概述

民事起诉书是民事案件的原告人向人民法院陈述自己的合法权益被侵害的事实，阐明起诉理由、提出诉讼请求的法律文书。从实质上看，民事起诉书是保护当事人合法权益的诉讼文书，它是针对对方当事人的侵权行为或者其他违法行为，在正确分析证据、证实具有法律意义的事实的基础上，遵循法律规定，明确请求目的，要求一审人民法院给予审判保护的诉讼文书。民事起诉书应着重写明原告请求人民法院解决的事项，即诉讼请求，也就是原告对于被告所提出的有关民事权益方面的要求，如要求被告履行合同、赔偿经济损失、支付违约金等通过诉讼所要达到的目的。事实及理由部分就是被告所提出的诉讼请求的依据，即原告根据哪些事实和理由认为对方侵犯了自己的民事权益，或者认为对方在同自己的争执中无理，请求人民法院裁决。这一部分应重点写明法律事实、提出证据、证明理由，这是民事起诉书的主要部分。在事实部分应写明纠纷的由来和发展，双方争执的民事权益的内容和焦点，有哪些证据能够证明上述事实。在理由部分应通过对纠纷事实的法律分析，阐明自己对纠纷双方权利义务及是非曲直的看法，作出符合法律规范的事实认定，并援引有关的法律、法规和政策性文件以支持自己的诉讼请求，明确提出权益请求的主张。

2.律师撰写民事起诉书应当注意的问题

(1) 突出重点，详略得当。这是在剪裁、选择材料时必须注意的事项。在叙述时必须重点突出，抓住主线，该详则详，该略则略。务求能够显主干、少枝叶，要在"写清楚"三个字上下功夫，使人看起来明白易懂。

(2) 脉络清楚，层次分明。这是在组织材料时必须注意的事项。案情事实材料好像一堆零部件，必须进行合理组装，把这些零部件安装到合适的位置上，才能使它变成一台能正常运转的机器。这就要求叙述案情时注意事实本身的条理，把它分成若干层次进行叙述，做到有条不紊。在划分层次时，既可以按照案情发展的时间顺序来划分，也可以按照问题的主次来划分。

(3) 言之有物，切忌空谈。这是指在书写民事起诉书的内容时，要着眼于说明案情事实，给出必要的论证理由。对于理论问题，对于法律条文的理解问题，在诉状中要尽量少讲或不讲。在诉状中，尽量让事实说话，空话、大话尽量少讲或不讲。

3.民事起诉书的格式

(1) 第一部分：当事人的基本情况。当事人是公民的，应写明姓名、性别、年龄、职业、民族、工作单位和住所；当事人是法人和其他组织的，应写明名称、住所、法定代表人或主要负责人的姓名、职务；原告是无诉讼行为能力人而由法定代理人起诉的，或者由委托诉讼代理人代理诉讼的，应在原告之后注明法定代理人或诉讼代理人的姓名、性别、年龄、籍贯、职业、工作单位和住址。

(2) 第二部分：诉讼请求。应写明通过诉讼想要达到的目的及要求法院支持自己的何种请求。

(3) 第三部分：事实和理由。简要阐述该法律关系发生、变更的事实，纠纷发生的事实，诉讼请求的法律依据及对方应该承担责任的理由。

(4) 第四部分：附录。应附上支持自己主张的证据名称。

4. 民事起诉书示例

民事起诉书

原告：陈××，男，汉族，19××年××月××日出生，住××省××市××区×××路××号×××室。身份证号码：××××××××××××××××××，联系电话：13×××××××××

被告：欧××，男，汉族，19××年××月××日出生，住××省××市××区×××路××号×××室。身份证号码：××××××××××××××××××，联系电话：13×××××××××

诉讼请求

一、依法确认原告、被告所签订的"转让合同"为无效合同。

二、判令被告返还原告工厂租金人民币肆万伍仟元整(¥45 000元整)及工厂营业执照转让款人民币叁万伍仟元整(¥35 000元整)和利息约3 000元，三项合计¥83 000元。

三、本案诉讼费用由被告承担。

事实与理由

二〇一二年五月二十九日，原告与被告签订了"转让合同"，合同第一条约定：乙方(原告)同意承租甲方(被告)经营坐落于××的工厂。合同第三条约定：工厂租赁价格为人民币每年壹万伍仟元整(¥15 000元整/年)。付款方式：在签订合同时一次性付上述三年租金肆万伍仟元整(¥45 000元整)。第五条约定：上述厂房营业执照转让给乙方，转让价格为叁万伍仟元整(¥35 000元整)。上述两项款项合计人民币捌万元整(¥80 000元整)。签订合同的当天，原告按合同约定向被告支付了人民币捌万元整(¥80 000元整)(见合同第十四条证明确认)。合同第十条约定：甲方应保证转让的工厂场地权属清楚，若发生与甲方有关的产权纠纷或者债权债务，概由甲方负责清理，并承担民事责任。

被告与××于二〇〇四年五月四日签订的"合同书"属于无效合同，从而导致被告与原告签订的"转让合同"亦无效。被告与原告签订"转让合同"存在明显错误，根据无效合同的处理原则，被告应当承担涉案的法律责任。为此，为维护原告合法权益诉至法院，请求判如诉请。

此致
××市××区人民法院

具状人：
××××年×月×日

(二) 民事答辩状

1. 民事答辩状概述

民事答辩状是指民事案件的被告收到原告的起诉状副本后，在法定的期限内，针对原告在诉讼中提出的请求事项及依据的事实和理由，向人民法院作出的进行回答和辩驳的法律文书。被告及其代理人提出答辩的目的，在于驳斥和辩解对方不正确的、不合法的起诉。

民事答辩状的主要内容就是针对起诉状中与事实不符、证据不足、缺乏法律依据的内容逐一进行辩驳，对原告诉状中所写的事实是否符合实际情况表达意见。如果所述事实全部不能成立，就全部予以否定；部分不能成立，就部分予以否定，并提出自己的理由，列举有关证据和法律依据，并提出符合客观真实的事实来加以证明。应着重写明被告否认原告的诉讼请求，提出相应的事实和理由；或写明被告承认原告的哪些诉讼请求，反对原告的哪些诉讼请求，对于反对的部分，要针对原告诉状中提及的事实和理由，提出相反的事实和理由，证明自己的主张和观点的正确性和合法性。答辩状可以从以下几个方面进行答辩。

(1) 就事实部分进行论证，要着重列举反面的证据来证明原告诉状中所述事实不能成立，并且要求反证确凿、充分，不能凭空否认原告诉状中所叙述的事实。这里所说的"反面证据"，一种是指直接与原告所提的证据相对抗的证据，另一种是指足以否认原告所述事实的证据。

(2) 就适用法律方面进行答辩。一是如果事实有出入，当然就会引起适用法律上的改变，论证理由自然可以从简。二是如果事实没有出入，而原告对实体法条文理解错误，以致提出不合法要求的，则可据理反驳。三是在程序方面，如果原告起诉违反《民事诉讼法》的规定，不具备引起诉讼发生和进行的条件，则可就适用程序法方面进行反驳。

(3) 提出答辩主张。在提出事实、法律方面的答辩之后，引出自己的答辩主张，即对原告诉状中的请求是完全不接受还是部分不接受，对本案的处理依法提出自己的主张，请求法院裁判时予以考虑。

2. 律师代书答辩状应注意的问题

(1) 必须注意答辩状的针对性。答辩状一定要针对原告的诉状内容提出反驳的论点、论据，防止出现"答非所问"的情况。

(2) 答辩请求必须合情合理。答辩请求应是在提出充分的事实和正确引用法律的基础上自然得出的结论，不是牵强的。答辩人要抱着解决问题的态度，摆事实、讲道理，提出的诉求，应尽量切实可行。

(3) 答辩请求必须明确、具体、完整，不含糊其辞，要把被代理人的请求全部提出来，不能遗漏。

3. 民事答辩状的格式

(1) 第一部分：首部。写明答辩人的姓名、性别、年龄、民族、籍贯、职业、住址。如被告方是法人，要写全称，注明法定代表人的姓名。

(2) 第二部分：事实和理由。这部分一般要写过渡语，如"因××××一案，被告就原告提出的××，提出答辩如下……"。具体的答辩内容，要针对起诉的范围，根据不同的情况，就起诉的一个方面或几个方面对起诉状进行认同或反驳。对起诉提出的反驳，可以全面进行，也可以从事实方面、证据方面、理由方面、法律适用方面等分别进行。

(3) 第三部分：附录。应列出需要提供给法院的、支持自己主张的证据。

4. 民事答辩状示例

民事答辩状

答辩人：×××，女，汉族，生于19××年××月××日，住××省××市××区××号××栋××室，个体工商户。

现就×××(本案原告)诉答辩人合伙协议纠纷一案答辩如下：

一、原告与答辩人所签"投资入伙协议"(以下简称"协议")是双方真实意思的表示，并未违反法律禁止性规定，应被认定为合法有效的合伙协议。

答辩人认为，根据协议的约定，实质上，原告是以人民币40万元为其出资，答辩人则是以其赛江南酒店50%的实业资本出资，双方以既存的赛江南酒店为经营载体进行合伙经营。根据《中华人民共和国民法通则》第三十条的规定，事实上在双方之间已形成共同出资、共同经营、共享收益、共担风险的个人合伙经营关系。至于原告诉状中提到的工商登记的问题，我们认为，答辩人只是以其个体工商户(赛江南酒店)的实业资本为其与原告合伙的出资，双方的合伙关系是全新的、独立于原个体工商户的，原告所称法律法规对个体工商户的限制性规定并不能影响协议的合法有效。而且我们认为，从《中华人民共和国民法通则》第三十条的规定看，个人合伙并不以登记为强制要件，未登记并不影响协议的效力和原告的合伙人地位。

二、原告诉称答辩人根本不愿意履行义务，是对事实极不负责任的歪曲，是无源之水、无本之木。

协议签订后，在原告只通过转账方式交付30万元出资款(约定为40万元)的情况下，答辩人仍按约定让原告参与了酒店的日常管理，且按约定对原告在酒店的签单予以认可，充分体现了答辩人履约的诚意。在原告未按约定足额履行出资义务的情况下，答辩人基于合同履行对等原则拒绝原告方财务人员入场的做法是完全正当、无可非议的，原告方的责难是没有道理的。

三、原告应对合伙债务承担相应责任，并对其无故退伙及其他过激行为给答辩人造成的损失承担赔偿责任。

如上所述，原告与答辩人之间的协议是合法有效的，双方都应受其约束。对于合伙关系成立后的合伙债务，原告当然应按约定承担相应责任。另依据《关于民法通则适用的若干意见》第五十二条的规定，原告在未通知答辩人的情况下，无故要求退伙，并采取堵门、砸东西等一系列过激行为，给合伙实体造成了现实的损失，应依法承担相应的赔偿责任。

综上所述，答辩人认为，原告方的相关诉请于法于理是无据的。望合议庭认真考虑上述答辩意见，依法裁判，以维护答辩人的合法权益，维护市场经济的正常运行。

此致

××市××区人民法院

答辩人：×××

××××年×月×日

(三) 代理词

1. 代理词概述

起草代理词是开庭前律师准备工作的最后工序。代理词是代理人在法庭辩论阶段发表的借以全面表明代理意见的基本诉讼文书。它既是对原告起诉和被告答辩的补充发挥，也是对案件要求如何处理的最后意见；它既需要律师通过言辞在法庭上发表，又需要律师将其提交法庭，并由人民法院入卷备查。因此，制作好代理词对维护被代理人的合法权益和法律的正确实施，取得诉讼成功具有重要意义。

代理词是代理人在法庭辩论阶段代表委托人全面阐述和论证自己一方所主张的事实和理由，提出对案件的处理意见，以及反驳对方的主张的辩论性文件。代理词是律师在庭审前准备工作的总结，它凝聚了代理人和委托人的全部诉讼观点。在起草代理词时，应充分预见法庭辩论阶段对方当事人或其他代理人可能提出的问题、论点和论据，并有针对性地进行准备。代理词与民事起诉书和答辩状相比较有它自身的特点：首先，它的格式比较灵活，法院对其格式的要求不像对起诉状、答辩状的格式要求那样严格；其次，它的写法主要以论证为主，论证原告起诉的事实及证据的真实性，反驳被告答辩状中的观点；最后，它是代理人最后的代理意见，它要全面分析案情，总结自己的观点，发表对整个案件的处理意见。

2. 代理词的形式

代理词的形式，因被代理人的诉讼地位(如原告或被告等)的不同而有所区别。代理词可分为：原告委托律师代理词、被告委托律师代理词、上诉人委托律师代理词、被上诉人委托律师代理词。代理词的内容，因律师代理的对象的不同而不同。原告委托律师代理词，主要阐明诉讼请求的事实根据、证据材料和法律依据，论证原告主张的权利与事实之间、权利与法律之间以及事实与法律之间的因果关系；被告委托律师代理词，着重阐明反驳原告起诉的事实和诉讼请求的依据和理由，对被告的主张进行充分的论证；上诉人委托律师代理词，重点阐明否定一审判决、裁定全部和部分事实的根据和理由；被上诉人委托律师代理词，着重阐明否定或反驳上诉人错误主张的事实、根据和理由。不论写哪种代理词，最后要归纳被代理人的结论性主张、所引用的事实和根据、经查证属实所引用的法律，并确保对法律的阐述是正确的。总之，所有律师代理词，都是为了维护本方当事人的合法权益，反驳对方当事人的错误主张及事实根据。

3. 代理词的写作要求

代理词在事实上要清楚，证据要充分；引用的法律法规要准确；论点要简明，论据要充分；文字要清晰，语言要简练，层次要分明。最后还要归纳有利于被代理人的结论性主张。总之，代理词的内容，要给法庭留下较深的影响。

具体来说，律师撰写代理词时应注意以下几方面问题。

(1) 观点要正确，立论要鲜明。确保观点正确是律师撰写代理词时首先要解决的基本问题，律师在立论时必须反复推敲、仔细研究，切忌观点含糊不清或者观点错误，避免出现观点重复、互相矛盾的情况，更不能制作仅有材料罗列、空话套话连篇、没有鲜明观点的代理词。

(2) 材料要充分，证据要可靠。证据是人民法院解决纠纷的唯一根据。因此，代理词所引用的证据必须切实可靠，对于主观臆想的或者把握不大的证据，代理词要避免采用。代理词采用证据时，要指明证据的出处和来源，并将其与法律依据有效地予以结合，阐明其对案情的证明力。

(3) 论证要周密，推理要严谨。论证就是通过充分的论据说明观点的全过程。它要求律师立足于已占有材料、选择最佳论证方式。律师无论采用何种论证方式都离不开推理。推理是一种逻辑思维，不仅要求符合逻辑形式，而且推理前提必须真实，推理过程必须严谨，否则就会产生诡辩之嫌。

(4) 语言要朴实、生动、有力。

(5) 代理词是一种诉讼文书，应使用朴实无华、准确无误的法律语言。但与此同时，代理词又必须论证一定的观点，说服人民法院接受代理意见。因此，书写代理词时应最大限度地利用语言的技巧空间，使文字简而不陋、繁而不冗，通畅无滞、顺理成章，行云流水、生动有力。

4. 代理词的格式

(1) 第一部分：序言。序言部分一般要写明：代理人出庭的合法性，也就是代理人出庭的根据；代理人接受委托后的工作情况，表明对本案的基本看法，这一段文字要起到承上启下的作用。序言部分的书写，要灵活掌握，不可千篇一律，要各有特点。

(2) 第二部分：正文。正文部分是代理词的核心部分，应根据具体案情确定正文的内容。一般要对纠纷的主要情节、形成纠纷的原因以及双方当事人争执的焦点进行分析，以分清是非、明确责任、辨明性质。也就是说，或阐明违法与合法的界限，以及权利和义务的关系；或论证诉讼请求是否合理合法；或剖析纠纷形成的原因，指明双方当事人应当承担的法律责任。

(3) 第三部分：结束语。结束语主要写明两点：一是明确代理意见的中心思想，对发言进行小结；二是关于本案如何处理，向法庭提出意见、要求和建议。结束语与前两部分内容要一致，前后呼应、浑然一体。

5. 代理词示例

代理词

尊敬的审判长、审判员：

皋城市玩野律师事务所接受本案原告朱杭的委托，特指派我担任他的诉讼代理人。代理本案后，我查阅了案卷，向有关方面进行调查，刚才听取了法庭调查情况，对本案有了较全面的了解。现我就案件事实，对本案理出以下代理意见，供合议庭参考。

(1) 被告皋城市长阔出租车公司的被告主体资格适格。

被告皋城市长阔出租车公司确实于2006年8月1日与付建启签订劳动合同,付建启受雇于该出租车公司至今。

(2) 2013年8月21日晚凌晨1点左右,原告在东环广场搭被告雇员付建启的出租车去双井姐姐家里,在开到东便门桥北50米被被告付建启赶下车。当时,原告浑身哆嗦、口吐白沫、满头大汗,癫痫病复发,付建启未尽司机的合理救助义务,把原告遗弃在桥东100米处的马圈处。原、被告双方形成客运合同关系,作为承运人应当严格按照法律的规定履行自己的义务。《中华人民共和国合同法》专门在第三百零一条规定,在运输过程中,旅客发生患疾病、分娩、避险等紧急情况时,承运人有应当尽自己的能力帮助旅客脱离危险、减少损害或者采取其他适当救助措施的义务。而被告违背了这一法律规定,也违背了作为出租车司机所应有的职业道德,因此被告方司机的行为是承运人没有尽到自己的义务表现,应对此承担责任。

(3) 客运合同即旅客运输合同,是承运人在一定期间将旅客及其行李运输到约定地点,旅客支付票款或者运费的合同。在短途旅客运输及城市公共交通运输中往往采用先上车、后购票的方式,客运合同自承运人允许旅客登上车时成立,承运人就应对旅客的人身安全承担责任。原告先乘车后付款,双方即形成客运合同关系,被告负有将旅客安全送达目的地的义务。与被告方合同自旅客乘上出租车时成立,承运人应按照原告的要求将其送至目的地。但被告方司机在看到原告癫痫病发作时不仅没有救助他,反而将车停下将其遗弃在桥东100米处的马圈处,使其不能在危险时刻到达其姐姐家中得到救助,严重损害了原告的权益,恳请法院依法追究被告方的违约责任。同时,我方当事人认为自己被像扔物品一样扔下了出租车,使自己的精神遭受很大的刺激,遭受精神和心灵创伤,被告方雇员付建启的行为虽未危及原告的生命健康,但对原告的精神造成了一定刺激,侵犯了原告作为旅客应当享有的合法权利,因此应赔礼道歉,赔偿原告的精神损失。

(4) 因被告方司机的行为,被告没有履行基于旅客运输合同应尽的保护义务,给原告造成了财产损失,导致原告浅红色背包以及包中的钱包、摩托罗拉V3新款手机和50 000元人民币丢失。原告在癫痫病发作之时已经处于昏迷状态,是一个无民事行为能力人,无法保护自己的所有物,以至于丢失无法找到,恳请法院依法判决被告方适当补偿。

以上事实由证人付建启、刘阳的证言,原告癫痫病病历(书证),电信通话单据、皋城市朝安区地图、劳动合同、手机发票、银行取款单(物证),以及询问笔录等证据予以证明。

综合上述理由,被告应该按照旅客运输合同承担违约责任并赔偿10 000元,请法院依法公正判决。

原告委托代理人:××

2014年8月30日

第六章　民事诉讼实务——婚姻家庭法与继承法实训

本章学习目的和要求：

(1) 认识庭前律师业务工作的重要性，了解当事人的需要和感受，能够熟练运用庭前律师业务的基本技巧。

(2) 熟悉法院开庭的程序，了解个案中涉及的民事实体法、民事程序法问题并加以解决，学会用法言法语，学会运用法律思维。

(3) 修正法学理论学习存在的误区，提高法律业务操作能力。

(4) 了解民事一审案件卷宗所应包含的诉讼文书种类，明确各种诉讼文书的制作主体。

(5) 全面掌握民事诉讼活动中原、被告委托代理人如何陈述事实、如何适用法律为己方说理与辩解，法官如何查明案件事实、正确适用法律，明晰法官、律师在民事诉讼中的职责。

(6) 形成处理涉及婚姻家庭法、继承法案件的诉讼思路，了解法官、原告委托代理人、被告委托代理人的不同诉讼技巧。

第一节　婚继经典案例分析

■ 一、案例介绍

丁强、丁丽、丁娜诉王秀春继承纠纷案

三原告丁强、丁丽、丁娜与被告王秀春系继母子、继母女关系。三原告的父亲丁昆于2006年4月17日因病去世。被继承人丁昆与被告王秀春于1996年12月26日登记结婚，双方系再婚。结婚初期双方在外租房居住，后来双方在被告王秀春于1994年与其儿女共同承租的位于某市沈河区杏林街某处，建筑面积为74平方米的住房居住。1998年7月22日，被继承人丁昆与被告王秀春以15 822元的价格购买了该房产的产权。2002年9月22日，双方以14万元的价格将该房产转让给他人。2002年9月21日，以11万元的价格购买了位于某市沈河区大西路某处，建筑面积为73平方米的住房。

2004年4月16日，双方又以18万元的价格将此房卖给他人。2004年2月27日，以14万元

的价格购买了位于某市和平区光荣街某处，建筑面积为68平方米的住房一处。对此房产，原、被告双方争议较大。另外，三原告还认为其父亲在生前有7万元对外投资款及相关收益，也应列入遗产范围，并主张依法继承。被告否认被继承人生前有对外投资。由于原、被告双方在遗产继承问题上不能达成一致意见，原告丁强起诉至法院，请求法院对上述遗产依法分割。丁强持有一份由被继承人丁昆亲笔书写的遗嘱，丁昆住院治疗的医疗费、丧葬费是丁强支付的，收据也在其手中。被告王秀春以丁昆藏有大量邮票、自己保存有邮票目录、医疗费和丧葬费由自己支付为由，就被继承人丁昆所有的集邮册，单位应予报销所花费的医疗费、丧葬费等项遗产，提出反诉请求，要求依法继承。

另外，本案诉讼期间，被告王秀春于2007年2月将前述诉争房产(即某市和平区光荣街某处房产)的产权转让，转让价格为21万元。

附：遗嘱内容。

遗　嘱

2006年4月9日上午10时45分

立遗嘱人丁昆(男)、王秀春(女)，以下简称男方、女方，男方指定身后处理人丁强，女方指定代理人曲霞，双方达成协议共同签字后生效。

本着夫妻财产共有平等分配的原则，经盘点分列如下：

(1) 房屋一座：坐落于光荣街38-403，计68平方米。

处理办法：按价评估，计价各分一半。

(2) 现金投资7万元、已用药费1.82万元、初定投资收益1.5万元，共计拾万零叁仟贰佰元整。减去借用丁强还款4万元尚余6.32万元，作为分配数。

(3) 天山福墓园4座，男1、女3。

(4) 婚后购置的洗衣机、热水器、微波炉、书柜、黄色木箱三个、旧电视、沙发、小木柜、衣架，归男方。

(5) 盖州市高坎债权索回后归女方。

(6) 此后报销药费统归男方所有。照相机、VCD、磁疗器全留给女方。

(7) 本遗嘱为终结处理，任何时期任何节外生枝均属无效。

■ 二、本案涉及的相关法律知识

(一) 实体法层面的知识内容

(1) 明确遗产的范围。

(2) 了解遗嘱效力。

(3) 区别法定继承与遗嘱继承。

(4) 明确法定继承人的范围及顺序。

(5) 了解遗产处理的原则。

(二) 程序法层面的知识内容

(1) 了解必要的共同诉讼。

(2) 了解法律有关追加民事诉讼第三人的规定。

(3) 了解反诉的条件。

(4)《民事诉讼法》第五十六条关于诉讼第三人的规定、第九十二条关于财产保全适用条件的规定、第九十四条关于财产保全请求范围及保全措施的规定、第一百二十六条关于诉讼合并的规定、第一百三十五条关于审理期限的规定。

(5)《最高人民法院关于民事诉讼证据的若干规定》第二条关于举证责任分配的规定。

■ 三、案例分析思路及技巧

(一) 原告委托代理人的诉讼思路和技巧——实体法和程序法的综合应用

代理人认为,本案中存在的争议主要体现在两个方面:一是遗产范围之争,二是效力之争。己方应从这两个方面查清事实和证据,并正确适用法律。

1. 如何确定遗产范围

对于遗产继承纠纷,首先要确定遗产的范围,它是决定原告能继承多少遗产份额的前提。因此,代理人认为,首先应着手帮助原告分析被继承人(即其父丁昆)生前的个人合法财产有多少,争取己方当事人的利益最大化。

根据《中华人民共和国继承法》(以下简称《继承法》)第三条规定,遗产是公民死亡时遗留的个人合法财产。遗产包括:公民的收入;公民的房屋、储蓄和生活用品;公民的林木、牲畜和家禽;公民的文字图书资料;法律允许公民所有的生产资料;公民的著作权、专利权中的财产部分及其他合法财产。

本案三原告提出两项诉讼请求:一是要求继承其父丁昆生前留有位于某市和平区光荣街的房产一处;二是要求继承其父丁昆生前对外投资款7万元以及收益1.5万元,共计8.5万元。代理人认为,如果光荣街的房产和8.5万元投资款及收益是原告父亲的个人财产,则在其死后为其遗产,原告有权按照上述法律规定继承;但如果不是或者不完全是原告父亲的个人财产,则不能继承或者不能完全继承。

因此,代理人提出以下意见。

(1) 本案诉争的最大遗产份额——房产为夫妻共同财产,其中一半属于被继承人的财产。

原告曾认为,己方有权继承该房产的全部,其产生这种想法的依据是其父亲在遗嘱中表达了将该房产在身后交到子女手中的意思。但代理人在了解案情时发现,诉争的光荣街住房是原告的父亲和继母几经辗转买卖房产而最后购置的。光荣街住房的最初来源是被告与其儿女于1994年共同承租的公房,1998年房改时,双方购买了该房。代理人询问原告购买该房情况,原告回答不出。

代理人告诉原告,福利购买公房有许多说法,原告将来在法庭陈述阶段可以不提公房购买情况,只提是夫妻双方婚后购买,目的是使被告处于未防范状态。待到被告陈述完毕，代理人准备向被告提几个福利售房购买情况的问题，估计此时被告在没有得到其代理人事先安排的情况下，会如实回答问题。被告的回答可能有以下几种情况：自己出钱，用自己和前夫的工龄购买；自己出钱，用被继承人和自己的工龄购买；与被继承人共同出钱，用双方的工龄购买。代理人认为，被告回答为第二种购买方式的可能性最大，因为如果被告没有再婚，肯定用第一种方式购买，而如果再婚，则会用第二种或第三种方式购买。因为用死亡配偶工龄计算时，工龄要减半计算，这样享受的福利相对较少；用现配偶的工龄购买，工龄如实计算，享受的福利相对较多。老百姓逐利的本性使得被告当时购买公房时必然会选择后两种方式之一(审理中，被告在被询问时果然表示用第二种方式购买，代理人问她怎样证明用自己的资金购买时，被告无法证明)。

代理人认为，如果是这样，则己方就可以认定该房产为夫妻共同财产，其中的一半属于被继承人的遗产。因为在我国，住房制度改革之后，众多市民根据公房出售政策购买取得其原承租公房的所有权，其中夫妻一方已经死亡的，允许另一方享受死者的生前工龄折算优惠。那么，享受已死亡配偶生前工龄优惠所购之公房属于生者个人财产还是其夫妻共有财产呢？最高人民法院在给司法部律师公证工作指导司的《关于在享受本人工龄和已死亡配偶生前工龄优惠后所购公房是否属夫妻共同财产的函的复函》(2000年2月17日法民字〔2000〕第4号)中表示，夫妻一方死亡后，如果遗产已经继承完毕，健在一方用自己的积蓄购买的公有住房应视为个人财产，购买该房时所享受的已死亡配偶的工龄优惠只属于一种政策性补贴，而非财产或财产权益。夫妻一方死亡后，如果遗产没有分割，应予查明购房款是夫妻双方的共同积蓄，还是配偶一方的个人所得，以此确认所购房屋是夫妻共同财产还是个人财产。如果购房款是夫妻双方的共同积蓄，所购房屋应视为夫妻共同财产。这是截至目前关于此类房屋权利归属的唯一的官方意见。

本案的情况当然不同于该规定中的情况，但是该规定的解释精神说明，购房人的资金来源很重要，只要是用一方的资金购买的，就是一方的财产；如果是用双方的资金购买的，就是双方的财产。本案可以根据最高人民法院这一复函的精神，推定在夫妻共同出资购买房产的情况下，该房为夫妻共同财产。只要最初的房源是夫妻共同财产，其后的几次买房卖房又都是基于最初房源的卖房款发生的，且买房卖房行为都在夫妻关系存续期间，那么，最后的住房是夫妻共同财产无疑。

原告听了代理人的分析，认为很有道理，并决定按照代理人的意见继承房产。按照《继承法》第二十六条第一款的规定，夫妻在婚姻关系存续期间所得的共同所有的财产，除有约定的以外，如果分割遗产，应当先将共同所有的财产的一半分出为配偶所有，其余的为被继承人的遗产。

代理人认为在法庭事实调查阶段原告应陈述以下事实：被继承人丁昆与被告王秀春于1996年12月建立婚姻关系的事实；1998年房改时，被继承人与被告婚后福利购买住房事实；2002年，被继承人与被告买房卖房事实；2004年，被继承人与被告买房卖房事实。

(2) 己方没有证据证明投资款客观存在，投资款不能作为遗产继承。

本案原告提出的第二项诉讼请求是继承其父生前对外投资款及收益共8.5万元。对于此项请求，代理人认为：投资款很有可能事实上是存在的，但己方目前没有充分的证据证实这一点。从原告提供的被继承人的遗嘱来看，上面提到了投资款问题，但是这种书面罗列的投资款就好像一个人对他人讲自己有多少财产、有多少房子一样，并不能表明其真的拥有，尤其在公正严谨的法律制度中，对法律事实的确认必须在有充分证据证明的基础上。原告如果能够提供资金投入情况证明、投资协议内容证明等证明投资行为确实发生过的证据，才可能证明投资款客观存在，然后才能考虑继承问题。现在，原告仅从遗嘱的表述中认为存在投资款，欠缺大量实证，代理人认为法院不会支持原告继承投资款的请求。代理人还表示，如果原告一定要继承这笔钱，自己可以在诉讼请求中提出，不过若法院不支持原告的这一诉求，这部分财产的诉讼费就由原告负担。原告觉得代理人的这一分析确实有道理，己方也认为得到这笔款比较困难，只是还想试试，说不定开庭时被告会承认或者露出什么马脚，他们决定起诉时不放弃这一请求。

2. 争取遗嘱效力的认定，如不能认定为有效，即主张法定继承

原告提供了一份遗嘱，针对该遗嘱，代理人的诉讼策略是：从自书遗嘱的角度，主张遗嘱有效，若不能成立，按法定继承。

所谓自书遗嘱是由遗嘱人亲自书写的遗嘱，又称为亲笔遗嘱。《继承法》第十七条第二款规定："自书遗嘱由遗嘱人亲笔书写、签名，注明年、月、日。"所以自书遗嘱须由遗嘱人亲笔书写，且须有遗嘱人签名，并注明年、月、日。

代理人认为，本案原告提供的遗嘱，名头定为"遗嘱"，内容由被继承人亲笔书写，尾部由被继承人签名并注明了年、月、日，形式上完全符合自书遗嘱的法定要件，并且遗嘱内容也是处分个人财产，对住房、投资款、墓地、债权、生活用品等一一进行了处分，是被继承人的真实意思表示。自己可以考虑游说法官，使其首先从形式上认同这是一份有效遗嘱，然后就内容向法官说明，因为立遗嘱人文化水平不高，又不懂法律，所以遗嘱的表述不够规范，但内心的想法已经表达出来了。

但是，要说服法官并不容易，因为在审判实践中，法官处理案件历来重视证据的证明力，原告提供的这份遗嘱的确是一份证据，但是这份证据有多大的证明力呢？立遗嘱的主体是夫妻双方，并在遗嘱中明确说明"双方达成协议共同签字后生效"，而在遗嘱的尾部只有被继承人一人签名，这让代理人怎样从法律的角度处理法官的质疑呢？从遗嘱处分的方式来看，通篇内容都是男方和女方如何分财产，没有提到子女一个字，没有分给子女任何一份财产，又如何向法官解释立遗嘱人的真实想法呢？事后解释的遗嘱法官能认同吗？代理人认为自己只能尽力争取，但希望不大，最后的结果很有可能是法官对遗嘱不予认同，而按照法定继承处理。

原告听了代理人的上述分析后，觉得很有道理，但自己一再被否认，在诉讼中得到的东西将越来越少，他们又产生了代理人是否在为自己尽职服务的怀疑。其实，代理人已经看出这一点。他对原告表示，律师代理案件的原则一是为当事人全力服务；二是依法服务，既不可能当事人要求什么就盲目地做什么，也不可能违背法律的规定随意作为，如果那样做，对自己和当事人都不好。

3. 被告的反诉理由不成立，法院不应支持

原告告诉代理人，被告王秀春已经不止一次表示，如果原告起诉，其会提出反诉，反

诉请求有两项：一是请求法院对被继承人丁昆报销的医疗费、丧葬费进行(分割)继承，共计4万元；二是请求法院依法对被继承人生前收藏的邮票进行分割继承。

针对被告的反诉要求，代理人提出如下思路。

(1) 关于医疗费、丧葬费，直接反驳，说明此两项费用并非遗产，反诉原告对此请求分割没有根据。

丁强在其父生病治疗期间，一直负责医疗费的支付。其父去世后，丁强又负责丧事的办理。医疗费和丧葬费两项费用共计49 000元，都是由丁强支付的，并有相关票据为证。以上费用父亲(被继承人)单位至诉讼时一直没有报销。代理人认为，由于这些费用属于医疗费、丧葬费花费，不属于被继承人生前的个人财产，且都由丁强支付，如果将来被继承人单位对此予以报销，应返还给丁强，不应定为遗产。所以，反诉人的这项请求既没有事实依据，也没有法律依据。为支持己方的主张，代理人准备开庭时出示医疗费和丧葬费票据。

(2) 对于反诉人提出依法分割被继承人生前收藏邮票的请求，原告要求反诉人提供证据，若能证明邮票存在，原告也要求参与分割继承此项遗产。 2002年4月1日起实施的《最高人民法院关于民事诉讼证据的若干规定》第二条规定："当事人对自己提出的诉讼请求所依据的事实或反驳对方诉讼请求所依据的事实有责任提供证据加以证明。没有证据或者证据不足以证明当事人的事实主张的，由负有举证责任的当事人承担不利后果。"即民事诉讼证明的一般规则——"谁主张，谁举证"。代理人认为，本案反诉人既然主张继承被继承人生前收藏的邮票，那么，反诉人就应举证证明该邮票的存在，否则，举证不能，就推定该项遗产不存在。邮票目录和前述"遗嘱"一样，不能证明邮票本身的存在，因而也就不能作为遗产分割继承。至于反诉人在反诉中所称"邮票都让原告于被继承人去世后的第二天全部拉走"的说法，反诉人也需要举证证明，否则，该主张也缺乏事实根据，同样得不到法律的支持。

4. 应否向人民法院申请财产保全

在诉讼中，如果一方当事人认为对方当事人有可能偷逃财产致使以后的判决难以执行，当事人可以向人民法院申请财产保全。财产保全是指在诉讼程序开始之后、终结之前，人民法院根据当事人的申请或者主动依职权对当事人的财产或者争议的标的物所采取的强制性措施。财产保全是保护当事人利益的一种措施，代理人认为，通过向原告了解案情，本案诉争房产，即位于某市光荣街某处的房产，现处于被告的掌控之下，若不采取保全措施，被告有变卖此房产的可能，变卖的结果有两种：一是可能降低房产的价格，使原告的继承范围无形中变小；另外一种可能更不理想，即被告将变卖的现金藏匿起来，拒不执行法院的判决。那么，将来即使法院作出有利于原告的判决，也有实现不了的可能。因此，代理人决定，应向人民法院提出财产保全申请，为原告最终权利的实现奠定物质基础。

5. 提出追加原告的申请

代理人接受原告的委托时，丁强已经以自己作为原告起诉到法院。代理人立刻表示，因为本案按照法定继承分配遗产的可能性很大，此时如果原告只有丁强一人，其两个妹妹放弃继承，则原告获得的遗产份额只有一份而不是三份。而且法院如此受理可能是由立案庭法官工作疏忽所致，案件到审判庭的时候，法官会调查被继承人现有多少个继承人，然后要求其参加到诉讼中,那时如果不放弃继承,还是会被追加为当事人。丁强和两个妹妹商量后,认为不能放弃继承,于是同意追加原告。

(二) 被告委托代理人的诉讼思路和技巧——实体法和程序法的综合应用

1. 指出原告所要继承的房产不是遗产,而是被告个人婚前财产

针对原告提出的要继承被继承人留有的房产的请求,代理人指出此诉争房产不是遗产,而是被告婚前个人财产,三原告对被告名下的房屋产权不享有法定继承权。

(1) 诉争房产源于被告。诉争房产是被告在卖掉与其儿女共同承租的位于某市沈河区杏林街某处的住房,中间又经过两次买卖而取得的房产。上述各项事实有以下证据佐证。

① 被告婚前有房产的事实。被告可出具某市沈河区杏林街房屋使用权证和住宅登记表,使用权证和住宅登记表上只有被告王秀春的名字,没有被继承人丁昆的名字,证明被告婚前有房产。

② 2002年购买某市大西路某处房产的事实。有证人郑某出具的证言,证明该处房产是被告卖掉杏林街的房子后购买的。

③ 2004年购买某市光荣街某处房产的事实。有证人郝某出具证言,证明该处房产是被告卖掉大西路的房子后购买的;另外,还有一份房产转让登记申请表,证明光荣街的房子是被告个人花21万元购买的,为了少交税才写花14万元购买。

(2) 诉争房产是被告的个人财产。从最初的房产到现在的诉争房产,其产权证上记载的产权人均是被告,无共同所有人记载的字样。以上住房买卖的产权交易手续均由被告办理,是被告个人出资购买的房产。代理人认为,现诉争房产是由被告婚前居住的承租房变更购买而来,被继承人并未投入一分钱。诉争房产应是被告个人婚前房产,不是遗产,故三原告对此房产不享有继承权。

2. 原告诉讼中对8.5万元进行遗产分配的请求没有事实和法律依据

原告在起诉状中请求继承其父生前对外投资及收益款8.5万元。代理人认为,根据《民事诉讼法》规定的"谁主张,谁举证"的举证原则,原告应就其主张,即请求继承其父生前对外投资款的主张,负举证责任。但原告除了能够拿出遗嘱外,并没有足够的证据证明被继承人生前在外有投资,而遗嘱的相关内容是证明不了投资款的存在的,而且原告也没有举证证明投资的具体时间。由于原告提出诉讼请求,又不能证明自己的请求所依据的事实的存在,那么按照举证责任的规定,原告就应承担举证不能的法律后果,即此项请求不应得到法院的支持。

3. 说明遗嘱是无效的

对于原告提供的遗嘱,代理人从事实和法律两个方面论证其是无效遗嘱,不能按遗嘱继承。

(1) 遗嘱的形式是无效的。原告提供的所谓遗嘱,从形式上看应属于自书遗嘱。《继承法》第十七条第二款规定:"自书遗嘱由遗嘱人亲笔书写,签名,注明年、月、日。"但被继承人的遗嘱不符合该条款的规定,不具备自书遗嘱形式要件的要求。该遗嘱有以下瑕疵:遗嘱中写明被继承人、被告为立遗嘱人,遗嘱待双方签字后生效,但遗嘱只有被继承人一人签名，被继承人的签名是否真实也无法认定。遗嘱是要式法律行为，《继承法》对遗嘱的形式要件具有严格的要求，例如对于自书遗嘱，要求遗嘱内容、遗嘱签名都由立遗嘱人本人亲自书写，如果是夫妻共立一份遗嘱，则书写内容可由一方执笔，但必须双方都签名，遗嘱要注明年、月、日。原告提供的这份遗嘱没有被告的签字，在形式要件上不符合《继承法》的要求，因此遗嘱无效。而《民法通则》中有关于自愿原则的规定，当事人自主的愿望、自由的意思表示只要不违反法律的规定，法律都一律予以保护，确认其效力。在该份遗嘱中，立遗嘱人约定，遗嘱自双方签字后生效。这是双方对遗嘱生效要件的自由约定，受法律保护，如有一方未在遗嘱上签字，则遗嘱不生效。据此，即使遗嘱有效，也因为不符合民事法律行为的生效要件而对立遗嘱人没有约束力。

(2) 遗嘱的内容也是无效的。代理人认为，从遗嘱的内容来看，通篇只有对夫妻财产的分配约定，即关于房产的约定、关于投资款的约定、关于债权的约定、关于生活用品的约定等，这些财产被约定或者归男方或者归女方，但没有哪一个约定归子女，由子女继承。对于所约定的财产，除了房产还算有比较具体的描述外，投资款、债权、墓园等一概没有具体的描述，无法表明这些财产是否存在、如存在又保存在哪里、这些财产的所有权归属是怎样的等。在语言表述上，莫名其妙的词语互相组合，不知道它们想要表达什么意思。《继承法》要求遗嘱人在遗嘱中处分其个人财产，但是，在被继承人的遗嘱中，看不出其处分了哪些个人财产。因而，该遗嘱因内容不符合法律规定而无效。

4. 提出反诉

《民事诉讼法》赋予民事诉讼当事人平等的诉讼权利。原告有起诉权，被告有答辩及反诉权。充分运用法律赋予被告的诉讼权利，不仅对原告提出的诉讼请求一一反驳、答辩，而且积极地行使反诉权，对本诉原告提出反诉，以抵消、吞并本诉，扩大遗产继承范围，使己方当事人获取更大的诉讼收益是代理人的职责所在。针对被告向代理人的陈述，代理人认为，对于邮票的存在和医疗费的支出，被告并没有撒谎，但由于被告几乎没有证据，提出反诉法院可能不会支持。然而，作为一种诉讼策略，使法官从中认识到原告隐瞒了事实，也许在审理和判决时会对被告有一定益处。于是代理人决定顺应被告的要求，提出反诉请求。

(1) 被继承人所有的集邮册，反诉原告有权继承。被继承人生前酷爱集邮，收藏了大量邮票，在被继承人病危住院期间及故去后，原告假借收拾被继承人遗物为由，分几次将被继承人收藏的邮票全部搬走，至今仍在原告手中保存。被继承人为防止原告等人霸占邮票，在生前特意将所有邮票的目录交由本诉被告(反诉原告)保管。现反诉原告手中持有该邮票目录，证明被继承人的遗产应含此项邮票，要求对这些邮票分割继承。

(2) 被继承人故去后报销的医疗费、单位发放的丧葬费，反诉原告有权继承。因为在医疗费中，作为夫妻生活的双方，被告也曾出资用于治疗费，包含在家庭共同支出之中。代理人在开庭前去被继承人生前所在单位调查，询问被继承人去世后的医疗费报销及丧葬费发放情况，被继承人生前所在单位的财会人员说，这些都没有报销和发放。为了更好地保护被告的合法权益，代理人向法院提出申请，要求法院调取证据，由法院向被继承人生前单位询问医疗费的报销情况以及丧葬费的发放情况。这些费用若能得到证明，本诉被告

(反诉原告)理应享有此遗产的继承权,希望法院能够依法判决。

(三) 法官的诉讼思路和技巧——实体法和程序法的综合应用

1. 本案属必要的共同诉讼

所谓必要的共同诉讼,是指当事人一方或双方为两人或两人以上,其诉讼标的是共同的诉讼。必要的共同诉讼人具有共同的权利或义务,因而是不可分之诉,人民法院必须合并审理和判决。

法官认为,本案系继承遗产纠纷,属于典型的必要共同诉讼。继承人之间有共同的权利,只有一个发生争议的继承法律关系,是一个不可分之诉,因而法院必须合并审理并作出一个判决。《民事诉讼法》第一百一十九条规定:"必须共同进行诉讼的当事人没有参加诉讼的,人民法院应当通知其参加诉讼。"《最高人民法院关于适用<中华人民共和国民事诉讼法>若干问题的意见》第五十四条规定:"在继承遗产的诉讼中,部分继承人起诉的,人民法院应通知其他继承人作为共同原告参加诉讼;被通知的继承人不愿意参加诉讼又未明确表示放弃实体权利的,人民法院应把其列为共同原告。"结合本案情况,一审原告丁强起诉时,只把自己列为原告,没有列其大妹妹丁丽和小妹妹丁娜。后原告丁强与其两个妹妹又一同来到法院,申请追加两个原告,一审法院应逐一询问丁丽、丁娜是否放弃继承权,如两人均表示不放弃,法院应当追加丁丽、丁娜为共同原告参加诉讼。

2. 对财产保全申请的处理

如果诉讼中原告向法院提出财产保全申请,法官认为,财产保全作为一种保护当事人利益的诉讼保护措施,当事人向法院提出申请,只要符合法律规定的条件,法院就应该予以保全,但应避免保全不当给对方当事人造成损失。《民事诉讼法》第九十二条第一款、第二款规定:"人民法院对于可能因当事人一方的行为或者其他原因,使判决不能执行或者难以执行的案件,可以根据对方当事人的申请,做出财产保全的裁定;当事人没有提出申请的,人民法院在必要时也可以裁定采取财产保全措施。人民法院采取财产保全措施,可以责令申请人提供担保;申请人不提供担保的,驳回申请。"《民事诉讼法》第九十四条第一款、第二款规定:"财产保全限于请求的范围,或者与本案有关的财物。财产保全采取查封、扣押、冻结或者法律规定的其他方法。"

3. 本诉与反诉的合并审理及反诉请求不能认定的理由

反诉是指在已经进行的诉讼过程中,被告以本诉的原告作为被告,向本诉的受诉法院提出的与本诉的诉讼标的有直接联系的独立的诉讼请求。《民事诉讼法》规定,被告有提起反诉的权利。法律上规定了反诉制度,目的是全面维护双方当事人的合法权益,并通过反诉与本诉的合并审理提高诉讼效率。反诉提起,应当具备一定的条件:第一,反诉只能由本诉的被告向本诉的原告提起;第二,反诉应当在本诉提起之后、辩论终结之前提出;第三,反诉应当向本诉的受理法院提出;第四,反诉与本诉之间具有牵连关系。

本案本诉被告(王秀春)在诉讼中向受理本诉的法院,对本诉原告(丁强、丁丽、丁娜)提出反诉,认为被继承人生前集邮留下的邮票以及被继承人死后报销的医疗费、丧葬费等,反诉原告也享有继承权。法官认为,反诉原告的反诉符合法律规定的反诉条件,根据

《民事诉讼法》第一百二十六条规定："原告增加诉讼请求，被告提出反诉，第三人提出与本案有关的诉讼请求，可以合并审理。"于是法官将本诉和反诉进行了合并审理。合并审理的目的是全面维护双方当事人的合法权益、提高诉讼效益。但法官认为，反诉原告虽然程序上符合反诉的构成要件，但反诉原告(本诉被告)诉讼中向法院提供的证据不足以证明其主张的成立，其反诉请求法院不能支持，不予支持的理由原告方论述得详尽明确，可予参考。

4. 遗嘱效力不予认定

本案原告在诉讼中提供了一份遗嘱，主张遗嘱有效，要求法院按遗嘱继承办理。本案被告针对原告所提供的遗嘱进行了反驳，并提出支持自己观点的事实理由及法律规定，主张遗嘱无效。

法官认为，公民的合法继承权受法律保护。按照《继承法》的规定，继承开始后，按照法定继承办理；有遗嘱的，按照遗嘱继承。本案三原告虽然向法院提供了一份被继承人生前留有的遗嘱，但该遗嘱就其内容而言，并没有明确处分遗产的意思表示，只是提出了其死亡后分配双方财产的原则，即夫妻财产共有平分，且特别注明财产分配协议需双方共同签字生效。而该遗嘱上只有被继承人丁昆的签名，无被告王秀春的签名。故法官认为，应同意本案被告的主张，认定遗嘱无效。本案按照法定继承处理。

5. 诉争房产属夫妻共同财产，其中一半是被继承人的遗产

法官认为，诉争房产即光荣街某处住房是在1998年房改中，经中间两次买卖而来。被告承认1998年房改时用被继承人和被告两人的工龄，花费共同财产15 800元买下当时共同居住的住房的产权。根据《中华人民共和国婚姻法》(以下简称《婚姻法》)的规定，夫妻婚姻关系存续期间所得的财产除另有约定或者法律另有规定以外，归夫妻双方共同所有，对此被告没有证据证明15 800元是另有约定的财产和法律另有规定的财产，所以应推定为夫妻共同财产。根据《婚姻法》关于夫妻共同财产规定的精神，夫妻共同出资购置的财产属于夫妻共同财产。另据最高人民法院法民字〔2000〕第4号《关于在享受本人工龄和已死亡配偶生前工龄优惠后所购公房是否属夫妻共同财产的函的复函》中的规定，夫妻一方死亡后，如果遗产没有分割，应予查明购房款是夫妻双方共同的积蓄，还是配偶一方的个人所得，以此确认所购房屋是夫妻共有财产还是个人财产。如果购房款是夫妻双方的共同积蓄，所购房屋应视为夫妻共同财产。由此也可推断，福利购买公房后房屋所有权的认定，依据是出资购买房产的主体是谁，如果是用双方的工龄和双方的财产购买，则认定为共同所有财产，反之认定为个人所有财产。而本案福利购买公房用的是被继承人与被告的工龄和共同财产，因此，为夫妻共同财产。《继承法》第二十六条第一款规定："夫妻在婚姻关系存续期间所得的共同所有的财产，除有约定的以外，如果分割遗产，应当先将共同所有的财产的一半分出为配偶所有，其余的为被继承人的遗产。"

综合以上事实，结合法律规定，法官认为现诉争房产是夫妻共同财产，其中一半属遗产范围，三原告有权要求分割继承，应该得到法院的支持。

6. 对外投资款不予认定的理由

对于三原告丁强、丁丽、丁娜提出的被继承人投资款继承问题，法官认为，被告对此

的辩驳理由十分明确，应采纳被告的观点，不予认定投资款为遗产。

7. 遗产分配原则的确定

关于本案遗产分配的原则及各继承人应得继承份额问题，法官认为，由于本案原告提供的遗嘱不能认定为有效，本案不能按遗嘱继承办理，只能按法定继承办理。本案的法定继承人有被继承人的配偶(被告王秀春)、儿子(原告丁强)、大女儿(原告丁丽)、小女儿(原告丁娜)，根据《继承法》第十条的规定，第一顺序的继承人有：配偶、子女、父母。他们均属于第一顺序继承人。根据《继承法》第十三条规定，我国法定继承方式中的遗产分配原则是：一般情况下，同一顺序继承人继承遗产的份额应当均等，即"均等原则"。结合本案情况，法官认为，本案的遗产分配应适用"均等原则"，即在各继承人之间均等分配遗产。鉴于本案诉讼中，被告已经把诉争房产以21万元的价格卖掉，价格为市价，法官认为，应将卖房款21万元予以分割后，就其中的10.5万元遗产依法进行分配，即将10.5万元按"均等原则"平均分成4份，每份为26 250元，4个法定继承人(三原告和被告)每人1份。

8. 对审理期限的处理

审理期限，是指受诉人民法院从立案到对案件作出裁判的法定审理期限。《民事诉讼法》第一百三十五条规定："人民法院适用普通程序审理的案件，应当在立案之日起6个月内审结。有特殊情况需要延长的，由本院院长批准，可以延长6个月；还需要延长的，报请上级人民法院批准。"法律规定审理期限，主要目的是提高审判效率，减轻当事人的讼累，有效保护当事人的合法权益。

法院于2006年5月受理原告丁强、丁丽、丁娜与被告王秀春继承纠纷一案，本案审理期限到2006年11月届满，但因举证期限内本案的被告对原告提出了反诉，法院经过审查，认为反诉符合法律规定的条件，决定本诉与反诉合并审理，致使案件不能如期结案，需要延长审理期限6个月。办案法官向本院院长提出了延长审理期限的报告，得到了院长的批准。

■ 四、本案的处理结果及思考

(一) 判决结果

法院判决：被告王秀春于判决生效之日起10日内一次性向丁强、丁丽、丁娜各给付人民币26 250元；驳回原告的其他诉讼请求；驳回被告的反诉请求。

(二) 知识拓展

本案原告丁强起诉时是独自进行的，诉讼中法院发现丁强还有两个妹妹，于是法院对其两个妹妹进行了询问，两人均表示要继承遗产并愿意参加诉讼，所以，法院依据相关法律规定，列其两个妹妹为本案共同原告。若丁强的两个妹妹经过法院询问，表示不想参加诉讼，但不放弃继承遗产，法官在程序上该如何处理？

答案：还要把姐妹两人列为共同原告。《最高人民法院关于适用<中华人民共和国民

事诉讼法>若干问题的意见》第五十四条规定："在继承遗产的诉讼中，部分继承人起诉的，人民法院应通知其他继承人作为共同原告参加诉讼；被通知的继承人不愿意参加诉讼又未明确表示放弃实体权利的，人民法院仍应把其列为共同原告。"

若丁强的两个妹妹经过法院询问，表示不想参加诉讼，也不想继承遗产，法官在程序上该如何处理？

答案：可以不列两个妹妹为原告。根据《最高人民法院关于适用<中华人民共和国民事诉讼法>若干问题的意见》第五十八条的规定："人民法院追加共同诉讼的当事人时，应通知其他当事人。应当追加的原告，已明确表示放弃实体权利的，可不予追加。"

(三) 思考——民事案例分析三段论法

民事案例分析三段论法即得出结论、附上事实依据、贴上法律依据，即按照"结论—事实—法律"的思路去思考(也可以按照"事实—法律—结论"的思路去思考)。这一方法比较实用，也比较简单，适用于单一法律关系的案例，如用于综合性强的案例则比较困难。

民事案例分析请求权基础法是我国台湾学者王泽鉴提出的方法。请求权基础，是指谁可以向谁、依据何种法律规范、主张何种权利，即按照"谁—向谁—依据何法—主张何种权利"的思路去思考并回答问题。请求权基础法最能在具体的案例上贯穿、组合、综合应用分散于各民法中的规定，此种法律思维方法与民法的编制体例具有密不可分的关系。

第二节　婚继案例模拟开庭

通过本阶段实训，学生应熟练掌握人民法院审理民事案件一审流程以及律师会见当事人的谈判技巧；学会在民事案件开庭审理的不同阶段，应用《婚姻法》《继承法》《民事诉讼法》的基本理论以及其他相关的民事法律理论。

■ 一、案例介绍

张桂英遗嘱继承纠纷案

被继承人李文与前妻周慧生有三个子女，分别为大女儿李华、小女儿李丽和儿子李强，居住在A市B区宜新街2-1号341室，该房的原产权单位是某省电力有限公司。子女相继结婚并离家后，此房一直由李文与周慧两人居住，直至1996年10月12日，李文的前妻周慧病故。当时没有进行分家析产，前妻病故后，李文继续在此房居住。

1997年9月1日，李文与张桂英登记结婚。2000年6月30日，李文与某省电力有限公司签订出售公有住房协议书一份，张桂英与李文分别从各自的单位开出职工工资证明各一份用于购房。协议内容为：某省电力有限公司将坐落于A市B区宜新街2-1号341室，建筑面积57.08平方米、使用面积38.5平方米的住房出售给李文，房款为13 561元。在签订协议的当日，李文缴纳了购房款13 561元。2001年4月23日，被继承人李文办理了A市B区宜新街2-1号341室房屋的所有权证(建筑面积57.08平方米)。

2001年4月27日，被继承人李文就该房产的处置问题立下遗嘱并进行了公证。遗嘱内容为：李文与张桂英于1997年9月1日登记结婚，现住A市B区宜新街2-1号341室，居住面积57.08平方米(套间)。2000年6月，李文和张桂英按市房改有关政策和产权单位某省电力有限公司的要求，共同将此房购为己有。随着李文年龄的增长，其考虑到，不能在房产问题上给张桂英留下麻烦。另外，几个孩子的居住条件都比自己好得多，都是大三室。因此，李文决定在百年之后，把此房留给张桂英居住，产权转给她，并由她全权处理此房，特留此最终遗嘱。

2007年1月17日，被继承人李文病故。张桂英要求按遗嘱内容继承该房产，遭到李文三个子女的反对。于是，张桂英起诉到A市B区人民法院，要求法院依法判决。

■ 二、学习任务

(一) 实体法层面

(1) 了解自书遗嘱的效力。

(2) 明确对最高人民法院《关于在享受本人工龄和已死亡配偶生前工龄优惠后所购公房是否属夫妻共同财产的函的复函》的理解。

(3) 了解法律有关遗产分配的规定。

(二) 程序法层面

了解法律关于证据的取得的规定。

■ 三、模拟开庭

模拟角色分配：张桂英找到正安律师事务所，要求该所指派律师王林代理本案的诉讼；李华、李强、李丽找到正义律师事务所，要求该所指派律师刘军代理本案的诉讼。A市B区人民法院：立案庭庭长王青，审判员郑同，民事审判一庭审判长许永茂，审判员丁平，审判员杨娇，书记员周冰。

(一) 原告委托代理人会见原告

1. 委托代理人向原告了解案情

王林和张桂英在正安律师事务所接待室交谈。

张桂英：王律师你好，我想咨询一下关于继承的事。

王林：好的，你把情况说一下。

张桂英：事情是这样的，1997年我经人介绍与李文相识，并于同年9月1日登记结婚。我俩都是再婚。婚后我们感情一直很好，并一直居住在A市B区宜新街2-1号341室。这处房产是我老伴在2000年6月房改时出钱买下的，2001年4月我老伴办理了该房产的产权证。为了以后不给我添麻烦，我老伴就该房产处置问题立下遗嘱并进行了公证。

王林：你现在把遗嘱带来了吗？拿来我看看。

张桂英：好的。这是遗嘱(拿出遗嘱原件)。

王林：(看过遗嘱后)你刚才说这份遗嘱还进行了公证，有公证书吗？

张桂英：有，我今天也带来了，王律师你看一下(递上公证书)。

王林：(看过公证书后)你老伴什么时候去世的？

张桂英：2007年1月17日。

王林：被继承人李文有子女吗？

张桂英：有，一个儿子、两个女儿。

王林：他们对你要继承遗产有什么意见？

张桂英：他们不同意，不让我办理房产过户手续，否则不会来找律师。

2. 委托代理人向原告提供初步法律意见

王林：从你说的情况来看，你要继承被继承人李文的遗产的事实根据比较充分，就现行法律规定来看，你要继承诉争房产是可能的。我们律师事务所可以帮助你打这个官司。

3. 收取代理费

王林：按照我省律师收费标准，你的案子是财产案件，应按财产案件的收费标准收取代理费。你这个案子涉及的遗产是一处房产，按现在的市场价大约值20万元。20万元的标的额，按收费标准计算，应收取9 000元的律师费。

张桂英：我的案子事实比较清楚，能不能少收一点？

王林：从你说的情况来看，案情不是特别复杂。你又是老年人，打个官司不容易，可以考虑少收，你看收6 000元怎么样？

张桂英：好，谢谢(交费，取得收据)。

评析：

现在，法律实务中的律师收费，可以根据案件的具体情况，由律师事务所与当事人协商确定收取律师代理费，律师收费标准可作为收费参考依据。

(二) 原告委托代理人诉前准备

1. 收集证据

正安律师事务所在受理了张桂英诉李华、李强、李丽遗嘱继承纠纷一案后，即要求王林全面处理该案，王林首先开始了证据收集工作。其间，他几次通过打电话或者见面向张桂英询问相关证据情况。

王林：张桂英，除了上次你给我的那两份证据材料外，我还想让你提供以下证据材料：一是你和被继承人李文的结婚证；二是你现在居住房屋的产权证；三是户口簿。你明天把这些材料送过来，可以吗？

张桂英：可以。

第二天，张桂英来到正安律师事务所，见到王林，把昨天他要的三份材料交给他。

王林：(接过材料进行复印)你这个案子可能还需要找一份证明材料，就是李文前妻周慧的死亡证明书，这份证据需要到公安派出所调取，我找时间去一趟。

张桂英：那麻烦你了。王律师，你看还有什么事需要我做？

王林：律师代理案件要经过当事人的授权，这里是一份授权委托书，请你填写一下(出示授权委托书)。在你的授权中，你有两种选择：一种是授予律师特别代理权，一种是一般代理权。特别代理就是给律师的代理权限很大，不仅允许律师代为行使诉讼权利，还允许律师代为处分一些实体上的权利，如变更诉讼请求、提出反诉等；而一般代理则是律师只能代为行使一般的诉讼权利，如书写起诉状、收集证据、出庭辩论等。

张桂英：(看特别代理的权限和一般代理的权限)我想选择特别代理，我不具备法律方面的知识，需要律师更全面的代理。

王林：可以，我们可以特别代理，我们会尽力处理你的事务，但重大事件还是要听取你的意见。

此时张桂英填写了承认、放弃、变更诉讼请求，进行和解，提起反诉或上诉的特别授权。

2. 起草起诉状

王林根据与张桂英的会面情况以及在此之前收集的各种证据材料，开始起草起诉状，主要内容如下所述。

诉讼请求有二：请求继承遗嘱指定的房产一处；诉讼费用由被告承担。

事实与理由如下：原告张桂英与被继承人李文于1997年9月依法登记结婚，两人均系再婚，李文是三被告李华、李强、李丽的父亲。原告与李文结婚后感情非常融洽，互相体贴照顾，直至李文去世。李文与原告居住的房产，即A市B区宜新街2-1号341室，建筑面积57.08平方米，是两人按市房改有关政策和房产单位某省电力有限公司的要求，共同购买的房产。李文考虑在其百年以后，不想因房产权属问题给老伴(原告)留下麻烦，便于2001年4月27日到市公证处办理了遗嘱公证手续，将此房产权处分给原告，并允许在其百年之后，由原告全权处理。而今，原告按李文的遗愿，准备将该房产过户到自己名下时，李文的三个儿女(三被告)不同意原告对该房产享有全部的继承权，三被告提出对于该房产也享有继承权，阻碍原告的房产过户行为。原告与三被告多次协商未果，只好诉至法院，请求法院依法裁决，支持原告的诉讼请求，维护原告依法享有的继承权。

评析：

这篇起诉状写得简短明了。从原告的角度看，目前掌握的证据材料使其赢得官司的可能性很大。律师书写的起诉状在事实问题的阐释方面做得不错，诉讼目的已经表达明确，基本符合诉状简明扼要的形式要求。但是，起诉状没有涉及原告有权继承遗产的法律依据，使其在法律适用上略显不足。

3. 提起民事诉讼并送交证据材料

王林将起诉状一式三份，连同结婚证原件和复印件、户口簿复印件、房屋所有权证复印件、公证遗嘱原件和复印件、死亡证明书、授权委托书、律师事务所公函、原告身份证复印件提交到法院立案庭。

4. 构思代理意见

详见开庭审理阶段。

(三) 法院立案庭受理案件

A市B区人民法院立案庭受理此案件。

1. 审核诉讼材料

郑同：原告有没有来？

王林：没有。我是原告的律师，代理原告来办理立案手续。

郑同：(查看律师递交的诉讼材料)有几份证据材料？

王林：9份。

郑同：(拿出1份接受诉讼材料收据)请将递交的诉讼材料登记在目录上，并签名确认。

王林：好的(登记并签名)。

2. 向原告发送通知书等

郑同：你的继承纠纷案件，被告明确，被告地址清楚，原告的诉讼请求表达得也清楚，符合民事案件立案标准，现予以立案受理。(拿出案件受理通知书、举证通知书)这些材料请收好，并在送达回证上签字。

王林：好的。

3. 收取案件受理费

郑同：本案是财产案件，请到右侧的财务部门缴纳案件受理费。

财务部门：请预交200元人民币。

王林：好的(缴纳现金并取回收据)。

4. 立案审批

郑同随后填写了立案审批表，报立案庭庭长王青审批，王青签字批准立案。立案时要缴纳继承房产案件受理费。

(四) A市B区法院合议庭审前准备工作

具体的准备工作包括向原、被告发送通知书等。

立案后5日内，A市B区人民法院民事审判一庭。

许永茂(主审法官)：周冰，我收到了张桂英诉李华、李强、李丽继承纠纷的案件，请你向被告李华、李强、李丽发送诉讼文书等。

周冰：好的。(根据原告起诉状中留下的被告电话与被告联系)李华吗？张桂英诉你继承纠纷一案法院已经受理，请你到法院405室来一下，收取起诉状副本和应诉通知书以及举证通知书，并在15日内提出答辩。

李华：(来到法院405室，在送达回证上签收诉讼文书)收到了。

周冰：用同样方法通知李强、李丽到法院领取相关诉讼材料。

李强、李丽：(来到法院405室，在送达回证上签收诉讼文书)收到了。

(五) 被告委托代理人会见被告

李华、李强、李丽与律师刘军坐在正义律师事务所接待室。

1. 委托代理人向被告了解案情

李华：刘律师，我们兄妹三人现在被人告到了法院，说是侵犯原告张桂英的继承权，阻止她房产过户。其实事实根本不是这样，真是恶人先告状，你能为我们打赢这场官司吗？

刘军：张桂英是谁？

李华：张桂英是我父亲的后老伴(将起诉状和举证通知书递给刘军)。

刘军：先别急。(看起诉状和举证通知书)张桂英告你们三人，说你们阻碍她的房产过户行为，这是怎么回事？

李强：不是我们阻碍张桂英的过户行为，反倒是她侵犯了我们三人的合法继承权。

刘军：事实经过是怎样的？要实话实说，我好帮你分析。

李华：事情是这样的，我们全家一直住在A市B区宜新街2-1号341室，已经居住近30年。这套房子当初是我父亲单位(电力公司)按人口分给我家的福利房。我们兄妹三人长大成年后，相继结婚，并离开此房。这套房就一直由父母李文和周慧居住，直至1996年，我们的生母周慧因病去世。母亲去世后，父亲李文一直住在此房中。半年后，也就是1997年9月，父亲找了后老伴张桂英，仍在A市B区宜新街2-1号341室居住。我的父亲李文于2007年1月去世，并留下遗嘱，把A市B区宜新街2-1号341室的房产全部留给张桂英，由她全权处理。这时，我们才知道家里的房子被父亲处理了。父亲去世没几天，原告张桂英就急于找我们三人到公证处签字，要把我家的房子改成原告张桂英的名字。我们经过咨询认为，房子是我们家(父母及兄妹三人)的福利房，是共同财产。尽管我父亲和张桂英用此房参加了房改，但这是在我们家原来的福利房的基础上参加的房改，原来的公有住房具有财产价值。按有关政策规定，房屋的80%属于父亲李文和母亲周慧所有，房屋的20%才属于父亲李文与原告张桂英所有。

刘军：我们律师处理案件，必须知道事情的真相，只有这样我们才能做出正确的判断，如果当事人对我们隐瞒真实情况，导致我们无法正确判断，那么很容易使案件的处理发生转变，并且是向对你们不利的方向转变。所以，希望你们能如实说明情况。

李丽：放心吧，刘律师，我们兄妹都是老实人，绝不会为了分得财产而编造谎言。况且，我们有理在先，实际上是我们的合法继承权受到了张桂英的侵害，可她却倒打一耙，真是让我们又气愤又寒心！

2. 委托代理人向被告提供初步法律意见

刘军：好了，通过你们刚才的叙述，我大体知道事情的来龙去脉，就不多问了。这个案子和我上个月办理的一个案子有些相似，只不过那个案子是哥俩告继父的继承纠纷，我代理的是哥俩，最后胜诉了。

李华：真好，看来我们是找对人了，刘律师很有经验。

刘军：过奖了，但你们放心，我会尽全力的。打官司得靠证据说话，你们有没有证据来证明诉争房产是你们父母和你们的共同财产？

李华：有啊，这是前些年我弟弟李强为这套房子交采暖费的收据，以及邻居的证明。再有就是房产的原产权单位省电力公司，我们去了几次，请求给我们出手续，证明这套房子当初是按人口分给我家的福利房，而且查公司档案也能查到，但他们就是不给我们出，难度很大呀。

刘军：现在看来，你的证据只有两份，而原告方的证据却比较充分，这对我们是不利的。

李华：你的意思是如果我们的证据不够充分，就可能输了这场官司吗？可我们确实是有理的。难道就因为我老父亲的一时糊涂，我们兄妹的合法财产就都被张桂英霸占了？

刘军：先别激动，证据不多不见得就打不赢，我们还要尽可能地收集证据，必要时还可以申请法院帮我们收集。另外，还要看开庭时原告、被告在庭上的发言，对律师发问的回答，双方律师的发言与辩论等多方面的表现，总之要看案件的进展情况。否则法院怎么还需要开庭审理呢？况且，应对这类案件我们还是有一定经验的，也会尽力而为，哪个律师不希望自己代理的案子胜诉呢？

李华：你这样一说，我们感觉踏实多了，相信我们会赢的。

评析：

了解案情时，律师应该具备一定的社会经验和社会认知。如父亲在母亲去世仅一年就另娶他人，这本身就容易引起儿女对父亲再婚妻子的反感。特别是父亲写下遗嘱并处分了房产，而儿女们却不知道，这就更加深了被告对继母张桂英的敌视心理。这就需要律师不能仅从表面了解案情，还要查清案件的真实情况，明确被告是真要继承部分房产还是斗气，这对于给出什么样的初步法律意见、能否受理案件也是至关重要的。

3. 收取代理费

刘军：我们律师事务所都是在受理案件的同时收费的，你的案子是财产案件，按照我省律师收费标准，应按财产案件的收费标准收取代理费。这个案子涉及的遗产是一处房产，按现在的市场价大约值20万元。20万元的标的额，接收费标准4%计算，应收取8 000元的律师费。

李华：我们的案子事实比较清楚，能不能少收一点？我们的经济能力都很一般。

刘军：你的这个案子打起来会有一定难度，原告的证据比较充分，如你父亲的遗嘱，并且是经过公证的遗嘱，它的效力是很强的。若想否定该遗嘱的效力，对我们来说难度很大。当然，我们会尽可能地收集所有能够证明案件事实的证据，力争打赢这场官司。何况你们是三个被告，按理是要多收费的，但我们只按标准收费，并没有多收。

李华：好吧(缴纳8 000元律师代理费并获得收据)。对了，刘律师，虽然我们是共同委托您来代理这个案子，但以后您直接跟我联系就可以了，我的弟弟和妹妹工作都很忙，还经常出差，他俩的意见、想法和我是一致的。

刘军：李强、李丽，你们俩同意你姐的意见吗？

李强、李丽：可以，以后大姐可要多受累了。

刘军：那好，以后我就直接和李华联系。不过，必要时，比如在法院需要当事人本人签字时，还要找你们俩。

李强、李丽：那没问题。

李华、李强、李丽与刘军所在的正义律师事务所签订了代理协议，同时该所指派律师刘军代理本案的诉讼。李华、李强、李丽也授权刘军特别代理，即刘军可以代理被告承认、放弃、变更诉讼请求，进行和解，提起反诉或上诉。

(六) 法院合议庭审前准备工作

1. 向原、被告发送通知书等

周冰：王林吗？我是A市B区人民法院民一庭的书记员周冰，你代理的张桂英诉李华、李强、李丽的案子，现在被告的答辩状已经送来了，请到法院收取。

王林：(在送达回证上签收)收到了。

2. 审核诉讼材料

举证期限届满，原、被告双方的诉讼材料基本交到法院后，审判长许永茂、审判员丁平、审判员杨娇坐在一起。

许永茂(主审法官)：张桂英诉李华、李强、李丽继承纠纷一案的诉讼材料基本都送到法院了，请大家简单讨论一下。这个案子目前有原告提交的九份证据，被告承认这些证据的真实性，但并不认可其中某些证据的有效性，如遗嘱证据。

丁平：是啊，仅从遗嘱形式来看，应该是有效的，况且还是经过公证的遗嘱。开庭时再了解一下吧。

杨娇：这个案子看起来比较简单。

(七) 被告委托代理人庭前准备

1. 阅卷，了解案情及原告方证据

刘军与法院联系，希望了解原告提供的诉讼材料，法院同意刘军阅卷。

2. 收集证据

刘军找到了李华，进一步向其了解案件的相关情况。

刘军：我到法院进行了阅卷，了解原告提供的诉讼材料。看来，我们还要多收集证据，来反驳对方的主张。咱们先到省电力公司取证。另外，还要到房屋所在地的社区取证，如果社区能够提供证据，证明你的母亲在去世前，一直和你父亲居住在这套房子里，这套房子是你父母的共有财产，那么这份证据的说服力就比你邻居提供的证据的说服力要强。

李华：可以。

刘军与李华去省电力公司和社区了解情况，收集证据。在律师的努力下，省电力公司房产科出具了2000年6月30日电力公司与李文签订的房改协议(出售公有住房协议书)复印件，以及李文交付房款13 561元的收据复印件。社区也出具了证据，但社区提供的证据只是说李华的母亲在去世前，一直与被继承人李文居住在诉争房屋中，至于该房屋的产权归属问题社区也不清楚。

评析：

律师的调查取证权，从某种意义上来说，是对一般公民取证权的强化与延伸，其目的在于帮助、指导委托人以合法的方式更有效、方便地获取证据。从目前的情形来看，被告方所持有的对自己有利的证据很有限，到电力公司调查得来的证据对己方没有利，反而对原告方有利，因为其证明了李文通过房改政策获得房屋产权的原因与时间，以及交付的房款为夫妻共同财产(李文与张桂英于1997年结婚，购房时间为2000年)。而到社区调取的证据对被告也没有有利因素。看来，该律师的职业素养和业务水平都有待提高，甚至其受理该案的目的也很值得怀疑，是不是仅仅为了收取代理费，而不考虑为当事人提供法律服务？

3. 书写答辩状并送交法庭

刘军针对起诉状所诉的情况、原告证据表明的情况、被告当事人向自己陈述的情况书写了答辩状，答辩概要见前文中"(五) 被告委托代理人会见被告"中的"1. 委托代理人向被告了解案情"中李华的陈述内容。

刘军在答辩的15天期限内将答辩状提交到法院。

刘军：你好，法官，我是张桂英诉李华、李强、李丽继承纠纷一案中被告李华、李强、李丽的委托代理人刘军(递交律师事务所公函和李英等三人填写的授权委托书)。

丁平：你好。答辩状带来了吗？

刘军：带来了(递交答辩状)。

评析：

被告的答辩状比较失败，其在第一部分的答辩中表示，诉争房产是被告三人与其父母的共同财产，这样定义的目标没有错，但其陈述的事实为该房是"福利房"，言外之意该房是单位公房分给全家人居住的，既然是公房，众所周知的法律关系为公房承租，没有财产所有权，也没有共有权，代理人的论证完全与论题对不上号。被告在第二部分的答辩中表示，有所谓的政策对于承租公房规定了产权份额，即20%和80%，却是空穴来风，没有指出所依据的政策是何时由何机关发布的，有何法律效力。既然是答辩状，必然要与起诉状针锋相对，绝不能仅高喊震耳欲聋的口号，相反，要有理有据、有辩有驳，要有充分的事实依据和法律理由，如果这些都没有，律师可以保持沉默，什么都不说。答辩状的第三部分为结论，还是"为赋新词强说愁"，前两段论证一塌糊涂，当然不会有什么好结果。

4. 向法庭送交证据

在举证期限内，刘军向法院提交了相关证据材料，主要有：省电力公司的证据、社区证明、邻居的证明。

评析：

如前文所述，前两份证据对被告并没有帮助，不提交也罢。后一份证据来自邻居，从证据的类型看，属于传来证据，效力较弱；从证据的来源看，属于证人证言，如果证人不出庭，效力较弱；从证据的内容看，对于房产权属这样一种私密性很强的公民权利、一个以产权证为公示方式的物权，一个普通的邻居如何能够证明？

5. 构思代理意见

详见开庭审理辩论阶段。

(八) 原告委托代理人阅卷和向法庭补交证据

王林到法院阅卷，看到了被告的答辩状及被告提交的相关证据材料，认为对方证据对己方有利，并且他补充了一份证据(证据十)，提交到法院(举证期限内)。

(九) 法院合议庭庭前准备

详见人民法院审理民事案件一审开庭审理规程(注：双方当事人及代理律师均到庭参加诉讼)。

(十) 法庭事实调查

1.法庭需要查清的事实

法庭需要查清诉争房屋的产权归属问题，包括房屋的原产权单位，分给被继承人李文的时间，进行房改并出售给李文的时间，李文的前妻周慧是否是房屋共有人，张桂英再婚前房屋产权人是谁，再婚后何时参加房改并得到房产证，三被告是否为房屋共有人以及当事人之间的关系等情况。

2.原告陈述

开庭时，根据以往的经验，王林在张桂英没有补充新的事实的基础上，决定以起诉状内容为准，作为开庭时原告的陈述意见。

3.被告答辩

对原告的三项诉讼请求我们均不同意。现在原告要求继承的A市B区宜新街2-1号341室，是20世纪70年代我父母及我们三人根据国家政策得到的房子。这套房子是我们李家的房产，与原告无关。原告和我父亲结婚前这套房子就存在，这套房子有我们的生母和我们三人的份儿。直到原告找我们去公证处办理房产过户手续，我们才知道我父亲给原告写了遗嘱，而这份遗嘱的原件我们至今没看过。

这份房产是被继承人李文原单位省电力公司在20世纪70年代根据被告家庭五口人的情况分配的福利房，是李文再婚前就存在的房产，是三被告和其父母共有的房产。我认为，立遗嘱人只能处分自己的财产，而无权处分共同财产。

评析：

如果被告代理人提交的答辩状的可指责性还可以用不了解原告方的证据情况来推脱，那么，在事实陈述阶段其组织被告发言和自己发言的持续错误则是不可谅解的。通过了解对方陈述的事实和出具的证据，代理人对己方在诉讼中的胜败应该有个大致的了解，如果己方的证据没有太强的证明效力，考虑攻击对方的证据，寻找对方在事实上的疏漏、证据上的瑕疵不失为自我保护的良方，甚至在有些案件中还能出奇制胜。然而，被告代理人对此没有任何作为。

4.法庭归纳争议焦点

审：根据双方当事人的陈述，以及当事人庭前提供的证据，本法庭归纳本案争议的焦点为：遗嘱是否有效；这份遗嘱是否侵害了三被告的合法权利。

审：原告，对本庭归纳的争议焦点有无异议及补充？

原：没有。

审：被告，有无异议及补充？

被：没有。

审：双方当事人对本庭归纳的争议焦点均无异议，本庭予以确认。

(十一) 当事人举证和质证

1. 原告举证，被告质证

审：下面请双方当事人围绕本案的争议焦点举证，并指出每份证据的来源及要证明的问题。具体的举证顺序为：首先由原告结合争议焦点举证，由被告质证；然后由被告结合争议焦点举证，由原告质证。在举证期限内未提供的证据，本庭不组织质证，对方当事人同意质证的除外。下面首先由原告向法庭出示证据。

原：证据一，结婚证，登记时间是1997年9月1日，证明原告与被继承人的合法夫妻关系。

审：被告，对这份证据有无异议？

被：没有异议。

审：这份证据被告明确认可，本庭予以确认，原告继续举证。

原：证据二，户口簿，证明原告与被继承人居住的被继承房屋的地址是A市B区宜新街2-1号341室；被继承人已经死亡，继承开始。

审：被告，对这份证据有无异议？

被：没有异议。

审：这份证据被告明确认可，本庭予以确认，原告继续举证。

原：证据三，被继承人李文房屋所有权证一份，证明A市B区宜新街2-1号341室的产权人是李文。

审：被告，对这份证据有无异议？

被：对真实性没有异议，但产权证是于2001年4月23日办理的。产权证是在原有的福利房的基础上办理的，是原有的福利房参加房改后办理的房产证，而不是原告与被继承人购买商品房的房产证。

审：这份证据被告提出异议，本庭暂不予确认，待合议庭合议后再决定是否确认。原告继续举证。

原：证据四，周慧死亡证明书一份，证明被继承人的前妻周慧已死亡的事实，时间是1996年10月12日。该房屋是被继承人前妻去世后才取得的房产。

审：被告，对这份证据有无异议？

被：对真实性没有异议，但是此房屋是20世纪70年代我们的母亲在世时就已经存在的。虽然此房屋是在原告与李文结婚后买的，但是在房改的时候花很少的钱买的，就是因为存在福利房的基础。

审：这份证据被告明确认可，本庭予以确认，原告继续举证。

原：证据五，公证遗嘱一份，证明原告拥有诉争房产的全部继承权。

审：被告，对这份证据有无异议？

被：对真实性没有异议，字是我们的父亲李文写的，但是对内容有异议。根据《婚姻法》和《继承法》的规定，被继承人只有权利处分自己的财产，无权处分他人的财产。此遗嘱应部分有效、部分无效。

审：这份证据被告提出异议，本庭暂不予确认，待合议庭合议后再决定是否确认。原告继续举证。

原：证据六，从房地产大厦处调取诉争房屋档案材料，证明诉争房屋是以原告工龄购买的。

审：被告，对这份证据有无异议？

被：没有。

审：这份证据被告明确认可，本庭予以确认，原告继续举证。

原：没有了。

评析：

以上是双方的第一轮交锋。

原告出示了有利于自己的一系列至关重要的证据，目的在于证实诉争房产的产权人是李文，而且无其他共有人。同时公证遗嘱也是有效的，即立遗嘱人李文完全可以依自己的意愿处分自己的财产。

而被告已经形成思维定式，在这一轮，还在沿袭过去的主观思维做事，代理人形同虚设。被告对证据三"房屋产权证"的真实性表示承认，对原告的证明目的——李文是该房的房主不进行正面反驳，却转而提出该房是由福利房转变而来，其提出这一观点无非想强调己方享有共有的权利，然而被告空口无凭，不能拿出法律依据支持自己。同样的道理，在对证据四、证据五质证时，被告都使用同样无法奏效的招数。似乎被告已经意识到自己败诉的结局，而在故意刁难原告。难怪法官对于这三份被告提出异议的证据，在庭后都予以确认。

法官对上述被告在法庭上表示有异议的证据得出"被告明确认可，本庭予以确认"的结论其实有些冲动。作为被告，其享有应有的诉讼权利，对于原告的证据有权利提出异议，尽管本案被告提出的异议有失公允，但代表法律的法官不能有失公允，应遵循诉讼程序规则的要求，表达程序正义的理念。对于当事人当庭提出异议的证据，应经合议庭庭后合议再决定是否确认，而不应在庭上"扭转乾坤"，丧失自己中立的立场。

2. 被告举证，原告质证

审：原告举证完毕，下面由被告举证。

被：证据一，采暖费收据，证明诉争房屋一直是由李强缴纳采暖费，而且是用支票缴纳的；证据二和证据三，社区出具的证明及邻居的证明，证明诉争房屋在李文再婚前，一直由李家人居住；证据四，省电力公司房产科出具的20世纪70年代分配给李文一家福利房的证明及2000年李文参加房改的证明。

审：原告对被告所出示的以上证据进行质证。

原：确实是李强缴纳的采暖费，但他是垫付，事后李文把采暖费都给了李强。对其他证据无异议。

审：原告还有无其他证据向法庭出示？

原：没有。

审：被告还有无其他证据向法庭出示？

被：没有。

审：原、被告均无新的证据向法庭提供，双方举证完毕。

评析：

以上是第二轮交锋。

对于原告，其存在一个失误，即对于采暖费的承认。这一证据事先被告没有提交到法院，原告并不知晓其存在。当被告当庭提出的时候，原告的第一反应应该是判断其超过举证期限，对其采取不予质证的态度。因为承认采暖费，被告可能会就采暖费的交付表明自己对房屋享有权利，也可能表示采暖费就是自己交付的而不是垫付，进而提出反诉，要求原告给付采暖费。《最高人民法院关于民事诉讼证据的若干规定》第三十四条第三款虽然已经规定："当事人增加、变更诉讼请求或者提起反诉的，应当在举证期限届满前提出。"但不是所有律师都了解这一规定，如果原告律师不了解，被告提出反诉，原告可能白送对方钱财。因此，从诉讼策略的角度，对超过举证期限的证据的态度一律应当是"不予质证"。原告对其他证据采取承认的态度是客观的，其没有必要否认被告过去居住在诉争房屋中的历史。

对于被告，由于被告提供的对自己有利的证据和对原告不利的证据不多，在举证这一环节上处于劣势，这是被告庭前考虑不周或案件事实所致。另外，被告提供的证据，即采暖费并没有明确的证明目的。

3.被告请求向原告发问，法庭准许

被：原告，你和被继承人居住的房屋，原来是谁的房屋？你是否在原房屋的基础上参加房改？

原：是我和被继承人的房子。

被：原告，这套房子当初是你带来的，还是被继承人的？

原：是省电力公司的房子。

被：这套房子是你到李家来的时候就有的，对吗？

原：对，所以我们就是在这套房子里结婚的，并一直住在这里。

被：这套房子是你丈夫原来的房子吗？

原：是李文的房子，当初是公房。

被：发问完毕。

审：原告，被告生母周慧是否居住过诉争房屋？

原：没有住过。

审：原告，此诉争房屋的产权原来是哪里的？

原：省电力公司。

审：被告，此诉争房屋的来历是什么？

被：诉争房屋是我父亲用单位分的福利房参加房改得来，由公有变为私有。

审：被告，李文前妻是否在此房居住过？

被：居住过。

审：原告，对事实部分还有无补充？

原：没有。

审：被告，对事实部分还有无补充？

被：没有。

评析：

以上是第三轮交锋。

被告再一次将矛头转向福利房问题，试图查问出三被告及其母亲曾经居住于此的事实，这让原告很费解，不知其葫芦里究竟卖的什么药。因为就原告代理人对法律的了解和对案件的把握，法律对于公房经福利出售转化为购买人个人产权问题有明确规定，在什么样的情况下、什么人有权取得房屋产权已经规定得非常明确，己方在房屋产权上是没有任何问题的，又有公证遗嘱的存在，在继承上也是没有任何问题的。

因此，原告为以防万一，对被告代理人的提问采取了小心应对的态度，其有关"是我和被继承人的房子""是省电力公司的房子""是李文的房子，当初是公房"的回答，步步为营地保护着己方对房屋的所有权。

同时，法官通过当事人双方的相互质证，对案件的真实性有了进一步的了解，为最终案件事实的认定及如何适用法律打下了基础。

4. 法庭查清的事实和认定的证据

查清的事实为，原告张桂英与三被告系继母子、继母女关系。1996年10月12日，被继承人李文的妻子周慧病故。1997年9月1日，原告张桂英与被继承人李文登记结婚，并在A市B区宜新街2-1号341室居住。2000年6月30日，被继承人李文与某省电力有限公司签订出售公有住房协议书一份。协议内容约定：省电力有限公司将坐落于A市B区宜新街2-1号341室的一套房屋(建筑面积57.08平方米，使用面积38.5平方米)出售给李文，房款为13 561元。同时，原告张桂英与被继承人李文分别从各自的单位开具职工工资证明各一份用于参加房改购房。在签订协议的当日，被继承人李文缴纳了上述购房款项。2001年4月23日，被继承人李文办理了A市B区宜新街2-1号341室的房屋所有权证。

2001年4月27日，被继承人李文就该处房产的处置问题立下公证遗嘱一份。遗嘱内容为：李文与原告于1997年登记结婚，现住A市B区宜新街2-1号341室，居住面积57.08平方米。李文和原告张桂英按市房改有关政策和产权单位的要求，共同将此房购为己有。随着年龄的增长，李文考虑到不想在房产问题上给其老伴张桂英添麻烦。另外，李文认为自己的几个孩子居住条件都比自己好，因此决定在自己百年之后将此房留给张桂英居住，产权转给张桂英，并由她处理此房，特留此最终遗嘱等。2007年1月17日，被继承人李文病故。

认定的证据有：人口基本信息登记表、结婚证复印件、房屋所有权证复印件、死亡医学证明书复印件、户口簿复印件、遗嘱复印件、公证书复印件、房产档案复印件。

(十二) 法庭辩论

审：法庭辩论要围绕争议的焦点进行，对双方意见一致的问题不要再辩论。辩论的内容主要是针对争议的问题分清是非责任，正确适用法律发表各自的意见，已经发表的意见不要重复。

1. 原告委托代理人发表代理意见

审：首先由原告发表辩论意见。

原告：通过刚才的法庭质证，三被告没有事实和法律依据，无证据证明三被告拥有诉争房产继承权。本案诉争房产是被继承人李文个人所有的产权房，理由如下所述。

在本案庭审调查中，我方出示了产权人为被继承人李文的产权证一份，证明A市B区宜新街2-1号341室的产权人是李文。被告对此份证据的真实性没有异议，只是对该房产取得产权证的房源基础提出异议，认为该房产是在原有福利房的基础上经过房改取得的产权，但被告并没有举证证明是该房产共有权人。因此，我方认为本案诉争房产是被继承人李文个人所有的产权房的事实是成立的。

被继承人李文生前所立的公证遗嘱是合法有效的，理由如下所述。

在庭审调查中，我方出示了一份经过公证的被继承人李文生前亲笔书写的遗嘱，证明原告对诉争房产有全部继承权。被告对该证据的真实性没有异议，但是对内容有异议，认为根据《婚姻法》和《继承法》的规定，被继承人只有权利处分自己的财产，但无权处分他人的财产，此遗嘱应是部分有效、部分无效。对此，我方认为，根据《民事诉讼法》第六十七条的规定："经过法定程序公证证明的法律行为、法律事实和文书，人民法院应当作为认定案件事实的根据，但有相反证据足以推翻公证证明的除外。"被告对此份公证遗嘱没有提出相反证据，所以，被继承人李文生前所立遗嘱应当被认定为合法有效，原告对诉争房产有全部继承权。

本案原告是被继承人李文的合法妻子，有遗产继承权。

在庭审调查中，我方出示了原告与被继承人李文的结婚证，证明两人是合法的夫妻关系，对此证据被告没有异议。因此，根据《继承法》的相关规定，原告有继承被继承人李文遗产的权利。

综合以上事实与理由，请求法院依法保护原告的合法权益。

评析：

原告代理人在代理词中就诉争房屋产权问题、公证遗嘱效力问题、原告继承权问题进行了较为充分的论述，能够准确表达己方的观点、批驳对方的观点，能使法院信服其说理，是比较成功的代理意见。但其中仍存在一个问题，虽不影响案件的审理与胜诉，但说明代理人对某些法律问题还没有更深层次的认识和把握。代理人提出"本案所诉争房产是被继承人李文个人所有的产权房"，属定性错误，该房产应该是李文与原告的夫妻共同财产，这是因为：第一，购买该房产的时间是在双方结婚之后，交付的购房款是夫妻共同财产；第二，在购买时利用了原告和李文双方的工龄计算福利售房降低交费的额度；第三，我国法律在类似问题上有过规定，即最高人民法院在《关于在享受本人工龄和已死亡配偶生前工龄优惠后所购公房是否属夫妻共同财产的函的复函》(2000年2月17日法民字〔2000〕第4号)中表示，夫妻一方死亡后，如果遗产已经继承完毕，健在一方用自己的积蓄购买的公有住房应视为个人财产，购买该房时所享受的已死亡配偶的工龄优惠只属于一种政策性补贴，而非财产或财产权益。夫妻一方死亡后，如果遗产没有分割，应予查明购房款是夫妻双方的共同积蓄，还是配偶一方的个人所得，以此确认所购房屋是夫妻共同财产还是个人财产。如果购房款是夫妻双方的共同积蓄，所购房屋应视为夫妻共同财产。

该复函说明，在用已死亡配偶工龄购买公房的时候，首先要分清遗产是否继承完毕，如果已继承，则认定为一方个人财产；如果未继承，要分清是用存活方个人财产购买还是用其与死亡方共同财产购买，前者为个人财产，后者为夫妻共同财产。本案被告如果从这一复函规定的角度与原告对抗，对法官还是会造成一定影响的，最起码被告可以考虑提出购买公房的款项是其父母的共同财产来抗辩。然而由于被告疏于对法律的掌握，给原告留下了很大的胜诉空间，而被告在庭上的所有努力都显得苍白无力甚至荒唐可笑。本案原告购房时，既没有利用李文已死亡配偶的工龄，而是利用了自己的工龄，又表示使用的是夫妻共同财产交付的购房款，所以，可以根据该复函推定，该房屋属于李文与原告的夫妻共同财产。

2. 被告委托代理人发表代理意见

审：被告发表辩论意见。

被：我方不同意原告的诉讼请求。被继承人分得此房时，其儿女还在上学，单位是按家庭人口分的房子。也就是说，房改前，诉争房屋是李文和前妻周慧的房子，属于单位福利分房。虽然当时只有使用权，但也具有财产价值。李文与张桂英只用了13 561元参加房改并得到房屋产权，就是因为有原来的福利房做基础。购买产权之前此房就存在经济价值，购买产权之后此房也存在经济价值。目前，此房的市场价已达每平方米4 000元，约合22.8万元人民币。根据我市《城市公有住宅使用权有偿转让办法》及《城市房屋拆迁管理办法》的相关规定，参加房改的份额只占现值的20%，那么此房的原值就应占现值的80%。以80%计算，此房原值应为22.8万元×80%，即18.24万元，这属于李文与前妻周慧共同所有。依据《婚姻法》的规定，李文与周慧各占50%，即9.12万元。又依《继承法》的规定，周慧的份额应由三个儿女即三被告及丈夫李文共同继承，也就是说，三被告应得9.12万元÷4×3，即6.34万元。

所以，在李文的遗嘱中，不仅处分三被告所占房产份额的部分是无效的，而且对原告在20%中所占份额的处分也应当是无效的，因为他只有权利处分他自己所占的份额。所以，李文的遗嘱是部分有效、部分无效。

评析：

正如在对原告辩论阶段所评析的内容中提到的，被告没有掌握法律规定，在抗辩的论证上迷失了方向。并且，其以原来以公房形式存在的诉争房产具有"经济价值"为前提，以享有公房承租权即享有该公房经济价值为另一前提，得出结论，该房的现价值的80%属于李文与前妻所有。这样一个三段论的逻辑推理模式，在形式上有所谓的逻辑关系，但从内容的关联性、法律规定的相应性以及承租权与所有权转换的可能性上，不具有内在的逻辑联系，因而不是成功的推理。我国法律尤其是一些地方性法规规定，房屋使用权可以买卖，但没有法律规定，房屋使用权可以继承，所以在李文前妻死亡的时候不存在继承的发生。李文死亡时，公房已经通过福利出售转化为个人私有房屋，如继承，要明确该房屋权属，而原告恰巧有充分的证据证明李文与原告享有房屋所有权。另外，被告代理人还用商品房买卖的市场价格作为没有产权但有使用权的住房的参考价格，未免离题太远。

审：经过这一轮辩论，双方当事人已经详尽地阐明了各自的观点，法庭已经记录在案。

审：原告，还有无新的辩论意见？

原：没有。

审：被告，还有无新的辩论意见？

被：根据有关规定，承租的住房可以在市场上有偿转让，那么，此房屋就有一定的经济价值，既然有经济价值就可以继承。此房屋参加房改，只花了很少的钱就买下了房屋产权，此房屋产权的绝大部分是被继承人及前妻、子女的份额。

原：此诉争房屋是用原告和被继承人的工龄购买的，没有用被继承人前妻的工龄。

被：此诉争房屋是用被继承人和原告的工龄购买的，但是购买的是房改房，当时单位分房的时候是根据被继承人、其前妻周慧及其子女进行分配的。

3. 法院认为应当适用的法律

《民事诉讼法》第六十四条，《继承法》第五条、第十六条、第十七条。

(十三) 当事人最后陈述

审：法庭辩论结束，依据《民事诉讼法》第一百二十七条的规定，当事人有最后陈述的权利。

1. 原告陈述

审：原告，有无最后陈述？

原：坚持原来的诉讼请求。被告认为该房屋为福利分房，一直强调该房屋的使用权属于李文，但被告没有拿出任何证据能证明该房屋的初始登记人是李文。

2. 被告陈述

审：被告，有无最后陈述？

被：维护被告的合法权益。本案的焦点就是谁的房子参加的房改。不管房子是怎么来的，但该房屋在原告婚前就已经存在，只是在婚后参加的房改，因此请求人民法院维护被告继承生母的法定遗产份额的权利。

3. 法庭进行调解

审：依据《民事诉讼法》第一百二十七条的规定，在法庭审理终结前，还可以进行调解。

审：原告，是否请求本庭调解？

原：不同意调解。

审：因原告不请求本庭调解，本庭不进行当庭调解。

审：现在宣布休庭，何时宣判另行通知。当事人核对笔录签字。

原告张桂英(委托代理人)核对笔录后签字。

被告李华(委托代理人)核对笔录后签字。

被告李丽(委托代理人)核对笔录后签字。

被告李强(委托代理人)核对笔录后签字。

(十四) 法院制作判决书、调解书、裁定书

判决书的主要内容如下所述。

遗嘱是遗嘱人生前在法律允许的范围内，按照法律规定的方式处分其个人财产或者处理其他事务，并在其死亡时发生效力的单方、要式法律行为。公民可以立遗嘱将其个人财产分给法定继承人，也可立遗嘱将财产分给法定继承人之外的人。本案遗嘱人李文立遗嘱将其财产指定给其妻，即原告继承，形式上属于自书遗嘱，且行文流畅自然，遗产处分事宜意思表达完整、清晰，故应当确认该份遗嘱的效力。

本院所确认的事实，有人口基本信息登记表、结婚证复印件、遗嘱复印件、公证书复印件、房产档案复印件等及当事人陈述笔录等证据佐证。这些证明材料已经庭审质证和本院的审查，予以采信。关于三被告所主张的被继承人遗嘱所处分的其亲生母亲周慧的房产份额，遗嘱将该部分的份额处分给原告，遗嘱的内容部分有效、部分无效问题，因三被告所主张的事实证据不足，故本院不予支持。

依据《民事诉讼法》第六十四条，《继承法》第五条、第十六条、第十七条的规定，判决如下：

(1) 位于A市B区宜新街2-1号341室的房子归原告张桂英所有。

(2) 驳回原告、三被告的其他诉讼请求。

(3) 案件受理费200元，由三被告承担。

■ 四、评价及思考

关于判决理由，法官对于遗嘱特点、效力的论述比较详尽完善，但对遗嘱形式的论述多有疏忽。本案中的李文预料到身后可能会发生继承纠纷，所以不仅亲笔书写了遗嘱，在遗嘱内容的安排上详尽地说明了立遗嘱的原因，而且将遗嘱进行了公证，以最高法律效力的形式保证遗嘱的不可变更性和公信力。但法官在遗嘱形式的认定上将其认定为自书遗嘱，这显然与案件事实情况不相符。当然，形式认定的错误在本案中不影响判决结果的效力，但并不是所有案件都如此。倘若错误的认定影响了判决效力，则可能因此产生错案。那么，对当事人的影响、对法官自身的不利影响都是重大的。

关于判决依据，法官依据《民事诉讼法》第六十四条，《继承法》第五条、第十六条、第十七条进行判决。《民事诉讼法》第六十四条系"谁主张、谁举证"的规定；《继承法》第五条系"遗嘱继承优先于法定继承"的规定；第十六条第一、二款系"公民有权设立遗嘱"的规定；第十七条第一、二款系"公证遗嘱和自书遗嘱形式要件"的规定。法

官适用《民事诉讼法》第六十四条判决存在错误。因为本案判决的是确定房产的归属，处理的是法律的实体问题，应当依据实体法，如前文所述的《继承法》中的几个法条，而不应当依据程序法进行处理。

关于驳回被告的诉讼请求，"驳回被告的其他诉讼请求"是程序法上较值得商榷的问题。被告在诉讼中的身份很明确，是本案中的被诉对象，有辩驳的权利等一系列诉讼权利，也有反诉的权利。只有当被告反诉时，才有权提出"诉讼请求"；法院不支持其请求时，才应当"驳回"。本案中，被告虽提出要求继承诉争房屋部分份额的请求，但并不能形成一个独立的反请求，系抗辩原告的理由，此请求不构成反诉。所以，在判决书中判决驳回被告的诉讼请求是不符合法律规定的。

关于案件受理费，本案最后判决案件受理费200元由被告负担。这是因为法院最终判决的第一项为：位于A市B区宜新街2-1号341室的房子归原告张桂英所有。在此法院只是判决处理了一套房产，因为在开庭审理中并没有对该房产进行评估论价，无法按评估价加收案件受理费，此为审判员疏忽所致。所以，本案最后只能按件计收案件受理费。

第三节　婚继案例实训练习

■ 一、实训目的

(1) 认识庭前律师业务工作的重要性，了解当事人的需要和感受，运用庭前律师业务的基本技巧。

(2) 熟悉法院民事案件开庭的程序，了解个案中涉及的民事实体法、民事程序法问题并加以解决，学会运用法言法语，学会运用法律思维。

(3) 修正法律基本理论学习中存在的误区，提高法律业务操作能力。

(4) 了解民事一审案件卷宗所应该包含的诉讼文书种类，明确各种诉讼文书的制作主体，能熟练制作民事一审案件卷宗。

(5) 全面掌握民事诉讼活动中，原、被告委托代理人如何陈述事实、适用法律及为己方说理与辩解，法官如何查明案件事实、正确适用法律。

■ 二、案情简介

陈某锦继承纠纷案

原告：陈某锦，女，1937年出生，退休人员。

被告：高某凤，女，1960年出生，下岗人员。

被告：高某贵，男，1961年12月1日出生，无固定职业。

被告：高某明，男，1963年1月16日出生，无固定职业，现在某劳动教育所劳动教养。

陈某锦与高某三于1997年4月登记结婚(双方均系再婚)。高某凤、高某贵、高某明系高某三与前妻余某彬婚生子女。高某三于2004年3月因病死亡。坐落于某市江北区华泰路202号3单元2-3号房屋，原系某市江北区食品公司分配给高某三使用的公房(产权人系某市江北区房屋管理局华泰房管所)。高某三死亡后，陈某锦与某市江北区房屋管理局华泰房管所重新签订了住房租约，由陈某锦继续租赁使用该房。高某三原所在单位某市江北区食品公司在高某三死亡后为其亲属发放的丧葬费、抚恤金共计13 060无，后经陈某锦同意，已由高某凤分别于2004年3月29日、4月20日分两次领取。另有发放给高某三的住房补贴34 661元，此款系高某三生前与陈某锦在婚姻关系存续期间上报申请的。由高某凤领取的丧葬费、抚恤金均已用于高某三的丧葬(系用双墓安葬高某三与余某彬)。因当事人就住房补贴的领取不能达成协议，陈某锦遂向法院提起诉讼，要求分割并继承高某三的住房补贴、丧葬费、抚恤金共计47 721元。

认定案件事实的证据有某市江北区食品公司出具的说明、某市殡仪馆证明、某市殡葬费专用收据、龙居山陵园定金统一收据等。

■ 三、实训要求

(一) 实训组织

将学生分为三组：第一组分配为原告、原告委托代理人、观察员；第二组分配为被告、被告委托代理人、法官、合议庭法官、书记员、观察员；第三组分配为法官(包括立案庭法官)。

(二) 实训形式

1. 律师庭前业务

当事人来到律师事务所寻求法律帮助，律师提供法律帮助。律师通过会见、出具法律意见、收集证据等了解当事人的诉求背后存在怎样的缘由，着眼于在现实中解决问题。应培养律师与当事人的沟通能力、对不同类型当事人状况的判断能力等，并尽力模仿。

2. 模拟法院开庭

在模拟法庭，完成法院开庭的全部程序。在这一阶段，首先，学生应仔细研读"模拟开庭引导"中诉讼程序的进展模式，了解原告及其律师、被告及其律师在开庭对白中所体现的诉讼目的与诉讼手段的结合情况，法官对案情的掌控情况，以及评析中对上述情况的判断，从中摸索自己对案例的解决方案。其次，学生要仔细阅读案例的案情介绍，做到客观地为己方陈述案件事实，解决这种普通百姓之间的继承纠纷。

3. 制作民事案件卷宗

第七章 民事诉讼法律实务——债权法实训

本章学习目的和要求：

(1) 了解民事主体诉讼能力的相关规定。

(2) 掌握律师会见当事人的谈判技巧。

(3) 熟悉法院开庭的程序，了解案例中涉及的民事实体法、民事程序法问题并加以解决，学会用法言法语，学会运用法律思维。

(4) 全面掌握民事诉讼活动中原、被告委托代理人如何陈述事实、适用法律为己方说理与辩解，法官如何查明案件事实、正确适用法律；明晰法官、律师在民事诉讼中的职责。

(5) 形成处理债权案件的诉讼思路，了解法官、原告委托代理人、被告委托代理人的不同诉讼技巧。

第一节 债权案例分析

一、案例分析引导

郭某冰柱伤人纠纷案

郭某与吴某均7岁，均系某市文化路小学学生。2005年12月2日中午，吴某在学校操场活动时，用冰块(或雪团)打房檐冰柱(系教学楼，二层建筑)，冰柱被打落，砸在正在房檐下玩耍的郭某的脸上。此前学校并未就冬季雪后学生活动时应注意安全、不得在建筑物底下玩耍等作出通知或警示。吴某父亲接到学校通知后，与郭某及其父母到某市军区总医院为郭某治疗，郭某的伤经医院诊断为左面部皮肤裂伤，吴某父亲为此支付了当日的医疗费900余元，事后，又看望了郭某。2006年2月21日，郭某的父亲又带郭某到某市军区政治部医院门诊对郭某的面部瘢痕进行了治疗，医疗费360元。因就医疗费承担等无法达成一致意见，郭某的父母决定诉至某区人民法院。

(一) 学习任务

1. 实体法

(1) 了解法律关于公民无民事行为能力、限制民事行为能力的规定。

(2) 掌握法律有关人身权特别是健康权的规定。

(3) 区别共同侵权和非共同侵权的有关规定和法理依据。

(4) 区别连带责任和非连带责任。

(5) 区别公平责任归责原则和过错责任归责原则。

(6) 了解监护人的责任。

2. 程序法

(1) 了解民事主体诉讼能力的相关规定。

(2) 掌握普通的共同诉讼和必要的共同诉讼的区别。

(二) 参考法条

(1)《中华人民共和国民法通则》(以下简称《民法通则》)第十二条关于未成年人的民事行为能力的规定,第十四条关于法定代理人的规定,第十六条关于未成年人的监护人的规定,第一百零六条关于民事责任和归责原则的规定,第一百一十九条关于人身损害赔偿范围的规定,第一百三十二条关于公平责任的规定,第一百三十三条关于无行为能力人和限制行为能力人致人损害的民事责任的规定,第一百三十四关于条承担民事责任的方式的规定,第一百三十六条关于特别诉讼时效期间的规定。

(2)《最高人民法院关于适用<中华人民共和国民事诉讼法>若干问题的意见》第六十七条关于法定代理人的规定,《最高人民法院关于民事诉讼证据的若干规定》第三十四条关于证据失权原则的规定。

(3)《民事诉讼法》第一百零八条关于起诉实质要件的规定,第五十三条关于共同诉讼的规定。

(4)《最高人民法院关于审理人身损害赔偿案件适用法律若干问题的解释》第三条第一款关于共同侵权、第二款关于"多因一果"的规定,第五条对部分共同侵权人免责效力的规定,第七条关于学校的过错责任和补充赔偿责任的规定,第十七条关于人身损害赔偿范围的规定,第十八条关于精神损害赔偿的规定,第十九条关于医疗费赔偿的规定,第二十二条关于交通费赔偿标准的规定,第二十五条关于残疾赔偿金计算标准和期限的规定。

■ 二、分析思路和技巧

(一) 原告委托代理人的诉讼思路和技巧——实体法和程序法的综合应用

1. 确定谁为被告

郭某伤情的发生既涉及吴某又涉及学校,但郭某的监护人不知道究竟应当由学校承担责任还是由吴某的监护人承担责任,如果双方都承担,那么各自责任的大小比例如何?郭某的监护人与吴某的监护人无法就医疗费等达成一致意见,而郭某的监护人又希望郭某所受到的损害得到完全赔偿,所以提出医疗费、精神损害抚慰金的赔偿要求;同时他们认为郭某将继续在学校学习,要尽可能妥善处理与学校的关系。

针对当事人的上述想法,代理人认为,本案的事实比较简单、清楚,但有两个涉案当事人，告谁不告谁、告什么、赔偿范围的大小、赔偿责任怎么分配，这些问题在适用法律上有一定难度，而这恰好最能发挥律师作为代理人的优势。代理人认为，郭某因吴某将学校房檐冰柱砸落而受伤，吴某实施了对郭某的侵害行为，应当对郭某的伤害承担侵权的民事责任；学校在这一事故中，虽没有直接实施侵害行为，但冬季下雪，学校出于保护学生的目的应当发出通知或者作出警示，要求学生避开房檐等不安全场所，但学校没有通知或者警示，其不作为的行为间接导致郭某受伤，学校对郭某所受的伤害也应当承担侵权的民事责任。本案因此定性为侵权案件。

那么吴某与学校是否构成共同侵权？代理人认为，按照民法有关共同侵权的规定，共同侵权行为是指两人以上共同故意或者共同过失致人损害，或者虽无共同故意、共同过失，但其侵害行为直接结合发生产生同一损害后果的违法行为。共同侵权人对损害应当承担连带责任。如果是共同侵权，按照《最高人民法院关于审理人身损害赔偿案件适用法律若干问题的解释》第五条的规定，应当将两个侵权人都列为被告，一起起诉，才能最大限度地保护原告的利益；而如果选择只告一个，从连带责任的法理上看是可以的，但不能保证在案件的执行中被起诉一方能够配合清偿全部费用，然后自己再追偿没被起诉的另一方。吴某年仅7岁，作为无民事行为能力人，课间游戏时扔雪团打房檐冰柱，其本身不存在侵害郭某的故意或者过失，但其对郭某造成的损害，按照《民法通则》第一百三十三条第一款的规定，由其监护人承担民事责任。学校对其学生有教育、管理、保护的责任，冬季下雪时，房檐形成冰柱、地面过滑，都容易导致伤害事故的发生。对此，学校应当采取措施，避免伤害事故的发生，但本案中的学校没有采取相应的措施，存在过失。按照《最高人民法院关于审理人身损害赔偿案件适用法律若干问题的解释》第三条第一款的规定，数人侵权，有共同故意的构成共同侵权；有共同过失的构成共同侵权；没有共同故意和共同过失，但均直接实施了侵权行为，其侵权行为都是损害后果发生的原因，即侵权行为直接结合发生损害后果，则亦为共同侵权。此外，再无共同侵权的构成理由。本案中的学校对于伤害事故的发生，只是消极地没有采取相应措施，其并没有积极实施侵权行为，其与致害人吴某之间既无共同故意，亦无共同过失，也没有形成直接结合，而是形成了间接结合。根据《最高人民法院关于审理人身损害赔偿案件适用法律若干问题的解释》第三条第二款的规定，即根据"多因一果"说，间接结合中的多个原因行为的结合具有偶然性，但这些行为对损害结果而言并非全部都是直接或者必然导致损害结果发生的行为。其中，某些行为或者原因只是为另一个行为或者原因直接或者必然导致损害结果的发生创造了条件，而其本身并不会也不可能直接或者必然引发损害结果。吴某的行为是导致郭某受伤的直接原因，学校疏于管理的行为是导致郭某受伤的条件或者间接原因，两者是间接结合，不是直接结合，因此构不成共同侵权，不承担连带责任。

在这种情况下是否应该都告呢？代理人认为，除上述《最高人民法院关于审理人身损害赔偿案件适用法律若干问题的解释》第三条第二款的规定外，《民法通则》第一百三十三条第一款和《最高人民法院关于审理人身损害赔偿案件适用法律若干问题的解释》第七条第一款规定的适用法律的情形与本案的事实同样是相匹配的。按照这两个法条的规定，未成年人造成对他人的损害，由其监护人承担民事责任；学校未尽职责范围内的相关义务,应当承担与其过错相应的赔偿责任。也就是说,在本案特定事实的情况下,致害人吴某和学校都应当承担责任。如果选择只告致害人吴某,则学校的赔偿利益原告无法得到,反过来也是一样。

代理人将上述分析结论告知郭某的监护人,要求他们选择一下,是追求物质利益的最大化,还是考虑孩子的继续学习,追求环境利益的最大化。郭某的监护人问了一个问题:"如果学校和吴某都承担赔偿责任,学校应当占整个赔偿份额的百分之几?"代理人认为,学校与吴某对郭某的伤害承担的是按份责任,即由于吴某的作为侵权行为加之学校的不作为侵权行为,一个原因一个条件,共同导致郭某伤害事故的发生。多人共同侵权的情况下承担连带责任,非共同侵权的情况下承担按份责任。[①]按份责任的分担应按照过失程度和原因力比例的大小来确定各行为人所应承担的责任。对于过失程度判断的基本原则:重过失重于一般过失,一般过失重于轻过失。对各种过失轻重程度的判断一般以注意义务的程度高低来确定。原因力比例大小的判断原则:直接原因的原因力大于间接原因,主要原因的原因力大于次要原因,与损害结果距离近的原因事实的原因力大于距离远的等。从吴某和学校的过失程度看,尽管只要吴某造成对他人的损害,其监护人就应当承担民事责任,但吴某进行的只是打冰柱的游戏,年龄仅7岁,行为的场所又是在学校,脱离了父母的直接管教监护。因此,如果说有过失,其监护人的过失程度也是轻微的,为轻过失;而学校作为教育教学管理机构,其有义务注意对教学环境的管理维护,应当在冰雪来临之际结合本学校状况采取相应的安全措施,如前文所述的发出通知、警示,但其未尽该项义务,因此,学校至少具有一般过失,学校的过失重于吴某监护人的过失。从双方对郭某伤害事故发生的原因力来看,吴某的击打冰柱行为是导致伤害的直接原因,学校没有通知、警示的不作为行为是间接原因,吴某的原因力大于学校的原因力。两个判断标准结合起来考虑,学校应当承担的责任至少为40%。代理人将自己的分析结果告诉了郭某的监护人,并建议两个都告。郭某的监护人接受了这一建议。

2. 确定本案赔偿范围

《民法通则》颁布后,与自然人的生命、健康、身体遭受侵害有关的司法解释有以下5个。

(1) 1988年4月2日施行的《最高人民法院关于贯彻执行<中华人民共和国民法通则>若干问题的意见(试行)》。

(2) 1992年7月1日施行的《最高人民法院关于审理涉外海上人身伤亡案件损害赔偿的具体规定(试行)》。

(3) 2001年1月21日施行的《最高人民法院关于审理触电人身损害赔偿案件若干问题的解释》。

(4) 2001年3月10日施行的《最高人民法院关于确定民事侵权精神损害赔偿责任若干问题的解释》。

(5) 2004年5月1日施行的《最高人民法院关于审理人身损害赔偿案件适用法律若干问题的解释》。

---

① 黄松有.最高人民法院人身损害赔偿司法解释的理解与适用[M].北京:人民法院出版社,2004:65.

第一个司法解释对人身损害赔偿的规定不够全面。第二个和第三个司法解释都有特定的调整对象。第四个司法解释仅针对精神损害赔偿。在法律层面上，上述法律规范对人身损害赔偿均未作出全面规定。只有第五个司法解释，根据《民法通则》第一百一十九条规定的精神，结合审判实践的需要，在人身损害赔偿问题上作了详细而全面的规定。所谓赔偿范围，从赔偿权利人的角度来看，是指赔偿义务人须对特定赔偿权利人的何种损害负赔偿责任。在本案中，原告郭某的监护人希望郭某所受到的损害得到完全赔偿，提出医疗费、精神损害抚慰金的赔偿要求。原告代理人认为，根据《最高人民法院关于审理人身损害赔偿案件适用法律若干问题的解释》第十七条、第十八条的规定，原告请求赔偿的范围应该更大一些，除医疗费外，还可增加交通费，如果想要得到残疾赔偿金和精神损害抚慰金，最好进行伤情鉴定，这样，赔偿范围还可扩大到鉴定费、残疾赔偿金、精神损害抚慰金，共计5项，可以作为诉讼请求提出。

代理人针对诉讼请求范围扩大的情形向原告监护人进行了说明，原告监护人非常高兴，感觉自己的代理人既有深厚的业务水平，又非常敬业负责，他们对代理人的信任进一步加深了。

3. 伤情鉴定

原告原先应当在诉前进行伤情鉴定。郭某的监护人找到代理人时，还没有对郭某的伤情进行鉴定。由于郭某的伤疤在脸上，可能符合伤残评定等级的要求，如果经鉴定构成伤残，则原告能够得到残疾赔偿金和精神损害抚慰金；如果不进行鉴定，将无法得到残疾赔偿金，同时由于没有证明残疾的证据，精神损害赔偿的请求能否得到法院的支持也不太确定，因为对于伤害的轻重法院没有充分的证据进行判断。另外，《最高人民法院关于民事诉讼证据的若干规定》第三十四条第一款规定："当事人应当在举证期限内向人民法院提交证据材料，当事人在举证期限内不提交的，视为放弃举证权利。"一般情况下，法院指定的举证期限是30日，原告如果不在诉前进行鉴定，恐怕诉后无法在举证期限内完成鉴定证据的提交。代理人于是告诉郭某的监护人，要想得到最充分的赔偿，必须在诉前进行伤情鉴定。

于是，原告在诉前进行了伤情鉴定，原告的伤势经中国医科大学法医司法鉴定中心鉴定，其左面部有两处瘢痕，分别为6.0厘米×0.2厘米、2.0厘米×2.0厘米，面部瘢痕的伤残程度为十级。为此，原告支付鉴定费400元。

4. 确定被告承担民事责任的归责原则

本案的审理应依据过错责任原则。在特殊侵权行为有关无过错归责原则的法律规定中，不包括本案的情形。根据《民法通则》第一百三十三条第一款和《最高人民法院关于审理人身损害赔偿案件适用法律若干问题的解释》第七条第一款，本案应适用监护人责任和学校过错责任进行赔偿。

(二) 被告委托代理人的诉讼思路和技巧——实体法和程序法的综合应用

1. 吴某的诉讼思路

(1) 己方和学校都应当作为被告。代理人认为，应说服法官由自己的当事人和学校共同承担赔偿责任，这样有两个赔偿主体，自己的赔偿数额就会少得多。要做到这一点，仅凭借《最高人民法院关于审理人身损害赔偿案件适用法律若干问题的解释》第三条第二款、第七条第一款和《民法通则》第一百三十三条第一款的规定，支持原告两个都告的理由即可。

(2) 论证己方过错小，减少己方赔偿数额。代理人认为，原告分辨共同侵权还是非共同侵权的法理依据和法律依据都很充分，被法官采信的可能性很大，其不认为两个被告应当承担共同侵权的连带赔偿责任，而应当各自承担按份赔偿责任。既然原告代理人已经明确认为连带责任和按份责任是有本质区别的，也认为本案无法适用连带责任，而选择对自己并不十分有利的按份责任来起诉，而学校显然也会避重就轻地选择承担按份责任，那么，己方就不应在连带责任问题上再作太多的文章。己方首先应当有策略地提出两个被告应当承担连带责任，目的在于加重学校的责任。然后提出，如果承担按份责任，己方的责任应当是轻微的，学校的责任应当是重大的。因为事件发生在学校，如前文所述，学校存在过失。而不同于前述原告观点的是，己方没有过失，己方的监护人已经尽到监护义务，只需承担监护人责任。并且，从赔偿的经济能力的角度来看，学校的赔偿能力显然强于己方。

(3) 强调不应给予精神损害赔偿。代理人认为，尽管原告的伤残已经构成十级，但只是最轻微的伤残等级，残疾赔偿金已经保证了原告的伤残能够得到有效的治疗。在此次事故中，吴某的监护人并不存在故意及过失，吴某本人作为无民事行为能力人，其实施侵权行为时也不存在故意和过失。郭某受伤后，最初的医疗费是己方支付的，为表示歉意，己方当事人也到医院看望了郭某，尽到了一定的责任。在赔偿问题上，己方愿意和学校共同承担，并没有要求与郭某的监护人分担，这一行为已经足以表明己方的赔偿诚意。因而，郭某的监护人要求精神损害赔偿是没有法律依据的，在情理上也是说不过去的。

(4) 适用什么归责原则进行赔偿？代理人认为，应适用公平责任原则。适用公平责任原则时，要求致害人和受害人双方对于损害的发生在主观上都没有过错。本案中，吴某和其监护人都没有致人损害的故意与过失，不能适用过错责任。本案也不属于适用无过错责任的特殊侵权案件，从这点来说，只能适用公平责任原则。

2. 学校的诉讼思路

代理人认为，学校应否认自己被告的身份。否认的目的不是追求不被起诉，而是要形成一种态度和压力，使自己不承担或者少承担责任。

代理人认为，要处理好本案中学校应承担的责任，应当明确以下几个方面的问题。

(1) 如何定位学校等教育机构承担的责任性质？学校等教育机构承担的是教育、保护、管理的责任，系履行《中华人民共和国教育法》(以下简称《教育法》)、《中华人民共和国未成年人保护法》(以下简称《未成年人保护法》)而负担的责任，不是监护责任，也不是委托监护责任(在我国亦没有委托监护的立法)，与监护责任有着本质区别。

(2) 教育机构负有的职责包括哪些方面？在《教育法》《未成年人保护法》《学生伤害事故处理办法》中有12个关于职责范围的规定，而通知或者警示不属于职责范围内的义务，原告所认为的学校未尽职责范围内的相关义务是没有依据的。下雪路滑、有冰柱学生应当注意，而且班主任老师都叮嘱过学生(但没有证据证明)，何况身在北方，学生应懂得如何保证自身安全。学生在下雪天注意安全是生活常识，己方没有必要进行通知、警示，何况己方无法对每一个学生的行为都严加看管，己方已尽到教育、保护、管理职责。同时，学校在此次事故中，没有实施任何侵害行为，没有实施侵害行为就不应当承担赔偿责任。

(3) 适用什么归责原则进行赔偿？适用公平责任归责原则，理由同被告吴某。学校对于损害的发生既不存在故意也不存在过失。

(4) 认为不应给予精神损害赔偿，理由同被告吴某。

(三) 法官的诉讼思路和技巧——实体法和程序法的综合应用

1. 确定原、被告

本案应确定原告为郭某，被告为吴某，同时，由于原告郭某、被告吴某均7岁，为无民事行为能力人，诉讼中不具有诉讼行为能力，其各自的父母应以监护人的身份担任其诉讼代理人。

2. 确定本案是哪种类型的侵权

本案是共同侵权还是非共同侵权，或是一人侵权？被告怎样承担责任？法官认为，原告的观点应当支持，本案既不是共同侵权，也不是一人侵权，而是数人实施的"多因一果"行为，系非共同侵权。被告双方不承担连带责任，而应承担按份责任。

3. 明确本案是普通的共同诉讼还是必要的共同诉讼

当事人一方或双方为两人或两人以上的诉讼称为共同诉讼。共同诉讼又分为必要共同诉讼和普通共同诉讼。必要共同诉讼是指居于多数当事人一方的当事人有共同的诉讼标的，法院认为属于不可分之诉，因而进行统一审理并作出合一判决的诉讼。在必要共同诉讼中，与诉讼标的有共同利害关系的人就是必要共同诉讼人。必要共同诉讼是不可分之诉，必要共同诉讼人必须一并参加诉讼，法院对必要共同诉讼必须合并审理，一并作出合一的裁判。要认定是否属于必要共同诉讼，不管其形成原因如何，主要掌握共同诉讼人在所争议的实体法律关系中是否有共同权利或共同义务，这些权利义务的共同性是否具有连带性、不可分性，这些具有共同权利义务关系的人是否参加诉讼，否则难以对整个案件作出彻底的、公正的、统一的裁判。如果答案是肯定的，通常就应该认为属于必要共同诉讼；如果答案是否定的，则不构成必要共同诉讼。普通共同诉讼，是指当事人一方或者双方为两人或两人以上，其诉讼标的属于同种类，经当事人同意，人民法院将其合并审理而形成的诉讼。普通共同诉讼制度完全是为诉讼效益而存在的，是否合并审理，当事人有选择权，人民法院有决定权。普通共同诉讼中各共同诉讼人之间的权利义务的可分性，决定了人民法院虽然对案件进行合并审理，但判决必须分别作出，而不能像必要共同诉讼那样合一判决。法官认为，本案两个被告之间不构成共同侵权，是非共同侵权，不承担连带责任，承担按份责任。双方在所争议的实体法律关系中没有共同权利或共同义务，是普通共同诉讼。

4. 归责原则如何适用

本案中，原被告双方对于归责原则的适用观点存在分歧，法官认为，应适用过错责任归责原则，理由如下所述。

从学校责任的角度来看，《最高人民法院关于审理人身损害赔偿案件适用法律若干问题的解释》第七条第一款已经表明，学校承担民事责任的前提是具有"未尽职责范围内的相关义务"的过错，从《民法通则》以及随后的司法解释规定的精神来看，学校应承担过错责任，学界也同样认为学校应承担过错责任。因此，有关学校承担过错责任无论在法理上还是在立法上都具有一致的说法。

从未成年人致人伤害的角度看，《民法通则》第一百三十三条第一款规定了监护人责任，但该监护人责任只适用未成年人致人伤害的情形，而不能将其归类为《民法通则》第一百三十二条公平责任归责原则的适用。这是因为，尽管理论上有人认为公平责任归责原则主要适用于无行为能力和限制行为能力人致人损害、防卫过当致人损害、紧急避险过当致人损害的情形，但更多人认为，上述三种情形都不能适用公平责任归责原则。就无行为能力和限制行为能力人致人损害而言，《民法通则》规定，由监护人承担民事责任。监护人尽了监护责任的，可以适当减轻民事责任。

可见，这一规定的基本精神应是：即使监护人尽了监护职责(没有过错)，也不能免除责任，而只是可以减轻责任，这与公平责任归责原则的适用是完全不同的。就防卫过当致人损害而言，正当防卫有严格的条件要求，如果防卫人超过必要限度造成不应有的损害，只能说明防卫人主观存在一定的过错，因而，由防卫人就不应有的损害承担适当的责任体现的是过错责任归责原则，而不是公平责任归责原则。就紧急避险过当致人损害而言，《民法通则》第一百二十九条规定："因紧急避险造成损害的，由引起险情发生的人承担民事责任。如果危险是由自然原因引起的，紧急避险人不承担民事责任或者承担适当的民事责任。因紧急避险采取措施不当或者超过必要的限度，造成不应有的损害的，紧急避险人应当承担适当的民事责任。"这里所谓的"承担适当的民事责任"，应是指避险人因避险而受益的，紧急避险人应当给予适当的补偿。对此，根据《最高人民法院关于贯彻执行<中华人民共和国民法通则>若干问题的意见(试行)》第一百五十六条的规定，因紧急避险造成他人损失的，如果险情是由自然原因引起的，可以责令受益人适当补偿。可见，如果紧急避险人因紧急避险而受益，则应承担适当的补偿义务。但这种补偿义务与适用公平责任归责原则确定的责任是不同的。因紧急避险采取措施不当或者超过必要限度造成不应有的损害的责任也不能适用公平责任归责原则，其原因在于紧急避险人采取措施不当或者超过必要限度，说明避险人主观上存在过错，因而应当适用过错责任归责原则确认紧急避险人的责任。

综上，未成年人致人损害并不能适用公平责任原则，而应以监护人承担民事责任为标准。所以，本案适用过错责任原则最能体现民法公平的基本原则。

5. 各被告承担责任的份额如何划分

按份责任的分担应按照过失程度和原因力比例的大小来确定各行为人所应承担的责任，而原告所考量的过失程度和原因力比例基本是恰当的，因此，判决双方各承担50%的责任是比较恰当的。

6. 赔偿数额如何确定

原告请求被告给付残疾赔偿金、鉴定费、医疗费、交通费、精神损害抚慰金。根据

《最高人民法院关于审理人身损害赔偿案件适用法律若干问题的解释》，上述请求均在赔偿范围内，应予赔偿，但具体的赔偿数额应按法律规定计算。

(1) 医疗费。《最高人民法院关于审理人身损害赔偿案件适用法律若干问题的解释》第十九条规定，医疗费根据医疗机构出具的医药费、住院费等收款凭证，结合病例和诊断证明等相关证据确定。医疗费的赔偿数额，按照一审法院法庭辩论终结前实际发生的数额确定。器官功能恢复训练所必需的康复费、适当的整容费以及其他后续治疗费，赔偿权利人可以待实际发生后另行起诉。但根据医疗证明或者鉴定结论确定必然发生的费用，可以与已经发生的医疗费一并予以赔偿。本案查明的医疗费为1 260元，900元已支付，还应付360元医疗费。

(2) 交通费。《最高人民法院关于审理人身损害赔偿案件适用法律若干问题的解释》第二十二条规定，交通费根据受害人及其必要的陪护人员因就医或转院治疗实际发生的费用计算。交通费应以正式票据为凭，有关凭据应与就医地点、时间、人数、次数相符合。本案原告就医两次，均在本地医院，且距离较近，以乘出租车为交通方式，50元可以乘坐两次出租车。原告出具500元的出租车票据，与实际就医活动不符，不应全部赔偿，应赔偿50元。

(3) 鉴定费。鉴定费应由致害人负担，为400元。

(4) 残疾赔偿金。鉴定结论是受害人能否得到残疾赔偿金的依据。

《最高人民法院关于审理人身损害赔偿案件适用法律若干问题的解释》第二十五条规定，残疾赔偿金根据受害人丧失劳动能力或者伤残等级，按照受诉法院所在地上一年度城镇居民人均可支配收入或者农村居民人均纯收入标准，自定残之日起按20年计算，但60周岁以上的，年龄每增加一岁则减少一年；75周岁以上的，按5年计算。郭某伤残等级为十级，上一年度其所在城镇居民人均可支配收入为3 307元，故残疾赔偿金=3 307元×20年×10%=6 614元。

7. 精神损害抚慰金是否应当支付

对于两被告均认为不应当对原告承担精神损害赔偿的观点，法官认为，根据《最高人民法院关于确定民事侵权精神损害赔偿责任若干问题的解释》第八条第二款的规定，吴某与学校致郭某十级伤残，导致郭某精神痛苦，已构成较为严重的精神损害的后果，精神损害赔偿金是应当支付的。

根据《最高人民法院关于审理人身损害赔偿案件适用法律若干问题的解释》第十八条和《最高人民法院关于确定民事侵权精神损害赔偿责任若干问题的解释》第十条的规定，精神损害的抚慰数额根据以下因素确定。

(1) 侵权人的过错程度，法律另有规定的除外。

(2) 侵害的手段、场合、行为方式等具体情节。

(3) 侵权行为所造成的后果。

(4) 侵权人的获利情况。

(5) 侵权人承担责任的经济能力。

(6) 受诉法院所在地的平均生活水平。

综合考虑本案情况，两被告均没有侵害的故意，受害人受到伤害后两被告都积极进行救治，原告要求3 000元的赔偿数额过高，但由于面部瘢痕对于孩子今后的生活确有影响，侵权后果较为严重，应当酌情赔偿1 000元。

以上5项赔偿数额由两被告各承担一半。

8. 本案处理结果

法院判决：根据《民法通则》第一百零六条第二款、第一百三十三条第一款、第一百一十九条，《最高人民法院关于审理人身损害赔偿案件适用法律若干问题的解释》第三条第二款、第七条第一款、第十八条、第十九条、第二十二条、第二十五条，《最高人民法院关于确定民事侵权精神损害赔偿责任若干问题的解释》第八条、第十条的规定，由两被告各承担上述5项赔偿数额的50%。

(四) 知识拓展

1. 法院对其他类似案情的处理

甲与乙系高中同学，均为17周岁。某天，大家在课间打篮球，甲投篮，乙抢篮，甲跳起投篮下落时踩到乙的脚，又因双方抢篮的对立状态导致双方距离过近，乙站立不稳摔倒在地。此情此景有双方陈述和各自同班同学证明。乙摔倒后骨折，发生医疗费等问题。乙的监护人诉至法院，认为系甲的过错导致乙的伤害，甲的监护人应当承担全部赔偿责任，并给予精神损害赔偿。

法院应适用公平责任归责原则处理本案，而且不应给予精神损害赔偿。

与过错责任归责原则、无过错责任归责原则相比，公平责任归责原则的适用范围是有限的，只能作为过错责任归责原则和无过错责任归责原则的补充适用。[①]实践中，适用公平责任归责原则应考虑以下因素。

(1) 公平责任只能适用于当事人双方对于损害的发生都没有过错的情形。因此，如果损害的发生归因于侵害人的过错，则应由侵害人按照过错责任归责原则承担责任；如果损害的发生归因于受害人的过错，则应由其自己承担责任；如果损害的发生归因于双方的责任，则应当减轻侵害人的责任。

本案损害后果的发生，甲和乙均没有过错。因为当时双方是在打篮球，是一种学生中常见的、剧烈的体育活动，在这种体育活动中，发生碰撞和伤害是难以避免的。本案伤害发生时，双方正处于抢篮的状态，既没有故意碰撞，也不存在任何一方的过失。事实上，在体育竞技场上，由于伤害后果的发生是由不能预见也不能避免的竞技行为导致的，通常视为双方都没过错。

(2) 当事人对于损害的发生没有过错属于法律没有特别规定、应适用无过错责任归责原则的情形。我国民法对于民事侵权责任的承担规定了过错责任归责原则、无过错责任归责原则、公平责任归责原则。其中，无过错责任归责原则的适用必须是在法律有明确规定的情况下，而公平责任归责原则的适用则不要求法律的明确规定。

---

① 郭明瑞. 民法[M]. 北京：高等教育出版社，2003：645-646.

本案情形下的侵权，法律没有特别规定，应当适用无过错责任归责原则。

(3) 公平责任是根据实际情况由当事人分担责任。这里的"分担"绝不是由当事人平均承担损害后果，而是根据实际情况确定当事人应当承担损失的大小。这里的"实际情况"是指损害发生的具体情况，包括损害程度、损害发生的环境、当事人的受益情况及经济状况等。应当说，在某种程度上，确定当事人双方分担责任时，社会公众的评判应当作为一个重要的考虑因素。只有这样，案件的处理才会达到良好的社会效果。

本案的损害后果也应由双方分担责任。乙的伤情为骨折，在伤害后果中属于中等程度的伤情，发生损害的环境为篮球竞技活动中，甲没有受益后果，甲家庭的经济状况中等，乙家庭的经济状况中等。对于此种情况，社会公众的评判是双方平均分担。

(4) 公平责任归责原则只能用于赔偿损失的责任形式。侵权行为的客体可以是财产权，也可以是人身权。无论是何种情形，只有在造成受害人财产损失的情况下，才能适用公平责任归责原则。因此，只有在赔偿损失的责任形式中，才存在公平责任归责原则的适用问题。在侵害他人的人格权造成精神损害而进行赔偿时，因无财产损失的存在，不能适用公平责任归责原则。并且，适用公平责任的财产损失，也只能是直接财产损失，而不包括可得利益损失。

本案侵害的是乙的人身权，乙的身体受到了伤害，对此，甲有义务根据公平责任归责原则承担乙因人身权受侵害而导致的财产损害的一半的赔偿责任，但对于乙因此在精神上可能受到的损害，甲不应当承担赔偿责任。因为甲对损害后果的发生并没有过错，其赔偿责任的承担完全是基于民法的公平原则和公民善良正义的道德规范。如果在这种情况下还要求甲承担精神损害赔偿，则对甲而言是缺乏公平正义的。

2. 涉及保险赔偿的处理

在本案和知识拓展的案情中，如果郭某和乙都得到了保险公司给予的学生伤害事故保险的赔付，那么他们还有权要求对方当事人承担赔偿责任吗？能得到赔偿吗？

如果郭某和乙得到了保险公司的全额赔偿，则没有权利要求对方当事人赔偿；如果得到保险公司的部分赔偿，则有权就保险公司没有赔偿的部分要求对方当事人赔偿。保险公司在赔偿后，享有追偿权，可以向对方当事人进行相应的追偿。[①]

第二节　债权法案例模拟开庭

通过本阶段实训，学生应熟练掌握人民法院审理民事案件一审流程以及律师会见当事人的谈判技巧；学会在民事案件开庭审理的不同阶段，应用《中华人民共和国债权法》(以下简称《债权法》)、《民事诉讼法》的基本理论以及其他相关的民事法律理论。

---

① 黄立林.民事法律实训教程[M].北京：中国人民大学出版社，2011：47-56.

▋ 一、案情简介

张明与刘小娟借款纠纷案

1999年至2002年，张明与刘小娟同是A市某区政府的工作人员，2002年以后张明调动工作至A市政府人事处。1999年至2003年底，双方租房同居，在此期间双方均有家庭。2003年5月15日，张明给刘小娟出具日期为2003年5月16日的借条一张，借条中载明："今借刘小娟人民币叁拾伍万元整，分三年还清(无利息)。"当日，刘小娟没有将35万元现金交付给张明。2003年底，双方结束同居关系。此后，因借款一事，双方产生纠纷，刘小娟表示自己已于2003年5月16日将35万元现金交付给张明，因此向张明索要借款，但张明否认刘小娟给过自己借款，因此不同意返还所谓的借款。为此，刘小娟于2006年4月3日诉至法院，要求张明返还借款。

▋ 二、学习任务

1. 实体法

(1) 掌握借贷合同及其应具备的内容。

(2) 了解普通的借贷合同与自然人之间的借贷合同有何异同。

(3) 解析法律关于诉讼时效的规定。

2. 程序法

(1) 掌握管辖异议的适用情况。

(2) 如何理解法官的自由心证？

(3) 法律事实和客观事实之间的辩证关系如何把握？

(4) 民事诉讼中的一般授权代理和特别授权代理有何异同？

(5) 熟悉证据的证明力。

▋ 三、模拟开庭

模拟角色分配：刘小娟找到天盛律师事务所，要求该所指派律师王飞代理本案的诉讼；张明找到人和律师事务所，要求该所指派律师刘培代理本案的诉讼；A市甲区人民法院立案庭庭长关君，审判员周春光，民事审判一庭审判长方宏光，审判员白洁，审判员高小宇，书记员孟书香；A市乙区人民法院立案庭庭长刘保常，审判员李易，民事审判一庭审判长李学伟，主审法官赵丽艳，审判员孙泽，书记员屈振刚；A市中级人民法院民事审判一庭审判长周德宝，主审法官赵广，法官关月。

1. 原告委托代理人会见原告

(1) 委托代理人向原告了解案情。

王飞和刘小娟在天盛律师事务所接待室交谈。

刘小娟：王律师，你好！我想咨询一下，别人给我打了一张借条，向我借了35万元钱，现在我要收回借款，能不能收回呢？

王飞：有借条吗？拿来我看看。

刘小娟：好的，这是借条(拿出借条原件)。

王飞：(看过借条后)请谈一下事实经过，要说明时间、地点、人物，要实事求是。

刘小娟：借钱的人叫张明。我和张明原来是同事关系，处得挺好的。2003年，张明说要借一笔钱搞人事关系，因为他以前出过一起交通事故，结果科长一职被免了，现在想官复原职，我们关系不错，我手中又有这笔钱，所以就借给他了，张明就打了一张借条给我。

王飞：什么时间、在哪儿借的钱？

刘小娟：2003年5月15日打的借条，在他的车里；2003年5月16日给他的借款，在我的车里。我们约定每年年底还一次借款，分三次还清全部借款。

王飞：给的现金还是其他？

刘小娟：现金。

王飞：现金从哪里提取的？

刘小娟：我从自己家里拿的钱。

王飞：你找他要过钱吗？

刘小娟：要过，但他不给，否则不会来找律师。

王飞：你所说的是真实的吗？

刘小娟：是的。

(2) 委托代理人向原告提供初步法律意见。

王飞：从你说的情况来看，你们之间形成的借款合同关系是明确的，借款也已经给对方了，现在看来又没有超过诉讼时效，想要回这笔款是可能的。我们律师事务所可以帮助你打这个官司。

刘小娟：我想请你代理。

王飞：好的。

评析：

律师受理案件时，应在短时间内将案情了解清楚。要实现这一目标，首先要通过当事人对事情的叙述来了解案情的概况。再从证据入手，采用问答的形式了解当事人手中掌握的证据。然后将自己对案件的初步判断交代给当事人，以获得当事人对自己在法律问题处理上的信任，从而选择该律师代理案件。在案件收费的问题上，律师要根据每个案件的标的数额、疑难程度以及当事人的经济状况等与当事人商谈，如果能依据收费标准上下适当浮动进行收费是最理想的。

(3) 收取代理费。

王飞：按照我省律师收费标准，你的案子是财产案件，35万元的借款纠纷，收费标准是4%，也就是1.4万元的律师费。

刘小娟：我的案子比较简单，能不能少收一点？

王飞：从你说的情况来看，倒不是特别复杂，但你现在的证据只有一张借条，我们打起官司来可不容易，在法律上要费不少工夫，要说服法官支持我们的要求，而且我们还要尽量收集所有可能证明案件事实的证据，何况我们只是按标准收费，没有多收。

刘小娟：好吧(第二日交费，取得收据，与王飞签订委托代理协议)。

2. 原告委托代理人诉前准备

(1) 收集证据。天盛律师事务所在受理了刘小娟诉张明一案后，即要求王飞全面处理该案。王飞首先开始了证据的收集工作。其间，他几次打电话或者当面向刘小娟询问相关证据情况。

王飞：刘小娟，除了那张借条，你还有没有其他能够证明双方之间有借款关系的证据？

刘小娟：没有。

王飞：尽管你们是朋友关系，但35万元也不是个小数目，你怎么会借给他呢？

刘小娟：其实我们的关系非常好，是非常好的男女朋友，他跟我借钱我能不借给他吗？但我们都有自己的家庭，现在有纠纷闹到法庭上，所以不想让别人知道我们的关系。

王飞：明白了，在法庭上不能说你们的关系。那么你那35万元的现金是什么时候放在家里的？没有存到银行吗？有没有取款凭证？是否是炒股所得？有没有取款凭证？

刘小娟：都没有，就放在家里了。

王飞：张明打借条和你把借款给张明，有没有别人看到？

刘小娟：当时车里就我俩，没有别的人知道，也没有别的人看到。

王飞：你再仔细想一想，经过好几年，也许有些细节忘了。我们应当尽量在起诉前把一切证据都收集到，既有利于我们律师对案情的判断，也有利于在诉讼中占据主动地位。

刘小娟：好，我再想一想。

王飞：律师代理案件要经过当事人的授权。这里是一份授权委托书，请你填写一下(出示授权委托书)。在你的授权中，你有两种选择，一种是授予律师全权代理(特别代理)，另一种是一般代理。全权代理就是给予律师的代理权限很大，当然义务也很重；而一般代理则相反，权利义务都要轻一些。

刘小娟：(看特别代理的权限和一般代理的权限)我想选择特别代理，我没有法律方面的知识，需要律师更全面的帮助。

王飞：可以，我们可以特别代理，我们会尽力处理你的事务，但重大事件还是要听取你的意见。

此时刘小娟填写了承认、放弃、变更诉讼请求，进行和解，提起反诉或上诉的特别授权交给王飞，并将身份证复印件、户口本复印件和借条复印件交给王飞。

评析：

原告律师诉前了解案件全部情况、收集证据材料的过程非常重要。首先，它关系律师对案件事实的正确认识以及在此基础上对相关法律的正确适用；其次，它关系律师如何形成在程序上处理本案的思路，例如诉讼时效的问题、诉前保全的问题、管辖的问题、鉴定的问题等。本案到目前为止，证据仅有一份，事实经过又太过简单，在审理过程中如何说服法官对律师来说是一个重大的考验。

(2) 起草起诉状。最终，刘小娟能提供的只有借条这一个证据。但王飞认为即便如此,也能充分证明双方的借款关系。他开始起草诉状(已给刘小娟看过),主要内容如下所述。

诉讼请求有二:第一,请求被告返还借款人民币35万元整及利息;第二,诉讼费用由被告承担。

事实与理由如下:2003年5月16日,被告向原告借款35万元整,约定每年年底还一次,分三次还清全部借款。但是被告收到借款后,没有按约定还款,原告多次催要,被告均以种种理由加以拒绝,至今尚未返还。故原告诉至法院,请求法院依法裁决被告返还借款,维护原告的合法权益。

评析:

这篇诉状写得十分短小。因为从原告的角度看,其不愿意使他人知晓自己与被告之间的关系,因此借款的前因后果不能在诉状中表现出来。而除此之外,律师只了解到上述有限的案情,也只能在诉状中有限地表达。但是,诉讼目的已经表达明确,事实与理由也够完整,基本符合诉状简明扼要的形式要求。

(3) 提起民事诉讼并送交证据。王飞将起诉状一式两份,并将借条原件和复印件,授权委托书,律师事务所公函,原告身份证复印件、户口本复印件提交到法院立案庭。

(4) 构思代理意见。见开庭审理阶段。

3. 法院立案庭受理案件

A市甲区人民法院立案庭。

(1) 审核诉讼材料。

周春光:原告有没有来?

王飞:没有。我是原告的律师,代理原告来办理立案手续。

周春光:(查看律师递交的诉讼材料)有几份证据材料?

王飞:一份。

周春光:(拿出一份接受诉讼材料收据)请将递交的诉讼材料登记在目录上,并签名确认。

王飞:好的(登记并签名)。

(2) 向原告发送通知书等。

周春光:你代理的是借款纠纷案件,被告明确,被告地址清楚,原告的诉讼请求表达得也清楚,符合民事案件立案标准,现予以立案受理。(拿出案件受理通知书、举证通知书)这些材料请收好,并在送达回证上签字。

王飞:好的。

(3) 收取案件受理费。

周春光:本案是财产案件,请到右侧的财务部门缴纳案件受理费。

财务部门:请缴纳8 560元人民币。

王飞:好的(缴纳现金并取回收据)。

(4) 立案审批。

周春光随后填写了立案审批表,报立案庭庭长关君审批,关君签字批准立案。

评析:

立案中法院在计算案件受理费时,多算了费用。2004年1月1日之前,适用1999年《人民法院诉讼费用管理办法》，之后才适用《人民法院诉讼费管理办法》。本案受理时间在2006年，35万元的收费标准应是350 000×1.5%+2 150，计7 760元，法院参照的标准是350 000×2%+1 510+50，计8 560元，多算了800元。王飞疏忽了计算和核算工作，给当事人造成了不应有的损失。在诉讼费的收取问题上，代理人一定要做到按标准精确计算，无论是诉前一次性交付，还是诉前先交付一部分、诉讼中再补交一部分，都要做到不多交一分钱，这既是对当事人负责任，也是对自己代理行为负责任的起码要求。

4. 被告委托代理人会见被告

张明与律师刘培坐在人和律师事务所接待室。

(1) 委托代理人向被告了解案情。

张明：刘律师，我现在被人告到了法院，说是借钱不还，其实我没有借这笔钱，我当然不能还这笔钱，你能为我打赢这场官司吗？(将起诉状和举证通知书递给刘培)

刘培：坐下慢慢说。(看起诉状和举证通知书)刘小娟告你说你欠了她35万元钱，分三年还清。这是怎么回事？

张明：我根本就没有借过钱，谈什么还钱，这个女人是讹上我了。

刘培：你说没有借过钱，那么怎么会有借条？事实经过是怎样的？请如实说清楚。

张明：说来话长，我和刘小娟过去是同事，关系挺好，我们经常在一起喝酒、吃饭、玩牌。有一天，我喝多了，刘小娟说我欠她的太多，这一辈子也还不起了，还说我对不起她，不知怎么的，我迷迷糊糊地给她打了个借条，表示欠她的一定要还她，不能拖到下辈子。这件事过去之后的很长一段时间内，大家都没有在意借条的事，可是后来我和刘小娟闹翻了，又过了挺长时间，可能有两三年，我忽然接到法院的通知，说刘小娟把我给告了。

刘培：你的意思是你没有借过刘小娟的钱，但给她打了借条，现在她拿着借条把你告到了法院？

张明：对，真倒霉。

刘培：当时在场的人有谁？

张明：没有别人，就我俩。

刘培：你们两人单独在一起喝酒，是有什么事情要商量还是为了娱乐？

张明：我们经常在一起喝酒娱乐。

刘培：那时你结婚没有？刘小娟结婚没有？

张明：(不语)

刘培：我们律师处理案件，必须知道事情的真相，只有这样我们才能做出正确的判断，如果当事人对我们隐瞒真实情况，导致我们无法正确判断，那么很容易使案件的处理发生转变，并且是向对你不利的方向转变。请放心，律师的职业道德要求对当事人的事情保守秘密，我们既不会说出我们知道的普通情况，也不会说出我们知道的特殊情况，你不知道律师有为当事人保密的义务吗？

张明：(放心地笑了)其实也没什么不能说的，只是事情到了这个地步，说起来有点难堪。那时我和刘小娟由于工作接触，互相产生了好感，后来进一步发现双方能够想到一起和做到一起，于是我们就好上了，租了一套房子经常一起住，都很少回自己家里。我们好了4年，这期间我老婆发现了我们的事儿，和我离婚了，但刘小娟没有离婚，本来我要她离婚然后和我结婚，但后期我们经常发生矛盾，我就不太想和她结婚了。借条就是在我们关系不稳定的时候，刘小娟逼着我写的。

(2) 委托代理人向被告提供初步法律意见。

刘培：好了，我知道原因了，就不多问了。你这个案子真特殊，你们俩之间的特殊关系需要向法院说明，不说明就不能使法官了解借条产生的背景，解释不清为什么打了借条却没有借钱的事实，你能接受公开隐情吗？

张明：没有其他办法吗？

刘培：你有没有证据证明借条产生的真实原因？

张明：(沉默片刻后摇头)没有什么证据。

刘培：你看，对方有一张借条，用此说明我方借了钱，我方没有任何证据说明没有借钱。如果仅看借条，谁都会认为借钱的事已经发生了。你的案子特殊就特殊在这里，证据只有一个，还是对方的，对对方有利，你又告诉我其实没有借钱，是在你们俩有特殊关系的情况下写的借条，那你让我用什么为你辩护？

张明：好吧，说出来就说出来。你的意思是说，说出来我们就能赢了？

刘培：这个我不敢保证，还要看开庭的时候你和刘小娟在庭上的发言、对律师发问的回答等，总之要看案件的进展情况。不过如果不说出来，你肯定是要败诉的。

张明：写了借条就一定要还钱吗？

刘培：一般是这样的。在现实生活中，一般只有借了钱或者欠了钱才写借条、欠条，书面表明借款关系的产生或者其他合同关系的产生。所以在一般情况下，拿出借条就等于拿出借过钱的依据，是要还的。不过拿出借条的一方通常也要对借款的产生做一个简单说明，这时我们就要用借条产生的真实原因否认她的说明，表示这个借条只是一个因双方有特殊关系的戏言，没有真实的借款关系。

张明：明白了。刘小娟把我告到A市甲区法院，她在那个区有很多朋友，我担心法院的审理会受到干扰，能不能换个法院？

刘培：哦？你有几栋房子？你的户口在哪个区？

张明：我在甲区和乙区都有房子，户口落在A市乙区，也住在乙区。

刘培：我可以提出管辖异议，把管辖法院从甲区换到乙区。

张明：太好了。

评析：

了解案情时，律师应该具备一定的社会经验和社会认知。本案律师在接触当事人时，从其闪烁其词的表现中感到可能另有隐情，于是进行了一番让当事人必须说清又能放心说清的动员，终于得到了案件的事实真相。如果律师仅从表面了解案情，就难免查不清真实情况，在这种情况下就不容易打赢官司。出具初步法律意见对能否受理案件也是至关重要的，公布当事人的隐情、简单而透彻地解释借款法律关系、用管辖异议解决当事人的担忧，都为律师事务所受理案件提供了较为有利的条件。

(3) 收取代理费。

刘培：我们律师事务所都是在受理案件的同时收费的，你的案子是财产案件，35万元的借款纠纷，收费标准是4%，也就是1.4万元的律师费。你的这个案子处理起来会非常困难，不过如果我能保证打赢，你愿不愿意双倍交费？

张明：有希望打赢吗？

刘培：只是可能，现在不敢保证。

张明：如果我输了呢？或者我这次赢了，她上诉我又输了怎么办？

刘培：任何一个律师事务所都有一个基础的收费，如果你的案子输了，基础的收费是不能免除的，因为你的律师已经为你付出了相应的劳动，1.4万元就是基础的收费。但如果我们双方协议超过收费标准收费并保赢，输了就退回协议多收的那部分。至于二审的输赢，本来我们目前的收费是只负责一审的，如果案件进入二审，我们会减半收费，从基础收费来看应当是7 000元，如果保赢应当是1.4万元。这样，只要你交3.5万元，我就一审和二审都保你赢。

张明：我能不能现在只交一审的费用？

刘培：当然可以，案件是否进入二审还不一定呢，只需交一审的费用。

张明：(缴纳2.8万元代理费并取得收据)

评析：

律师在代理案件的过程中要付出大量的脑力劳动，导致案件输赢的原因是复杂的，当事人的要求、案件事实基础、律师业务水平与执业态度、法官审理情况与法律认识等因素都会对案件的输赢产生影响。当律师全面权衡了案件的各种情况，并有把握胜诉的时候，可以考虑为自己多付出的努力而向当事人多收费。本案被告如果败诉，就将面临高达35万元的还款，其想要胜诉的渴望是非常强烈的；本案的被告是政府工作人员，收入较高且稳定，有支付大额代理费的经济能力；本案即将展开的审理，是一场需要充分发挥律师业务水平的硬仗，律师应该勇于迎接这个挑战。所以，协议收费正合时宜。

张明与刘培签订了代理协议，对收费一事在协议中进行了说明。同时，张明也授权刘培特别代理。

(4) 管辖异议申请。

答辩期间，刘培来到A市甲区法院提起管辖异议。

刘培：法官，你好！我是刘小娟诉张明借款纠纷一案中被告张明的委托代理人刘培(递交律师事务所公函和张明填写的授权委托书)。

白洁：你好。答辩状带来了吗？

刘培：没有。因为我的当事人的住所地是A市乙区，A市甲区法院对他的案件没有管辖权，所以今天特意到法院来提出管辖异议申请(递交户口本原件和复印件、管辖异议申请书)。

白洁：(审查材料)是这样啊。我们合议庭合议后，会裁定是否准许将案件移送到A市乙区法院，请听通知吧。

5. A市甲区法院合议庭审前准备工作

(1) 向原、被告发送通知书等。

立案后5日内，A市甲区人民法院民事审判一庭。

白洁：孟书香，我收到了刘小娟诉张明借款纠纷的案件，请你向被告张明发送诉讼文书等。

孟书香：好的。(根据原告起诉状中留下的被告电话与被告联系)张明吗？刘小娟诉你借款纠纷一案法院已经受理了，请你到法院405室来一下，收取起诉状副本和应诉通知书以及举证通知书，并在15日内提出答辩状。

张明：(来到法院405室，在送达回证上签收诉讼文书)收到了。

(2) 审核诉讼材料。

原、被告双方的诉讼材料基本交到法院后，审判长方宏光、审判员白洁、审判员高小宇坐在一起。

白洁：被告收到起诉状后，委派其代理律师来到法院提出管辖异议，送交了管辖异议申请书，提出自己的住所地不是A市甲区，而是A市乙区，并提供了户口证明，看来这个案子需移送其他法院审理。

方宏光：被告的异议理由成立，制作一份民事裁定书，裁定移送管辖。

高小宇：同意。

随后，合议庭制作了民事裁定书，认为被告张明提出管辖异议申请符合《民事诉讼法》关于管辖异议的规定，应当将案件移送有管辖权的法院即A市乙区法院受理。

孟书香：(向张明、刘小娟送达民事裁定书，宣读〔2006〕甲民权初字第178号民事裁定书)听清没有？

张明：听清了(在送达回证上签收)。

孟书香：上诉吗？

张明：不上诉。

刘小娟：听清了(在送达回证上签收)。

孟书香：上诉吗？

刘小娟：不上诉。

评析：

民事诉讼中的被告，有权在答辩期内提出管辖异议的申请，张明在此期间以其住所地在A市乙区而不是A市甲区为由，提出异议申请，符合《民事诉讼法》第二十二条、第三十八条的规定，法院应当裁定准许其异议申请。

6. A市乙区法院合议庭审前准备工作

(1) 向原、被告发送通知书等。

案件移送后5日内，A市乙区人民法院民事审判一庭。

赵丽艳：屈振刚，我收到了刘小娟诉张明借款纠纷的案件，请你向被告张明发送诉讼文书等。

屈振刚：好的。(根据原告起诉状中留下的被告电话与被告联系)张明吗？刘小娟诉你借款纠纷一案已经从甲区法院移送到我院受理了，请你到法院225室来一下，收取起诉状和应诉通知书以及举证通知书、开庭传票，并在15日内提交答辩状。

张明：(来到法院225室，在送达回证上签收诉讼文书)收到了。

被告答辩状提交法院后。

屈振刚：王飞吗？我是A市乙区法院民一庭书记员，刘小娟诉张明的案子的答辩状已经送来了，请到法院收取副本。

王飞：(在送达回证上签收)收到了。

(2) 审核诉讼材料。

举证期限到达，原、被告双方的诉讼材料基本交到法院后，审判长李学伟，主审法官赵丽艳，审判员孙泽坐在一起。

赵丽艳：刘小娟诉张明一案的诉讼材料基本都送到法院了，请大家简单讨论一下。这个案子目前只有原告提交的一份证据即35万元的借条，原告说35万元已经借给被告了，被告却说借款事实并不存在。

李学伟：仅从借条本身来看，借款事实是存在的，开庭时查查借款的原因和经过吧。

孙泽：被告虽否认借款事实的存在，但在举证期限内对借条并没有提出鉴定申请，这是怎么回事？

赵丽艳：开庭时了解一下。

李学伟：这个案子看似简单，其实背后很有可能有许多复杂的因素，开庭时大家需要多问、多想。

7. 被告委托代理人庭前准备

(1) 阅卷，了解案情及原告方证据。

刘培与法院联系，希望了解原告提供的诉讼材料，法院同意刘培阅卷。刘培在阅卷中只收集到一份原告的证据材料，即借条。

(2) 收集证据。

刘培找到张明，进一步向其询问借条的相关情况。

刘培：我带回了借条复印件，你看一下，回忆一下事情经过。

张明：当时喝多了，许多事情记不太清楚了，但印象中写过借条，金额为35万元。当时刘小娟非要我做出对她真心实意的保证，要我写保证书，我就写了张借条。

刘培：在哪里写的？

张明：在我们住的地方。

刘培：你们之间的关系有谁知道？能证明吗？

张明：知道我们俩相好的人应该不少，但住在一起的事儿应该没有谁知道。他们不太可能给我证明，我也不太想请他们来证明。

刘培来到张明租住房屋所在地的居委会调查，居委会表示对不是本社区的人员情况不清楚。刘培找到该房的房东，房东表示张明确实和自己签订了租房合同，但不了解其租房有什么用途，也没有注意张明是否在此居住。刘培考虑到保护张明的隐私，没有到张明的单位调查。

刘培：张明，这个案子打起来很困难啊！这样吧，既然你对打借条的情况记不太清楚，开庭时你就表示没有打过这张借条，一直持否认的态度，我的答辩状也按这个思路来写。

张明：好的。

评析：

由于己方没有对自己有利的证据，如果不采取任何技巧性的方法，案件的发展将会对己方非常不利，因此律师应在尊重事实的基础上，对开庭审理过程中可能出现的情况做出预测，并根据当事人的理解和应变能力对其使用相应的策略，对于该说什么、不该说什么，该做什么、不该做什么提出意见。需要注意的是，不能捏造案件事实，不能违反法律规定。

(3) 书写答辩状并送交法庭。

刘培针对起诉状提出的情况、原告证据表明的情况、己方当事人陈述的情况，书写答辩状，内容概要如下所述。

第一，借款事实并不存在。双方虽常在一起玩牌，但从没借款，也没理由一下子借35万元巨额钱款，双方都是国家公职人员，原告的35万元钱从哪里来？被告为什么要借35万元钱？

第二，即使存在借款，其中的11.6万元借款也已超过诉讼时效。借款发生时间为2003年，分三年还清，则第一笔借款已超过诉讼时效。

刘培在答辩的15天期限内将答辩状提交到法院。

(4) 向法庭送交证据。

在举证期限内，刘培没有向法院提交证据材料。

(5) 构思代理意见。

详见开庭审理辩论阶段。

8. 原告委托代理人阅卷和向法庭补交证据

王飞到法院阅卷，只看到了被告的答辩状，没有看到被告提交的证据材料。王飞也没有需要补充的证据材料。

9. 法院合议庭庭前准备

详见人民法院审理民事案件一审开庭审理规程预备阶段(注：第一次和第二次开庭，原告都没有到庭)。

10. 法庭事实调查(第一次开庭)

(1) 法庭需要查清的事实。

借款是否真实存在，借款原因、时间、地点、经过，借款来源，当事人之间的关系等情况。

(2) 原告陈述。

开庭前3天，刘小娟忽然给王飞打电话，说自己不能出庭，原因是自己害怕在和张明对簿公堂时，张明把双方的关系全部说出来，传扬出去影响不好，自己不去则不会有太过激的情况发生。王飞认为，仅以借款关系的角度，刘小娟还是到庭对己方胜诉有利，因为此案中借款发生时只有双方在场，一些细节只有双方对质才能够说清楚，如不到庭也许会影响胜诉。他把这一想法告诉了刘小娟，但刘小娟还是坚持不出庭。此时王飞感到案子更加棘手，对刘小娟的怀疑也加深了，但无论如何，本着为当事人服务的宗旨，已经代理的案件还是要继续下去。

开庭时,根据以往的经验,王飞在刘小娟没有补充新的事实的基础上,决定以起诉书内容作为开庭时原告的陈述(内容详见王飞起草的起诉状)。

(3) 被告辩述。

开庭时,刘培得知原告刘小娟没有到庭,感到案件非常棘手,他有一些不知所措。本来设计思路是以刘小娟到庭为基础的,现在刘小娟不到庭,一切计划都打乱了。

在王飞以起诉书内容作为原告陈述的前提下,刘培认为自己为张明书写的答辩状也可以作为被告的答辩在这一阶段陈述,至于与王飞的较量,在举证和质证时再考虑。于是,刘培代理张明作如下答辩。

第一,原告所称的借款事实并不存在。双方虽常在一起玩牌,但被告从没向原告借过款,对原告所称借款一事一无所知,也没理由一下子借35万元巨额钱款。双方都是国家公职人员,收入有限,原告的35万元钱从哪里来?被告为什么要借35万元钱?请原告说清楚35万元的来源。

第二,假设借款事实存在,其中的11.6万元借款已超过诉讼时效。原告称借款发生时间为2003年5月15日,借款分三年还清,则第一笔借款应在2004年5月15日前还清,诉讼时效到达时间为2006年5月15日,现原告起诉时间为2006年6月22日,已超过诉讼时效,不应返还。

(4) 法庭归纳争议焦点。

法官认为原、被告双方的陈述针对性强,但都十分简单,了解了双方的基本想法后,归纳争议焦点为:借款是否真实存在。

审:原告,对本庭归纳的争议焦点有无异议及补充?

原:没有。

审:被告,对本庭归纳的争议焦点有无异议及补充?

被:没有。

评析:

被告律师刘培在案件受理阶段处理当事人的问题时表现非常好,但其诉讼中的应变能力显然不够,可能是因为缺乏代理经验,也可能是因为业务水平还有待提高。原告不到庭这件事本应当在刘培的预料之中,他本应当对此种情况作出设计方案,但由于他没有预想到,临阵乱了手脚,此后的审理几乎是当事人独当一面,败局难免。

11. 当事人举证和质证(第一次开庭)

(1) 原告举证,被告质证。

审:下面请双方当事人围绕本案的争议焦点举证,并指出每份证据的来源及要证明的问题。具体举证顺序为:首先由原告结合争议焦点举证,由被告质证;然后由被告结合争议焦点举证,由原告质证。在举证期限内未提供的证据,本庭不组织质证,对方当事人同意质证的除外。下面首先由原告向法庭出示证据。

原:日期为2003年5月16日的借条一张,证明被告向原告借款35万元的事实存在。

审:被告对此份证据有无异议?

被:我不清楚这张借条是怎么来的,字好像是我写的,但在我的记忆中没有写过这张借条。

审:借条中的手印是你按的吗?

被：不是我按的。

审：你写过借条没有？

被：在我的印象中没有写过这张借条，也没有借过钱。

评析：

以上是双方的第一轮交锋。

原告出示了本案唯一的也是至关重要的证据——借条，目的在于证实借款关系的存在，这一证据使得案情仿佛铁证如山，法官对此非常清楚，被告也同样清楚。

而被告在答辩中一直否认借款关系的存在，因此法官立刻转向被告，看他如何面对实实在在的借条进行质证。由于律师事先已经有了部署和安排，被告给出了否定的回答，其否定意思的回答是从容的、逼真的，在这个方面，被告的庭上表现是成功的。

法官知道在原告与被告之中，肯定有一个在说谎，至于究竟是谁在说谎，还需进行下一步的审理。在这一轮的审理中，法官对于借条中的两个最重要的问题——手印是不是被告按的、借条是不是被告写的进行了初步的落实，从法官的审判经验来看，被告回答说"不"，应该是预料之中的事。

审：下面由被告出示证据。

被：我没有证据。

审：(向原告提问)原、被告是什么关系？

原：原来是同事关系。

审：被告为什么要向原告借钱？

原：被告说要借一笔钱有急用，因为两人是同事，更是好朋友，就借给他了。

审：什么时间借的钱？

原：2003年5月15日被告给原告打的借条，2003年5月16日原告向被告交付的35万元借款。

审：借给被告的是现金还是支票？

原：是现金。

审：现金是在什么地方交付的？

原：在原告的车里给的，具体地点记不清楚，时间太长了。

审：借条是在什么地方写的？

原：在原告的车里写的。

审：原告向被告要过钱吗？

原：要过，被告不给。

审：什么时间要的？

原：代理人不清楚具体时间。

审：被告答辩提出借款中有11.6万元超过诉讼时效，不应返还，你方什么意见？

原：因为我方一直追要借款，所以并没有超过诉讼时效。

评析：

以上是双方的第二轮交锋。

由于被告没有提供任何对自己有利的证据和对原告不利的证据，在举证这一环节上是处于劣势的，这是被告方庭前考虑不周所致。无论如何，一个已经发生的事件，总是会有证明其情况的证据材料的。

法官需要查清案件的全部事实、得到真相。在这次开庭中，由于原告有意躲开，给法官的事实调查造成了困难，法官只能针对一些与案件有基本关系的问题进行提问，如双方关系，借款付款时间、地点、方式等。但在这一轮交锋中，法官的准备是有所欠缺的。例如，问及双方的关系，原告只回答了原来是同事关系，就没有继续回答，而法官此时应当进一步发问，却没有发问，使得法官对于双方发生借款关系的原因没有调查清楚；又如，对于被告借款的原因，法官在一般情况下本不需过多发问，但因上一环节被告完全否认借款一事，此处就应更详细发问，什么叫"有急用"？原告这样的回答等于没有回答，在借款原因不详的情况下，如果仅凭一张借条就认定借款关系的存在，对于法官的审理可以说是"事实不清"；再如，关于借款是现金还是支票的发问本来是为下一步对借款的来源发问提供依据的，但在原告回答了是现金后，法官竟也不进一步追问了，既然本案的证据仅有一件，则围绕借款的发生全面而深入地进行事实调查是非常重要的。不过，法官对于书写借条的地点和借款交付的地点进行发问，这说明他已经认识到案情到此还是比较模糊的，需要详细询问。

原告躲避出庭，只让代理律师代替其出庭，而律师的职业素养又使得其在代替当事人回答问题时十分谨慎、周到，在手握全案唯一一份证据的情况下，原告可以算是"老谋深算"，原告的律师也做到了负责敬业。当然从另一个角度来讲，知情的只有双方当事人，在对方到庭、自己不到庭的情况下，也可能在某一个环节上出现问题，致使己方面临风险。关于诉讼时效问题，原告律师以"一直追要借款"为由提出"没有超过诉讼时效"是不恰当的，这一回答说明其对法律有关诉讼时效的规定缺乏深入的理解。因为借条的内容是"今借刘小娟人民币叁拾伍万元整，分三年还清(无利息)"。首先，借条内容表明这仅仅是一笔借贷而不是三笔。其次，没有明确"分三年还清"是从哪一年开始，到哪一年终止，表明没有具体的还款期限的规定，则原告随时可以要求被告还款。退一步说，如果从文字的表述进行推定，最合理的推定恐怕只能是从当年起算三年内还清。再次，每一年还多少次、每一次还多少款也没有明确。即便如此，从借款日起三年到还款期来计算，2003年5月15日借款之后的三年应该是2006年5月15日，期限到达后还有2年的诉讼时效期间，到期时间为2008年5月15日，原告起诉时间为2006年，远没有超过诉讼时效。原告律师如果向法庭分析上述理由，则在之后只需以"诉讼时效期间没有超过"为由表态即可完全说明问题、说服法官。

审：(对被告提问)借条是不是你写的？

被：不清楚，没有印象。

审：是你签的字吗？

被：我不敢确定，我平时写字不这么潦草。

审：手印是你按的吗？

被：我不敢确定。

审：借条到底是不是你写的？

被：我不清楚、不敢确定，字从外观上来看和我写的字相像，但我不敢确定，并且我没有借过35万元钱。

审：签字是你签的吗？

被：我不敢确定。

审：原告起诉要你还她35万元借款，你是怎么想的？

被：我没有借款，还什么钱？我不同意还钱。

审：举证期间，尽管你答辩没有借款，但你没有对借条提出鉴定申请，现在你是否要求笔迹鉴定？

被：可以啊，我申请笔迹鉴定。

审：请在3日内向法庭提供鉴定申请，逾期视为放弃申请。

被：知道了。

审：如果鉴定借条是你写的，你是否同意还款？

被：借条是不是我写的不重要，我没有借款，不同意还款。

审：你是一名国家机关工作人员，是否清楚写借条的后果？

被：如果是我在有意识的情况下写的借条，我就清楚后果。

审：原告有没有向你要过钱？

被：没有。

审：为什么在答辩中你说11.6万元超过诉讼时效？你承认借款了？

被：起诉状中说借款分三年返还，按照起诉状的内容，第一笔还款已经超过诉讼时效。我说的是如果发生借款则超过诉讼时效，是假设，我没有借款。

审：你于何时在现在的单位工作？

被：2002年4月以后调到现在的单位。1999年4月到2002年4月和原告在同一个单位——A市某区政府，任人事科科长，当时原告是我手下的一名科员。

审：如果没有借钱就写借条，为什么事后不将借条收回？

被：因为2002年4月以后我已经从原单位调走了，我对写借条一事没有印象，所以不存在收回借条的问题。

审：你还有什么要补充的？

被：我对写借条一事没有印象，我没有经历原告所说的"急事借款"，原告一下子借给我35万元钱，她的这笔钱是从哪里来的？希望原告说明。并且我希望原告说一说，我是在什么情况下、什么意识下写的借条？

审：(对原告提问)原告能回答被告的提问吗？

原：被告借钱的用途自己应该清楚，没有理由由原告解释。原告的35万元钱从哪里来的与本案没有直接关系，原告没有必要解释。

评析：

以上是双方的第三轮交锋。

在法官又一轮的攻势下，被告总体上仍然保持镇定，继续采用否认的态度。对于签字、写借条、按手印，都沿袭了第一轮中的说法，仍然是从容不迫的态度。但是紧接着，法官亮出了关键的一招，提到鉴定的问题，被告在回答这一问题时显得很窘迫。

如果自己没有写借条，即使被告没有律师，只要认真阅读举证通知书，都会在举证期限内要求鉴定，以便以鉴定结论作为己方的有力证据证明借条的虚假性，从而给原告以重大打击，何况被告请了律师，提出鉴定申请是律师不容推辞的职责。当法官当庭提出被告是否申请鉴定时，被告不能选择不申请，因为如此就意味着承认借条是自己写的，被告只能选择申请鉴定，但其内心又很清楚借条确实是自己写的，如果真的鉴定了，仍然回避不了借条的真实性问题。法官的这一行动，可以说在借条的真伪性问题上把被告逼到了死角，被告必须有新的说法，否则必败无疑。所以被告在法官随后的发问中修改了战术，一方面提出"借条是不是我写的不重要，我没有借款"，暗示法官即使自己写了借条也不意味着真的借了钱，另一方面又反问原告三个递进性的问题。

当然，法官非常到位地用三个问题回应了被告的暗示，等于向被告发了三个"刁球"(国家工作人员的理性判断能力、11.6万元不予返还的说法、不收回借条的不合理后果)。然而，被告反问原告的三个问题多少打乱了原告的阵脚(详见原告评析)。

本来法官主要是针对被告进行调查的，但被告的反问合情合理，法官顺势展开对原告的发问，而原告律师在和原告沟通的时候，并没有预见到原告会不到庭，收到原告不到庭的通知后也没有及时进一步了解案情，所以只能策略性地回答问题，回答得很机智，但对于能够说明的问题不予说明、不能说明甚至不说明，不能不让法官对借款问题产生怀疑。

法官对这一轮的交锋处理得很圆满。首先，针对被告的事实调查，法官在程序法上运用了一个非常重要的证据学上的规定，即2002年4月1日起施行的《最高人民法院关于民事诉讼证据的若干规定》第二十五条的规定："当事人申请鉴定，应当在举证期限内提出。符合本规定第二十七条规定的情形，当事人申请重新鉴定的除外。对需要鉴定的事项负有举证责任的当事人，在人民法院指定的期限内无正当理由不提出鉴定申请或者不预交鉴定费用或者拒不提供相关材料，致使对案件争议的事实无法通过鉴定结论予以认定的，应当对该事实承担举证不能的法律后果。"根据这一规定，法官在被告没有在举证期限内申请鉴定的前提下，当庭对其指定了三天的申请鉴定期间，迫使被告必须直面借条的真伪，其结果是因为被告不敢申请鉴定，所以必将承担对自己不利的法律后果，法官可以依法推定借条的真实性。另外，针对被告提出自己没有借款的理由，法官从三个不同角度提出的问题让被告无话可说，处理得也非常好。其次，对于原告，在案件事实的审理中，对于一些真相被告和原告都在不约而同地隐瞒，因此在事实的陈述方面乃至在回答法官的发问时，原告并不能做到清楚地从事实层面进行解释，这也使得法官对原告产生一定的怀疑，把被告的"球"踢到原告的门前，看看原告怎样"守门"。法官的"球技"了得，不愧是法官。

(2) 法庭查清的事实和认定的证据。

合议庭认为，此次事实调查的结果很不理想，只查清了原、被告过去是同事、好朋友的关系，借款事实暂时无法认定。

12. 法庭辩论(第一次开庭)

审：法庭辩论要围绕争议的焦点进行，对双方意见一致的问题不要再辩论；辩论的内容主要是针对有争议的问题分清是非责任、正确适用法律发表各自的意见，已经发表的意见不要重复。

(1) 原告委托代理人发表代理意见。

审：首先由原告发表辩论意见。

原：被告作为一个完全行为能力人，能够预见自己的行为后果，被告空口否认写借条和收借款，却没有任何证据证明自己的辩驳，而原告的借条具有充分证明借款事实的效力，被告借了钱就应当还钱，法院应支持原告的主张。

(2) 被告委托代理人发表代理意见。

审：被告发表辩论意见。

被：我没有向原告借钱。现在这个年代，单凭同事关系甚至朋友关系，借几千块没有问题，但借35万元的巨款没有特别的理由是不可能的，何况我们双方都是公务员，原告参加工作才7年，只是一般的办事人员，那么多的一笔现金，原告从什么渠道拿出来？我还是要求原告说清楚钱的来源。对于借款发生的时间，我有异议，当时我已经从原单位调走了，原告是一个女同志，又是我的部下，在正常情况下，没有业务关系，我们也就没有联系，顶多偶尔在一起吃顿饭，我不可能向她借钱。原告说是我先写的借条，第二天给我钱，原告能不能说说我那时是什么状态？我的意识清醒吗？

(3) 法院认为应当适用的法律。

无，因为事实尚未查清。

评析：

原告就争议的事实部分进行了较为充分的辩论，以证据的证明力说明本案借款事实是存在的，原告的请求应得到法院的支持。但其在法律适用方面的辩论是欠缺的，没有对什么是借款合同、为什么借条能证明借款合同关系、借款应当怎样归还进行法律上的辩论。

被告和原告的辩论思路几乎是一样的，在争议事实部分进一步说明自己不可能借款的理由，但始终没有说出双方关系的真相，这使得辩论的说理性非常弱，难以说服法官。毕竟，法律要求案件的审理重事实、讲证据，本案的唯一证据就是一张借条。在法律适用方面，被告更是毫无准备，似乎准备输掉这场官司。被告的律师在这一环节表现得非常差。

13. 当事人最后陈述(第一次开庭)

审：法庭辩论结束。根据《民事诉讼法》第一百二十七条的规定，当事人有最后陈述的权利。

(1) 原告陈述。

审：原告，有无最后陈述？

原：请法院依法裁判。

(2) 被告陈述。

审：被告，有无最后陈述？

被：请法院按照事实处理。

(3) 法庭进行调解。

审：当事人是否同意法庭调解？

原：同意。

被：不同意。

审：因被告不同意当庭调解，本庭不进行当庭调解。

审：现在宣布休庭，何时宣判另行通告。当事人核对笔录无异议后签字。

第一次开庭三天后被告没有提出鉴定申请。合议庭成员讨论该案件时，认为借条的真实性可以认定，但原告没有到庭，被告似乎有一些话没有说出来，而案件的真实情况只有原、被告双方知晓，原告的不到庭导致案情不能完全查清，本案还须进一步审理。

被告律师后来也致电主审法官，请求再一次开庭，要求原告到庭与被告当面把案情说清楚。

两个月后，主审法官对原告律师进行了询问，制作了询问笔录，内容是通知原告本人到庭参加诉讼。法院要求原告到庭的理由是尽管按照法律规定原告有权委托代理人代为出庭，但由于代理人无法说清案件事实，而本案案情又只有本人才能完全说清，因而原告应该到庭，否则承担举证不能的法律后果。

评析：

按照《民事诉讼法》的规定，法院适用第一审普通程序审理案件时，采用公开审判原则，应当公开开庭审理。这样做的意义在于：能够将诉讼这种关系当事人利益的特殊社会活动置于当事人和公众的监督之下，既有利于审判人员严格依法认证，提高案件的证明质量，又能使当事人充分了解认证的过程和理由，提高司法判决的权威性。因此，公开审判原则成为现代国家的一项根本诉讼原则。所以，开庭前和开庭后，对当事人单方询问的情况是不应该发生的。但是在本案中，出现了一份询问笔录，尽管内容不影响法律的公正性，但在法理上，制作询问笔录的方式不符合法律规定，即使制作了，也不应当作为案件审理的环节考量，不能作为案件事实，不能作为证据。法院制作这一询问笔录的目的是向原告本人及其律师施加压力，使其到庭参加案件的审理，从而查清案件事实，其措施是必要的，但手段略有失误。

第二次开庭前，法院向双方送达了开庭传票，并发布了开庭公告。

14. 法庭事实调查(第二次开庭)

原告仍然没有到庭。

(1) 法庭需要查清的事实。

同第一次开庭。

(2) 原告陈述。

同第一次开庭。

(3) 被告辩述。

同第一次开庭。

审：被告还有什么要补充的内容？

被：原告仅凭借条起诉，对借款事实说得很不清楚，这表明借条不能说明一切问题。原告两次开庭都故意不到庭，她是在回避真相，原告应当到庭，来说明一下借条究竟是怎么产生的，把当时的具体情况说清楚。原告的代理人第一次开庭没有说明具体事实，第二次开庭同样没有说明具体事实。如果说真相，我能说明真相。原告和我不是普通的朋友关系，我们在一起同居四年了，是情人关系。同居期间什么事情都可能发生，没有借款也会打借条，是原告逼迫我打的借条。

由于原告又没有到庭，这意味着法院想要通过第二次开庭查明客观事实真相的目的无法实现，被告此时只能竭尽全力挽救行将败诉的局面。但由于被告本人在第一次开庭之前临时改主意不说明双方关系，而且由于律师的疏忽，未采集到双方关系的证明材料，没有向法庭提交相关证据，因此尽管被告在第二次开庭时说出了双方的关系且情绪激动，但由于事先在举证期限内没有提交证据证明双方的关系，法院不可能听从被告的单方陈述。

(4) 法庭归纳争议焦点。

争议焦点：被告是否向原告借过款。

15. 当事人举证和质证(第二次开庭)

(1) 原告举证，被告质证。

同第一次开庭。

(2) 被告举证，原告质证。

同第一次开庭。

(3) 法庭查清的事实和认定的证据。

查清的事实是被告于2003年5月15日出具借条向原告借款，原告在2003年5月16日将款交付给被告，被告至今没有归还借款，被告对借条是否为自己书写在法院规定的期限内没有提出鉴定申请。认定的证据是借条，其日期为2003年5月15日，出借人是刘小娟，借款人是张明，借款金额为35万元，还款约定为三年还清(无利息)。

评析：

在民事诉讼中，查清的事实即案件事实究竟如何称谓？是称之为"客观事实"还是"法律事实"？关于这一点，学界一直广为争论。所谓客观事实，就是原本发生的，在意识之外，不依赖人们的主观意识而存在的现实事实。所谓法律事实，就是法律规定的，能够引起法律关系产生、变更和消灭的现象。法律事实的一个主要特征是，它必须符合法律规范逻辑结构中假定的情况。只有当这种假定的情况在现实生活中出现，人们才有可能依据法律规范使法律关系得以产生、变更和消灭。"案件事实的认定是在法律的框架内，在程序的规制下，在证据的基础上进行的。案件事实发生了，证据作为事实的载体先是存在于客观世界中，接着进入主观世界，被当事人发现并用来证明自己所主张的事实，最后，在审判中，裁判者的眼光往返流转于诉讼两者之间，运用证据规则、逻辑法则、经验常识对证据去伪存真，得出对案件事实的认定。在逻辑顺序上，案件事实产生于证据之前；但在认识视野中，案件事实的认定却在证据之后。"[①]可见，案件事实是法律事实，不是客观事实。诉讼中，案件事实与客观事实存在或多或少的冲突，案件事实可能大部分或者小部分地反映着客观事实，也可能不反映客观事实。当然，发现真实，使法官认定的案件事实同已发生的事实一致，实现客观真实，是诉讼证明的目标，是诉讼制度存立的充分且

---

① 陈卫东. 诉讼中的"真实"与证明标准. http://blog.sina.com.cn/s/blog_48d76c9a01000c6e.html，2014-11-12.

必要的基础之一。然而，如何发现真实，使案件事实与客观事实之间的距离最小化，却是审判实践中极为复杂的一件事。例如本案，原告本人仅委托律师到庭，以合法的手段进行法律规避，被告本人也不完全说出真相，一桩本来简单的案件变得扑朔迷离，加之法官在审理中或因经验不足或因认真程度不够或因法律认识有误等，导致本案认定的案件事实与客观事实相距甚远并在判决书上体现出来。

16. 法庭辩论(第二次开庭)

略。

法院认为应当适用的法律：《中华人民共和国合同法》(以下简称《合同法》)第二百零六条关于借款人应当按照约定返还借款的规定、第二百零七条关于支付借款利息的规定。

17. 当事人最后陈述(第二次开庭)

略。

18. 法院制作判决书、调解书、裁定书

法院制作判决书。

判决书的主要内容如下所述。

当事人之间合法的借贷关系受法律保护。本案被告向原告借款后，双方之间即形成债权债务关系，被告应按合同约定履行还款义务，现被告未按合同约定履行还款义务，对此应承担民事责任。关于原告要求被告承担借款利息的请求，因被告给原告出具的借条中约定无利息，本院不予支持。关于被告称，假设原告所称借款事实成立，其中11.6万元也已超过诉讼时效。因2003年5月15日，被告给原告出具借条，借款35万元，分三年还清，可据此推定2006年5月15日为最后还款期限，2008年5月15日为诉讼时效届满日期。原告于2006年4月3日起诉，本案没有超过诉讼时效期间。关于被告称不能肯定借条是自己写的，因被告未在法庭规定的时间内向法庭提供笔迹鉴定的书面申请，视为借条由被告亲笔所写无异，原告要求被告返还借款，本院予以支持。依据《合同法》第二百零六条、第二百零七条之规定，判决如下：

(1) 被告张明于判决生效后10日内返还原告刘小娟借款本金人民币35万元。

(2) 驳回原、被告的其他诉讼请求。

评析：

关于判决理由，既考验法官的法律执业水平，也考验其作为一个法律人的良知，更考验司法制度的公平、公正状态，是每一个判决书的点睛之处。法官要根据认定的案件事实，针对当事人的种种要求和说法进行说理，要有破有立、有理有据，什么是应当支持的、为什么支持，什么是应当驳斥的、为什么驳斥，都要一一说清楚。

首先，法官将此案定性为借贷合同关系，并以法律的名义给予保护；其次，法官认为本案被告向原告借了款，双方的债权债务关系已经形成，被告应当返还借款。这是"立"的一面。很显然，从法庭对事实的认定来看，法官已经形成一种认识，即既然原告出示了借条并陈述了借条形成的原因，便已经完成举证责任，而被告答辩否认借款但没有任何证据支持自己的辩驳，没有完成举证责任，应当承担对自己不利的法律后果，被告"应承担民事责任"。法官从"破"的反向角度进一步认为，被告没有在指定的时间内提出鉴定申请，表明其已然默认了向原告出具借条一事，依据《最高人民法院关于民事诉讼证据的若干规定》，可以推定借条是真实的，借款关系已经成立。然而，笔者认为法官在案件审理中忽略了这样一条规定——《合同法》第二百一十条关于自然人之间借款合同的规定。按照《合同法》第二百一十条的规定，自然人之间的借款合同具有鲜明的实践合同的属性，"自然人之间的借款合同，自贷款人提供借款时生效"。交付，在实践合同中具有特殊的地位。在本案审理过程中，被告始终不承认收到借款，而反复强调自己意识不清、自己与对方是情人关系等，这本该提醒法官对于借款的交付问题深入挖掘、反复询问，可惜，法官在事实调查时缺了这一项。这说明，法官对于本案当事人借款合同关系的理解用的是大众通用的标准，或者说社会标准，因为对于一般借款合同主体而言，双方在形成借款关系时确实是一方提供借款、另一方同时出具借条，借条本身是极好的证明债权关系成立的证据，同时也是证明借款已经交付的证据。本案被告尽管没有证据证明借款未交付，但其两次开庭中反复出现的暗示语言以及对双方是情人关系的说明应当引起法官的警觉，法官应当意识到需要深入查一查是不是真的存在借款关系，是什么原因形成的借款关系，借款的来源是怎样的，而不是仅仅归纳出争议焦点。如果仅凭事实的表象对案件进行审理，那么，如何实现案件事实与客观事实的基本吻合？如何做到认定事实清楚、适用法律正确？

法官在借款利息方面和诉讼时效方面的"破"都很好。

关于判决依据，法官依据《合同法》第二百零六条、第二百零七条进行判决。第二百零六条是于到期日返还借款的规定，第二百零七条是逾期还款支付逾期利息的规定。如果法官认定事实正确，则理解法律规定无误，适用《合同法》这两条规定不存在任何问题。但正如上文所说，法官没有认识清楚民事借贷合同的实践性特点，尤其对当事人双方的特殊关系没有认真考虑，导致判决失误。

关于驳回原、被告的其他诉讼请求，原告在要求被告返还35万元借款的同时，提出支付利息，但根据双方的借款合同内容，没有支付利息的约定。《合同法》第二百一十一条规定："自然人之间的借款合同对支付利息没有约定或者约定不明确的，视为不支付利息。"法院据此不支持原告关于支付利息的请求，判决表现为"驳回原告的其他诉讼请求"，法院的驳回是有理有据。遗憾的是，法院对其所依据的法律没有在判决书上明示。

"驳回被告的其他诉讼请求"是程序法上的一个明显错误。被告在诉讼中的身份很明确，是本案中的被诉对象，其有辩驳的权利等一系列诉讼权利，也有反诉的权利。只有当被告反诉时，才有权提出"诉讼请求"，法院不支持其请求时，才应当"驳回"。此外，被告没有可被驳回的事由，不应当被"驳回"。①

---

① 黄立林.民事法律实训教程[M].北京：中国人民大学出版社，2011：78.

第三节　债权案例实训练习

■ 一、实训目的

(1) 认识案例分析的重要性(启发法律思维、锻炼分析问题和解决问题的能力)；了解法律的相关规定和实践中此类案件的基本处理方法；学会运用案件处理的基本技巧。

(2) 弄清本案事实：报案物品是否存入更衣箱？是否丢失？

(3) 对本案运用民法理论进行法律分析：洗浴服务合同双方的权利义务是怎样的？"贵重物品寄存告示"是否履行了告知义务？本案的审理是否适用"先刑后民原则"？

(4) 进行法律检索：本案应适用《合同法》或者《民法通则》的哪一条规定进行处理？

(5) 确定最佳的处理方案。

■ 二、案情简介

孙某洗浴服务合同纠纷案

2006年1月17日15时许，原告孙某到被告付某经营的某市某区海滢泉康乐宫洗浴。原告将其衣物等物品存放在更衣箱后，进浴池洗浴。当原告洗浴出来时，发现其存放衣物的更衣箱被撬，原告立即叫来服务生查验。原告查验更衣箱后表示，其存放在衣箱中的登喜路牌手包一个、三星牌W109手机一部、飞利浦9a98手机一部、名爵牌手表一块、现金6 000元等财物被盗。现场一自称李某的服务生亦去向不明。该服务生系被告于事发当日上午通过招工的方式雇佣的，事后发现该人身份证系伪造。原告当即向公安机关报案，但此案未破。2006年1月23日，原告诉讼至法院，要求被告赔偿其经济损失24 592元。

1. 原告向法院提供的证据

(1) 刑事案件登记表一份，证明该案已向公安机关报案，公安机关已经介入此案的调查。

(2) 询问笔录两份，一是公安机关询问原告的笔录，证明原告在被告处洗浴时丢失上述物品；二是询问被告当天值班服务生的笔录一份，证明原告洗浴出来后发现更衣箱被撬，物品丢失。

(3) 立案决定书一份，证明该案已立为刑事案件。

(4) 发票四份，为上述四种报失物品的发票，证明四种丢失物品的购买价格。

(5) 华商晨报报道，证明被盗事件发生情况。

(6) 某资产评估有限责任公司出具的资产评估报告一份(评估依据为证据中的四份发票)，证明原告丢失的上述物品总价值为24 592元。

2. 被告向法院提供的证据

(1) 员工入职登记表，证明李某于事发当日被雇佣。

(2) 李某身份证复印件一份，公安机关身份证核查证明一份，证明该身份证系伪造。

(3) 贵重物品寄存告示一份，证明被告店内张贴告示，履行了告知义务，原告应当注意到，并应当将贵重物品存放于柜台保管。

(4) 原告发票复印件两份，系登喜路牌手包和名爵牌手表的发票复印件，证明发票上的号码为连号，是在同一本发票单据上开具的，但这两样物品的销售商的签章不是同一家，是伪造的发票。[①]

三、实训要求

(一) 实训组织

(1) 将学生分为三组，一组为原告委托代理人，一组为被告委托代理人一名，一组为法官。

(2) 课前发给学生相关素材，包括上述原告方的六组证据材料，被告方的四组证据材料。

(二) 实训形式

1. 分组讨论

每组成员就各自扮演的角色，通过讨论形成各自的诉讼思路和技巧；然后各组不同角色依次发言，观察员评价，其他组再次评价；最后由教师进行总结。

教师在课前要制定讨论方案，在组织讨论时，要善于诱导学生发现问题，倾听学生发言，适时适需地提问、反问、故设疑团，或充当辩论反角，把讨论不断引向更深的层面。同时教育学生共创自由讨论的气氛，尊重他人发言，不随意打断他人发言，不嘲笑他人的意见。讨论后，教师应根据情况做必要的小结，但这个小结是对讨论意见做法律上的评判，有的案件是没有具体法律依据的，小结时就不能简单地以对与错来评判，因为这样的法学案例本身是没有唯一正确意见的，主要是针对讨论情况做小结，概括观点及理由，说明哪一种更符合现有法律的规定情况或立法精神，将来立法趋向如何。

学生应领悟案例，形成自己的观点，有理有据地拟订发言提纲，做好课前准备。讨论中要敢于亮出自己的观点，敢于与他人争论，为自己的观点辩护。把讨论看作展示自己思维能力和决策能力的机会，同时也要虚心听取他人意见，善于从他人的反驳意见中汲取营养丰富自己。讨论后，要认真总结自己在阅读案例、准备讨论和开展讨论中的长处和不足，总结自己经过讨论，分析案例的能力是否有所提高，力求做到讨论一次便有所收获。

2. 书面分析报告

充分讨论后，每组形成自己的分析报告，内容包括：列出参考法条，写出原告委托代理人、被告委托代理人、法官的诉讼思路和技巧。

在分组讨论和书写书面报告时，学生要注意仔细研读"案例分析引导"所给出的案例分析思路，体会其中所包含的诉讼技巧，并加以借鉴。

---

① 黄立林.民事法律实训教程[M].北京：中国人民大学出版社，2011：74.

第三篇
民事非诉讼与
商事仲裁程序

第八章　律师非诉讼法律实务

本章学习目的和要求：

(1) 了解婚姻家庭纠纷的诉前法律文书类型。

(2) 掌握律师在非诉讼法务实务中的服务内容。

第一节　律师非诉讼业务概述

■ 一、律师非诉讼业务的含义

律师非诉讼业务是指律师接受公民、法人或其他组织的委托，在其职权范围内依照国家有关法律、法规的规定，不与法院和仲裁委员会发生司法意义上的联系，直接为委托人办理某种法律事务的业务活动。非诉讼是相对于诉讼而言的，非诉讼中没有法院或仲裁委员会的介入。

■ 二、律师非诉讼业务范畴

非诉讼业务主要由咨询及文书服务、专项法律服务及其他非诉讼法律业务组成。

(一) 咨询及文书服务

1. 法律咨询及代写诉讼文书

这是每个律师都会涉及的非诉讼业务，但往往被众律师忽视。律师要解答好法律咨询，既需要具备深厚的法律功底，又需要丰富的实践经验，否则，只能给当事人带来误导。律师应把法律咨询当作自己的律师事务来重视，它会影响律师的声誉与前程。律师代书包括：诉讼文书，包括起诉状、答辩状、上诉状、申诉状等；有关法律事务文书，包括委托书、遗嘱等；非法律事务文书。

2. 出具法律意见书和律师函

法律意见书是指律师应当事人的委托，以律师事务所的名义，根据委托人所提供的事实材料，正确运用法律进行分析和阐述，对相关事实及行为提出的书面法律意见。律师函是指律师应当事人的委托，以律师事务所或律师的名义，向委托人指定的当事人发送就相关事务进行声明的函件。

(二) 专项法律服务

1. 公司专项法律服务

公司专项法律服务包括企业设立和解散的相关事务，公司日常经营管理中的一般法律事务，投资及项目开发、金融融资、公司证券业务、收购与兼并，以及企业的租赁、承包、托管、知识产权、劳动人事等特别法律事务。

2. 建筑与房地产专项法律服务

建筑与房地产专项法律服务包括创设公司阶段的计划拟定、谈判参与、报审文书准备、代为报批等事务；土地使用权取得阶段的土地征用、国有土地出让及转让中的涉法事务；拆迁阶段的文书处理、纠纷解决、文件报送等事务；工程建设阶段的招投标文书的准备、起草、审核及工程和设备合同履行的监督等事务；房地产经营阶段的销售、出租、抵押融资等环节的事务；物业管理阶段的相关事务等。

3. 金融、证券、保险专项法律服务

金融、证券、保险专项法律服务包括金融机构法律顾问服务，存、贷款法律服务，票据、信托、外汇法律服务，期货、债券法律服务，租赁法律服务，国际结算、国际融资法律服务，保险法律服务，以及涉及信用卡、电子银行、网上支付、外资金融保险机构的设立等领域的法律服务。

4. 知识产权专项法律事务

知识产权专项法律事务包括知识产权申报代理，产权管理协助，产权转让代理，专项知识产权代理，权属代理，侵权代理，技术对比咨询，纠纷代理，提供以著作权法、专利法、商标法、技术合同法、信息网络法、商业秘密法、不正当竞争法、反倾销法等为主要内容的全方位知识产权法律服务。

5. 法律顾问业务

个人、法人和其他组织的法律顾问，主要负责非诉讼事务。公民个人、法人和其他组织之所以聘请法律顾问，就是为了避免诉讼事务的产生，使自身的行为更加符合法制规定。此外，律师作为企业的法律顾问，既要对企业的生产、经营提供法律建议，还要协助企业进行完善的法制化管理，如制定章程、合同管理规定、员工手册等，这些需要律师同时具备经济及管理知识。

6. 刑事非诉讼业务

刑事业务历来是诉讼业务。刑事非诉讼业务是汉卓律师事务所在韩冰主任的领导下，总结多年的刑事辩护经验研发的新型业务，该业务以避免多发性刑事案件为导向，包括多种类型职务犯罪、特定行业领域犯罪等，针对这些犯罪主体和涉嫌犯罪的主要特点，制定预防性措施，以减少此类犯罪的发生。比如，金融领域为职务犯罪的高发区，具有涉案金额大、隐蔽性强、财产损失难以挽回等特点，有些也与金融监督缺位有关联，在很多违规事件的背后往往隐含着违法犯罪的基因。因此，从抑制此类犯罪的角度建立内控机制，可以最大限度地防止和避免此类案件的发生。通过大量司法实践，汉卓律师事务所的律师意识到，很多犯罪原本完全可以采取合法的方法解决，这些方法并不是人们通常理解的法律规避。民事法律的重要原则之一，是法无明文禁止即为合法；刑事法律的重要原则之一，是法无明文规定不为罪。所以，律师应该在法律框架之下，最大限度地发挥智慧，提供增值性服务。

(三) 其他非诉讼法律业务

1. 商务资信调查

商务资信调查包括对自然人户籍证明、婚姻状况、房产登记、船舶登记、抵押登记、工商登记、工商年检、分支机构、投资方、债权、债务、投资、资产等情况的调查。

2. 律师见证

律师见证是指接受当事人委托或经各方当事人同意，以律师事务所及经办律师的名义，对当事人申请事项的真实性、合法性进行审查并予以证明。本服务遵循三大原则：直接原则、公平原则、对强制公证的行为不能予以见证原则。

3. 律师代办公证

律师代办公证是指律师接受当事人的委托，代为办理有关公证事宜的一种非诉讼法律事务。通常做法是：对委托人提交的法律事实的真实性进行全面审查，作出是否符合国家法律、法规和政策的结论；在双方当事人签订的法律文书上，应写上法律评语；在见证的法律文书发生纠纷时，律师有义务证明见证的内容，并承担一定的法律责任。

4. 律师陪购

下面我们以购买商品房为例，阐述律师陪购的业务内容。

(1) 审验商品房的开发、销售资格。包括对开发商、销售代理商、建筑承包商的主体资格，立项、土地、规划、施工、销售等政府批复，开发商资信证明、银行担保等资金状况方面进行审查，为购房人的决策提供法律意见。

(2) 审查签订购房合同。协助购房人尽可能地从文字上完善合同条款，针对面积差异、交付时间、交付质量、保修期限、产权过户、违约责任等重要条款，依法据理提出合理方案，并与开发商洽谈，争取最大限度地维护购房人的合法利益。

(3) 监督购房合同的履行。预售合同签订以后，提供经常、谨慎的跟踪服务，关注开发进度、预售资金的使用、预售房屋的权属、工程质量等级的核定等情况。对可能影响合同履行的事实情况，第一时间通知购房人，及时提出应对方案。

(4) 审查房屋交付情况。对照合同验收商品房，确定交付时间、面积、质量、规格等方面是否与约定相符；审查水电、通信网络、公共配套设施、环境配套等附属设施的到位时间、质量是否与约定相符；确定保修期的起止日期，签订保修合同；督促开发商办理产权登记事宜等。

(5) 解决纠纷及争议。对全程存在的签约、履约纠纷，代表购房人与开发商进行磋商、谈判。对于根本性违约与重大变更事项，在恰当的时候，代表购房人依法提起仲裁或诉讼。

5. 代理合同及协议的谈判、协商、草拟、审查、修改等

在律师的参与下，合同、协议将制定得更为规范，有利于最大限度地维护委托人的合法权益，也为将来的纠纷解决打下"预防针"。合同方面的律师事务处理分为三个阶段：①备约阶段。在此阶段，律师可从委托人处获取尽可能多的信息，包括委托人、合同对方，并拟制谈判方案。同时，还应为委托人讲解现有相关法律、法规规定。②缔约阶段。在此阶段，合同双方会就相关事项进行谈判协商，律师参与谈判，亦可向对方说明己方提出要求的法律依据。③履约阶段。合同生效后，并不意味着必然能够履行完毕，当实际情况的发展涉及合同中止、变更、解除时，律师可以代表委托人与对方协商解决。

第二节　非诉讼业务法律文书

本章节主要介绍常见的非诉讼业务的法律文书——法律意见书的撰写。

■ 一、法律意见书的概念及功能

(一) 法律意见书的概念

法律意见书(Legal Opinion)是指律师对咨询者在法律活动中遇到的实际问题，根据咨询者提供的事实材料，运用法律知识提出的法律建议性的综合性法律文书。法律意见书的内容包括律师向咨询者提供法律依据、法律建议以及解决问题的方案。律师以出具法律意见书的方式解答法律询问，为咨询者的决策提供具体、明确、可靠的参考意见。

律师在担任公司、法人、其他经济组织或政府的法律顾问，解答有关法律咨询时，对于重大的法律事务或重大的经营决策行为，往往要以法律意见书的形式作出答复，为咨询者所要从事的重要经济活动、重大的经营决策行为和重大的法律事务寻找法律依据，提出法律建议或作出法律性的解释。

法律意见书主要有审查类、案件类和财务税务类等类型。

(二) 法律意见书的功能

法律意见书主要解决以下几方面问题。

(1) 就委托人提出的法律咨询问题给出法律依据。

(2) 就委托人提出的事项给出解决方案，包括建议、措施、步骤、对策、操作方式与流程等。

(3) 就委托人提供的案件纠纷事实与材料，提出诉讼方案、协商方案建议。

(4) 就委托人提供的财务或相关事项的事实与材料，提出预测性结论。

(5) 解答重大法律活动中的咨询，对复杂的法律关系进行分析，具体包括刑事、民事和行政案件诉讼咨询、诉讼中的代理及诉讼执行事项中的法律分析等。

(6) 其他专业事项的法律分析与建议。

■ 二、法律意见书的撰写要求

(一) 法律意见书的基本内容

法律意见书有可能涉及各种事项，因而具体内容可能各不相同，但法律意见书的基本内容应该包括以下几个方面。

(1) 首部，即标题。实践中一般有两种写法：一是直接写"法律意见书"；二是具体写明法律意见书的性质，如"关于××银行贷前审查的法律意见书"。此外，还可以对法律意见书进行编号。

(2) 正文。具体包括：①委托人的基本情况；②受托人(即法律意见书的出具人)的基本情况；③委托事项，应当写明就何法律问题提供法律意见；④委托人提供的相关资料；⑤受托人独立调查获得的资料；⑥出具法律意见书所依据的现行有效的法律规定；⑦法律法理分析；⑧结论；⑨声明和提示条款。

(3) 尾部。包括出具人署名盖章及签发日期、附件。

(二) 法律意见书示例

XX律师事务所

法 律 意 见 书

××(×)×字第××号

××电器股份有限公司：

江苏××律师事务所为中华人民共和国司法行政机关依法批准、合法设立的在中华人民共和国境内具有从事法律服务资格的律师执业机构。现本所应贵司要求，指派本所律师就贵司与江苏A科技公司和江苏A电讯公司买卖合同货款纠纷案的相关问题，出具本法律意见书。

一、本所律师出具本法律意见书的主要事实依据

(1) 江苏A科技公司起诉贵司的"民事起诉状"；

(2) 江苏A电讯公司起诉贵司的"民事起诉状"；

(3) 贵司出具的《关于我司与江苏A公司货款纠纷案的后续处理意见报告》；

(4) 贵司出具的"A财务情况"；

(5) 贵司向××通讯设备有限公司出具的质保金收据；

(6) 贵司向江苏A科技公司出具的售后服务费收据；

(7) 江苏A科技公司出具的增值税发票；

(8) 双方2008年7月的对账单。

二、本所律师出具本法律意见书的主要法律依据

(1)《中华人民共和国民法通则》；

(2)《中华人民共和国合同法》；

(3)《中华人民共和国民事诉讼法》；

(4)《最高人民法院关于民事诉讼证据的若干规定》;

(5)《中华人民共和国增值税暂行条例实施细则》。

三、事由

江苏A科技公司、江苏A电讯公司诉贵司的买卖合同纠纷案件,业经南京市×区人民法院受理,目前仍处在诉讼一审阶段。

江苏A科技公司诉称:江苏A科技公司一直向贵司供应手机及配套产品,贵司尚欠自200×年×月至200×年×月22日期间的货款99 580元,且其已于200×年×月10日后停止供货,贵司应予归还质保金20 000元。综上,贵司应合计返还119 580元。

为证明以上事实,江苏A科技公司提交了部分增值税发票和一张售后服务费收据作为证据。

江苏A电讯公司诉称:江苏A电讯公司在与贵司的长期业务往来中于2004年6月18日扣留其10 000元作为质保金。现双方已于2008年终止业务关系,贵司应返还其质保金10 000元。

为证明以上事实,江苏A电讯公司提交了贵司于2004年6月18日向其出具的质保金收据一张作为证据。

据贵司的《关于我司与江苏A公司货款纠纷案的后续处理意见报告》反映,法院目前初步合议认为,贵司至今仍然无法将主合同提交法庭,不能证明双方签订的是代销合同还是购销合同,由于贵司已认同来往的增值税专用发票且已合法抵扣,若双方继续无法提供主合同,可能要对贵司扣留的货物进行鉴定以明案情。

另查,据双方对账单显示,贵司确有99 580元货款未与江苏A科技公司结算;但根据贵司出具的"A财务情况",双方对账单确认的未结算余额99 580元中已包含质保金20 000元,且贵司仍占有库存419台手机,合同价为315 140元。

目前,通过法院调解,A科技公司同意在不要求贵司返还库存的前提下,以10万元一次性解决贵司与其众多关联公司(包括未进入诉讼程序的百德公司)的所有货款纠纷。

四、本律师发表的法律意见

根据上诉事实,本所律师认为,如果继续诉讼,需要厘清以下问题。

首先,若是能够找到主合同,且主合同中约定为代销关系,则贵司与江苏A科技公司对于库存货物的结算可以根据合同约定来解决;如果没有约定,在代销关系终止后,贵司作为受托人,应将尚未售完的库存货物返还给委托人。

目前,本所律师并不知悉江苏A科技公司的举证期限是否届满,若未届满,则不排除其仍有补充提交相关证据材料的可能,加之法院对举证期限的要求并不严格,即当前尚不能确定其最终会提交何种证据材料。

其次,若其最终仍未补充提交证据材料,则法院能否仅仅根据"往来增值税专用发票并已合法抵扣"来判定双方为购销合同关系呢?

本所律师认为,根据《中华人民共和国增值税暂行条例》的规定,属为增值税征税范围的销售货物,包括一般的销售货物、视同销售货物和混合销售等几种情况。所谓视同销售货物,是指某些行为虽然不同于有偿转让货物所有权的一般销售,但基于保障财政收入、防止规避税法、保持经济链条的连续性和课税的连续性等考虑，税法仍将其视同为销售货物的行为，征收增值税。其中，将货物交付他人代销也视同销售货物的行为，同样需要开具增值税专用发票。

因此，增值税发票并不能排他性地证明合同性质必然是购销合同，需要结合其他因素综合判断合同性质。

增值税一般纳税人申请抵扣的防伪税控系统开具的增值税专用发票，必须自该专用发票开具之日起90日内到税务机关认证，否则不予抵扣进项税额。增值税一般纳税人认证通过的防伪税控系统开具的增值税专用发票，应在认证通过的当月按照增值税有关规定核算当期进项税额并申报抵扣，否则不予抵扣进项税额。据此，买方接收增值税发票或将增值税发票抵扣的行为并不能证明其已经收到货物。即使卖方有证据证明其已经将增值税发票交付给买方，也不能完整排他地证明卖方已经将货物交付于买方。通常在实践中，法院会根据诚实信用原则并结合案件的其他证据和情况推定某种事实的存在。开具发票的一方当事人以增值税发票作为证据，如接受发票的一方当事人已将发票予以入账或者补正、抵扣，且对此行为又不能提出合理解释或举出证据反驳，则通常开票方所主张的合同关系的成立及履行事实可以得到确认。因此，若届时江苏A科技公司补交的相关证据能够初步印证贵司与其存在购销合同关系，结合贵司出具的《关于我司与江苏A公司货款纠纷案的后续处理意见报告》中关于法院目前倾向性意见的表述，则法院认定为购销合同的可能性较大。

再次，若双方最终被认定为存在购销合同关系，则根据贵司出具的"A财务情况"显示，江苏A科技公司有权另行主张库存的419台货物的货款，金额为315 140元。当然，其是否能够完成举证义务(包括诉讼时效的举证义务)，并不在本所律师能够判断和掌控的范围。

最后，无论是被认定为代销关系还是购销关系，江苏A科技公司若能向法院补充提交2008年7月由贵司出具的对账单原件，则对双方尚未结算金额为99 580元是确定的。至于贵司在"A财务情况"中陈述的"双方对账单确认的未结算余额99 580元中已包含质保金20 000元"，若要得到法院支持，贵司应补充提交相关证据材料。若不能补充，则贵司可根据向江苏A科技公司出具的款项为20 000元的收据中的收款事由为"售后服务费"而非"质保金"，结合交易习惯来做合理抗辩。

至于江苏A电讯公司诉称的返还10 000元质保金的诉请，本所律师认为，目前尚无证据表明江苏A电讯公司与贵司发生合同关系的终止日期，也没有证据表明在2008年6月22日后向我司主张过权利，不能以贵司与其关联公司之间存在经济往来即认定其诉讼时效的中断，因此，建议以"超过一般诉讼时效"作为抗辩理由。

综上，本所律师认为，在找到主合同以前，建议以调解结案的姿态请求法院协调，若能按照贵司出具的《关于我司与江苏A公司货款纠纷案的后续处理意见报告》中陈述的调解方案谈判，即对方同意在不要求贵司返还库存的前提下，在10万元以内(注：具体数额请领导批示)一次性解决贵司与其众多关联公司(还包括未进入诉讼程序的百德公司)的所有货款纠纷，可以考虑接受！

提示：若对方(包括但不限于江苏A科技公司、江苏A电讯公司、百德公司)提出的一次性打包解决所有货款纠纷，贵司能够接受，则建议可由其他相关公司(包括江苏A电讯公司、百德公司等)向贵司出具"债权转让通知书"，待债权集中于江苏A科技公司名下后，由贵司与江苏A科技公司通过协商一并解决。

五、声明与承诺

(1) 本法律意见书所载事实源于本法律意见书出具之日前贵司的陈述和贵司提交的相关材料。贵司应保证，已向本所律师提供了出具本法律意见书所必需的全部有关事实材料，并且提供的所需文件均真实、合法、有效、完整，并无任何虚假记载、误导性陈述或重大遗漏，文件上所有的签名、印鉴均为真实，所有的复印件或副本均与原件或正本完全一致。若在本法律意见书出具后，贵司发现新的证据材料或者案件有新情况发生，请及时与本所律师联系，本所律师将根据新的证据材料和新的进程重新制作"法律意见书"。

(2) 本法律意见书中对有关对账单、财务报告、处理意见报告中这些内容的引述，并不表明本所律师对相关内容的真实性、准确性、合法性作出任何判断或保证。

(3) 本法律意见书仅根据并依赖于本法律意见书出具之日公布并生效的相关法律、法规，并参照部门规章等本国的法律、法规、规章出具。本所不能保证在本法律意见书出具之后所公布生效的任何法律、法规、规章对本法律意见书不产生影响。

(4) 本所律师已经严格履行法定职责，遵循了勤勉、尽职、诚信的执业原则。由于本意见书的出具涉及对法官自由裁量权的评价，而法官依据自由裁量权最终作出何种判决并非律师所能掌控。对此，特提示贵司对本法律意见书持审慎采信态度。

(5) 本文件仅应贵司要求出具，供贵司参考，切勿外传。

××律师事务所

律师：×××

200×年×月×日

第九章　商事仲裁

本章学习目的和要求:

(1) 了解商事仲裁的概念、适用范围及程序。

(2) 掌握律师在商事仲裁程序中的服务内容。

第一节　商事仲裁概述

根据我国的法律规定,我国的仲裁可分为国内仲裁、劳动争议仲裁和涉外仲裁三种。相应地,我国律师从事仲裁代理也可分为国内仲裁代理、劳动争议仲裁代理和涉外仲裁代理。

一、国内仲裁与国内仲裁代理

(一) 国内仲裁概述

根据《中华人民共和国仲裁法》(以下简称《仲裁法》)的规定,国内仲裁,是指我国公民、法人和其他组织之间发生争议后,按事前或事后达成的仲裁协议,自愿将争议提交我国仲裁机构裁决的一种仲裁。国内仲裁按照国际上通行的做法,对当事人之间的合同纠纷和其他财产权益纠纷的处理,实行或裁决或审判和一裁终局制度,即纠纷发生后,当事人只能在仲裁和诉讼中选择一种解决方式;仲裁裁决一经作出即发生效力,不允许对仲裁裁决的事项再行仲裁或提起诉讼。国内仲裁在我国仲裁体系中占主导地位。

(二) 国内仲裁管辖范围

根据《仲裁法》的规定,国内仲裁管辖争议的范围是国内平等主体的公民、法人和其他组织之间的合同纠纷和其他财产权益纠纷。合同纠纷的范围主要包括经济合同纠纷、技术合同纠纷、知识产权合同纠纷、房地产合同纠纷等。其他财产权益纠纷主要是指由于财产侵权所引起的纠纷。而有关婚姻、收养、监护、抚养、继承的纠纷以及应当由国家行政机关处理的行政争议,不属于仲裁范围。

二、仲裁案件中律师的基本要求

根据《中华人民共和国律师法》(以下简称《律师法》)第二十八条的规定,律师可以接受当事人的委托,参加仲裁活动。律师代理当事人参加国内仲裁活动,适用代理的一般原理和规定，但律师要掌握国内仲裁的特点，熟悉国内仲裁的法律法规。

1. 律师要熟悉、掌握仲裁规则

仲裁规则应由中国仲裁协会依照《仲裁法》和《民事诉讼法》的规定制定。但目前我国尚无适用于全国范围的统一仲裁规则，各仲裁委员会可制定自己的仲裁规则，代理律师参与仲裁活动，应熟悉当事人协议选定的仲裁委员会及其仲裁规则。

2. 要了解当事人之间有无仲裁协议

当事人之间没有合法有效的仲裁协议，任何仲裁都无法开始。

3. 办理委托手续

律师代理当事人参与仲裁活动，应由律师事务所统一接受委托，统一收费。

4. 认真做好各项代理工作

国内仲裁实行一裁终局的制度，即裁决作出后，当事人就同一纠纷既不能向仲裁委员会申请仲裁，也不能向人民法院提起诉讼。律师要尽力尽职做好代理仲裁工作，最大限度地维护当事人的合法权益。

三、律师在民商事仲裁案件中的职责和权限

律师代理仲裁案件的职责和权限，体现在律师代理仲裁活动的全过程和具体的工作事项中。我们将依据律师代理仲裁活动的程序和工作事项顺序，择其要者进行叙述。

(一) 律师审查仲裁协议

律师事务所接受委托后，代理律师应首先审查当事人有无仲裁协议。当事人之间若没有仲裁协议，仲裁机构则不受理仲裁申请，律师也就无法代理。如果当事人之间有仲裁协议，律师应对仲裁协议进行审查。

1. 律师应审查仲裁协议的形式是否合法

根据《仲裁法》第十六条第一款的规定，仲裁协议主要有合同中规定的仲裁条款和当事人双方以其他形式达成的书面协议。书面协议既可在纠纷发生前达成，也可在纠纷发生后达成。

2. 律师应审查仲裁协议是否具备法律规定的必备内容

根据《仲裁法》第十六条第二款的规定，仲裁协议应当具备请求仲裁的意思表示、仲裁事项、选定的仲裁委员会三项内容。请求仲裁的意思表示，是指当事人请求仲裁的意愿非常明确，并且以书面形式表示，即应明确表示将今后可能发生的争执或已经发生的争执提交仲裁机构仲裁，并愿意遵守一裁终局制，积极履行仲裁协议。一般来说，仲裁事项应尽可能定得广泛一些。仲裁机构的选定必须具备两方面的内容，即仲裁地点和仲裁委员会。根据仲裁实践，仲裁协议一般还应包括以下两项内容：第一，仲裁条款必须规定仲裁裁决具有终局的效力；第二，仲裁条款一般应规定仲裁费用由败诉方承担。

3. 律师应审查仲裁协议的内容是否明确

仲裁协议的内容不全面、约定的内容不明确、协议内容与仲裁原则相悖等情形将构成仲裁协议内容不明情形。律师应说服当事人补充协议，否则，仲裁协议无效。

4. 律师应审查是否具有法定无效仲裁协议的情形

根据《仲裁法》第十七条的规定，约定的仲裁事项超过法律规定的仲裁范围，无民事行为能力人或者限制民事行为能力人订立的仲裁协议，一方采取胁迫手段迫使对方订立的仲裁协议系无效协议。

(二) 律师代理提起仲裁或代理答辩

当事人要通过仲裁解决争议，必须提交仲裁申请书，律师代理仲裁申请人时应代理当事人向仲裁委员会提交仲裁申请书和仲裁协议书。仲裁委员会收到仲裁申请书之日起5日内，认为不符合受理条件的不予受理，并说明理由。仲裁委员会受理仲裁后，应当在仲裁规则规定期限内将仲裁规则和仲裁员名册送达申请人，并将仲裁申请书副本及仲裁规则、仲裁员名册送达被申请人。《仲裁法》第二十三条对仲裁申请书的内容有明确规定，现举一例，如果律师代理被申请人一方，当被申请人接到申请书副本后，律师应当阅读和分析申请书，了解申请人的要求和理由，然后向被申请人了解争议情况，草拟答辩书。律师在写答辩书时要紧紧围绕违约的事实是否成立、谁有过错、谁应承担违约责任，用法律进行全面分析，力争维护被申请人的合法权益。被申请人应在仲裁规则规定的期限内，将答辩书及其副本、有关证据材料和委托书提交仲裁委员会。

(三) 代理律师应进行调查，搜集证据材料

调查取证是贯穿整个仲裁程序的重要代理活动。律师代理仲裁时，可以独立的身份调查取证。律师调查取证的主要范围包括以下几方面。

(1) 证明案件真实情况的书证、物证等客观存在的实物。

(2) 对知情的证人应进行调查，尽量安排证人出庭作证。

(3) 其他有助于查明争议事实的证据。

(四) 律师代理参加仲裁活动的主要工作

仲裁委员会受理申请人的申请后，律师应做好以下几方面工作。

(1) 代理当事人选定仲裁员。

(2) 代理当事人行使申请回避权。

(3) 代理当事人选择公开仲裁审理或者不公开仲裁审理。一般来说，仲裁审理以不公开为原则。如果律师和当事人认为公开审理更有利于当事人，当事人双方可以协议公开仲裁审理。

(4) 代理当事人向仲裁庭提供证据并就证据进行质证。

(5) 律师在证据可能丢失或以后难以取得的情形下，向仲裁庭申请证据保全。

(6) 在仲裁过程中，为避免造成更严重的损失或防止裁决的执行困难，律师可代为向仲裁庭申请财产保全。

(7) 根据当事人的特别授权，律师可代理当事人达成和解协议，或参加调解达成协议。

(8) 代理当事人行使其他权利。

律师在仲裁活动中，除上述主要代理活动外，凡当事人享有的其他一切程序上和实体

上的权利，律师均可在授权范围内予以代理。

(五) 律师在仲裁裁决执行中的工作

1. 仲裁裁决的执行

仲裁裁决自仲裁机构作出之日起发生法律效力。若当事人和律师认为仲裁裁决事实清楚、证据确凿充分、适用法律正确，当对方当事人不履行裁决时，律师经当事人授权可代理申请仲裁裁决执行。申请执行期限的起算自裁决书规定的履行期限届满时起。申请人应向被执行人住所地或被执行人财产所在地的人民法院申请执行，代理律师可代为提交申请执行书。

2. 仲裁裁决的撤销与不予执行

若律师和当事人有证据证明仲裁裁决有《仲裁法》第五十八条规定的情形的，可向仲裁委员会所在地的中级人民法院申请撤销裁决。撤销裁决的申请应在当事人收到裁决书6个月内提出，人民法院的裁定应在受理申请后2个月内作出。如果一方当事人申请执行仲裁裁决，被申请人和律师若能证明裁决有下列情形之一的，可请求人民法院裁定不予执行。

(1) 当事人在合同中没有订立仲裁条款或事后没有达成仲裁协议。

(2) 仲裁的事项不属于仲裁协议范围。

(3) 仲裁庭的组成或者仲裁的程序违反法定程序。

(4) 认定事实的主要证据不足的。

(5) 适用法律确有错误的。

(6) 仲裁员在仲裁该案时有贪污受贿、徇私舞弊、枉法裁决行为的。

(7) 裁决违背社会公共利益的。[①]

第二节　仲裁组织及仲裁程序

一、仲裁庭的组成

(一) 仲裁庭成员的选定及回避

1. 仲裁员的选定或者指定

对于普通审理程序而言，一般应由三名仲裁员组成仲裁庭，该三名仲裁员分为一般仲裁员与首席仲裁员。从理论上讲，该三名仲裁员均应由当事人选定：申请人、被申请人各自选定一名一般仲裁员，申请人与被申请人共同选定首席仲裁员。但在实践中，在共同选定首席仲裁员的问题上，申请人与被申请人很难达成一致，此时就需要由仲裁委员会主任指定一位仲裁员作为首席仲裁员。

---

① 卢小毛.法律实务综合实训教程[M].南京：南京大学出版社，2014：277.

2. 仲裁员的回避

对于仲裁员的回避，一般由当事人提出回避申请，由仲裁委员会主任决定是否回避。但是在仲裁庭组成的过程中，尤其是在首席仲裁员的指定问题上，仲裁委员会尤其应当谨慎，因为如果仲裁员选定不当，与案件当事人或者当事人的委托代理人存在利害关系，即使仲裁过程中当事人未提出回避申请，仍有可能导致仲裁裁决被人民法院撤销或者不予执行。因此，仲裁委员会应当积极查询当事人选定的仲裁员与选定其作为仲裁员的当事人之间的关系，如发现存在利害关系，应当及时告知该方当事人，并要求其重新选定仲裁员。仲裁委员会主任在指定首席仲裁员时，也应当进行综合考虑，须根据当事人的基本情况及其选定的仲裁员情况谨慎地挑选首席仲裁员人选，尽量发现隐藏的利害关系。

(二) 仲裁庭组成的通知

仲裁庭组成后，仲裁委员会的工作人员应当将仲裁庭组成人员及仲裁员的身份及时告知双方当事人，并且须告知其提出回避申请的权利和提出回避申请的基本规则。对于当事人提出的回避申请，应当仔细核实回避理由，对于确实属实的，应当更换仲裁员或者通知当事人重新选定仲裁员；对于毫无事实依据的，仲裁委员会主任也应明确决定驳回该回避申请，以免当事人利用该项权利拖延仲裁程序。

为了加快仲裁程序、提高效率，仲裁委员会在向双方当事人送达组庭通知的同时可以送达开庭通知。因为仲裁员与法官不同，绝大多数仲裁员都有自己的本职工作，因此开庭时间难以确定。尤其在普通程序中，要协调三名仲裁员的开庭时间，这就要求仲裁委员会的工作人员应当提前征询各个仲裁员的时间安排，尽早敲定开庭时间，一旦确定不宜更改，否则下一次仲裁员能够同时参加仲裁庭审的时间将被大幅拖延。

■ 二、仲裁案件开庭审理

仲裁案件的开庭程序与民事诉讼的开庭程序基本一致。但需要注意的是，根据《仲裁法》的规定，仲裁不公开进行，当事人协议公开的，可以公开进行，但涉及国家秘密的除外。也就是说，不公开审理是仲裁案件审理的基本原则，公开审理为例外，需要双方当事人达成一致。因此要求仲裁员及仲裁委员会的工作人员在发现非当事人或者其代理人进入审理场所时，应当予以制止并劝说其离开。由于仲裁庭没有法庭法警，应当严格限制非涉案当事人或者非委托代理人进入庭审场所。

■ 三、仲裁庭合议与仲裁裁决的作出

(一) 仲裁庭合议

开庭程序结束后，仲裁庭应当及时组织合议程序，针对案件的事实问题和法律适用问题进行讨论。在合议过程中，应当首先总结案件的争议焦点，对于无法认定的事实，应当

及时通知仲裁当事人补充证据材料；对于法律适用问题，每个仲裁员应当提出独立的观点并说明理由、列明法律规定。

在实践中，合议过程是每个仲裁员各抒己见的过程，每个仲裁员都应当尊重其他仲裁员提出的观点和意见。对于存在争议的地方，每个仲裁员应当合理听取其他仲裁员的意见，也有权利保留自己的意见。对于争议较大的问题，可以要求仲裁委员会的仲裁秘书予以记录。

(二) 仲裁裁决的作出

仲裁裁决书的结构与人民法院判决书的结构基本一致，内容上也没有本质区别。但由于仲裁具有"一裁终局"等特点，仲裁裁决书还存在以下几个特殊之处。

1. 仲裁裁决更加强调对于说理部分的论述

由于当事人对仲裁裁决没有上诉的机会，仲裁裁决的作出必须要让双方当事人心服口服，这就要求仲裁裁决书中的说理部分必须详尽、必须有理有据，不可以出现常识性错误。

2. 仲裁裁决书必须由仲裁员签字

在人民法院作出的判决书中，法官仅仅署名，并不签字；而在仲裁裁决书中，一般要求仲裁员签字。这是因为法院作出判决的主体首先是法院，其次是法庭，然后是法官，法官个人在理论上不对判决承担直接责任。而仲裁员是由当事人选定的，仲裁庭是由当事人间接选择确定的，因此仲裁员直接对仲裁裁决承担相关责任。但在实践中，经常出现几个仲裁员裁决意见不一致的情况。当出现分歧时，应当以少数服从多数的方式进行裁决，持多数意见的仲裁员应当在裁决书上签字，持少数意见的仲裁员可以拒绝签字。如果三个仲裁员意见均不一致，那么仲裁裁决应当以首席仲裁员的意见为准，其他仲裁员可以拒绝在裁决书上签字，但是仲裁员拒绝签字并不影响仲裁裁决的生效。

3. 仲裁裁决的生效时间

人民法院的判决由于存在上诉问题，不会立刻生效；而仲裁裁决书一经作出并由仲裁员签字即发生法律效力。

4. 仲裁裁决书应当注意避免漏裁或者超裁

所谓"漏裁"，是指仲裁裁决对于申请人的请求未能完全给予裁决，存在对部分请求没有作出判定的情况。所谓"超裁"，是指对于申请人没有提出的请求，仲裁裁决予以一并判定的情况。漏裁和超裁都会影响仲裁裁决的效力，尤其是超裁将导致超出裁决的部分被人民法院撤销或者不予执行。例如，仲裁申请人仅就确认合同解除是否生效提出仲裁请求，而仲裁裁决在确定合同已有效解除后还判定双方当事人有相互返还的给付义务，该给付义务部分的裁决即属于超裁，但是对于合同效力的判定不属于超裁范畴。例如，仲裁申请人提出仲裁请求要求被申请人承担违约责任，经过审理后，仲裁员发现该合同因违反国家法律强制性规定而归于无效，虽然当事人并未提出确认合同效力的仲裁请求，但对合同效力的确认是审理合同纠纷的前提，因此该判定不属于超裁。

第三节　仲裁实务技巧

■ 一、如何做好开庭前的准备

当事人在进入仲裁程序至首次开庭前的这段时间称为开庭前的准备期间。在仲裁过程中，当事人享有的相当大一部分权利发生于此期间，因此当事人应当给予足够的重视。开庭前的准备工作主要包括以下两个方面。

(一) 程序方面的准备

1. 研究把握仲裁规则和相应通知书

当事人在仲裁协议中选定了仲裁机构，一般情况下即视为双方均同意按照该机构仲裁规则进行仲裁，而仲裁规则是指导整个仲裁程序的规范性文件。仲裁机构受理案件后，一般会向双方当事人分别发送仲裁规则、受理通知书及仲裁通知书，这些文书对指导当事人正确参与仲裁活动具有很大的帮助，值得当事人认真研究，并按照规定准确行使相应的仲裁权利。

2. 按时选好仲裁员

仲裁和诉讼的一大区别就是当事人可以选择自己信赖的仲裁员来裁决案件，而诉讼中审判庭的组成是法定的。选择仲裁员，是仲裁制度赋予当事人的重要权利。行使好此权利，应注意以下三点：在规定的期限内行使选择权；当事人选择仲裁员时应看清仲裁员名册中的相关信息；根据适用程序确定的仲裁庭人数行使选择权。对于适用简易程序的案件，由双方当事人共同选定一名仲裁员；适用一般程序的，由双方当事人按规定选定三名仲裁员组成仲裁庭。当事人未选定的，由仲裁委员会主任指定。案件有两个或者两个以上申请人或者被申请人的，仲裁员的选定或者委托指定应当分别由全部申请人或者全部被申请人协商一致；未能协商一致的，则由仲裁委员会主任指定。

3. 有权提出异议

依据《仲裁法》的规定，当事人在进入仲裁程序后，对仲裁协议效力或者对仲裁委员会受理案件有异议的，应当在首次开庭前提出。仲裁案件书面审理的，应当在规定的答辩期间提出。当事人提出上述异议时，应当符合法律规定，并附有相关的事实和法律依据。

(二) 实体方面的准备

1. 提交证据

当事人对自己提出的仲裁请求所依据的事实或者反驳对方的仲裁请求所依据的事实有责任提供证据加以证明。没有证据或者证据不足以证明当事人的事实主张的，负有举证责任的当事人将承担败诉的法律后果。因此，当事人在首次开庭前，就应当按照规定准备好证据材料提交给仲裁庭。

当事人向仲裁庭提供证据，应当提供原件或原物。确有困难的，可以提供经核对无误的复制件或者复制品，但开庭时必须携原件出庭以供质证。

当事人提供外文书证或者外文说明材料，应当附有中文译本。当事人提供证据时，应当对证据进行分类，编上页码，制作证据目录，并对证据材料的来源、证明对象和内容作简要说明。

2. 提出答辩或反请求

被申请人应当在答辩期届满前提出书面答辩，对申请人的仲裁请求及所依据的事实和理由阐明自己的意见，这有利于仲裁庭在开庭前了解双方的争议焦点，从而在开庭时有针对性地进行审理。答辩仅是反驳或者抵消申请人的仲裁请求，如果被申请人就同一个争议事实反过来要向申请人主张权利，并且希望在同一个案件中合并审理，则需在规定期限内向仲裁委员会提出仲裁反请求。被申请人提出反请求的仲裁事项，应限于仲裁协议范围之内；被反请求人必须是仲裁案件的申请人。被申请人提出反请求的，应当在收到受理通知之日起15日内以书面形式提出，逾期提出反请求的，是否受理由仲裁庭决定。提出反请求，应按规定缴纳仲裁费用。

■ 二、怎样参加仲裁开庭

开庭就是将自己的请求、主张及事实和理由讲给仲裁庭，并努力说服仲裁庭采纳自己所讲的观点从而最终支持自己的请求。开庭时，当事人的合理主张和充分理由会直接影响仲裁庭作出的决定。因此，参加开庭非常重要，如果无故缺席开庭就等于自己放弃主张或申辩的权利。按照《仲裁法》的规定，申请人如果经书面通知，无正当理由不到庭或者未经仲裁庭许可中途退庭，可以视为撤回仲裁申请；被申请人如果经书面通知，无正当理由不到庭或者未经仲裁庭许可中途退庭，可以缺席裁决。所以当事人应该做好充分的庭前准备，开庭时认真应对庭上的每一个环节，才能取得良好的效果。

开庭大致可以分成两个部分：仲裁庭进行事实调查；双方辩论。当事人应针对不同阶段的要求，做好开庭前的准备。

(一) 重视仲裁庭的事实调查

(1) 当事人在仲裁庭调查时应注意围绕仲裁请求陈述。仲裁庭审理的是申请人提出的请求，当事人没有必要面面俱到，而应抓住与案件有关的关键环节进行陈述，做到简明扼要、重点突出，以使仲裁庭对案件的争议焦点心中有数。

(2) 当事人在仲裁庭调查中要重视举证。首先，要说清楚证据的编号、名称及证明的事实，便于仲裁庭了解案件事实及对方当事人质证。其次，要按一定的顺序举证，不要混乱无序。可以按照证据清单的目录举证，也可以按时间顺序举证，这样不会重复，而且容易让人理解。最后，不要提交和案件没有关系的证据。仲裁庭对与本案无关的证据不会采信，反而会影响审理案件的效率。

(3) 当事人在仲裁庭调查中要善于质证。质证时要有针对性。回答仲裁员的提问要如实详尽，以便仲裁庭更好地了解案件事实。

(二) 掌握辩论技巧

辩论是讲道理的过程，辩论时陈述的观点应该有法律依据、合同依据和事实依据，不能随意发挥；辩论要围绕争议焦点和仲裁请求，与案情无关的话不要多说，重要的论点或自己有充分依据的论点应作重点发言；辩论时要平心静气地说理，提倡文明讲理，不要激动质责。

除了以上需要注意的事项，开庭时还应该注意开庭的纪律，以维护仲裁开庭的严肃性。为了使自己的观点被充分记录，庭上发言时语速不能过快，在论点之间过渡时最好有一定的停顿，以保证记录员正确记录。

第四节　仲裁案例分析

■ 一、案情简介

甲公司与乙公司于2008年8月1日订立销售协议，约定由乙公司向甲公司提供纸箱制品。因乙公司所使用的纸箱制造工艺是由甲公司提出的，并在实施过程中为之提供了技术指导，所以甲公司要求乙公司对该制造工艺保密，双方于当日订立了保密协议。该保密协议就甲公司的商业秘密范围，乙公司的保密义务、保密期限、违约责任、争议解决方式等方面作出约定，其中乙公司的保密义务为：乙公司不得利用甲公司提供的生产技术、工艺流程、制造方法等商业秘密向任何第三方生产、销售产品。双方解决争议的条款：由于本协议的履行或解释而产生的争议，如双方无法协商解决，应提交广州仲裁委员会仲裁。

合同签订后，双方就该纸箱制品完成了大量的供应交易。但是在2010年5月，甲公司以乙公司违反销售协议拒绝向其供货，违反保密义务，不当使用甲公司的商业秘密并将商业秘密擅自泄露给丙公司(甲公司为丙公司的供应商)，造成甲公司商业信誉损害及其他严重后果为由，根据仲裁条款向广州仲裁委提起仲裁。

甲公司的请求为：第一，裁决乙公司停止侵犯甲公司的商业秘密，并不得使用甲公司的商业秘密；第二，裁决乙公司向甲公司赔偿违约金30万美元；第三，裁决乙公司承担甲公司本案的律师费用人民币25万元；第四，裁决乙公司承担本案仲裁费用。

乙公司答辩称：甲公司在庭审中提及的工艺及进货渠道信息并不符合商业秘密法定条件，因此不属于甲公司的商业秘密。即便乙公司的行为被认定违反保密协议，但由于甲公司并未提交任何证据证明乙公司的行为对其造成损失，甲公司主张违约金并不符合法律规定，应依法予以驳回。

乙公司就甲公司的请求事项提出反请求，反请求为：第一，裁决甲公司承担乙公司的律师费96 000元；第二，裁决甲公司承担本案全部仲裁费用。

■ 二、仲裁结果

驳回甲公司的所有仲裁请求，甲公司向乙公司支付律师费50 000元；本案仲裁请求的仲裁费由甲公司承担，反请求的仲裁费由双方各承担一半。

■ 三、简评

本案的争议焦点之一是甲公司主张的工艺技术以及客户渠道是否为商业秘密。

甲公司主张的商业秘密包括两个部分：一是产品工艺，二是供货渠道。根据《中华人民共和国反不正当竞争法》(以下简称《反不正当竞争法》)第十条的规定，商业秘密是指不为公众所知悉、能为权利人带来经济利益、具有实用性并经权利人采取保密措施的技术信息和经营信息。由于双方在"ABC工艺保密说明及工艺描述"中约定，甲公司为乙公司提供了ABC工艺，可见，该ABC工艺乃甲公司为解决生产问题而提出的具有工业实用性的技术，该工艺能够制造或者使用，并且能够产生积极效果。另外，商业秘密的价值性不仅表现在侵权时给权利人造成的经济利益损失，而且表现为在将来通过使用可能会给侵权人造成某种竞争优势。本案中，如果丙公司知悉甲公司为间接供应商而与乙公司建立直接供货关系，会给甲公司造成经营损失，可见，甲公司主张的供货渠道确实同样具备经济价值。甲公司与乙公司签订保密协议，应当视为甲公司对其采取了保密措施。

本案的争议焦点之二是乙公司是否泄露了甲公司的上述商业秘密而构成违约。

根据"谁主张，谁举证"的原则，甲公司须证明乙公司利用上述商业秘密并把该秘密泄露给第三人。为证明自己的主张，甲公司向仲裁庭提供"公证书""声明"及有关邮件予以证明，但仲裁庭认为，甲公司提供的证据仍不够充分，不能认定乙公司把甲公司的商业秘密提供给丙公司，原因如下所述。

第一，甲公司未能证实原始邮件的真实性。首先，经公证的电子邮件始发件，经过多次回复或转发，其内容的确存在被修改的可能性。其次，虽然甲公司的法定代表人对同一份电子邮件进行了公证，但从公证的形式来看，仅为律师对"声明"行为真实性的公证，而不是对内容真实性的公证，该公证书亦同时表明邮件的内容由提供文件的当事人(声明人)负责。因此，上述两份公证书均无法证明甲公司提供的邮件的内容真实。

第二，甲公司未能证实发件人Henry系乙公司的员工。邮件显示发件人为Henry，但甲公司并未提供充分的证据证明Henry的身份系乙公司的员工。虽然甲公司指出Henry与丙公司联系使用的邮件后缀相同，但据仲裁庭查证乙公司亚洲官方网站，乙公司位于上海的亚洲总部同样在使用该后缀，表明乙公司并不是唯一使用这一后缀的公司。因此，使用这一邮件后缀不能证明Henry必然是乙公司员工，更难以证明其职位身份、是否具备代理权限等深度信息。此外，仲裁庭还注意到，在甲公司提供的邮件翻译件上，Henry落款的单位地址可通过乙公司的官方网站查证，该地址同时是乙公司总部及相关各公司所在地，与乙公司所在地不符，在乙公司当庭否认自己与上述上海的相关公司是同一家公司的情况下，甲公司亦未证明乙公司与上海相关公司为同一公司法人。因此，甲公司提供的证据与自己的观点自相矛盾。由于甲公司不能证实Henry系乙公司的员工，仲裁庭无法确认发件人Henry与乙公司之间存在必然联系。

▌四、提示

在商业秘密侵权行为的案件中，权利人必须就合法拥有商业秘密、侵权人存在侵权行为、侵权人使用不正当手段获取商业秘密等方面进行举证。在本案中，由于商业秘密侵权行为所存在的隐蔽性，导致权利人难以举证。下面，我们针对商业秘密侵权案件中权利人举证责任的分配进行探讨。

(一) 权利人合法拥有商业秘密的证明

权利人应依据商业秘密的4个构成要件对商业秘密权利进行释明和确认。

1. 商业秘密权利的释明

商业秘密权利人提起诉讼，应当提供商业秘密的载体，固定其主张的商业秘密的范围或者秘密点，也就是商业秘密权利人请求保护的技术信息与公知公用信息的区别点。如果权利人不能说明该秘密点的名称及范围，仲裁庭将拒绝支持其实体请求。商业秘密权利人在此承担的是一种释明责任。

2. "不为公众所知悉"的证明

"不为公众所知悉"是一个消极事实，当事人否认或以公知抗辩的，由当事人对该信息属于公知信息承担举证责任。

1995年，国家工商管理局在发布的《关于禁止侵犯商业秘密行为的若干规定》中将"不为公众所知悉"解释为"该信息不能从公开渠道直接获取"。仲裁中，当事人应围绕权利人主张的"商业秘密"是否可以从公开、正当渠道获取展开举证。

3. 价值性和实用性的证明

价值性和实用性是商业秘密最重要的构成要件。从理论上讲，举证责任在权利人，权利人必须证明其主张的商业秘密能够给权利人带来现实的或者潜在的经济利益。在仲裁实践中，当事人一般不提供这类证据，因为双方当事人在仲裁前已形成事实上的竞争关系，包括使用、生产和销售，没有必要证明价值性和实用性的存在。

4. 保密措施的证明

权利人应当对其采取的保密措施承担举证责任。权利人必须证明采取了具体的保密措施，所采取的保密措施在当时、当地特定的情况下是合理和恰当的。保密措施的证据一般包括以下几个方面：一是对技术信息载体加强管理的有关规章制度；二是在全体职工大会上或有关技术人员会议上提出保密要求；三是对涉及技术秘密的场所和人员制定严格的保密制度；四是保密约定，即权利人与特定的对象订立保密合同，明确权利与义务。

(二) 当事人存在侵权行为的证明

首先，权利人应取得被控方获取、使用、披露的信息。在这里，受取证手段的限制，权利人完全靠自身能力难以提供这方面的直接、确凿的证据。其次，权利人应将当事人的信息与自己的商业秘密进行比较，判断一致性。这种一致性不一定完全相同，但至少应达到"实质相似"的程度。最后，在确证当事人使用了不正当手段的情况下，应当注意鉴别两种信息的差异性是否属于当事人的刻意所为。

(三) 当事人使用不正当手段获取商业秘密的证明

国家工商行政管理局在1995年颁布的《关于禁止侵犯商业秘密行为的若干规定》第五条第三款中，对商业秘密的举证责任作出了突破性的规定。根据这一规定，关于商业秘密侵权行为是否存在，权利人负有举证责任，但其证明标准只限于"接触加相似"的范畴。该款规定运用了推定法则降低了权利人举证的难度，即权利人(申请人)只需证明对方的商业秘密与其商业秘密相同，以及对方具有获取其商业秘密的条件，就转由当事人承担自己没有侵权的举证责任，倘若当事人不能证明其商业秘密的合法来源，就可以推定其侵权成立。

商业秘密是企业经营的财富，是取得市场竞争力的有力手段，商业秘密一旦泄露，将会给企业带来巨大的损失。那么，企业应如何构建商业秘密法律风险防范机制呢？

1. 企业应制定商业秘密管理规定

建立、健全企业内部商业秘密管理制度是保护商业秘密的第一道防线。企业可以参照国家保密部门已经颁布的一系列保守国家秘密的制度，结合商业秘密的不同特点，针对各种可能的泄密途径，制定一整套有关商业秘密保护的制度。

2. 签订保密协议

签订保密协议的好处之一就是明确约定商业秘密保护的名称、范围等，因为若当事双方就某一信息是不是商业秘密，没有明确、具体的约定，谁要在诉讼中取胜就要看其举证能否证明自己的主张，若签订了保密协议，就能很好证明。

3. 签订竞业限制协议

竞业限制一般是指承担保密义务的劳动者，在任职期间或者离职后在特定的时期和地区内，不得从业于竞争企业或进行竞争性营业活动。

附件一：仲裁申请书

申请人：××市物资公司，地址：×××市胜利路7号

法定代表人：马××，总经理

委托代理人：朱××，××律师事务所律师

被申请人：××羊毛衫厂，地址：×××市康复路30号

法定代表人：贾××，厂长

案由：购销合同货款纠纷

仲裁请求

(1) 裁决被申请人立即付清所欠货款并支付违约金×××万元。

(2) 由被申请人承担本案全部的仲裁费用。

事实和理由

××××年××月××日，被申请人的业务员持单位授权委托书来我公司看样订货，双方签订了一份羊毛购销合同，合同中对羊毛的规格、质量、品名、数量、价款等作了详细约定，详见合同。

合同签订后，我公司按照合同约定的交货时间及方式分三次将羊毛发送被申请人。但被申请人接到羊毛及发票后，以单位资金周转不灵为借口迟迟不付款，经多次催要，至今仍未付款。由于被申请人久欠货款不还，给我公司造成严重的经济损失。

为了维护我公司的合法权益，现根据双方购销合同中的仲裁条款向贵仲裁委员会申请仲裁。

附：(1) 申请书副本1份。

(2) 合同副本1份。

法定代表人：马××(签字)

委托代理人：朱××(签字)

××××年××月××日

附件二：撤销仲裁裁决申请书

申请人：××市百货公司，地址：××市×路21号

法定代表人：×××，经理

委托代理人：×××，×××律师事务所律师

××××年××月××日，申请人与××市服装厂签订了服装购销合同。合同规定，由××市服装厂供给申请人男式西装××套，女式西装××套，总价款××万元，当年××月××日交货。货由服装厂送至申请人处，由于当时质检员不在，未经验收即将服装入库。后因西服质量不符合要求，与服装厂多次就西服质量交涉，均无结果。服装厂因申请人拒付货款，于××××年××月××日向××仲裁委员会申请仲裁。××××年××月××日，××仲裁委员会作出仲裁裁决，责令申请人于裁决作出后一个月内向服装厂支付货款及利息××万元。

申请人认为××仲裁委员会作出裁决所依据的仲裁协议是无效的。因为双方当事人在签订合同时订立的仲裁协议约定：关于本合同所发生的争议可提交任何一方当事人所在地的仲裁委员会仲裁。争议发生后，双方未曾达成补充的仲裁协议。根据《仲裁法》第十八条的规定，仲裁协议对仲裁事项或者仲裁委员会没有约定或者约定不明确的，当事人可以补充协议；达不成协议的，仲裁协议无效。仲裁协议无效导致合同中没有有效的仲裁协议。

综上，双方当事人之间没有有效的仲裁协议，因而××仲裁委员会无权对此案作出裁决。根据《仲裁法》第五十八条第一款的规定，特向××中级人民法院提出申请，请求撤销××仲裁委员会的仲裁裁决。

此致

××中级人民法院

附：仲裁裁决书副本1份

申请人：××市百货公司

××××年××月××日

第五节　劳动争议仲裁

劳动争议仲裁程序包括申请、受理、仲裁前的准备、审理、裁决5个环节。

1. 申请

仲裁委员会处理劳动争议案件必须有当事人的申请。如果当事人未提出仲裁申请，仲裁委员会无权仲裁该劳动争议。

根据《中华人民共和国劳动争议调解仲裁法》(以下简称《劳动争议调解仲裁法》)第二十八条的规定，申请人申请仲裁应当提交书面仲裁申请，并按照被申请人人数提交副本。仲裁申请书应当载明下列事项：①劳动者的姓名、性别、年龄、职业、工作单位和住所，用人单位的名称、住所和法定代表人或者主要负责人的姓名、职务；②仲裁请求和所根据的事实、理由；③证据和证据来源、证人姓名和住所。书写仲裁申请确有困难的，可以口头申请，由劳动争议仲裁委员会记入笔录，并告知对方当事人。

2. 受理

根据《劳动争议调解仲裁法》第二十九条的规定，劳动争议仲裁委员会收到仲裁申请之日起5日内，认为符合受理条件的，应当受理，并通知申请人；认为不符合受理条件的，应当书面通知申请人不予受理，并说明理由。对劳动争议仲裁委员会不予受理或者逾期未作出决定的，申请人可以就该劳动争议事项向人民法院提起诉讼。仲裁委员会办事机构的工作人员接到仲裁申请书后，应对下列事项进行审查。

(1) 申请人是否与本案有直接利害关系。

(2) 申请仲裁的争议是否属于劳动争议。

(3) 申请仲裁的劳动争议是否属于仲裁委员会的受理范围。

(4) 该劳动争议是否属于本仲裁委员会管辖。

(5) 申请书及有关材料是否齐备并符合要求。

(6) 申请时间是否符合申请仲裁的时效规定。

劳动争议仲裁委员会受理仲裁申请后，应当在5日内将仲裁申请书副本送达被申请人。被申请人收到仲裁申请书副本后，应当在10日内向劳动争议仲裁委员会提交答辩书。劳动争议仲裁委员会收到答辩书后，应当在5日内将答辩书副本送达申请人。被申请人未提交答辩书的，不影响仲裁程序的进行。

3. 仲裁前的准备

仲裁委员会决定受理的劳动争议案件，应自立案之日起7日内按《劳动争议仲裁委员会组织规则》组织仲裁庭。对事实清楚、案情简单、适用法律法规明确的案件，可由仲裁委员会指定一名仲裁员独任处理。

对应回避的人员作出回避决定，《劳动争议调解仲裁法》第三十三条规定，仲裁员有下列情形之一的，应当回避，当事人也有权以口头或者书面方式提出回避申请：①是本案当事人或者当事人、代理人的近亲属的；②与本案有利害关系的；③与本案当事人、代理人有其他关系，可能影响公正裁决的；④私自会见当事人、代理人，或者接受当事人、代理人的请客送礼的。劳动争议仲裁委员会对回避申请应当及时作出决定，并以口头或者书面方式通知当事人。

仲裁庭成员应认真审阅申诉、答辩材料，调查、收集证据，查明争议事实。

对于专门性问题，仲裁庭认为需要鉴定的，可以交由当事人约定的鉴定机构鉴定；当事人没有约定或者无法达成约定的，由仲裁庭指定的鉴定机构鉴定。根据当事人的请求或者仲裁庭的要求，鉴定机构应当派鉴定人参加开庭。当事人经仲裁庭许可，可以向鉴定人提问。

各地仲裁委员会之间可以互相委托调查。受委托方仲裁委员会应当在委托方仲裁委员会要求的期限内完成调查，因故不能完成的，应当在要求期限内函告委托方仲裁委员会。

仲裁庭成员应根据调查的事实，拟定处理方案。

4. 审理

(1) 通知当事人。根据《劳动争议调解仲裁法》的规定，仲裁庭应当在开庭5日前，将开庭日期、地点书面通知双方当事人。当事人有正当理由的，可以在开庭3日前请求延期开庭。是否延期，由劳动争议仲裁委员会决定。申请人收到书面通知，无正当理由拒不到庭或者未经仲裁庭同意中途退庭的，可以视为撤回仲裁申请。被申请人收到书面通知，无正当理由拒不到庭或者未经仲裁庭同意中途退庭的，可以缺席裁决。

(2) 先行调解。仲裁庭在作出裁决前，应当先行调解。调解达成协议的，仲裁庭应当制作调解书。调解书应当写明仲裁请求和当事人协议的结果，由仲裁员签名，加盖劳动争议仲裁委员会印章，送达双方当事人。调解书经双方当事人签收后，发生法律效力。调解不成或者调解书送达前，一方当事人反悔的，仲裁庭应当及时作出裁决。

5. 裁决

仲裁庭开庭裁决，可以根据案情适用以下程序。

(1) 由书记员查明双方当事人、代理人及有关人员是否到庭，宣布仲裁庭纪律。

(2) 首席仲裁员宣布开庭，宣布仲裁员、书记员名单，告知当事人的申诉、申辩权利和义务，询问当事人是否申请回避并宣布案由。

(3) 听取申诉人的申诉及被诉人的答辩；仲裁员以询问方式，对需要进一步了解的问题进行当庭调查，并征询双方当事人的最后意见。当事人在仲裁过程中有权进行质证和辩论。质证和辩论终结时，首席仲裁员或者独任仲裁员应当征询当事人的最后意见。当事人提供的证据经查证属实的，仲裁庭应当将其作为认定事实的根据。劳动者无法提供由用人单位掌握管理的与仲裁请求有关的证据，仲裁庭可以要求用人单位在指定期限内提供。用人单位在指定期限内不提供的，应当承担不利后果。

(4) 根据当事人的意见，当庭再行调解；不宜进行调解或调解达不成协议时，应及时休庭合议并作出裁决。

(5) 仲裁庭复庭，宣布仲裁裁决。对仲裁庭难作结论或需提交仲裁委员会决定的疑难案件，仲裁庭可以宣布延期裁决。

仲裁庭裁决劳动争议案件，应当自劳动争议仲裁委员会受理仲裁申请之日起15日内结束。案情复杂需要延期的，经劳动争议仲裁委员会主任批准，可以延期并书面通知当事人，但是延长期限不得超过15日。逾期未作出仲裁裁决的，当事人可以就该劳动争议事项向人民法院提起诉讼。仲裁庭裁决劳动争议案件时，其中，一部分事实已经清楚，可以就该部分先行裁决。裁决应当按照多数仲裁员的意见作出，少数仲裁员的不同意见应当记入笔录。仲裁庭不能形成多数意见时，裁决应当按照首席仲裁员的意见作出。

附件一：劳动争议仲裁申请书

申诉人：＿＿＿＿＿＿＿

姓名：＿＿＿＿＿＿＿

性别：＿＿＿＿＿＿＿

年龄：＿＿＿＿＿＿＿

被诉人：＿＿＿＿＿＿＿

法定代表人：＿＿＿＿＿＿＿

地址：＿＿＿＿＿＿＿

请求事项：＿＿＿＿＿＿＿

事实和理由：＿＿＿＿＿＿＿(包括证据和证据来源，证人姓名和住址等情况)

此致

劳动争议仲裁委员会

申诉人(单位)：＿＿＿＿＿＿＿(签名或盖章)

＿＿＿＿＿＿年＿＿＿＿月＿＿＿＿日

附：1.副本＿＿＿＿＿＿份

2.物证＿＿＿＿＿＿份

3.书证＿＿＿＿＿＿份

附件二：劳动争议仲裁裁决书

申　请　人：＿＿＿＿＿＿＿

住　　　址：＿＿＿＿＿＿＿

委托代理人：＿＿＿＿＿＿＿

被申请人：＿＿＿＿＿＿＿

住　　　所：＿＿＿＿＿＿＿

法定代表人：_____ 职务：_____

委托代理人：_____

第　三　人：_____

住　　　所：_____

委托代理人：_____

申请人与被申请人_____一案，本委受理后，依法组成仲裁庭，并公开开庭进行了审理，申请人、委托代理人、被申请人的委托代理人到庭参加仲裁，本案现已审理终结。

申请人诉称：_____。

被申请人辩称：_____。

本委查明：_____。

上述事实，有庭审笔录、当事人陈述及相关书证为凭，证据确凿，足以认定。

本委认为：

根据_____的规定，裁决如下：

一、_____。

二、_____。

三、_____。

(一裁终局适用)根据《劳动争议调解仲裁法》第四十八条的规定，劳动者对本裁决第_____项不服的，可以自收到仲裁裁决书之日起十五内向人民法院起诉，逾期不起诉的，该项仲裁裁决自作出之日起发生法律效力。

(非一裁终局适用)根据《劳动争议调解仲裁法》第五十条的规定，当事人对本裁决第_____项不服的，可以自收到仲裁裁决书之日起十五日内向人民法院提起诉讼；期满不起诉的，裁决书发生法律效力。

一方当事人拒不履行生效仲裁裁决的，另一方当事人可以向人民法院申请强制执行。

首席仲裁员：

仲　裁　员：

仲　裁　员：

二〇　年　月　日

书　记　员：

第四篇
刑事诉讼实务

第十章　刑事诉讼基本原理和流程

本章学习目的和要求：

(1) 掌握刑事诉讼流程。

(2) 掌握公安机关、人民检察院、人民法院以及律师的职责。

第一节　立案侦查

一、公安机关立案侦查

(一) 公安机关立案

1. 立案的概念和特征

立案是指公安机关对于报案、控告、举报、自首等案件材料，按照管辖范围进行审查后，认为有犯罪事实发生并需要追究刑事责任时，决定将其作为刑事案件进行侦查的一种诉讼活动。在我国刑事诉讼中，立案是一个独立的诉讼程序，具有以下几个特征。

(1) 立案是法律赋予公安机关的专门权力和职责。《中华人民共和国刑事诉讼法》(以下简称《刑事诉讼法》)第一百零七条规定："公安机关或者人民检察院发现犯罪事实或者犯罪嫌疑人，应当按照管辖范围，立案侦查。"第一百一十条规定："人民法院、人民检察院或者公安机关对于报案、控告、举报和自首的材料，应当按照管辖范围，迅速进行审查，认为有犯罪事实需要追究刑事责任的时候，应当立案；认为没有犯罪事实，或者犯罪事实显著轻微，不需要追究刑事责任的时候，不予立案，并且将不立案的原因通知控告人。控告人不服的，可以申请复议。"这些规定表明，刑事立案权是我国法律赋予公安机关的法定权力。

(2) 立案是一个独立的诉讼程序，是刑事诉讼开始的标志。在我国，刑事诉讼程序要经过立案、侦查、起诉、审判和执行5个诉讼阶段。作为独立的诉讼阶段，立案程序标志着整个刑事诉讼程序的正式开始。

(3) 立案是刑事诉讼的一个必经程序。所谓必经程序，指的是公安机关办理任何刑事案件都必须经过立案程序。刑事诉讼分为立案、侦查、起诉、审判和执行5个相对独立的阶段，但并不是每一个刑事案件都要经过这5个诉讼程序或阶段，某些案件可能不经过其中的一个或几个程序，然而，所有的刑事案件都必须经过法定的立案程序。例如，在审查起诉阶段，如检察机关认为被告人的行为具有法定不起诉情形，就可以依法作出不起诉的决定，从而不经审判和执行程序而终结刑事诉讼。

2. 立案条件

立案条件，是指《刑事诉讼法》规定的立案理由和根据。

《刑事诉讼法》第一百一十条规定："人民法院、人民检察院或者公安机关对于报案、控告、举报和自首的材料，应当按照管辖范围，迅速进行审查，认为有犯罪事实需要追究刑事责任的时候，应当立案；认为没有犯罪事实，或者犯罪事实显著轻微，不需要追究刑事责任的时候，不予立案。"据此，立案应具备以下条件。

(1) 有犯罪事实发生。有犯罪事实发生是指依照《中华人民共和国刑法》(以下简称《刑法》)的规定构成犯罪的行为发生，并且该犯罪事实的存在有一定的事实材料证明，这是立案的首要条件。

需要注意的是，"认为有犯罪事实"并不能理解为公安人员可以凭主观估计、合理想象和单纯的"内心确信"去判断是否有犯罪事实，而是必须以查证属实的事实材料和相应的证据为依据。至于已有的证据所要达到的证明程度，根据《刑事诉讼法》的基本原理，在立案阶段对证据的要求最低，只要有证据能够证明犯罪事实存在即可，而无须证明犯罪嫌疑人是谁，作案的动机、目的、具体手段和方法等，这些是侦查阶段需要查明的事实，立案只是刑事诉讼的开始阶段，是启动侦查程序的环节，不可能查明犯罪的全部情况。否则，就混淆了立案与侦查的性质和任务。

(2) 需要追究刑事责任。需要追究刑事责任是指依照实体法和程序法的规定，应当追究行为人的刑事责任。并不是所有发现的犯罪事实都需要追究刑事责任，只有既有犯罪事实发生又需要追究刑事责任的才能立案，依法不需要追究刑事责任的就不能立案。

根据《刑事诉讼法》第十五条的规定，具有不需要追究刑事责任的6种情形之一的，不能立案：情节显著轻微、危害不大，不认为是犯罪的；犯罪已过追诉时效的；经特赦令免除刑罚的；按照刑法告诉才处理的犯罪，没有告诉或撤回告诉的；犯罪嫌疑人、被告人死亡的；其他法律规定免予追究刑事责任的。

(3) 属于自己的管辖范围。《公安机关办理刑事案件程序规定》第十五条规定："刑事案件由犯罪地的公安机关管辖。如果由犯罪嫌疑人居住地的公安机关管辖更为适宜的，可由犯罪嫌疑人居住地的公安机关管辖。""犯罪地"包括犯罪预备地、犯罪行为实施地和犯罪结果发生地。除"犯罪地"的公安机关有管辖权以外，如犯罪嫌疑人流窜作案，在居住地民愤很强烈或者可能对犯罪嫌疑人判处管制或适用缓刑的，可以由犯罪嫌疑人居住地公安机关管辖。

3. 立案程序

立案程序是指刑事案件立案所要经过的具体步骤。立案程序包括对立案材料的接受、审查和处理等几个方面。

《刑事诉讼法》第一百零八条、一百零九条对立案材料的接受和处理进行了专门规定，其主要内容包括以下几个方面。

(1) 公安机关的接受义务。根据《刑事诉讼法》第一百零八条的规定，公安机关对于报案、控告、举报和犯罪嫌疑人的自首，无论是否属于本机关管辖，都应当及时接受，不得拒绝和推诿。对于口头报案、控告和举报的，应当问清有关情况，制作笔录，经宣读无误后，由报案人、控告人、举报人签名或者盖章，必要时可以录音，以固定证据资料。单位的书面报案、控告和举报，应盖单位公章，并由单位负责人签名或盖章，防止事后无人负责和诬告陷害。

(2) 公安机关的移送义务。公安机关接受报案、控告、举报、扭送和自首后，对于不属于自己管辖范围的，应当移送主管机关并通知报案人、控告人、举报人、扭送人和自首人，这是法律规定的义务。

(3) 公安机关的紧急处理义务。公安机关接受报案、控告、举报、扭送和自首后，发现必须采取紧急措施的，应当先采取紧急措施，然后移送主管机关。所谓"紧急措施"是指必须保护现场、先行拘留犯罪嫌疑人、扣押证据等。

(4) 公安机关的告知义务。《刑事诉讼法》第一百零九条第二款规定，一方面，接受控告、举报的公安机关工作人员，应当告知控告人、举报人，必须如实、客观地反映情况，如果诬告陷害他人，要承担相应的法律责任；另一方面，从鼓励公民大胆揭露犯罪出发，对控告人、举报人因受各种主客观因素影响而出现的控告、举报与事实有出入甚至错告的情况，只要不是故意捏造事实、伪造证据诬告他人，就绝不能当作诬告处理。

(5) 公安机关的安全保障和保密义务。根据《刑事诉讼法》第一百零九条第三款的规定，公安机关应当为报案人、控告人、举报人保守秘密，并应采取必要的具体措施，保障报案人、控告人、举报人及其近亲属的人身及财产安全，防止打击报复行为的发生。

(二) 公安机关侦查

1. 侦查的概念

侦查是指法定的侦查机关在法律授权范围内，对犯罪案件进行的专门性调查工作和采取强制性措施。侦查有广义和狭义之分，广义的侦查包括人民检察院、公安机关、监狱、军队和海关缉私局等进行的侦查活动，狭义的侦查仅指公安机关对其管辖范围内的犯罪案件进行的侦查。侦查的基本任务是打击犯罪，为起诉、审判提供诉讼支持，预防犯罪。

2. 侦查程序

无论是"由案(事)到人""由人到案(事)"的案件，还是"人事同步"进行的案件侦查，一般都要经过启动侦查、基础侦查、深入侦查、终结侦查4个工作阶段。

(1) 启动侦查(受案与立案)。侦查以立案为前提，没有立案就没有侦查，也不能侦查。立案是侦查工作的起点。

(2) 基础侦查。基础侦查对案件侦破工作的成败起着关键作用。

(3) 深入侦查。确定侦查工作的重点指向。

(4) 侦查终结。侦查终结是指侦查机关通过一系列的侦查工作，认为案件事实已经查清，证据确凿、充分，足以认定犯罪嫌疑人的行为是否构成犯罪和应否追究刑事责任，从而决定结束侦查并依法作出处理或提出处理意见的一项诉讼活动。侦查终结作为侦查阶段的最后程序，是对侦查工作所做的全面总结，在刑事诉讼程序中起承上启下的作用。它对于准确、及时实现国家刑罚权，以及有效保障无罪的人不受刑事追究，起到了重要的程序审查和保障作用。

■ 二、检察机关立案侦查

根据《刑事诉讼法》《中华人民共和国人民检察院组织法》(以下简称《人民检察院组织法》)等有关法律的规定，人民检察院在刑事诉讼中的任务，是立案侦查直接受理的案件、批准或者决定逮捕、审查起诉和提起公诉、对刑事诉讼实行法律监督，保证准确、及时地查明犯罪事实，正确应用法律，惩罚犯罪分子，保障无罪的人不受刑事追究，保障国家刑事法律的统一正确实施，维护社会主义法制，尊重和保障人权，保护公民的人身权利、财产权利、民主权利和其他权利，保障社会主义建设事业的顺利进行。

(一) 检察机关立案

根据《刑事诉讼法》《人民检察院组织法》以及《人民检察院刑事诉讼规则(试行)》等有关法律法规的规定，刑事案件除由公安机关等负责立案侦查外，人民检察院依法承担对贪污贿赂犯罪、国家工作人员的渎职犯罪、国家机关工作人员利用职权实施的非法拘禁、刑讯逼供、报复陷害、非法搜查等侵犯公民人身权利的犯罪以及侵犯公民民主权利等犯罪案件的立案、侦查工作。无论是公安机关还是人民检察院，办理刑事案件都应当统一并严格遵守《刑事诉讼法》规定的各项基本原则和程序。人民检察院对属于自己管辖范围的刑事案件的立案、侦查业务的方法和步骤等，可参照公安机关办理刑事案件的方法和步骤办理。本章节着重介绍反贪污贿赂部门对贪污贿赂案件的立案、侦查业务的特点。

1. 人民检察院直接立案侦查的贪污贿赂犯罪案件的范围

人民检察院直接立案的贪污贿赂犯罪案件是指《中华人民共和国刑法》(以下简称《刑法》)分则第八章规定的贪污贿赂犯罪及其他章中明确规定依照第八章相关条文定罪处罚的犯罪案件。

人民检察院直接受理的刑事案件如果涉及公安机关管辖的刑事案件，应当将属于公安机关管辖的刑事案件移送公安机关。在上述情况中，如果涉嫌主罪属于公安机关管辖，由公安机关为主侦查，人民检察院予以配合；如果涉嫌主罪属于人民检察院管辖，由人民检察院为主侦查，公安机关予以配合。

人民检察院在侦查贪污贿赂案件的过程中，对于涉及渎职犯罪的案件，应当移送反渎职侵权部门。涉嫌主罪是贪污贿赂犯罪的，由反贪污贿赂部门为主侦查，反渎职侵权部门予以配合；主罪是渎职犯罪的，由反渎职侵权部门为主侦查，反贪污贿赂部门予以配合；难以确定主罪的，报请检察长批准，确定由一个部门为主侦查，另一个部门配合。对于一人犯数罪、共同犯罪、多个犯罪嫌疑人实施的犯罪相互关联，并案处理有利于查明案件事实和诉讼进行的，人民检察院可以对相关犯罪案件并案处理。

2. 立案

人民检察院对于直接受理的案件，经对案件线索进行初查后，认为有犯罪事实，需要追究刑事责任，且属于本级院管辖的，应当制作"提请立案报告书"，提出立案侦查的意见，经部门负责人审核后，报检察长批准后予以立案。自决定立案之日起3日内，承办案件部门应当填写"立案备案登记表"，连同"提请立案报告"和"立案决定书"复印件一式两份，一并报上级人民检察院备案。

对已经立案侦查的案件，反贪污贿赂部门又发现新的共同犯罪嫌疑人，需要一并立案侦查的，侦查人员应当制作"提请补充立案报告"，经部门负责人审核，报检察长批准或检察委员会决定。

对已经作撤销案件、不起诉决定的犯罪嫌疑人和生效判决的被告人，又发现新的犯罪事实或证据，需要追究刑事责任的，应重新制作"提请立案报告"，经检察长或者检察委员会批准或决定后制作"立案决定书"，重新立案侦查。

人民检察院决定不予立案的，如果是被害人控告的，应当制作"不立案通知书"，写明案由和案件来源、决定不立案的原因和法律依据，由侦查部门在15日以内送达控告人，同时告知本院控告检察部门。控告人如果不服，可以在收到"不立案通知书"后10日以内申请复议。

对不立案的复议，由人民检察院控告检察部门受理。控告检察部门应当根据事实和法律进行审查，并可以要求控告人、申诉人提供有关材料，认为需要侦查部门说明不立案理由的，应当及时将案件移送侦查监督部门办理。

人民检察院认为被举报人的行为不构成犯罪，决定不予立案，但需要追究其党纪、政纪责任的，应当移送有管辖权的主管机关处理。

(二) 检察机关侦查

人民检察院办理直接受理立案侦查的贪污贿赂犯罪案件，应当严格按照《刑事诉讼法》的规定进行。在侦查过程中，应当全面，客观地收集、调取犯罪嫌疑人有罪或者无罪、罪轻或者罪重的证据材料；必须重证据，重调查研究，不轻信口供；严禁刑讯逼供和以威胁、引诱、欺骗以及其他非法方法搜集证据，不得强迫任何人证实自己有罪；应当保障犯罪嫌疑人和其他诉讼参与人依法享有的辩护权和其他各项诉讼权利；应当严格依照《刑事诉讼法》规定的条件和程序采取强制措施，严格遵守刑事案件办案期限的规定，依法提请批准逮捕、移送起诉、不起诉或撤销案件。

(三) 侦查终结

贪污贿赂犯罪案件侦查终结后，负责侦查的人员应当写出"侦查终结报告"，内容包括：犯罪嫌疑人的基本情况；案由、案件来源及办理过程；涉嫌犯罪的事实及证据；扣押物品及冻结存款、汇款情况；犯罪嫌疑人的认罪态度及退赃情况；不作犯罪认定的事实和依据；其他需要说明的问题；拟处理意见及法律依据。

对于侦查终结的案件，应当根据具体情况分别作出以下处理意见。

1. 提出起诉意见

人民检察院经过侦查，对于犯罪事实清楚，证据确凿、充分，依法应当追究刑事责任的案件，应当写出侦查终结报告，并且制作"起诉意见书"。

2. 提出不起诉意见

对于犯罪情节轻微，依照《刑法》规定不需要判处刑罚或者免除刑罚的案件，应当写出"侦查终结报告"，并且制作"不起诉意见书"。

"侦查终结报告""起诉意见书""不起诉意见书"由部门负责人审核，报检察长批准。

拟移送审查起诉或移送审查不起诉的案件，应当将"起诉意见书"或"不起诉意见书"，讯问犯罪嫌疑人全程同步录音录像资料复制件，案卷材料，证据和作为证据使用的实物及物品清单，犯罪嫌疑人是否在案以及采取强制措施的情况等，一并移送公诉部门审查。

3. 提出撤销案件的意见

人民检察院在侦查过程中或者在侦查终结后，发现具有下列情形之一的，侦查部门应当制作"拟撤销案件意见书"，报请检察长或者检察委员会决定。

(1) 具有《刑事诉讼法》第十五条规定情形之一的。

(2) 没有犯罪事实的，或者依照《刑法》规定不负刑事责任，或者不是犯罪的。

(3) 虽有犯罪事实，但不是犯罪嫌疑人所为的。

对于共同犯罪的案件，如有符合本条规定情形的犯罪嫌疑人，应当撤销对该犯罪嫌疑人的立案。

三、人民检察院批准、决定逮捕

人民检察院审查批准或者决定逮捕犯罪嫌疑人，由侦查监督部门办理。侦查监督部门办理审查逮捕案件，办案人员应当审阅案卷材料和证据，依法讯问犯罪嫌疑人、询问证人等诉讼参与人、听取辩护律师的意见，制作"审查逮捕意见书"，提出批准或者决定逮捕、不批准或者不予逮捕的意见，经部门负责人审核后，报请检察长批准或者决定；对于重大案件，应当经检察委员会讨论决定。

(一) 审查批准逮捕

根据《刑事诉讼法》的规定，公安机关要求逮捕犯罪嫌疑人的时候，应当制作"提请批准逮捕书"，连同案卷材料、证据，一并移送同级人民检察院审查批准。必要的时候，人民检察院可以派人参加公安机关对于重大案件的讨论。

侦查监督部门办理审查逮捕案件，必要时可以询问证人、被害人、鉴定人等诉讼参与人，并制作笔录附卷。在审查逮捕过程中，犯罪嫌疑人已经委托辩护律师的，侦查监督部门可以听取辩护律师的意见。辩护律师提出要求的，应当听取辩护律师的意见。对辩护律师的意见应当制作笔录附卷。对公安机关提请批准逮捕的犯罪嫌疑人，已被拘留的，人民检察院应当在收到"提请批准逮捕书"后的7日内作出是否批准逮捕的决定；未被拘留的，应当在收到"提请批准逮捕书"后的15日内作出是否批准逮捕的决定，重大、复杂的案件，不得超过20日。

对公安机关提请批准逮捕的犯罪嫌疑人，经过审查，认为不符合逮捕条件，具有下列情形之一的，应当作出不批准逮捕的决定，并说明理由，连同案卷材料送达公安机关执行。需要补充侦查的，应当同时通知公安机关。

(1) 对具有下列情形之一的犯罪嫌疑人，人民检察院应当作出不批准逮捕的决定或者不予逮捕：

① 不符合《人民检察院刑事诉讼规则(试行)》第一百三十九条至第一百四十二条规定的逮捕条件的；

② 具有《刑事诉讼法》第十五条规定的情形之一的。

(2) 犯罪嫌疑人涉嫌的罪行较轻，且没有其他重大犯罪嫌疑，具有以下情形之一的，可以作出不批准逮捕的决定或者不予逮捕。

① 属于预备犯、中止犯，或者防卫过当、避险过当的；

② 主观恶性较小的初犯，共同犯罪中的从犯、胁从犯，犯罪后自首、有立功表现或者积极退赃、赔偿损失、确有悔罪表现的；

③ 过失犯罪的犯罪嫌疑人，犯罪后有悔罪表现，有效控制损失或者积极赔偿损失的；

④ 犯罪嫌疑人与被害人双方根据《刑事诉讼法》的有关规定达成和解协议，经审查，认为和解系自愿、合法且已经履行或者提供担保的；

⑤ 犯罪嫌疑人系已满14周岁未满18周岁的未成年人或者在校学生，本人有悔罪表现，其家庭、学校或者所在社区、居民委员会、村民委员会具备监护、帮教条件的；

⑥ 年满75周岁以上的老年人。

对于人民检察院批准逮捕的决定，公安机关应当立即执行，并将执行回执及时送达作出批准决定的人民检察院；如果未能执行，也应当将回执送达人民检察院，并写明未能执行的原因。对于人民检察院决定不批准逮捕的，公安机关在收到"不批准逮捕决定书"后，应当立即释放在押的犯罪嫌疑人或者变更强制措施，并在收到"不批准逮捕决定书"后的3日内将执行回执送达作出不批准逮捕决定的人民检察院。

人民检察院办理审查逮捕案件，如发现应当逮捕而公安机关未提请批准逮捕的犯罪嫌疑人的，应当建议公安机关提请批准逮捕；如公安机关仍不提请批准逮捕或者不提请批准逮捕的理由不能成立，人民检察院也可以直接作出逮捕决定，送达公安机关执行。

(二) 审查决定逮捕

根据《人民检察院刑事诉讼规则(试行)》的规定，省级以下(不含省级)人民检察院直接受理立案侦查的案件，需要逮捕犯罪嫌疑人的，应当报请上一级人民检察院审查决定。

下级人民检察院报请审查逮捕的案件，由侦查部门制作"报请逮捕书"，报检察长或者检察委员会审批后，连同案卷材料、讯问犯罪嫌疑人录音和录像一并报上一级人民检察院审查，报请逮捕时应当说明犯罪嫌疑人的社会危险性并附相关证据材料。

侦查部门报请审查逮捕时，应当同时将报请情况告知犯罪嫌疑人及其辩护律师。

犯罪嫌疑人已被拘留的，下级人民检察院侦查部门应当在拘留后7日内报上一级人民检察院审查逮捕。上一级人民检察院应当在收到"报请逮捕书"后7日内作出是否逮捕的决定，特殊情况下，决定逮捕的时间可以延长1～3日。犯罪嫌疑人未被拘留的，上一级人民检察院应当在收到"报请逮捕书"后15日内作出是否逮捕的决定，重大、复杂的案件，不得超过20日。

报送案卷材料、送达法律文书的路途时间计算在上一级人民检察院审查逮捕期限以内。上一级人民检察院经审查，如果认为需要审讯犯罪嫌疑人，应当讯问犯罪嫌疑人。讯问时，可参考审查批准逮捕的内容进行。

上一级人民检察院决定逮捕的，应当将"逮捕决定书"连同案卷材料一并交下级人民检察院，由下级人民检察院通知同级公安机关执行。必要时，下级人民检察院可以协助执行。下级人民检察院应当在公安机关执行逮捕3日内，将执行回执报上一级人民检察院。

(三) 审查不予逮捕

上一级人民检察院经过审查，决定不予逮捕的，应当将"不予逮捕决定书"连同案卷材料一并交下级人民检察院，同时书面说明不予逮捕的理由。犯罪嫌疑人已被拘留的，下级人民检察院应当通知公安机关立即释放，并报上一级人民检察院；案件需要继续侦查，犯罪嫌疑人符合取保候审、监视居住条件的，由下级人民检察院依法决定取保候审或者监视居住。

对本院侦查部门移送审查逮捕的案件，犯罪嫌疑人已被拘留的，应当在侦查监督部门收到"逮捕犯罪嫌疑人意见书"后的7日内，由检察长或者检察委员会决定是否逮捕，特殊情况下，决定逮捕的时间可以延长1～3日。犯罪嫌疑人未被拘留的，应当在侦查监督部门收到"逮捕犯罪嫌疑人意见书"后的15日内由检察长或者检察委员会决定是否逮捕，重大、复杂的案件，不得超过20日。

对按照规定未予决定逮捕而被释放或者被变更逮捕措施的犯罪嫌疑人，又发现需要逮捕的，应当重新移送审查逮捕。

■ 四、侦查阶段的律师辩护业务

(一) 律师在侦查阶段的法律地位

我国《刑事诉讼法》第三十三条规定，犯罪嫌疑人自被侦查机关第一次讯问或者采取制措施之日起，有权委托辩护人；在侦查期间，只能委托律师作为辩护人。

《刑事诉讼法》第一百五十九条规定，在案件侦查终结前，辩护律师提出要求的，侦查机关应当听取辩护律师的意见，并记录在案。辩护律师提出书面意见的，应当附卷。

《刑事诉讼法》第一百六十条规定，公安机关侦查终结的案件，应当做到犯罪事实清楚，证据确实、充分，并且写出起诉意见书，连同案卷材料、证据一并移送同级人民检察院审查，同时将案件移送情况告知犯罪嫌疑人及其辩护律师。

上述规定不仅为律师介入侦查程序提供了法律依据，更明确了律师在侦查阶段的辩护人身份。律师在侦查阶段的辩护人身份的确定，为律师在侦查阶段依法全面维护犯罪嫌疑人的合法权利提供了法律依据。

(二) 辩护律师在侦查阶段的工作内容

根据《刑事诉讼法》第三十六条、第一百五十九条等法律条文的规定，辩护律师在侦查阶段的主要工作内容有以下几方面。

1. 为犯罪嫌疑人提供法律咨询

在侦查阶段，辩护律师为犯罪嫌疑人提供法律咨询一般涉及以下内容：有关强制措施的条件、期限、适用程序的法律规定；回避的法律规定；如实回答问题的义务以及对与本案无关的问题有拒绝回答的权利；有自行书写供述的权利，对讯问笔录有核对、补充、改正、附加说明的权利以及在笔录无误的情况下签字的义务；有知晓用作证据的鉴定结论及申请补充、重新鉴定的权利；介绍所涉嫌罪名的有关法律规定，包括定罪要件和量刑情节；有关自首、立功等的法律规定；辩护权、申诉权、控告权等。

2. 代理犯罪嫌疑人申诉、控告

如犯罪嫌疑人认为自己没有实施侦查机关指控的犯罪行为，或者其人身权利、诉讼权利、财产权利等遭到办案人员的侵犯，可以请律师代理申诉、控告。律师认为内容属实的，应当向有关机关提出。

3. 为犯罪嫌疑人申请变更强制措施

(1) 为符合取保候审条件的犯罪嫌疑人申请取保候审。

(2) 对超过法定期限的强制措施提出解除或者变更建议。

4. 向侦查机关了解犯罪嫌疑人涉嫌的罪名和案件有关情况

5. 向侦查机关提出辩护意见

《刑事诉讼法》第一百五十九条规定，在案件侦查终结前，辩护律师提出要求的，侦查机关应当听取辩护律师的意见，并记录在案。辩护律师提出书面意见的，应当附卷。

(三) 辩护律师在侦查阶段的工作步骤

1. 与委托人洽谈、接受委托并办理委托辩护手续

《刑事诉讼法》第三十三条规定，犯罪嫌疑人自被侦查机关第一次讯问或者采取强制措施之日起，有权委托辩护人；在侦查期间，只能委托律师作为辩护人。

侦查机关在第一次讯问犯罪嫌疑人或者对犯罪嫌疑人采取强制措施的时候，应当告知犯罪嫌疑人有权委托辩护人。犯罪嫌疑人、被告人在押期间要求委托辩护人的，人民法院、人民检察院和公安机关应当及时转达其要求。

犯罪嫌疑人、被告人在押的，也可以由其监护人、近亲属代为委托辩护人。

《刑事诉讼法》第三十四条规定，犯罪嫌疑人、被告人因经济困难或者其他原因没有委托辩护人的，本人及其近亲属可以向法律援助机构提出申请。对符合法律援助条件的，法律援助机构应当指派律师为其提供辩护。

犯罪嫌疑人、被告人是盲、聋、哑人，或者是尚未完全丧失辨认或者控制自己行为能

力的精神病人，没有委托辩护人的，人民法院、人民检察院和公安机关应当通知法律援助机构指派律师为其提供辩护。

犯罪嫌疑人、被告人可能被判处无期徒刑、死刑，没有委托辩护人的，人民法院、人民检察院和公安机关应当通知法律援助机构指派律师为其提供辩护。

根据上述规定的精神，犯罪嫌疑人在侦查阶段聘请律师作为其辩护人的，应当与律师事务所办理委托手续。辩护律师在接受委托前，需要与委托人进行必要的洽谈，全面了解案情及其他有关情况，在此基础上进行分析判断，然后决定是否接受委托。如果通过洽谈，确定接受委托，则委托人必须与律师事务所办理委托辩护手续。

委托辩护手续(指定辩护的除外)一般包括签订委托协议(合同)和签署授权委托书。委托协议(合同)是律师事务所与委托人双方签署的确立委托关系的法律文书，是辩护律师参加刑事诉讼活动的合法凭证。委托协议(合同)一式两份，一份交委托人，一份由律师事务所存档。

授权委托书是委托人签署的，授予辩护律师代为履行权限范围的法律文书。授权委托书一式三份，一份交委托人，一份由律师交办案机关，一份由承办律师存档。以上委托手续办完后，标志着律师事务所与委托人之间委托关系的成立。此时，承办律师应当根据案件的具体情况，开具相关的办案文书或证明材料。这些办案文书或证明材料通常是律师事务所给办案机关的函、律师会见在押犯罪嫌疑人专用介绍信等。

2. 及时与侦查机关联系，办理工作手续

《刑事诉讼法》第三十三条规定，辩护人接受犯罪嫌疑人、被告人委托后，应当及时告知办理案件的机关。据此规定，承办律师在与委托人办理完委托手续后，应当及时与侦查机关联系，并办理相关工作手续。主要工作内容包括以下几方面。

(1) 向侦查机关提交授权委托书、律师事务所的函。

(2) 向侦查机关了解犯罪嫌疑人涉嫌的罪名及案件有关情况。

(3) 向侦查机关提出会见申请。

根据《刑事诉讼法》第三十七条的规定，危害国家安全犯罪、恐怖活动犯罪、特别重大贿赂犯罪案件，在侦查期间辩护律师会见在押的犯罪嫌疑人，应当经侦查机关许可。上述案件，侦查机关应当事先通知看守所。另外，涉及国家秘密的案件，在侦查期间辩护律师会见在押的犯罪嫌疑人，也应当经侦查机关许可。

3. 会见犯罪嫌疑人

(1) 会见的程序。《刑事诉讼法》第三十七条规定，辩护律师可以同在押的犯罪嫌疑人、被告人会见和通信。其他辩护人经人民法院、人民检察院许可，也可以同在押的犯罪嫌疑人、被告人会见和通信。

辩护律师持律师执业证书、律师事务所证明和委托书或者法律援助公函要求会见在押的犯罪嫌疑人、被告人的，看守所应当及时安排会见，至迟不得超过48小时。

危害国家安全犯罪、恐怖活动犯罪、特别重大贿赂犯罪案件，在侦查期间辩护律师会见在押的犯罪嫌疑人，应当经侦查机关许可。上述案件，侦查机关应当事先通知看守所。另外，《律师法》第十三条规定，律师担任辩护人的，有权持律师执业证书、律师事务所证明和委托书或者法律援助公函，依照《刑事诉讼法》的规定会见在押或者被监视居住的犯罪嫌疑人、被告人。辩护律师会见犯罪嫌疑人、被告人时不被监听。

根据上述规定，律师在侦查阶段会见犯罪嫌疑人，不需要经过侦查机关的批准，可以直接按照规定会见。但会见危害国家安全犯罪、恐怖活动犯罪、特别重大贿赂犯罪案件以及涉及国家秘密案件的在押犯罪嫌疑人，应当经侦查机关许可。

(2) 会见程序(手续)。《刑事诉讼法》第三十七条规定，辩护律师持律师执业证书、律师事务所证明和委托书或者法律援助公函要求会见在押的犯罪嫌疑人、被告人的，看守所应当及时安排会见，至迟不得超过48小时。据此规定，律师会见在押的犯罪嫌疑人应持有以下证明或文件：律师执业证书；律师事务所出具的会见犯罪嫌疑人的专用介绍信(会见证)或者侦查机关同意会见的"会见通知书"；委托书或者法律援助公函。

(3) 会见犯罪嫌疑人的主要内容，具体包括以下几方面。

① 会见在押的犯罪嫌疑人时应征求其本人是否同意律师为其辩护(针对犯罪嫌疑人本人委托之外的情形)，并做好会见记录。如果同意，则应当在授权委托书上签字确认。

② 会见时可向犯罪嫌疑人了解以下情况：犯罪嫌疑人的自然情况；是否参与所涉嫌的案件及其辩解意见；被采取强制措施的手续是否完备、程序是否合法；人身权利、诉讼权利等是否受到侵犯；为犯罪嫌疑人提供法律咨询。

③ 会见时应注意的问题：遵守羁押场所依法作出的会见规定；制作会见笔录，并要求犯罪嫌疑人在审阅无误后签字；会见完毕，办理好与羁押单位的交接手续。

《刑事诉讼法》第一百五十九条规定，在案件侦查终结前，辩护律师提出要求的，侦查机关应当听取辩护律师的意见，并记录在案。辩护律师提出书面意见的，应当附卷。根据这一规定，承办律师通过侦查阶段的工作，应当根据案件的具体情况，根据事实和法律，向侦查部门提出有利于犯罪嫌疑人的辩护意见。

第二节　审查起诉

审查起诉，是指人民检察院在提起公诉阶段，为了确定经公安机关侦查终结移送起诉的案件和自行侦查终结的案件是否应当提起公诉，而对侦查机关确认的犯罪事实和证据、犯罪性质和罪名进行审查核实，并作出提起公诉、不起诉或者撤销案件处理决定的一项诉讼活动。它是实现人民检察院公诉职能的一项最基本的准备工作，也是人民检察院对侦查活动实行法律监督的一种重要手段。因此，它对保证人民检察院正确地提起公诉，发现和纠正侦查活动中的违法行为，具有重要意义。

■ 一、移送案件的审查

(一) 案件受理

根据《刑事诉讼法》及其他相关规定，人民检察院对于公安机关及本院移送审查起诉的案件，应当在7日内进行审查。审查的期限计入审查起诉的期限。

人民检察院收到公安机关的"起诉意见书"后，应当指定检察人员审查案件是否属于本院管辖，"起诉意见书"以及案卷材料是否齐备，案卷装订、移送是否符合有关规定和要求，诉讼文书、技术性鉴定材料是否单独装订成卷，作为证据使用的实物是否随案移送及移送的实物与物品清单是否相符，犯罪嫌疑人是否在案及采取强制措施的情况。经过审查，对具备受理条件的，填写"受理审查起诉登记表"，对移送的"起诉意见书"及其他材料不符合有关规定和要求或者有遗漏的，应当要求公安机关按照要求制作后移送或者在3日内补送。对于犯罪嫌疑人在逃的，应当要求公安机关采取措施保证在逃的犯罪嫌疑人到案后另案移送审查起诉，对在案的犯罪嫌疑人的审查起诉应当照常进行。人民检察院审查起诉部门受理本院侦查部门移送审查起诉的案件，应当按照上述程序办理。

(二) 审查起诉的内容

根据《刑事诉讼法》《人民检察院刑事诉讼规则(试行)》等规定，人民检察院审查移送起诉的案件，应当查明以下事项。

(1) 犯罪嫌疑人的身份状况是否清楚，包括姓名、性别、国籍、出生年月日、职业和单位等；单位犯罪的，单位的相关情况是否清楚。

(2) 犯罪事实、情节是否清楚；实施犯罪的时间、地点、手段、犯罪事实、危害后果是否明确。

(3) 证据是否确实、充分，是否依法收集，有无应当排除非法证据的情形。

(4) 认定犯罪性质和罪名的意见是否正确；有无法定从重、从轻、减轻或免除处罚的情节及酌定从重、从轻情节；共同犯罪案件的犯罪嫌疑人在犯罪活动中的责任认定是否恰当。

(5) 有无遗漏罪行和其他应当追究刑事责任的人。

(6) 是否属于不应当追究刑事责任的情形。

(7) 证明犯罪事实的证据材料包括采取技术侦查措施的决定书及证据材料是否随案移送；证明相关财产系违法所得的证据材料是否随案移送；不宜移送的证据的清单、复制件、照片或者其他证明文件是否随案移送。

(8) 有无附带民事诉讼；对于国家财产、集体财产遭受损失的，是否需要由人民检察院提起附带民事诉讼。

(9) 侦查活动是否合法；侦查的各种法律手续和诉讼文书是否完备。

(10) 采取的强制措施是否适当，对于已经逮捕的犯罪嫌疑人，有无继续羁押的必要。

(11) 涉案款物是否查封、扣押、冻结并妥善保管，清单是否齐备；对被害人合法财产的返还和对违禁品或者不宜长期保存的物品的处理是否妥当；移送的证明文件是否完备。

(三) 审查起诉的步骤和方法

人民检察院审查起诉是一项重要的诉讼活动，在整个刑事诉讼过程中，处于承前启后的中间环节。为保证审查起诉得以顺利进行，审查起诉一般应当按照以下方法和步骤进行。

1. 审查管辖

各级人民检察院审查起诉的案件应与人民法院审判管辖相适应。人民检察院受理移送审查起诉案件，应当指定检察员或者经检察长批准代行检察员职务的助理检察员办理，也可以由检察长办理。

2. 审阅案卷材料

办案人员接到案件后，应当及时审查公安机关或本院刑事侦查部门移送的案件材料是否齐备，有无"起诉意见书"、证据材料和其他法律文书。例如，如果犯罪嫌疑人被拘留、逮捕和被搜查过，审查有无搜查证、拘留证和逮捕证。然后仔细阅读"起诉意见书"，了解犯罪嫌疑人的犯罪事实、情节，犯罪性质和罪名以及要求起诉的理由，详细审阅案卷中的证据材料，按照审查起诉的内容，逐项进行审查。如发现疑问，可以向侦查人员询问。审阅案卷要认真细致，并应制作阅卷笔录。

3. 讯问犯罪嫌疑人

讯问犯罪嫌疑人是人民检察院审查起诉的必经程序。这是人民检察院核实证据，正确认定案件事实，监督侦查活动是否合法所需的程序。讯问犯罪嫌疑人还有助于直接了解犯罪嫌疑人的精神状态和悔罪态度，为其提供辩护的机会，倾听其辩解理由。讯问犯罪嫌疑人应当个别进行，并应当做好讯问笔录。

4. 听取辩护人、被害人及其诉讼代理人的意见

人民检察院自收到移送审查起诉的案件材料之日起3日内，应当告知犯罪嫌疑人有权委托辩护人，并应当告知被害人及其法定代理人或者近亲属有权委托诉讼代理人。询问被害人和犯罪嫌疑人、被害人委托诉讼代理人，并听取他们的意见，这也是人民检察院审查起诉的必经程序。《刑事诉讼法》规定，人民检察院审查案件，应当听取被害人和犯罪嫌疑人、被害人委托诉讼代理人的意见，辩护人、被害人及其诉讼代理人提出书面意见的，应当附卷。这样更有助于检察人员核实证据，查明案件事实。

5. 补充侦查

补充侦查是指人民检察院对公安机关侦查终结移送起诉的案件，或者对自行侦查终结的案件，在审查起诉中，发现有事实不清、证据不足或者遗漏罪行或同案人，需要补充进行有关专门调查等工作的一项诉讼活动。补充侦查的目的在于查清有关事实和证据，以决定是否将犯罪嫌疑人交付人民法院审判。

6. 证据审查

人民检察院在审查起诉时，应当对所移送的全案证据进行审查。在审查起诉阶段，审查判断证据的重点是对证据的合法性、客观性、关联性进行审查。

(四) 作出审查决定

人民检察院的检察人员在进行全面阅卷，讯问犯罪嫌疑人，听取被害人和犯罪嫌疑人、被害人委托人的意见等审查工作之后，如果认为全部案件事实清楚，证据确实、充分，应当拟写"案件审查意见书"，根据审查的具体情况，提出起诉或者不起诉以及是否需要提起附带民事诉讼的意见，报请审查起诉部门负责人审核。审查起诉部门负责人对案

件进行审核后,应当提出审核意见,报请检察长或者检察委员会研究决定。检察长或者检察委员会研究后,应当依法作出提起公诉或不起诉的决定。

二、起诉

根据《刑事诉讼法》第一百七十二条以及《人民检察院刑事诉讼规则(试行)》第三百九十条的规定,人民检察院对案件审查后,认为犯罪嫌疑人的犯罪事实已经查清,证据确实、充分,依法应当追究刑事责任的,应当作出起诉决定。决定起诉的案件,必须符合以下条件。

(一) 犯罪嫌疑人的犯罪事实已经查清

犯罪事实是对犯罪嫌疑人正确定罪和处刑的基础,只有查清犯罪事实,才能正确定罪量刑。因此,人民检察院提起公诉,必须首先查清犯罪嫌疑人的犯罪事实。这里的"犯罪事实",是指影响定罪量刑的犯罪事实,包括:确定犯罪嫌疑人实施的行为是犯罪;确定犯罪嫌疑人是否负刑事责任或者免除刑事责任的事实;确定对犯罪嫌疑人从轻、减轻或者从重处罚的事实。查清上述各项事实即符合犯罪嫌疑人的犯罪事实已经查清的条件。

在实践中,就具体案件来说,具有下列情形之一的,就可以确认犯罪事实已经查清:属于单一罪行的案件,与定罪量刑有关的事实已经查清,不影响定罪量刑的事实无法查清的;属于数个罪行的案件,部分罪行已经查清并符合起诉条件,其他罪行无法查清的;无法查清作案工具、赃物去向,但有其他证据足以对被告人定罪量刑的;言词证据中主要情节一致,只有个别情节不一致且不影响定罪的。

(二) 证据确实、充分

证据是认定犯罪事实的客观依据。因此,人民检察院指控犯罪嫌疑人实施犯罪行为,必须要有确实、充分的证据。证据确实,是对证据质的要求,是指用以证明犯罪事实的每一个证据必须是客观、真实存在的事实,同时又与犯罪事实有内在的联系,能够证明案件的事实真相。证据充分,是对证据量的要求,只要一定数量的证据足够证明犯罪事实,就达到了证据充分性的要求。

证据确实与充分是相互联系、不可分割的两个方面,证据确实必须以证据充分为条件,如果证据不充分,证据确实也无法达到;反之,如果证据不确实,即便证据再充分,也不能证明案件真实。因此,证据确实、充分是起诉的一个必要条件。

(三) 依法应当追究刑事责任

依照法律规定,犯罪嫌疑人实施了某种犯罪,并非一定要负刑事责任。根据《刑法》《刑事诉讼法》的有关规定,有些犯罪行为法定为不予追究刑事责任的情形。决定对犯罪嫌疑人起诉,还必须排除法定不予追究刑事责任的情形。因此,依法应当追究犯罪嫌疑人的刑事责任,就成为起诉的又一必要条件。

三、不起诉

不起诉是指人民检察院对侦查终结的刑事案件经过审查起诉，决定不将案件移送人民法院进行审判而终止诉讼的活动。

移送审查起诉的案件，经过审查后，认为需要作不起诉处理的，承办案件的检察官应当写出审查报告，经部门负责人审核，报主管检察长决定或由主管检察长提交检察委员会讨论决定。根据《刑事诉讼法》的规定，不起诉可以分为法定不起诉、酌定不起诉和证据不足不起诉三种类型。

(一) 法定不起诉

人民检察院审查起诉，发现犯罪嫌疑人具有《刑事诉讼法》第十五条规定的情形之一的，不追究刑事责任，已经追究的，应当撤销案件，或者不起诉，或者终止审理，或者宣告无罪。

(1) 情节显著轻微、危害不大，不认为是犯罪的。

(2) 犯罪已过追诉时效期限的。

(3) 经特赦令免除刑罚的。

(4) 依照《刑法》告诉才处理的犯罪，没有告诉或者撤回告诉的。

(5) 犯罪嫌疑人、被告人死亡的。

(6) 其他法律规定免予追究刑事责任的。

(二) 酌定不起诉

人民检察院在审查起诉时，对具备下列条件的案件，可以作出不起诉的决定。

(1) 人民检察院认为犯罪嫌疑人的行为已经构成犯罪，应当负刑事责任。

(2) 犯罪行为情节轻微。

(3) 依照《刑法》规定不需要判处刑罚或者免除刑罚。

依照《刑法》的有关规定，不需要判处刑罚或者免除刑罚的情形主要有：①犯罪嫌疑人在中华人民共和国领域外犯罪，依照《刑法》规定应当负刑事责任，但在外国已经受过刑事处罚的；②犯罪嫌疑人又聋又哑，或者是盲人犯罪的，③犯罪嫌疑人因防卫过当或者紧急避险超过必要限度，并造成不应有的危害而犯罪的；④为犯罪准备工具，制造条件的；⑤在犯罪过程中自动中止或自动有效地防止犯罪结果发生的；⑥在共同犯罪中，起次要或辅助作用的；⑦被胁迫参加犯罪的；⑧犯罪嫌疑人自首或者在自首后有立功表现的等。

(三) 证据不足不起诉

(1) 人民检察院对于二次补充侦查的案件，仍然认为证据不足，不符合起诉条件的，应当作出不起诉的决定。

(2) 人民检察院对于经过一次退回补充侦查的案件，认为证据不足，不符合起诉条件，且没有退回补充侦查必要的，可以作出不起诉的决定。

（3）具有下列情形之一，不能确定犯罪嫌疑人构成犯罪和需要追究刑事责任的，属于证据不足，不符合起诉条件：①犯罪构成要件事实缺乏必要的证据予以证明的；②据以定罪的证据存在疑问，无法查证属实的；③据以定罪的证据之间、证据与案件事实之间的矛盾不能合理排除的；④根据证据得出的结论具有其他可能性，不能排除合理怀疑的；⑤根据证据认定案件事实不符合逻辑和经验法则，得出的结论明显不符合常理的。人民检察院对移送审查起诉的案件作出不起诉的决定后，应当制定"不起诉决定书"。

不起诉的决定，由人民检察院公开宣布。公开宣布不起诉决定的活动应当记录在案。"不起诉决定"书自公开宣布之日起生效。被不起诉人在押的，应当立即释放；被采取其他强制措施的，应当通知执行机关解除。"不起诉决定书"应当送达被害人或者其近亲属及其诉讼代理人，被不起诉人及其辩护人以及被不起诉人的所在单位。送达时，应当告知被害人或者其近亲属及其诉讼代理人，如果对不起诉决定不服，可以自收到"不起诉决定书"后7日内向上一级人民检察院申诉，也可以不经申诉，直接向人民法院起诉；告知被不起诉人，如果对不起诉决定不服，可以自收到不起诉决定书后7日内向人民检察院申诉。

四、审查起诉阶段的律师辩护工作

《刑事诉讼法》第三十三条规定，犯罪嫌疑人自被侦查机关第一次讯问或者采取强制措施之日起，有权委托辩护人；人民检察院自收到移送审查起诉的案件材料之日起3日内，应当告知犯罪嫌疑人有权委托辩护人；犯罪嫌疑人、被告人在押期间要求委托辩护人的，人民法院、人民检察院和公安机关应当及时转达其要求；犯罪嫌疑人、被告人在押的，也可以由其监护人、近亲属代为委托辩护人。

(一) 与委托人洽谈、接受委托并办理委托辩护手续

初步了解案情及委托人的要求，决定是否接受案件。签订委托辩护协议、签署授权委托书。委托辩护合同一式两份，一份交委托人，一份由律师事务所存档；授权委托书一式三份，一份呈交办案机关，一份由承办律师存档，一份交委托人保存。此外，还应开具相关工作证明或材料，主要是律师事务所信函，由承办律师呈交办案机关。

(二) 护律师在审查起诉阶段的工作步骤和内容

1. 及时到审查起诉部门办理工作手续

根据《刑事诉讼法》第三十三条的规定，辩护人接受犯罪嫌疑人、被告人委托后，应当及时告知办理案件的机关，并办理相关的工作手续。工作手续主要有：向审查起诉部门提交律师事务所的函、授权委托书等，经审查起诉部门核实后，辩护律师即有权开展各项辩护工作。

2. 阅卷

《律师法》第三十四条规定，受委托的律师自案件审查起诉之日起，有权查阅、摘抄和复制与案件有关的诉讼文书及案卷材料。《刑事诉讼法》第三十八条规定，辩护律师

自人民检察院对案件审查起诉之日起,可以查阅、摘抄、复制本案的案卷材料。查阅、摘抄、复制本案的案卷材料是律师掌握侦查情况、全面了解案情的重要途径之一。

3. 会见犯罪嫌疑人或通信

《律师法》第三十三条规定,犯罪嫌疑人被侦查机关第一次讯问或者采取强制措施之日起,受委托的律师凭律师执业证书、律师事务所证明和委托书或者法律援助公函,有权会见犯罪嫌疑人、被告人并了解有关案件情况。律师会见犯罪嫌疑人、被告人,不被监听。

《刑事诉讼法》第三十七条规定,辩护律师可以同在押的犯罪嫌疑人、被告人会见和通信。辩护律师持律师执业证书、律师事务所证明和委托书或者法律援助公函要求会见在押的犯罪嫌疑人、被告人的,看守所应当及时安排会见,至迟不得超过48小时。

根据上述规定,律师在审查起诉阶段会见在押的犯罪嫌疑人无须批准,辩护律师只要凭律师执业证书、律师事务所证明(会见证)和委托人签署的委托书或者法律援助公函,就有权会见犯罪嫌疑人,并了解有关案件情况。辩护律师会见犯罪嫌疑人时,人民检察院不派员在场。

辩护律师在审查起诉阶段会见犯罪嫌疑人时,应注意做好以下工作。

(1) 介绍律师身份、辩护人的职责,如果是他人委托,还需要询问本人是否同意接受委托。如果同意,则需要犯罪嫌疑人在委托书上签名,以进一步确定委托关系。

(2) 会见的主要内容包括以下几方面。

① 听取犯罪嫌疑人对指控特别是对起诉意见书的看法。

② 围绕案情进行必要的提问。

③ 结合案情为犯罪嫌疑人提供法律帮助。

在与犯罪嫌疑人通信时,应注明律师身份、通信地址并加盖律师事务所公章以证明其律师身份。通信内容应限于与本案有关的问题,了解犯罪嫌疑人在押期间的情况及其对案件的意见。在通信内容中,不得向犯罪嫌疑人提及可能妨碍侦查、审查起诉的有关同案犯罪嫌疑人及其亲友的情况。与犯罪嫌疑人通信,应保留信函副本及犯罪嫌疑人来信的原件并附卷备查。

4. 必要的调查取证

《刑事诉讼法》第四十一条规定,辩护律师经证人或者其他有关单位和个人同意,可以向他们收集与本案有关的材料,也可以申请人民检察院、人民法院收集、调取证据。辩护律师经人民检察院或者人民法院许可,并且经被害人或者其近亲属、被害人提供的证人同意,可以向他们收集与本案有关的材料。

《律师法》第三十五条规定,受委托的律师根据案情的需要,可以申请人民检察院、人民法院收集、调取证据。律师自行调查取证的,凭律师执业证书和律师事务所证明,可以向有关单位或者个人调查与承办法律事务有关的情况。

调查取证是律师查明案件事实的重要手段,也是律师执行辩护业务的必要条件。辩护律师应当在查阅案卷材料、会见犯罪嫌疑人的基础上,发现疑点,积极努力地调查取证,以便提出充分有力的辩护意见。辩护律师在调查取证时,应注意以下问题。

(1) 调查取证手续应当完备。在调查取证时,辩护律师应当出示律师事务所开具的介绍信或调查函和律师证。

(2) 辩护律师在调查时应有两名律师参加。

(3) 笔录的制作与审阅、签字。辩护律师在调查时应当制作笔录。调查笔录应当载明调查人、被调查人、记录人的姓名，调查的时间、地点；笔录内容应当有律师身份的介绍，被调查人的基本情况，律师对证人如实作证的要求，作伪证或隐匿罪证要负法律责任的说明，以及被调查事项的基本情况和调查内容，并由被调查人员核对无误后签名或盖章。

5. 向审查起诉部门提出辩护意见

《刑事诉讼法》第一百七十条规定，人民检察院审查案件，应当讯问犯罪嫌疑人，听取辩护人、被害人及其诉讼代理人的意见，并记录在案。辩护人、被害人及其诉讼代理人提出书面意见的，应当附卷。据此规定，辩护律师经过查阅案卷材料、会见犯罪嫌疑人、调查取证后，应当根据案件的具体情况向人民检察院提出辩护意见，并力争使案件在审查起诉阶段结束。为此，辩护律师应当根据案件的不同情况提出以下辩护意见：无罪意见；不起诉意见；罪轻意见；量刑意见(包括自首、立功、共同犯罪人的分类等)；解除、变更强制措施的意见；如侵犯犯罪嫌疑人的人身权、诉讼权，可代为提出控告；协助对"不起诉决定"不服的被不起诉人向检察机关提出申诉。

第三节　刑事审判

刑事审判是指人民法院在控、辩双方和其他诉讼参与人的参加下，依照法定程序，对刑事案件进行审理和裁判的一种诉讼活动。"审理"是指人民法院对刑事案件的事实和证据进行调查核实，并听取控、辩双方对适用法律的意见。"裁判"则是人民法院在审理的基础上，依据审理查明的事实和证据，依法对案件的实体和程序问题作出处理决定。审理是裁判的前提和基础，裁判是审理的目的和结果。人民法院刑事审判活动的主要任务就是通过对刑事案件的审判，实现惩罚犯罪和保障当事人合法权益的目的。

■ 一、审判程序

刑事审判程序是指人民法院审判刑事案件的步骤方式和方法的总和。《刑事诉讼法》规定了以下几种审判程序：第一，第一审程序。人民法院对人民检察院提起公诉(包括适用简易程序的案件)的案件和自诉人自诉的案件进行初次审判的程序。第二，第二审程序。人民法院对上诉、抗诉案件进行审判的程序。第三，特殊案件的复核程。死刑复核程序是人民法院对判处死刑的案件进行审查核准的一种特殊程序。《刑事诉讼法》第二百三十五条规定，死刑由最高人民法院核准，根据《刑法》第六十三条第二款的规定，犯罪分子虽然不具有本法规定的减轻处罚情节，但是根据案件的特殊情况，经最高人民法院核准，也可以在法定刑以下判处刑罚。第四，审判监督程序。这是对已经发生法律效力的判决、裁定，当发现确有错误时，进行重新审判的程序。根据审判监督程序进行审判的案件，如果原来是第一审案件，依照第一审程序进行审判；如果原来是第二审案件，则依照第二审程序进行审判。第五，特别程序。

二、审判组织

审判组织是指人民法院审理和裁判刑事案件的组织形式。我国的刑事审判组织形式包括独任庭、合议庭和审判委员会。

(一) 独任庭(制)

独任庭是指由审判人员一人单独审理和裁判刑事案件的组织形式。担任独任庭审判的审判员必须是专职审判员，书记员应由专人担任。独任庭仅适用于基层人民法院以简易程序审理的案件。应当指出的是，独任庭审判并不是审判独立的组织形式，其审判活动要接受人民法院院长和审判庭庭长及审判委员会的领导。独任庭审判同其他审判组织形式在本质上并没有差别，只是人数不同而已，在审判程序上也不能一切从简，必须严格按照法律规定的程序、原则进行。

(二) 合议庭(制)

合议庭是合议制审判的组织形式，也是我国审判活动普遍适用的基本形式。人民法院审理案件采用合议制有利于发挥集体智慧，集思广益，有利于防止审判工作中出现片面断案、个人专断、徇私舞弊的情况，有利于保证办案质量，防止和减少错案的发生。

1. 合议庭的组成

审级、法院的级别、案件的性质及影响程度不同，合议庭的组成也有相应的不同。根据《刑事诉讼法》第一百七十八条的规定，基层人民法院、中级人民法院审判一审案件，应当由审判员3人或者由人民陪审员和审判员3人组成合议庭；高级人民法院、最高人民法院审理第一审案件，应由审判员3人至7人或由审判员和人民陪审员共3人至7人组成合议庭。人民法院审判上诉和抗诉案件，应由审判员3人至5人组成合议庭。合议庭组成的人数应当是单数。合议庭由院长或者庭长指定1人担任审判长。院长或庭长参加审判时，自己担任审判长。

发回重审的案件，原审人民法院应当按照第一审程序另行组成合议庭。而审理再审案件，原来是第一审的，按第一审程序另行组成合议庭；原来是二审的，或者是上级人民法院提审的，按照第二审程序另行组成合议庭。

2. 合议庭评案原则

合议庭对案件进行评议时，应当坚持民主原则。合议庭成员应充分发表意见，作出表决时应少数服从多数，按多数人的意见作出决定，但少数人的意见应记入笔录。其中的"少数"是指没有超过合议庭成员人数的半数。评议笔录由全体合议庭成员在认真审阅确定无误后签名，对评议情况应当保密。

合议庭开庭审理并且评议后，应当作出判决。对于复杂、疑难、重大的案件，经合议庭合议后认为难以作出决定的，由合议庭提请院长决定提交审判委员会讨论决定。审判委员会的决定，合议庭应当执行。

(三) 审判委员会

审判委员会是人民法院内部对审判工作进行集体领导的常设性组织。根据《人民法院组织法》的规定，各级人民法院均设立审判委员会。审判委员会由院长、庭长和资深审判员组成，参加审判委员会的成员称审判委员会委员。各级人民法院的审判委员会委员，由院长提请本级人民代表大会常务委员会任免。

由于审判委员会不开庭审理案件，其决定的案件范围就不能太宽，只能是针对某些疑难、重大、复杂的案件。一般而言，"疑难、复杂、重大的案件"是指下列案件：拟判处死刑的；合议庭成员意见有重大分歧的；人民检察院抗诉的；在社会上有重大影响的；其他需要由审判委员会讨论决定的等。

▌三、审判期限

根据《刑事诉讼法》的规定，人民法院审理公诉案件，应当在受理后2个月内宣判，至迟不得超过3个月。对于可能判处死刑的案件或者附带民事诉讼的案件，以及有《刑事诉讼法》第一百五十六条规定情形之一的，经上一级人民法院批准，可以延长3个月；因特殊情况还需要延长的，报请最高人民法院批准。

人民法院改变管辖的案件，从改变后的人民法院收到案件之日起计算审理期限。人民检察院补充侦查的案件，补充侦查完毕移送人民法院后，重新计算审理期限。

▌四、审判原则

(一) 审判公开原则

1. 审判公开原则的概念

审判公开，是指法院对案件的审理和判决，除有特别规定和休庭评议案件的以外，都应当在法庭上公开进行。

2. 审判公开的内容

(1) 向当事人公开。即法庭的全部审理活动，都应当在当事人及其他诉讼参与人在场的情况下进行。

(2) 对社会各界的公开。即审理过程允许公众旁听、允许新闻媒体采访报道等。

(3) 审判结论公开。即对案件不论是否公开审理，案件的裁判均以公开的方式宣布。

3. 审判公开的例外

下列案件应当或可以不公开审理。

(1) 有关国家秘密的案件。

(2) 有关个人隐私的案件。

(3) 已满14周岁不满16周岁未成年人犯罪的案件，一律不公开审理；已满16周岁不满18周岁未成年人犯罪的案件，一般也不公开审理。

(4) 对于当事人提出申请的确属涉及商业秘密的案件，法庭应当决定不公开审理。

依法不予公开审理的案件，开庭时应当宣布不公开的理由。在审理过程中，除了承办该案的司法人员以及相关的诉讼参与人以外，任何公民包括与审理该案无关的法院工作人员和被告人的近亲属都不得旁听。不论案件是否公开审理，审理评议后，判决的宣告一律公开进行。

(二) 直接言词原则

1. 直接言词原则的概念

直接言词原则是指法官必须在法庭上亲自听取当事人、证人及其他诉讼参与人的陈述，案件事实和证据必须由控辩双方当庭提出并以口头辩论和质证的方式进行调查。直接言词原则包括直接原则和言词原则。

(1) 直接原则，是指法官必须与诉讼当事人和诉讼参与人直接接触，直接审查案件事实材料和证据。直接原则又可分为直接审理原则和直接采证原则。

直接审理原则，是指法官审理案件时，公诉人、当事人及其他诉讼参与人应当在场，除法律另有特别规定外，如果上述人员不在场，不得进行法庭审理。否则，审判活动无效，也称为在场原则。

直接采证原则，是指法官对证据的调查必须亲自进行，不能由他人代为实施，而且必须当庭直接听证和直接查证，不得将未经当庭亲自听证和查证的证据加以采纳，不得以书面审查方式采信证据。

(2) 言词原则，是指法庭审理须以口头陈述的方式进行。包括控辩双方要以口头进行陈述、举证和辩论，证人、鉴定人要口头作证或陈述，法官要以口头的形式进行询问调查。除非法律有特别规定，凡是未经口头调查的证据，不得作为定案的依据采纳。

2. 直接言词原则的适用

依据《刑事诉讼法》的相关规定，贯彻直接言词原则，人民法院应做到以下几点。

(1) 及时通知有关人员出庭。

(2) 在开庭审理过程中，合议庭的审判人员必须始终在庭，参加庭审的全过程。

(3) 所有证据包括法庭依当事人申请或依职权收集的证据，都必须当庭出示、当庭质证。证人出庭作证应作为一般原则，不出庭只能是例外。

(4) 保证控辩双方有充分的陈述和辩论的机会和时间。

(三) 辩论原则

1. 辩论原则的含义

辩论原则是指在法庭审理中，控辩双方应以口头的方式进行辩论，法院裁判的作出应以充分的辩论为必经程序。辩论原则包括以下几方面内容。

(1) 辩论的主体是控辩双方和其他当事人。处于对抗地位的控诉方和辩护方、附带民事诉讼的原告方和被告方是辩论的主体，都享有辩论的权利。

(2) 辩论的内容是证据、事实和法律适用问题。从法律性质分，辩论的内容包括实体和程序问题。辩论应当围绕案件实体事实和程序事实进行，其中，主要针对证据资格、证据的能力、证据的充分性以及程序的合法性等方面展开。

2. 辩论原则的适用

在法庭审理过程中，法院需要注意以下两点。

(1) 除了在法庭辩论阶段集中进行辩论以外，在法庭调查过程中，控辩双方也可以围绕某一证据的合法性、相关性问题进行辩论。

(2) 法庭应当充分保障控辩双方有平等、充分的辩论机会。法庭应当引导辩论双方围绕案件争议焦点进行辩论。

(四) 集中审理原则

集中审理原则，又称不中断审理原则，是指法院开庭审理案件，应在不更换审判人员的条件下连续进行，不得中断审理的诉讼原则。它是保证法庭整体全面地发现事实、形成完整"心证"，并作出正确裁判的重要条件，是提高诉讼效率、及时实现刑罚权的需要，也是保障被告人迅速行使审判权的必然要求。

最高人民法院《关于人民法院合议庭工作的若干规定》第三条关于合议庭成员不得更换的规定、第九条关于合议庭评议案件时限的规定以及第十四条关于裁判文书制作期限的规定，体现了集中审理原则的精神。

▎五、公诉案件一审庭审

根据《刑事诉讼法》的规定，人民法院审理公诉案件，主要的工作步骤和内容可分为案件受理和审查、开庭、法庭调查、法庭辩论、被告人最后陈述、评议和审判等几个阶段。

(一) 案件受理和审查

1. 对公诉案件的审查

一审人民法院收到检察院起诉的案件后，应由法院指定审判员或代理审判员对起诉材料进行审查，经过审查，只要起诉书中有明确指控的犯罪事实，并且附有证据目录、证人名单和主要证据复印件或照片等卷宗材料，应当作出开庭审判的决定。所起诉案件的证据是否确实可靠，不是决定是否开庭审判的必要条件。

2. 开庭审判前的准备

人民法院在开庭审判前，一般应当做好以下准备工作。

(1) 确定合议庭的组成人员(书记员不属于合议庭组成人员)，由院长或者庭长指定审判长；

(2) 最迟在开庭10日前，将起诉书副本送达被告人。

(3) 将开庭的时间和地点在开庭前3日通知人民检察院。

(4) 传唤诉讼参与人。传票和通知书最迟在开庭3日前送达。

(5) 告知被告人有权委托辩护人，必要时指定承担法律援助义务的律师为其辩护。

(6) 公开审判的案件，在开庭3日前先期公开案由、被告人姓名、开庭时间和地点。

(7) 确定是否公开审理。

另外，在开庭前，审判人员可以召集公诉人、当事人、辩护人、诉讼代理人，针对回避、出庭证人名单、非法证据排除等与审判相关的问题，了解情况，听取意见。

开庭审理前，书记员应当依次做好下列工作：查明公诉人、当事人、证人及其他诉讼参与人是否到庭；宣读法庭规则；请审判长、审判员(陪审员)入庭，并当庭向审判长报告开庭前的准备工作已经就绪。在审判人员入庭时，请全体人员起立。

上述活动情形应当写入笔录，由审判人员和书记员签名。

(二) 开庭

开庭是法庭审理的开始，其任务是为完成实体审理做好程序上的准备。在开庭阶段(法庭调查前)，审判长应查明当事人是否到庭，宣布案由；宣布是否公开审判；宣布合议庭组成人员、书记员、公诉人及其他诉讼参与人的名单；告知当事人有权对合议庭组成人员、书记员、公诉人、鉴定人和翻译人员申请回避；告知被告人享有辩护权利等。

(三) 法庭调查

法庭调查是指在人民法院的主持下，控辩双方通过各自举证、质证来揭露案件真实情况的过程，是法庭审理的中心环节。具体步骤：公诉人宣读起诉书，被告人、被害人陈述，讯问、发问被告人、证人等，核实证据等。

法庭调查是法庭审判的核心阶段。在法庭调查过程中，合议庭对证据有疑问的，可以宣布休庭，对证据进行调查核实，当事人、辩护人、诉讼代理人有权申请新的证人到庭，调取新的物证，申请重新鉴定或勘验。法庭对于上述申请，应当作出是否同意的决定。

公诉人、当事人或者辩护人、诉讼代理人对证人证言有异议，且该证人证言对案件定罪量刑有重大影响，人民法院认为证人有必要出庭作证的，证人应当出庭作证。经人民法院通知，证人没有正当理由不出庭作证的，人民法院可以强制其到庭，但是被告人的配偶、父母、子女除外。

公诉人、当事人或者辩护人、诉讼代理人对鉴定意见有异议，人民法院认为鉴定人有必要出庭的，鉴定人应当出庭作证。经人民法院通知，鉴定人拒不出庭作证的，鉴定意见不得作为定案的根据。

(四) 法庭辩论

法庭辩论是指控辩双方在审判长的主持下，依据法庭调查中已经调查的证据和有关法律规定，对证据有何种证明力和被告人是否有罪、所犯何罪、罪责轻重、应否处刑和如何处罚等问题，提出自己的意见和理由，进行论证和反驳的诉讼活动。法庭辩论活动，既是控方揭露犯罪、证实犯罪的活动，也是辩方据理反驳控诉、维护被告人合法权益的活动。辩论越深入越有利于法庭全面分析判断案情，旁听群众也容易深入了解案件真相和来龙去脉。

(五) 被告人最后陈述

被告人最后陈述是法庭审判的一个独立的诉讼环节和必经程序，它是指被告人陈述自己对案件的意见或表明自己的认识和态度，任何机关和个人都不能剥夺被告人最后陈述的权利。被告人是案件的当事人，案件的判决关系被告人的切身利益。在作出判决前，再给其一次陈述的机会，听取他对案件的意见，既可以让被告人独立完整地陈述自己的意见，强化合议庭对辩护的印象，也可以弥补在法庭调查和法庭辩论中辩护的不足之处。这对于法庭准确认定案件事实、正确适用法律，具有重要的意义。

(六) 评议和审判

被告人最后陈述完毕，审判长应当宣布休庭，由合议庭进行评议。合议庭评议，是指合议庭全体成员共同对案件事实的认定和法律的适用进行全面的讨论，评定并作出处理决定的诉讼活动。评议的任务，就是根据法庭审理查明的事实、证据和有关的法律规定，确定对案件如何处理并作出处理决定。合议庭评议应秘密进行，分别作出如下判决。

(1) 案件事实清楚，证据确实、充分，依据法律认定被告人有罪的，应当作出有罪判决。

(2) 依据法律认定被告人无罪的，应当作出无罪判决。

(3) 证据不足，不能认定被告人有罪的，应当作出证据不足、指控的犯罪不能成立的无罪判决。

评议结束后即可进行宣判。当庭宣告判决的，应当在5日内将判决书送达当事人和提起公诉的人民检察院；定期宣告判决的，应当在宣告后立即将判决书送达当事人和提起公诉的人民检察院。判决书应当同时送达辩护人、诉讼代理人。

法庭审判的全部活动，应当由书记员写成完整的笔录，经审判长审阅后，由审判长和书记员签名。

法庭笔录中的证人证言部分，应当当庭宣读或者交给证人阅读。证人在确认没有错误后，应当签名或者盖章。

法庭笔录应当交给当事人阅读或者向当事人宣读。当事人认为记载有遗漏或者差错的，可以请求补充或者改正。当事人确认没有错误后，应当签名或者盖章。

(七) 法庭审理中的其他情况

1. 延期审理

在法庭审判过程中，遇有下列情形之一，影响审判进行的，可以延期审理。

(1) 需要通知新的证人到庭，调取新的物证，重新鉴定或者勘验的。

(2) 检察人员发现提起公诉的案件需要补充侦查，提出建议的。

(3) 由于申请回避而不能进行审判的。

2. 中止审理

在审判过程中，有下列情形之一，致使案件在较长时间内无法继续审理的，可以中止审理。

(1) 被告人患有严重疾病，无法出庭的。

(2) 被告人脱逃的。

(3) 自诉人患有严重疾病，无法出庭，未委托诉讼代理人出庭的。

(4) 不能抗拒的原因。

中止审理的原因消失后，应当恢复审理。中止审理的期间不计入审理期限。

六、刑事诉讼第一审普通程序庭审基本流程

(一) 庭前准备阶段

书记员在宣布开庭前，应依次做好如下工作。

(1) 查明公诉人、当事人、证人及其他诉讼参与人是否到庭。

(2) 拟出庭作证的证人、鉴定人应安排在庭外休息，等候传唤。

(3) 入庭(站立)宣读法庭规则。

请旁听人员安静，现在公布法庭纪律：

① 未经法庭许可，不准记录、录音、录像、摄影；

② 不准进入审判区，不得随意退场；

③ 不准鼓掌、喧哗、吵闹和实施其他妨害审判活动的行为；

④ 未经审判长许可，不准发言、提问；

⑤ 不准吸烟和随地吐痰，旁听人员如对法庭的审判活动有意见，可在休庭或闭庭后，口头或书面向法院提出；

⑥ 携带通信工具的请关闭；

⑦ 新闻记者旁听应遵守本规则。

(4) 请法警维护法庭现场秩序。

(5) 请公诉人、辩护人入庭。

公诉人、被害人、辩护人以及附带民事诉讼代理人入庭。

(6) (公诉人及诉讼参与人就座后)宣布：全体起立，请审判长、审判员(人民陪审员)入庭。

(7) (审判人员就座后)宣布：请大家坐下。

(8) (全体坐下后)当庭向审判长报告庭前的各项准备工作已经就绪：报告审判长，公诉人、被害人及诉讼代理人、附带民事诉讼代理人、辩护人等有关人员已经到庭；多位证人已经在庭外等候出庭；被告人已经在羁押室候审，开庭前的预备工作已经就绪，报告完毕。

(9) 书记员就座。

(二) 开庭审理阶段

审判长：××市人民法院对××市人民检察院提起公诉的被告人×××、被告人××被控_____(案由)一案，现予公开(或不公开)开庭审理。(敲法槌)

提被告人×××、××到庭。

(由法警提押本案被告人到庭。被告人到庭后，原则上不使用械具，但为保障安全秩序，确有必要的除外)

查明被告人的下列情况(如有多个被告人，应依次进行)：

(1) 姓名、出生年月日、民族、出生地、文化程度、职业、住址。

(2) 有无受过法律处分及有关处分的种类、时间。

(3) 何时被刑事拘留、逮捕。

(4) 收到人民检察院起诉书副本的日期。

审判长：被告人×××，你还有别的姓名吗？

被告人：＿＿＿＿＿(回答)。

审判长：你的出生年月日、民族、出生地、文化程度、职业住址。

被告人：＿＿＿＿＿(回答)。

审判长：是否受过法律处分？

被告人：＿＿＿＿＿(回答)。

审判长：是否被采取强制措施？何时被采取何种强制措施？

被告人：＿＿＿＿＿(回答)。

审判长：是否收到起诉状副本？何时收到××人民检察院的起诉状副本？

被告人：＿＿＿＿＿(回答)。

(被告人到庭的，亦由审判长先查明其姓名、年龄、职业、住址)

(被告人有法定代理人的，应当依次查明身份及与被代理人的关系)

审判长：根据《中华人民共和国刑事诉讼法》第一百八十三条的规定，本庭依法公开(或不公开，如不公开，应说明理由)审判由××人民检察院向本院提起的被告人×××(姓名)＿＿＿＿＿(案由)一案。本庭由×××(审判员或代理审判员)、×××担任审判长，和×××、×××组成合议庭，书记员×××担任法庭记录。×××人民检察院指派(检察员或代理检察员)×××出庭支持公诉。×××律师事务所×××律师为被告人×××辩护。

审判长：当事人、法定代理人及辩护人在法庭审理过程中依法享有如下主要权利。

当事人有权对合议庭组成人员、书记员、公诉人、鉴定人和翻译人员申请回避。

被告人可以自行辩护和依法委托他人辩护。

当事人和辩护人经审判长许可可以对证人、鉴定人发问。

公诉人和辩护人可以相互辩论。

当事人和辩护人、诉讼代理人可以提出证明被告人有罪、无罪、罪重、罪轻的证据，可以申请通知新的证人到庭，调取新的物证，申请重新鉴定或勘验。

被告人在法庭辩论终结后有最后陈述的权利。

(询问当事人、法定代理人、辩护人等是否申请回避，申请何人回避及理由。如要申请审判人员、出庭支持公诉的检察人员回避，合议庭认为符合法定情形的，应宣布休庭，依照有关规定处理；认为不符合法定情形的，应当庭驳回，继续法庭审理；如果申请回避人当庭申请复议，合议庭应当宣布休庭，待作出复议决定后，决定是否继续法庭审理。注意：如果有多名被告人及其他当事人，应分别询问)

　　审判长：被告人×××，你是否听清楚？

　　被告人：_____(回答)。

　　审判长：被告人××，你是否申请回避？

　　被告人：_____(回答)。

　　审判长：告知法庭审理的主要阶段，即法庭调查、法庭辩论、评议及宣判。

　　审判长：公诉人对法庭准备工作有无意见？

　　公诉人：_____(回答)。

(三) 法庭调查阶段

　　审判长：现在开始法庭调查，先请公诉人宣读起诉书(有附带民事诉讼的，在公诉人宣读起诉书后，由附带民事诉讼原告人或其代理人宣读附带民事诉状)。

　　公诉人：_____(宣读起诉书)。

　　审判长：被告人×××，你对起诉书指控的事实及罪名有无异议？

　　被告人：_____(回答)。

　　审判长：被告人××，你对起诉书指控的事实及罪名有无异议，可进行陈述。

　　被告人：_____(陈述)。

　　审判长：公诉人就起诉书指控的事实对被告人进行发问。

　　公诉人：_____(发问)。

　　被告人：_____(回答)。

　　审判长：被告人×××的辩护人发问。

　　辩护人：_____(发问)。

　　被告人：_____(回答)。

　　审判长：控辩双方是否还需要发问？

　　公诉人：_____(回答)。

　　辩护人：_____(回答)。

　　(说明：如有多名被告人，应依上述程序逐个依次进行。法庭认为控(辩)方发问方式不当，或重复发问，或对无异议的事实发问的，法庭应当予以制止)

　　审判长：法庭调查结束，现在由控、辩双方举证。首先请公诉方向法庭出示证据。

　　公诉人：_____(出示证据)。

　　审判长：证据交由被告人辨认。(法警)

　　审判长：被告人×××，你对公诉人出示的证据有无异议？

　　被告人：_____(发表意见)。

　　审判长：证据交由辩护人辨认。(法警)

　　审判长：辩护人，你对公诉人出示的证据有无异议？

　　辩护人：_____(发表意见)。

审判长：公诉人有无其他证据。

公诉人：(宣读鉴定书)。

审判长：辩护人，你对公诉人出示的鉴定书有无异议？

辩护人：_____(发表意见)。

审判长：交予法庭。(法警)

公诉人：提请审判长传被害人×××。

审判长：传被害人×××。(法警)

审判长：被害人姓名、家庭住址、工作单位。

被害人：_____(回答)。

审判长：被害人可对事实进行陈述。

被害人：_____(陈述)。

审判长：由公诉人发问。

公诉人：_____(发问)。

被害人：_____(回答)。

审判长：由被告人×××的辩护人发问。

辩护人：_____(发问)。

被害人：_____(回答)。

审判长：控辩双方是否发问？

公诉人：_____(回答)。

辩护人：_____(回答)。

审判长：请被害人退庭。(法警)

审判长：下面由被告人举证。

被告人：_____(举证)。

审判长：现在，由被告人×××的辩护人向法庭举证。

辩护人：提请审判长传证人×××。

审判长：传证人×××到庭。 (法警)

审判长：证人姓名、家庭住址、工作单位。

证人：_____(回答)。

审判长：证人应当如实提供证言，有意作伪证或隐匿罪证要承担法律责任，听清楚了吗？

证人：_____(回答)。

审判长：请证人在保证书上签名。

审判长：交予法庭。(法警)

审判长：证人对事实进行陈述。

证人：_____(陈述)。

审判长：由被告人×××的辩护人发问。

辩护人：_____(发问)。

证人：_____(回答)。

审判长：由公诉人发问。

公诉人：_____(发问)。

证人：_____(回答)。

审判长：控辩双方是否发问？

公诉人：_____(回答)。

辩护人：_____(回答)。

审判长：请证人退庭。(法警)

审判长：控辩双方有无新证据？是否通知新的证人到庭，调取新的证据，申请重新鉴定或者勘验？

公诉人：_____(回答)。

辩护人：_____(回答)。

(说明：若有则提出申请，审判长应当要求申请人提供证人姓名、联系地址、证据的存放地点、说明所要证明的案件事实，申请重新鉴定或勘验的理由。合议庭组成人员审查后，认为应当同意的，宣布休庭，延期审理；不同意的，应当告知理由，继续法庭审判)

在法庭调查过程中，审判人员应特别注意以下问题。

(1) 法庭调查应以指控的内容为主线，以审查、核实证据为中心，查明案件的事实，如其他诉讼参与人提出或者人民法院发现有相关的新的事实或者新的证据，应当一并查清。指控多项犯罪事实的，应当逐项进行调查。

(2) 控辩双方必须对自己的主张承担举证责任。需要运用证据证明的案件事实包括以下几种。

① 被指控的犯罪行为是否存在；

② 被指控的行为是否为被告人所实施；

③ 被告人的身份(特殊情况下可按其自报认定)；

④ 实施行为的时间、地点、手段、后果以及其他情节；

⑤ 共同被告人的责任分担及与其他同案人的关系；

⑥ 被告人有无罪过，行为的动机、目的；

⑦ 被告人的行为是否构成犯罪，有无法定或者酌情从重、加重、从轻、减轻处罚以及免除处罚的情节；

⑧ 赃款、赃物的来源、数量及去向，有附带民事诉讼的，要证明被告人的行为是否已经给被害人造成损害，被害人对造成的损害结果有无过错以及被告人的赔偿能力；

⑨ 其他有关罪与非罪以及与定罪量刑有关的事实。

(3) 审判人员应询问被告人、被害人对指控犯罪的事实有无异议，公诉人可以就异议部分讯问被告人。被告人全部或者部分否认犯有指控的罪行的，应充分听取其否认的根据和理由，但不能轻信，应着重于其他证据的证明。

被害人、附带民事诉讼原告人和辩护人、诉讼代理人经审判长许可，可以就具体事实、情节向被告人发问或互相发问。被告人、被害人经审判长许可，可以就指控的犯罪事实分别进行陈述。但对控辩双方讯问、发问、陈述的内容与本案无关或讯问、发问方式不当的，审判长应当制止。对于控辩双方认为对方讯问、发问内容无关或方式不当而提出异议的，审判长应当判明情况予以支持或者驳回。

审判人员认为有必要时，随时可以向被告人讯问，也可以向公诉人、被害人及附带民事诉讼原告人发问。审问共同犯罪案件的被告人应当分别进行，暂不审问的应押离法庭。合议庭认为有必要时，可以传唤共同被告人同时到庭对质。

(4) 对指控的每一项案件事实，经审判长准许，公诉人、被害人、附带民事诉讼原告人、被告人、辩护人、法定代理人、诉讼代理人可以提请审判长传唤证人、鉴定人和勘验、检查笔录制作人出庭作证，或者出示证据，宣读未出庭的被害人、证人、鉴定人和勘验、检查笔录制作人的书面陈述、证言、鉴定结论及勘验、检查笔录。控辩双方要求证人出庭作证，向法庭出示物证、书证、视听资料等证据，应当向审判长说明拟证明的事实。审判长同意的，传唤证人或准许出示证据；审判长认为与案件无关或者明显重复、不必要的证据，可不予准许。

出示证据应当逐项进行并注意以下方面。

① 原则上要一事一证、一证一质；

② 两起以上互不关联、性质不同的犯罪应分别举证、质证；

③ 两个以上行为连续实施，构成两种以上性质不同犯罪(如抢劫后绑架)的，应同时举证、质证；

④ 多起性质相同的犯罪应同时举证、质证；

⑤ 对前一犯罪行为举证、质证完毕后，再按照时间顺序对下一犯罪行为举证、质证。

(5) 证人到庭后，审判人员应当先核实证人的身份、证人与当事人以及本案的关系；告知证人应当如实提供证言和有意作伪证或者隐匿罪证要负的法律责任，并指令证人在如实作证的保证书上签名。向证人发问，应先由提请传唤的一方进行，另一方在对方发问完毕经审判长准许也可以发问。

(6) 鉴定人到庭后，审判人员应当先核实鉴定人的身份、与本案有无利害关系；告知鉴定人应当如实提供鉴定意见和有意作虚假鉴定要负的法律责任。鉴定人宣读鉴定结论后，要求传唤方可以发问，另一方经审判长许可也可以发问。

(7) 审判人员认为有必要时，可以随时向证人、鉴定人发问。

对于向证人、鉴定人发问的内容与本案无关或发问方式不当的，审判人员应当制止；对于控辩双方认为对方发问不当而提出异议的，审判人员应当判明情况予以支持或者驳回(可以不说明理由)。传唤证人和鉴定人出庭作证应分别进行，发问完毕，审判长应当告其退庭，不得旁听对本案的审理。

(8) 控辩双方出示、宣读未到庭的证人、鉴定人的证言笔录、鉴定结论时，审判长应告其先说明该证人、鉴定人的身份，取得该笔录的时间、地点，取证人、在场人及鉴定结论的来源。如笔录中有与案件无关的内容，可只宣读有关部分，但是不得断章取义、歪曲原意。宣读后即交付法庭，审判人员应询问另一方对该证据的意见。

(9) 控辩双方出示其他书证及物证、视听资料时，应当先由出示方就所出示的证据的来源、内容、特征作必要的说明，然后当庭交付法庭。审判人员应当交另一方进行辨认和发表意见。控辩双方可以相互质问、辩论。

合议庭对于当庭出示、质证过的证据，认为可以当庭确认的，应当作出采纳与否的决定；认为不能当庭确认的，可宣布已质证清楚，待后判决。

在庭审过程中，合议庭对于证据有疑问的，可以宣布休庭，对该证据进行调查核实。调查核实证据可以进行勘验、检查、扣押、鉴定、查询和冻结。必要时，可以通知检察人员、辩护人到场。

(10) 在庭审过程中，当事人和辩护人申请通知新的证人到庭，调取新的证据，申请重新鉴定或者勘验、检查的，应当提供证人的姓名、通信地址、证据的存放地点，说明所要证明的案件事实，要求重新鉴定或者勘验、检查的理由。合议庭根据具体情况，认为可能影响案件事实认定的，应当同意申请，并宣布延期审理；不同意的，应当告知理由并继续开庭。

在庭审过程中，公诉人要求撤回起诉，或认为案件需要补充侦查，申请延期审理的，合议庭应当准许，但建议延期审理的次数不超过两次。人民检察院在法定补充侦查期限内没有提请恢复法庭审理的，法庭将以撤诉结案。

(四) 法庭辩论阶段

合议庭认为案件事实已查清后，宣布法庭调查结束，开始就全案事实、证据、适用法律等问题进行法庭辩论。法庭辩论应当在审判长的主持下，按照下列顺序进行：公诉人发言；被害人及其诉讼代理人发言；被告人自行辩护；辩护人辩护；控辩双方进行辩论。

审判长：法庭调查结束，现在进行法庭辩论。在辩论时，法庭提请控、辩双方注意，辩论应主要围绕确定罪名、量刑及其他有争议的问题进行。先请公诉人发言。

公诉人：＿＿＿＿＿＿(发表公诉意见)。

审判长：被告人×××可以自行辩护。

被告人：＿＿＿＿＿＿(自行辩护)。

审判长：被告人×××的辩护人发表辩护意见。

辩护人：＿＿＿＿＿＿(发表辩护词)。

审判长：控辩双方可进行辩论。

公诉人：＿＿＿＿＿＿(辩论)。

辩护人：＿＿＿＿＿＿(辩论)。

审判长：公诉方还有新的意见吗？

公诉人：＿＿＿＿＿＿(回答)。

审判长：被告人有新的意见吗？

被告人：＿＿＿＿＿＿(回答)。

审判长：辩护人有新的意见吗？

辩护人：＿＿＿＿＿＿(回答)。

经辩论，双方观点明晰后，宣布辩论终结，由被告人作最后陈述。

在法庭辩论中，应注意以下问题。

(1) 辩论一般只进行两轮，审判长应当引导双方就有争议的问题进行辩论，对于与案件无关的发言或者已经阐述的重复辩论意见应当制止；若辩论中发现新的事实，认为有必要的，审判长应当宣布暂停辩论恢复法庭调查，待事实查清后再继续辩论。

(2) 辩论的顺序应先控后辩，再互相辩论。有多名被告人的，可逐个进行，但应允许其他被告人、辩护人穿插发言，多轮交锋。发现新的事实和证据，合议庭认为有必要查清的，审判长可以宣布暂停辩论，恢复法庭调查，待事实查清后再继续辩论。附带民事诉讼部分的辩论应当在刑事诉讼部分的辩论结束后进行。

在法庭辩论过程中，审判长对于控辩双方与案件无关、意见重复或互相指责的发言应当制止。

(3) 被告人当庭拒绝辩护人为其辩护并要求另行委托辩护人或者要求人民法院另行指定辩护律师，合议庭同意的，应宣布休庭延期审理。重新开庭后，被告人再次拒绝重新委托的辩护人或指定的辩护律师为其辩护的，合议庭应当根据情形分别作出处理。

① 被告人是成年人的，可以准许，但不得再行委托或者指定辩护人。

② 被告人是盲、聋、哑或者限制行为能力人、未成年人，没有正当理由，一般不予准许。

(五) 被告人最后陈述

审判长：法庭辩论终结。根据《中华人民共和国刑事诉讼法》第一百九十三条的规定，现在由被告人作最后陈述。

审判长：被告人×××最后陈述。

被告人：_____(陈述)。

被告人在最后陈述中应注意以下问题。

(1) 若被告人在最后陈述中提出新的事实、证据，或者提出新的辩解理由，足以影响正确裁判的，应当恢复法庭调查或法庭辩论，必要时也可就某一部分或全案恢复普通程序审理；若公诉人认为需要补充侦察、提出延期审理建议的，合议庭应当同意；公诉机关申请撤回起诉的，也应当裁定准许。为保证案件的质量，合议庭在法庭审理的任何阶段，认为出现了足以影响正确裁判的情形，均应按前述方法处理。

(2) 法庭应当保证被告人充分行使最后陈述的权利。如果被告人多次重复自己的意见，审判长可以制止。如果陈述内容是蔑视法庭、公诉人，损害他人及社会公共利益或者与本案无关的，应当制止。在公开审理的案件中，被告人最后陈述的内容涉及国家秘密或者个人隐私的，也应当制止。

(3) 如附带民事诉讼部分，可以在法庭辩论结束后当庭调解。附带民事诉讼原告人在宣告判决前可以同被告人自行和解或者撤回起诉。审理附带民事诉讼的案件应适用《中华人民共和国民事诉讼法》(以下简称《民事诉讼法》)。

(六) 评议、宣判

审判长：现在休庭(××分钟)，由合议庭对本案进行评议。法警，请将被告人×××带出法庭。

(1) 不当庭宣判的，审判长则宣布：现在闭庭，由合议庭进行评议，评议后将定期宣判，何时宣判以公告日期为准。把被告人×××带回××看守所继续羁押。

书记员：全体起立，请审判长、审判员退庭。

(2) 当庭宣判的，则合议完毕，书记员入庭，依次宣请公诉人、辩护人和其他诉讼参与人入庭就座。

书记员：请大家坐好，请公诉人、诉讼参与人入庭。

书记员：全体起立，请审判长、审判员(人民陪审员)入庭。

书记员：(待合议庭落座后，宣布)请大家坐下。

审：(××人民法院刑事审判第×庭)，现在继续开庭，提被告人×××到庭。

审：对被告人×××＿＿＿＿＿＿(案由)一案，本庭在合议时充分考虑了公诉人、被害人及代理人、被告人及辩护人的意见，进行了认真的评议，并作出结论(经审判委员会讨论的则宣布"经审判委员会讨论决定")，现在宣判。

书记员：全体起立。

审判长：(审判长站起来宣判认定的事实，适用法律的各项依据和判决结果)

本庭认为＿＿＿＿＿＿，根据＿＿＿＿＿＿，判决如下＿＿＿＿＿＿(判决书内容)。

本判决在闭庭后5日内送达。如对本判决不服，自接到判决书次日起，10日内可向本院或者直接向××人民法院提出上诉。书面上诉的应提交上诉状正本一份，副本两份。

审判长×××，审判员(人民陪审员)×××、×××，书记员×××，××××年×月×日。

审：被告人×××，是否听清？

被告人：＿＿＿＿＿＿(回答)。

审：对本判决有无意见？是否上诉？

被告人：＿＿＿＿＿＿(回答)。

审：把被告人×××带出法庭，送回××看守所继续羁押。

书记员：请审判长、审判员(人民陪审员)退庭。

请公诉人、辩护人退庭。

请旁听人员退庭。

七、人民检察院出庭支持公诉

根据《刑事诉讼法》《人民检察院刑事诉讼规则(试行)》等相关规定，在审判阶段，人民检察院出席法庭参加庭审的情形，因案件的不同表现为以下不同的情况：参加第一审普通程序；参加简易程序；参加二审程序；参加审判监督程序；参加未成年人刑事案件诉讼程序；参加当事人和解的公诉案件诉讼程序；参加犯罪嫌疑人、被告人逃匿、死亡案件违法所得的没收程序；参加依法不负刑事责任的精神病人的强制医疗程序。

针对上述情形，本书着重介绍人民检察院出席刑事一审程序并支持公诉的相关业务内容和工作步骤。

根据《刑事诉讼法》《人民检察院刑事诉讼规则(试行)》等规定的精神，公诉人出席刑事一审法庭庭审的任务为：代表国家指控、揭露和证实犯罪，提请人民法院对被告人依法审判；对法庭审判活动是否合法进行监督；维护诉讼参与人的合法权利；结合案情进行法制宣传和教育；依法从事其他诉讼活动。为完成出席一审法庭庭审的任务，公诉人应当遵守下列原则：依法行使检察权，正确履行法律监督职责；忠于事实，忠于法律，重证据，重调查研究，不轻信口供；与审判机关分工负责，互相配合，互相制约；坚持法律效果与社会效果的统一。

提起公诉的案件，人民检察院应当派员以国家公诉人的身份出席第一审法庭，支持公诉。公诉人应当由检察长、检察员或者经检察长批准代行检察员职务的助理检察员一人或数人担任，并配备书记员担任记录员。公诉人出席第一审法庭支持公诉，应当根据法庭审判的程序或阶段分别做好支持公诉的相关工作。

(一) 庭前准备工作

根据人民法院一审案件的特点，公诉人在人民法院决定开庭审判后，应当做好如下准备工作。

(1) 熟悉案情，掌握证据情况。

(2) 深入研究与本案有关的法律政策问题。

(3) 充实审判中可能涉及的专业知识。

(4) 拟定讯问被告人，询问证人、被害人、鉴定人的提纲，制订宣读、出示、播放证据的计划，制定质证方案。

(5) 拟定公诉意见，准备辩论提纲。

(6) 对未成年被告人的案件，公诉人应当掌握未成年被告人的心理状态，对其进行接受审判的教育，并根据案件情况和未成年被告人的特点，制定临庭处置方案和针对未成年被告人进行法制教育的书面材料。

(7) 需要对出庭证人等进行保护而向人民法院提出建议或者需配合做好工作的，应做好相关准备工作。

(8) 在开庭审理前收到人民法院或者被告人及其辩护人、被害人、证人等送交的反映证据系非法取得的书面材料的，应当进行审查。对于审查逮捕、审查起诉期间已经提出并经查证不存在非法取证行为的，应当通知人民法院、有关当事人和辩护人，并按照查证的情况做好庭审准备。对于新的材料或者线索，可以要求侦查机关对证据收集的合法性进行说明或者提供相关证明材料，必要时可以自行调查核实。

(9) 人民法院通知人民检察院派员参加庭前会议的，由出席法庭的公诉人参加。在庭前会议中，公诉人可以针对案件管辖、回避、出庭证人、鉴定人、有专门知识的人员名单、辩护人提供的无罪证据、非法证据排除、不公开审理、延期审理、适用简易程序、庭审方案等与审判相关的问题提出和交换意见，了解辩护人收集的证据等情况。对辩护人收集的证据有异议的，应当提出。公诉人通过参加庭前会议，为参加法庭审理做好准备。

(二) 参与法庭调查

公诉人应当按照人民法院出具的出庭通知规定的时间准时到庭，并按照要求着装，佩戴胸徽。公诉人在法庭书记员宣布"请公诉人入庭"后，进入法庭。多名公诉人出席法庭的，第一公诉人应当坐在靠近审判席的一侧。

在审判长宣布开庭后，应当按照庭审程序分别做好以下工作。

(1) 认真听取审判长核对被告人及其辩护人、附带民事诉讼的原告人及其诉讼代理人的身份情况与起诉书认定的情况是否相符；起诉书副本等诉讼文书的送达期限是否符合法律规定；宣布公开审理或不公开审理的理由是否合法；告知诉讼参与人的诉讼权利是否清楚、完整；被告人是盲、聋、哑、未成年人或者可能被判处死刑而没有委托辩护人的，人民法院是否指定律师为其提供辩护；对回避申请的处理是否合法等。

(2) 在审判长的主持下宣读起诉书。宣读起诉书时，公诉人应当起立并保持端庄姿势。

宣读起诉书应从"×××人民检察院起诉书"开始至"检察员(代理检察员)×××"结束。宣读完毕，应当告知审判长。

(3) 在审判长的主持下，讯问被告人，询问证人、被害人、鉴定人等。

公诉人讯问被告人，询问证人、被害人、鉴定人，出示物证，宣读书证、未出庭证人的证言笔录等应当围绕下列事实进行：被告人的身份；指控的犯罪事实是否存在，是否为被告人所实施；实施犯罪行为的时间、地点、方法、手段、结果，被告人犯罪后的表现等；集团犯罪或者其他共同犯罪案件中参与犯罪人员的各自地位和应负的责任；被告人有无刑事责任能力，有无故意或者过失，行为的动机、目的；有无依法不应当追究刑事责任的情况，有无法定的从重或者从轻、减轻以及免除处罚的情节；犯罪对象、作案工具的主要特征；与犯罪有关的财物的来源、数量以及去向；被告人全部或者部分否认起诉书指控的犯罪事实的，否认的根据和理由能否成立；与定罪、量刑有关的其他事实。

公诉人在讯问、询问时应当遵守以下规则：①相关性规则。公诉人应当在起诉书指控的范围内，围绕事实、情节和定罪量刑进行讯问、询问，发问的内容应当与案件有关。②禁止诱导规则。公诉人讯问、询问的方式不得具有暗示被问人按照提问人意图作出回答的性质，从而影响陈述、证言的客观性和真实性。否则，有可能遭到辩护人的抗议或法庭的制止，从而影响公诉效果。③禁止威胁规则。公诉人不能强求被告人、证人、被害人、鉴定人按照自己的意思回答问题，不得采取威胁的语言进行提问。④禁止损害人格尊严规则。公诉人应当尊重被告人、证人、被害人、鉴定人的人格尊严，不得有贬低其人格、损害其尊严的现象。⑤单一提问规则。公诉人讯问、询问时应当采用一问一答的形式，不宜提出许多问题让被告人、证人、被害人、鉴定人一次性回答。⑥排除假设规则。公诉人讯问、询问时，不得以假设的事实为基础进行发问。⑦排除意见规则。公诉人在询问证人、被害人时，应当只要求证人、被害人陈述其知道的案件事实情况，而不能让证人、被害人陈述对被告人行为性质的判断、推测等意见。⑧相互对质规则。讯问共同犯罪案件的被告人，询问被害人、证人应当分别进行。被告人、被害人、证人对同一事实的陈述存在矛盾需要对质的，公诉人可以建议法庭传唤有关被告人、证人同时到庭对质。

(4) 认真听取辩护人对被告人、证人、被害人、鉴定人的发问。对辩护人进行诱导性发问以及其他不当发问，可能影响陈述、证言的客观真实性的，公诉人可以要求审判长制止或者要求对该项陈述、证言不予采纳。

辩护人发问完毕，公诉人可以根据辩护人、诉讼代理人、审判长、审判员发问的情况，经审判长许可进行补充讯问、询问。

(5) 在审判长的主持下向法庭举示证据，公诉人在法庭上举示证据，应当遵守以下基本要求：①目的明确。出示、宣读、播放每一份(组)证据前，公诉人应向法庭说明证据的来源、种类及名称，并简要说明该证据的证明内容。②客观全面。公诉人应当客观、公正地向法庭提供被告人有罪、罪重或罪轻的证据。出示、宣读、播放每一份证据时，可以全部出示，也可以摘要出示。摘要出示，应当体现证据的原意、原状，不能以主观需要断章取义。③突出重点。在全面举证的基础上，公诉人应当根据案件性质、证据情况、被告人的特点和辩护意向，对可能引起争议的定罪量刑的关键事实、情节进行重点举证。④形成体系。公诉人举证应当参考举证提纲，并根据庭审情况及时调整举证顺序和内容。举证遵循一事一证、证明同一事项的证据同组出示的原则，做到条理分明、层次清晰、逻辑合理，使全部指控证据形成一个完整的体系。一般应先出示定罪证据、后出示量刑证据，先出示主要证据、后出示次要证据。如有特殊情况，公诉人应遵循有利于指控犯罪的原则排列举证顺序。

所有证据出示完毕，公诉人应当向合议庭说明，提请合议庭充分考虑并依法采信。

公诉人举示证据完毕，应针对辩护方对指控证据的质疑和质问进行答辩，并对辩护方的证据提出质疑和质问。公诉人进行法庭质证，应当遵循下列原则：①实事求是，依法质证。公诉人要以事实和证据的实际情况为依据，以法律规定为准绳，提出质疑和进行答辩。对辩方提出的质疑，要实事求是地进行分析。对不合理的质疑，要进行有力的反驳；对合理的质疑，应予以采纳。②全面质证，突出重点。对辩方提出的所有证据，公诉人原则上都要予以质证，表明意见。在全面质证的基础上，要突出重点，对关键证据和争议焦点要充分阐明意见。③充分质证，解决争议。对辩方提出的证据要充分提出质疑和进行质问，对辩方的质疑和质问要充分答辩，确保在质证阶段解决对证据的争议。④讲究策略，灵活应变。公诉人在出庭前要拟定质证方案，做好充分准备，在法庭上要根据情况调整策略，灵活应变，把握庭审主动权。对于被告人、辩护人向合议庭提交的证据，公诉人应认真听取，并应当要求查看原件，进行审查判断。对该证据的客观性、合法性、关联性有异议的，应该当庭提出质疑。公诉人应结合本方证据情况，向合议庭说明不予采信的理由。

(三) 参与法庭辩论

法庭调查结束即进入法庭辩论阶段，公诉人在法庭辩论阶段应注意做好以下工作。

1. 在审判长的主持下，发表公诉意见

公诉意见应当在法庭调查的基础上，结合庭审情况及时予以调整和完善。公诉意见一般包括以下内容：根据法庭调查的情况，概述法庭举证、质证情况，各证据的证明作用，并运用各证据之间的逻辑关系证明被告人的犯罪事实清楚，证据确实、充分；根据被告人的犯罪事实，论证应适用的法律条款，并提出定罪及从重、从轻、减轻处罚等意见；根据法庭情况，在揭露被告人犯罪行为的社会危害性的基础上，做必要的法律宣传教育工作；对未成年被告人案件，应当结合案件事实、情节、犯罪原因、认罪悔罪态度等情况，提出从轻、减轻处罚的意见，并配合法庭对未成年人进行法制教育，做好教育、感化、挽救的工作。

2. 认真听取被告人的辩解和辩护人发表的辩护词

3. 控辩双方相互辩论

辩护人发表辩护词后，控辩双方应当在审判长的主持下，就影响案件定罪量刑的问题进行辩论。一般来说，在辩护方发表辩护词后，公诉人就应当归纳辩护方的基本观点，确定答辩的范围和重点，根据事先准备的答辩提纲，结合庭审变化情况进行适当调整，有针对性地答辩。对控辩双方争议的焦点问题，公诉人必须答辩。答辩前应先向审判长表示坚持公诉意见的态度，同时表明将针对被告人或辩护人的辩护观点作出答辩。

(四) 听取被告人的最后陈述

法庭辩论结束后，由被告人进行最后陈述。对于被告人的最后陈述，公诉人应认真听取，但不能对被告人的最后陈述进行反驳。

(五) 评议宣判阶段

被告人最后陈述完毕，即进入评议宣判阶段。如果不当庭宣判，则庭审结束；如果当庭宣判，针对人民法院的判决，公诉人一般不发表具体意见。如果审判长问公诉人有无意见，公诉人可回答："审判长，根据《刑事诉讼法》第二百一十九条的规定，本院将依法对本案的判决进行审查，如有意见，将由本院正式提出。"

(六) 法庭审理过程中特殊情况的处理

在法庭审理过程中，公诉人应充分做好应对特殊情况的准备，并根据出现的具体情况分别作出处理。

1. 延期审理

在人民法院法庭审理过程中或者在人民法院开庭审理前，遇有下列情形之一的，公诉人可以建议法庭延期审理：发现事实不清、证据不足，或者遗漏罪行、遗漏同案犯罪嫌疑人，需要补充侦查或者补充提供证据的；被告人揭发他人犯罪行为或者提供重要线索，需要补充侦查进行查证的；发现遗漏罪行或者遗漏同案犯罪嫌疑人，虽不需要补充侦查和补充提供证据，但需要补充、追加或者变更起诉的；申请人民法院通知证人、鉴定人出庭作证或者有专门知识的人出庭提出意见的；需要调取新的证据，重新鉴定或者勘验的；公诉人出示、宣读开庭前移送人民法院的证据以外的证据，或者补充、变更起诉，需要给予被告人、辩护人必要时间进行辩护准备的；被告人、辩护人向法庭出示公诉人不掌握的与定罪量刑有关的证据，需要调查核实的；公诉人对证据收集的合法性进行证明，需要调查核实的。

法庭延期审理后，人民检察院应当在补充侦查期限内根据情况，书面建议人民法院恢复法庭审理或者撤回起诉。公诉人建议延期审理的次数不得超过两次，每次不得超过1个月。

2. 变更、追加、补充起诉

在人民法院宣告判决前，人民检察院发现被告人的真实身份或者犯罪事实与起诉书中叙述的身份或者指控犯罪事实不符的，或者事实、证据没有变化，但罪名、适用法律与起诉书不一致的，可以变更起诉；发现遗漏的同案犯罪嫌疑人或者罪行可以一并起诉和审理的，可以追加、补充起诉。

3. 撤回起诉

在人民法院宣告判决前，人民检察院发现具有下列情形之一的，可以撤回起诉：不存在犯罪事实的；犯罪事实并非被告人所为的；情节显著轻微、危害不大，不认为是犯罪的；证据不足或证据发生变化，不符合起诉条件的；被告人因未达到刑事责任年龄，不负刑事责任的；法律、司法解释发生变化导致不应当追究被告人刑事责任的；其他不应当追究被告人刑事责任的。对于撤回起诉的案件，人民检察院应当在撤回起诉后30日内作出不起诉的决定。需要重新侦查的，应当在作出不起诉的决定后将案卷材料退回公安机关，建议公安机关重新侦查并书面说明理由。对于撤回起诉的案件，没有新的事实或者新的证据的，人民检察院不得再行起诉。新的事实是指原起诉书中未指控的犯罪事实，该犯罪事实触犯的罪名既可以是原指控罪名的同一罪名，也可以是其他罪名。新的证据是指撤回起诉后收集、调取的足以证明原指控犯罪事实的证据。

变更、追加、补充或者撤回起诉应当报经检察长或者检察委员会决定，并以书面方式在人民法院宣告判决前向人民法院提出。

(七) 其他事项

法庭审理结束以后，公诉人应当完成以下工作。

(1) 对当庭出示、宣读、播放的证据材料，公诉人应当在休庭后与合议庭办理交接手续。无法当庭移交的，应当在休庭后3日内移交。

(2) 出庭的书记员应当将庭审情况记入笔录，笔录应详细记载庭审的时间、地点、参加人员、公诉人出庭执行任务的情况和法庭调查、法庭辩论的主要内容以及法庭判决结果，并由公诉人和书记员签名。

(3) 公诉人在收到一审案件的判决、裁定书后，应当认真审查，填写"判决、裁定审查意见表"，并报部门负责人审核。

(4) 按照规定分别对涉案被查封、扣押、冻结的被告人财物及其孳息进行处理。

■ 八、审判阶段的律师辩护

(一) 接受委托或者指派担任辩护人

1. 接受委托担任辩护人

律师受理刑事案件，可以在侦查、审查起诉、一审、二审、申诉各阶段分别办理委托手续，也可以一次性签订委托协议，但应分阶段签署授权委托书。因此，如果在侦查阶段或者审查起诉阶段委托人已经与律师事务所签订了包括审判阶段的辩护合同，则无须再签订委托合同。否则，辩护律师还需要与委托人商谈确立委托关系的相关事项，具体包括以下几方面。

(1) 初步了解案情及委托人的具体要求，以决定是否接受委托。

(2) 签订委托辩护合同。在确定接受委托的情况下，与委托人签订委托辩护合同。委托辩护合同一式两份，一份交委托人，一份由律师事务所存档。

(3) 委托人签署授权委托书。授权委托书一式三份，一份呈交办案机关，一份由承办律师存档，一份交委托人保存。

在办理完委托手续后，辩护律师应当根据案件的具体情况，及时准备与辩护工作相关的工作证明或其他材料，这些工作证明或其他材料主要有律师出庭证、会见证、调查介绍信等。

2. 接受指派担任辩护人

根据《刑事诉讼法》第三十四条的规定，律师应接受法律援助机构的指派，为符合法律援助条件的被告人提供辩护；应接受人民法院的指派，为没有委托辩护人的盲、聋、哑人，或者是尚未完全丧失辨认或者控制自己行为能力的精神病人以及可能被判处无期徒刑、死刑的被告人提供辩护。

(二) 辩护律师出庭前的准备工作

律师出庭前的准备工作是否充分、有效，对律师出庭辩护的质量和效果有重要影响。根据辩护经验，辩护律师在出庭前应做好以下几个方面的准备工作。

1. 及时与法院联系并办理工作手续

与委托人建立委托关系以后，辩护律师一定要及时与法院联系，并办理相关的工作手续，以便正常开展审判阶段的辩护工作。一般来讲，如果是委托辩护，辩护律师需要把加盖公章的律师事务所出具的律师出庭证和委托书交给法院；如果是指派辩护，则应将指定函和出庭证交给法院。上述证明材料交给法院并得到法院的确定后，则标志着律师正式介入审判阶段的辩护工作。

2. 认真审阅起诉书

起诉书是审判的基础，是人民检察院代表国家对被告人提起刑事指控的法律文件。起诉书叙述了公诉机关对被告人的犯罪事实、性质、情节、在共同犯罪中的地位及作用的认定，以及处以刑罚的法律意见。为了了解被告人被指控犯罪的情况以及公诉机关的观点，为辩护做好准备，辩护律师必须认真审阅起诉书，以便从中发现问题，确定辩护策略。审阅起诉书一般应结合所指控的罪名，注意从以下几个方面进行。

(1) 被告人的基本情况，包括法定年龄、刑事责任能力、共同犯罪人的分类(地位、作用)、自首、立功、累犯、主体身份、有无前科等。

(2) 犯罪事实(包括时间、地点、动机、目的、手段、后果等)、情节(包括法定、酌定的从宽或从严情节)是否清楚，证据是否确实、充分。

(3) 罪与非罪、此罪与彼罪的界限是否区分清楚，定性是否准确，适用的法律条文是否正确等。

(4) 侦查部门、审查起诉部门的办案程序是否合法，是否存在超期羁押情况等。

(5) 在有被害人的案件中，被害人的基本情况以及被害人是否存在明显过错等。

(6) 当发现起诉书存在明显问题时可以与承办法官交换意见。

3. 查阅案卷材料，审查各种证据

查阅案卷材料是辩护律师了解、掌握案情的重要途径，也是辩护律师辩护准备工作的主要内容。《刑事诉讼法》第三十八条规定，辩护律师自人民检察院对案件审查起诉之日起，可以查阅、摘抄、复制本案的案卷材料。《律师法》第三十四条规定，受委托的律师自案件被人民法院受理之日起，有权查阅、摘抄和复制与案件有关的所有材料。

辩护律师在阅卷时，应当着重了解以下事项：被告人的自然情况；被告人被指控犯罪的时间、地点、动机、目的、手段、后果及其他可能影响定罪量刑的法定、酌定情节等；被告人无罪、罪轻的事实和材料；证人、鉴定人、勘验检查笔录制作人的自然情况；侦查、审查起诉阶段的法律手续和诉讼文书是否合法、齐备；技术性鉴定材料的来源、鉴定人是否具有鉴定资格、鉴定结论及理由等；同案被告人的情况；有关证据的客观性、关联性和合法性，证据本身及证据之间的矛盾与疑点；相关证据能否证明起诉书所指控的犯罪事实及情况，有无矛盾与疑点；其他与案件有关的材料。

辩护律师在阅卷时，既要注意无罪、罪轻证据，也要注意有罪、罪重证据。对于阅卷中发现的与定罪量刑有关的疑点、矛盾之处以及不清楚的事情一定要反复查阅，并详细摘录，一方面，可以作为在会见被告人时予以落实解决或者调查的提纲；另一方面，可以作为法庭审理中的发问提纲。阅卷工作完成后，辩护律师基本上可以把握案件的概貌，明确下一步会见工作和调查工作的内容与范围，并初步形成辩护的思路和设想。

4. 会见被告人

辩护律师查阅起诉书、案卷材料以及审查证据后，对所承办的案情已有了较为全面的了解。在此基础上，首先，应当会见被告人，以进一步了解案情，核实案件事实，解决阅卷中存在的问题或者矛盾。辩护律师会见未在押的被告人可随时进行。会见在押的被告人，应当按照规定持律师证、会见证和委托书到羁押场所会见，无须人民法院批准。辩护律师会见时，人民法院不派员在场。辩护律师会见被告人，一般应准备会见提纲，认真听取被告人的陈述和辩解，发现、核实、澄清案件事实和证据材料中的矛盾和疑点，重点阐明并了解以下情况。

首先，介绍律师的身份、职责。如果是被告人的亲属或者其他人代为委托，须在会见时得到被告人的确认。

其次，应明确是否收到起诉书以及收到起诉书的时间。询问被告人对起诉书的意见，明确起诉书指控的事实、情节、动机、目的是否清楚、准确，并作详细记录，还应提问、核实阅卷中发现的矛盾和问题。

最后，应询问被告人有无有利于自己的证据或证据线索，听取被告人自己的辩解、辩护意见。向被告人介绍法庭审理程序，告知被告人在庭审中的诉讼权利、义务及应注意的事项。律师会见被告人应当制作会见笔录,并交被告人阅读或者向其宣读。如果记录有遗漏或者差错,应当允许被告人补充或者改正,在被告人确认无误后要求其在笔录上签名。辩护律师会见被告人,应当遵守羁押场所依法作出的有关规定,不得私自为被告人传递物品、信函,不得将通信工具借给其使用,不得进行其他违反法律规定的活动。律师会见完毕,应与羁押场所办理被告人交接手续。

5. 进行必要的调查取证工作

辩护律师在查阅起诉书、案卷材料以及会见被告人的基础上,应当根据案件和辩护的需要做好调查和收集证据的工作,这是辩护律师在庭审时完成举证责任的基础。辩护律师在调查取证时,应注意以下问题:①调查的手续完备。律师自行调查取证的,凭律师执业证书和律师事务所证明,可以向有关单位或者个人调查与承办法律事务有关的情况。②调查应当由两人进行。律师在调查、搜集案件材料时,可以录音、录像。对被调查人录音、录像的,应征得被调查人同意。律师调查、搜集证据材料时,根据需要可邀请有关人员在场见证,并在调查笔录上签名。被调查人拒绝接受调查的,辩护律师可以申请人民法院收集、调取证据或者申请人民法院通知证人出庭作证。在向被害人或者其近亲属、被害人提供的证人收集与本案有关的材料时,应经其同意,并经人民法院许可。辩护律师收集物证、书证和视听材料应提取原件,无法提取原件的,可以复制、拍照或者录像,但对复制件、照片或录像应附有证据提供者的证明。③制作调查笔录。律师在调查时应当做好调查笔录。调查笔录应当载明调查人、被调查人、记录人的姓名,调查的时间、地点;笔录内容应当有律师身份的介绍,被调查人的基本情况,律师对证人如实作证的要求,作伪证或隐匿罪证要负法律责任的说明,以及被调查事项的基本情况。调查笔录应全面、准确地反映调查内容,并经被调查人核对或向其宣读。被调查人如有修改、补充,应由其在修改处签字、盖章或者按指纹确认。调查笔录经被调查人核对后,应由其在每一页上签名并在笔录的最后签署记录无误的意见。

辩护律师调查结束后,应当对收集的证据材料进行归纳整理,以备在法庭上出示,对拟出庭的证人名单可编制目录并说明其所要作证的内容。

6. 做好开庭前的其他准备工作

辩护律师在开庭前应当做好辩护卷宗的归纳整理工作。辩护卷宗一般包括起诉书及阅卷摘录、庭审发问提纲、调查收集的证据材料、与案件有关的法律法规及司法解释摘录、辩护思路及辩护词初稿等。辩护卷宗归纳整理得全面有序是辩护律师法庭辩护工作得以顺利开展的重要保证。此外,辩护律师开庭前的准备工作还包括以下几个方面。

(1) 辩护律师申请人民法院通知证人、鉴定人、勘验检查笔录制作人出庭作证的,应制作上述人员名单,注明身份、住址、通信方式等,并说明拟证明的事实,在开庭前提交人民法院。

(2) 辩护律师拟当庭宣读、出示的证据,应制作目录并说明所要证明的事实,在开庭前提交人民法院。

(3) 辩护律师接到开庭通知书后应按时出庭,因下列情形之一不能出庭的,应及时与法院联系,申请延期开庭:律师收取两个以上开庭通知,只能按时参加其中之一的;庭审前律师发现重大证据线索,需进一步调查取证或申请新的证人出庭作证的;由于其他客观原因律师无法按时出庭的。律师申请延期开庭,未获批准,又确实不能出庭的,应与委托人协商,妥善解决。

(4) 拟写举证、质证提纲。

(5) 拟写庭审发问提纲。

(6) 确定辩护思路或者方案,草拟辩护词。

(7) 制作引证材料的备忘录,主要是与案件有关的法律法规及司法解释等。

(三) 辩护律师出庭辩护

开庭审理是刑事诉讼中具有决定意义的一个重要阶段,也是被告人的辩护权得以实现的重要阶段。因此,辩护律师应当认真履行辩护职责,切实承担维护被告人合法权益的重任。人民法院的开庭审理一般分为法庭准备、法庭调查、法庭辩论、被告人最后陈述和评议宣判5个阶段。在这5个阶段中,辩护律师均有其特定的工作内容。

1. 法庭准备阶段的律师工作

法庭准备阶段是开庭审理的开始阶段,在这一阶段,辩护律师应当做好以下工作。

(1) 注意法庭组成人员、公诉人员等是否合法,是否具有回避的情形。

(2) 注意申请出庭的证人是否到庭。如果证人到庭,应注意法庭是否采取隔离措施,防止证人旁听案件而影响作证。如果证人未到庭,应请法庭说明原因。如果认为证人不出庭可能影响案件的公正审理,特别是会对被告人不利,则应当申请法庭延期审理。

(3) 注意案件是否公开审理以及不公开审理的理由是否成立。

(4) 共同犯罪案件中有多名律师出庭的,辩护律师应按指控被告人的顺序从审判台一侧依次就座。

(5) 对于未成年的被告人,应当注意其法定代理人有无到庭以及未到庭的原因。

2. 法庭调查阶段的律师工作

法庭调查是案件进入实体审理的中心环节,这一阶段的内容是当庭对案件事实和证据进行调查核对。根据《刑事诉讼法》的相关规定,一切用作定案根据的证据都要经过法庭调查并予以查证属实。因此,法庭调查是形成公正判决的基础。在这一阶段,辩护律师应当通过询问当事人及诉讼参与人来核实案情,通过全面举证、质证来确立辩护论据。一般来说,辩护律师在这一阶段应按步骤做好以下各项工作。

(1) 认真听取公诉人宣读起诉书,并注意起诉书指控的内容有无变化以及变化的原因,以便及时调整辩护意见。

(2) 认真听取公诉人员、审判人员的讯问(询问)以及被告人、被害人等对案件的陈述,以便从中发现问题,并不失时机地在发问环节提出问题。

(3) 针对控方不当的(指供、诱供等)发问方式、发问内容,应及时向法庭提出"反对"或"抗议",并要求法庭及时予以制止。

(4) 律师要善于发问。辩护律师在公诉人讯问、被害人及其代理律师发问被告人后,经审判长许可,可向被告人发问。被告人不承认指控犯罪的,应问明情况和理由。辩护律师在发问时，应注意发问的方式和发问的内容；向被告人发问时，应当注意用引导的方式进行，发问的内容应当是回答对被告人有利的内容。在向有利于被告人的证人、被害人、鉴定人等发问时，一般也应采用引导的方式进行，发问的内容应当是回答对被告人有利的内容，其目的是增强辩护效果；在向不利于被告人的证人、被害人、鉴定人等发问时，要选择好发问的方式和内容，其目的是削弱控诉效果。

(5) 对控方证据进行全面质证。在法庭调查阶段，辩护律师应当充分运用证据规则对控方出示的证据进行全面质证。辩护律师在质证时，要注意区分对证据的质证与法庭辩论。质证主要是针对证据的真实性、合法性、关联性进行的，也就是说，只要指出控方出示的证据缺乏"三性"之一，那么，就不能成为定案和判决的依据，而法庭辩论是法庭调查结束以后的内容。对此，辩护律师应当予以区别和注意。

① 对控方的出庭证人的质证。对控方的出庭证人，应注意从以下方面进行质证：证人与案件事实的关系；证人与被告人、被害人的关系；证言与其他证据的关系；证言的内容及来源；证人感知案件事实时的环境、条件和精神状态；证人的感知力、记忆力和表达力；证人作证是否受到外界的干扰或影响；证人的年龄以及生理上、精神上是否有缺陷；证言前后是否矛盾。辩护律师应综合以上方面，对证人证言的可信性及时发表意见并阐明理由，如有异议，应与控方展开辩论。

② 对控方宣读的未出庭证人的书面证言的质证。对控方宣读的未出庭证人的书面证言，应注意从以下方面质证：证人不能出庭作证的原因及对本案的影响；证人证言的形式和来源是否合法，内容是否完整、准确等。辩护律师应综合以上方面，对未出庭证人证言的可信性及时发表意见并阐明理由，如有异议，应与控方展开辩论。必要时，有权建议法庭不予采信或要求法庭延期审理，并通知证人出庭出证。

《刑事诉讼法》第一百八十七条规定，公诉人、当事人或者辩护人、诉讼代理人对证人证言有异议，且该证人证言对案件定罪量刑有重大影响，人民法院认为证人有必要出庭作证的，证人应当出庭作证。

《刑事诉讼法》第一百八十八条规定，经人民法院通知，证人没有正当理由不出庭作证的，人民法院可以强制其到庭，但是被告人的配偶、父母、子女除外。

③ 对出庭的鉴定人和鉴定意见的质证。对出庭的鉴定人和鉴定意见，应注意从以下方面进行质证：鉴定人与案件的关系；鉴定人与被告人、被害人的关系；鉴定人的资格；鉴定人是否受到外界的干扰和影响；鉴定的依据和材料；鉴定的设备和方法；鉴定意见与其他证据的关系；鉴定意见是否有科学依据。辩护律师应综合以上方面，对鉴定意见的可信性及时发表意见并阐明理由，如有异议，应与控方展开辩论。

④ 对控方宣读的鉴定意见的质证。对控方宣读的鉴定意见，应注意从以下方面质证：鉴定人不能出庭的原因及对本案的影响；鉴定意见的形式和来源是否合法，内容是否完整、准确等。辩护律师应综合以上方面，对鉴定意见的可信性及时发表意见并阐明理由，如有异议，应与控方展开辩论。必要时，辩护律师有权建议法庭不予采信或者要求法庭延期审理，并通知鉴定人出庭接受质证，也可以申请人民法院补充鉴定或者重新鉴定。

《刑事诉讼法》第一百八十七条规定，公诉人、当事人或者辩护人、诉讼代理人对鉴定意见有异议，人民法院认为鉴定人有必要出庭的，鉴定人应当出庭作证。经人民法院通知，鉴定人拒不出庭作证的，鉴定意见不得作为定案的根据。

⑤ 对控方出示的物证的质证。对控方出示的物证，应注意从以下方面进行质证：物证的真伪；物证与本案的联系；物证与其他证据的联系；物证要证明的问题；取得物证的程序是否合法。辩护律师应综合以上方面，对物证的可信性及时发表意见并阐明理由，如有异议，应与控方展开辩论。

⑥ 对控诉方出示的书证的质证。对控诉方出示的书证，应注意从以下方面进行质证：书证的来源及是否为原件；书证的真伪；书证与本案的联系；书证与其他证据的联系；书证的内容及所要证明的问题；取得书证的程序是否合法。辩护律师应综合以上方面，对书证的可信性及时发表意见并阐明理由，如有异议，应与控方展开辩论。

⑦ 对控方提供并播放的视听资料的质证。对控诉方提供并播放的视听资料，应从以下方面进行质证：视听资料的形成及时间、地点和周围的环境；视听资料收集的程序是否合法；播放视听资料的设备；视听资料的内容是否和所要证明的问题相关；视听资料是否伪造、变造；与其他证据的联系。辩护律师在播放视听资料后，通过上述各方面的质证如发现该材料不真实，或者其内容不是被告人自愿所为等，应提出不予采信的建议和理由。控辩双方可以就此展开辩论，辩护律师有权要求法庭调查核实。

⑧ 辩护律师出示证据。在控方举证完毕后，辩护律师应向法庭申请出示辩护证据。辩护律师举证时，应向法庭说明证据的形式、内容、来源以及所要证明的问题，并特别注意说明以下内容：物证、书证、视听资料来源的合法性；证人证言、被告人陈述、鉴定结论取得的程序的合法性；证据内容的真实性；证据与案件以及证据之间的联系。针对辩护证据，控诉方如果提出异议，辩护律师应当有针对性地进行质证，以维护辩护证据的可信性。在法庭审理过程中，辩护律师有权申请通知新的证人到庭，调取新的物证，申请重新鉴定或者勘验。辩护律师可以申请法庭通知有专门知识的人出庭，就鉴定人作出的鉴定意见提出意见。辩护律师可以请求人民法院向人民检察院调取其收集的能够证明被告人无罪或者罪轻的证据材料。

辩护律师在法庭调查时，要特别注意案情的变化，并根据变化及时修改、调整庭前准备的辩护词，使之持之有据、论之有理。

3. 法庭辩论阶段的律师工作

法庭辩论是在法庭调查的基础上律师辩护的重要环节，是辩护律师全部工作成果的集中体现，它是在法庭辩论阶段，由控、辩双方就案件事实是否清楚，证据是否确实、充分，定性是否准确，程序是否合法以及如何量刑等问题进行辩论、辩驳的一项诉讼活动。一名优秀的辩护律师在法庭上发表的辩论意见，不但会对被告人的定罪量刑产生重要影响，而且会赢得公诉人以及法官的信服与尊重。辩护律师在法庭辩论阶段应做好以下几方面工作。

(1) 认真听取公诉人发表的公诉词，作必要的记录，并做好辩论准备。辩护律师的辩论发言是在控方发表公诉意见后进行的，因此，辩护律师的辩论发言应针对控方的指控展开，以便做到针对性强、言之有物。

(2) 注意听取被告人的自行辩护意见。对于被告人自行辩护的意见，辩护律师应当认真听取，对于正确的辩护意见可以在辩护词中予以借鉴或强调。

(3) 发表辩护词。辩护词是辩护律师在法庭审理过程中，为维护被告人的合法权益而针对起诉发表的辩护意见。它是辩护律师对起诉书指控的罪行，从事实认定、证据运用到法律适用，从刑事实体到诉讼程序的全面评价，是辩护律师辩护意见的集中体现。辩护词应针对控诉方的指控，从事实是否清楚，证据是否确实、充分，适用法律是否准确无误，诉讼程序是否合法等不同方面进行分析论证，并提出关于案件定罪量刑的意见和理由。发表辩护词是辩护律师在法庭辩论中的第一次发言，通常是按照事先准备好的材料或者按照法庭调查结束后修改的材料进行宣读，也可以给予适当的口头解释和说明。

辩护律师在为被告人做无罪辩护时，应主要从以下方面进行：控诉方指控的证据不足，不能认定被告人有罪。控方或辩方提供的证据，如能证明属于下述情况，依据法律应当认定被告人无罪：被告人行为情节显著轻微，危害不大，不认为是犯罪；被告人行为系合法行为；被告人没有实施控诉方指控的犯罪行为；其他依法认定被告人无罪的情况。辩护律师在为被告人做有罪辩护时，应着重从案件定性(轻罪)以及对被告人从轻、减轻或者免除处罚等方面进行。与控方进行辩论在公诉人发表公诉词与辩护人发表辩护词后，控、辩双方在审判长的主持下就案件涉及的与定罪量刑有关的关键问题展开辩论。辩论的次序按照控辩进行，双方机会均等，辩论的次数由审判长根据情况确定和把握。

辩护律师在法庭辩论阶段应注意以下几方面问题：①要妥善处理辩护与辩论的关系。辩论发言宜先后有序，留有余地，以便为第二、三轮辩论做准备。②律师多次辩护发言应避免重复，突出重点，着重针对控诉方的新问题、新观点及时提出新的辩护意见。③要注意提高辩护意见的质量和效果，辩论时要注意抓住实质，并掌握分寸，切忌纠缠枝节。④辩论时要善于运用有关证据及法律规定，以支持辩护论点或否定控诉论点，增强说服力。⑤辩论时要摆事实，讲道理，以理服人，律师辩论要做到"斗智"而不"斗气"。⑥辩护观点、结论力求明确，要求务必恰当。作为辩护律师必须明确：模棱两可的结论和非法无理的要求，都会削弱整场辩护的效果、力量。律师在辩护时应向法庭陈述自己的意见和观点，以期得到采纳，不应以旁听人员为发言对象，哗众取宠。

4. 被告人最后陈述阶段的律师工作

法庭辩论终结后，审判长应当告知被告人有最后陈述的权利。被告人最后陈述是法庭审判的一个独立阶段，也是我国法律赋予被告人的一项重要诉讼权利。在这一阶段，辩护律师应当注意以下事项：如果被告人的最后陈述权利被剥夺或限制，则应当要求法庭依法保障被告人的这一权利；如果被告人在最后陈述中提出新的事实和证据，则应要求法庭恢复法庭调查、辩论，并重新给予被告人最后陈述的权利。

5. 评议宣判阶段的律师工作

庭审结束后，辩护律师应就当庭出示、宣读的证据及时与法庭办理交接手续，应尽快整理辩护意见并及时提交辩护词。一审判决后，律师有权获得判决书。在上诉期间，律师可会见被告人，听取其对判决书内容及是否上诉的意见，并给予法律帮助。

第十一章 刑事诉讼证据规则适用

本章学习目的和要求：

(1) 掌握刑事证据的判断标准。

(2) 了解刑事证据的适用规则。

(3) 重点掌握非法证据的排除。

第一节 刑事证据概述

一、刑事证据的定义

所谓证据，是指证明案件事实或者与法律事务有关的事实存在与否的根据。[①]这个概念的基本精神同样适用于刑事证据。但刑事证据是一种专门证据，而且诉讼制度和证据法学理论已赋予它特定和更丰富的内涵。理解刑事证据的概念，不仅要了解它的基本含义，还要了解它的特定含义和主要特征。

最新修正的《刑事诉讼法》第四十八条第一款明确规定："可以用于证明案件事实的材料，都是证据。"在第二款列举了以下8种证据形式，"证据包括：物证；书证；证人证言；被害人陈述；犯罪嫌疑人、被告人供述和辩解；鉴定意见；勘验、检查、辨认、侦查实验等笔录；视听资料、电子数据"。并规定："证据必须经过查证属实，才能作为定案的根据。"因此，在法律和司法实践中，证据可以界定为能够证明案件情况的事实材料或事实载体。

将证据作为一种诉讼材料可以防止司法人员主观地区分证据资料，保证具有相关性的证据材料都进入诉讼过程，从而能综合判断证据，客观、全面地认识案件事实。采用"事实说"强调证据作为客观事实的性质，有利于《刑事诉讼法》"以事实为根据，以法律为准绳"的原则的贯彻。

二、刑事证据的判断标准

刑事证据是指在诉讼过程中对案件真实情况有证明力的材料。判断一份材料是否属于

---

① 何家弘. 证据法学研究[M]. 北京：中国人民大学出版社，2007：84.

刑事证据，一般采用以下三个基本标准。

(一) 客观性

客观性是指作为案件证据的客观物质痕迹和主观知觉都是已发生的案件事实的客观遗留和客观反映，是不以人们的主观意志为转移的客观存在。具体而言，客观性表现在两个方面：第一，诉讼证据有自己存在的客观形式，并且这种形式能为人的认识所感知，如物证、书证、证人证言、鉴定结论、视听资料、电子证据等。如果不具有能为人们在现有条件下感知的形式，它就不能被人们认识并被用作诉讼证据证明案情。第二，诉讼证据所反映的内容必须是客观的，是不以当事人和司法人员的意志为转移的。一切主观臆断、想象都不能作为证据，证据资料中所包含的虚假内容也不具备证据的本质属性(但不排斥其在形式上具备证据资格)。

客观性是证据的本质属性，它要求证据所反映或包含的内容真实可靠、符合实际，并经得起经验与逻辑的验证。因此，从证据的这一本质属性出发，要求办案人员在证据调查中努力由表及里、去伪存真，认真搜索和切实把握能够确实反映案件真实情况、经得起经验和逻辑的科学验证的证据，并善于鉴别和排斥伪证(但从另一方面看，伪证对作证人的作伪故意和伪证行为以及与本案的可疑联系也有证明作用)。

承认证据客观性并不意味着排斥证据的主观性。证据资料中的"人证"，是以主观感知和主观陈述的方式产生的，但主观性只能说明部分证据的产生渠道和表现形式，并非证据的本质属性，只有客观性才是证据的本质属性。

(二) 关联性

关联性是指证据必须与案件事实有实质性联系并对案件事实有证明作用。关联性表现在以下几个方面：第一，关联性是证据的一种客观属性，即证据事实同案件事实之间的联系是客观联系而不是办案人员的主观想象和强加的联系，它是案件事实作用于客观外界以及有关人员的主观知觉所产生的。第二，证据的关联性应具有实质性意义，即与案件的基本事实相关。在刑事案件中，是指关系当事人是否犯罪、犯罪性质及罪责的轻重等的证据材料，与这些基本事实无关的证据材料则不具有关联性。第三，相关的形式或渠道是多种多样的，联系的基本类型包括直接相关和间接相关，必然关联与偶然关联，肯定性关联与否定性关联，单因素关联及复合性关联等。但联系如果过于间接，关联性十分微弱，这样的证据便可能视为不具有关联性。例如，对一个盗窃犯，举证其多年前的小偷小摸行为，这一证据事实虽然不能说与本案中的盗窃行为全无联系，但很可能因关联性太弱而被排斥。第四，关联性的实质意义在于证明力，即有助于证明案件事实，因此可以说考察分析证据的关联性，其落脚点在证据的证明力。

(三) 合法性

合法性是指一定的事实材料符合法律规定的采证标准，可以被采纳为诉讼证据。合法性主要涉及法律问题，因此也可以称为法律性或可采性。证据的合法性标准一般包括以下

4个方面。

1. 由法定的主体提出和收集

证人证言的合法主体只能是自然人，法人和其他组织不能提供证人证言。在我国刑事诉讼中，"生理上、精神上有缺陷或者年幼，不能辨别是非、不能正确表达的人，不能作证人"。鉴定结论只能由具有特定资格因而有鉴定权的人员出具，否则也不能采纳为证据，收集证据亦同。一般来说，控诉方和辩护方均可收集证据，法官也可以依职权调取证据。但收集某些类型的证据或采用某些特定方法收集证据，只能由特定主体实施。如搜查、扣押、电信监听等具有强制性或侵权可能的取证措施，法律规定只能由具有侦查权、检察权和审判权的国家机关实施，其他主体不得直接实施(仅可根据法律申请有权机关实施)，违反这些限制所获取的证据在法律上不具有合法性。

2. 符合法定程序

各国刑事诉讼法(包括成文法和判例法)对证据收集的方法和程序，都做了具体的限定，同时也作了禁止性规定。例如，最新修正的《中华人民共和国刑事诉讼法》第五十条明确规定："审判人员、检察人员、侦查人员必须依照法定程序，收集能够证实犯罪嫌疑人、被告人有罪或者无罪、犯罪情节轻重的各种证据。严禁刑讯逼供和以威胁、引诱、欺骗以及其他非法方法收集证据，不得强迫任何人证实自己有罪。"刑事诉讼法还具体规定了讯问嫌疑人、被告人和询问证人以及勘验、检查、搜查、扣押物证、书证、侦查实验等侦查取证行为的程序，收集证据必须符合这些法定程序。

3. 具备法定形式

《刑事诉讼法》将证据形式分为8种，不属于这些法定证据形式的，原则上不得采纳为证据。但就法定形式问题，有的国家赋予法官裁量权，允许使用某些法律未规定的证据。如《意大利刑事诉讼法典》第一百八十九条规定："如果需要获取法律未规定的证据，当该证据有助于确保对事实的核查并且不影响关系人的精神自由时，法官可以调取该证据。法官在就调取证据的方式问题上听取当事人意见后，决定采纳该证据。"

4. 不违反有关证据规则

非法证据排除，是普遍性的证据规则。最新修正的《刑事诉讼法》第五十三条规定，对一切案件的判处都要重证据，重调查研究，不轻信口供。只有被告人供述，没有其他证据的，不能认定被告人有罪和处以刑罚；没有被告人供述，证据确实、充分的，可以认定被告人有罪和处以刑罚。证据确实、充分，应当符合以下条件：①定罪量刑的事实都有证据证明；②据以定案的证据均经法定程序查证属实；③综合全案证据，对所认定事实已排除合理怀疑。第五十四条规定，采用刑讯逼供等非法方法收集的犯罪嫌疑人、被告人供述和采用暴力、威胁等非法方法收集的证人证言、被害人陈述，应当予以排除。收集物证、书证不符合法定程序，可能严重影响司法公正的，应当予以补正或者作出合理解释；不能补正或者作出合理解释的，对该证据应当予以排除。在侦查、审查起诉、审判时发现有应当排除的证据的，应当依法予以排除，不得作为起诉意见、起诉决定和判决的依据。第五十五条规定，人民检察院接到报案、控告、举报或者发现侦查人员以非法方法收集证据的，应当进行调查核实。对于确有以非法方法收集证据情形的，应当提出纠正意见；构成犯罪的，依法追究刑事责任。第五十六条规定，法庭审理过程中，审判人员认为可能存在本法第五十四条规定的以非法方法收集证据情形的，应当对证据收集的合法性进行法庭调查。当事人及其辩护人、诉讼代理人有权申请人民法院对以非法方法收集的证据依法予以排除。申请排除以非法方法收集的证据的，应当提供相关线索或者材料。第五十七条规定，在对证据收集的合法性进行法庭调查的过程中，人民检察院应当对证据收集的合法性加以证明。现有证据材料不能证明证据收集的合法性的，人民检察院可以提请人民法院通知有关侦查人员或者其他人员出庭说明情况，人民法院可以通知有关侦查人员或者其他人员出庭说明情况，有关侦查人员或者其他人员也可以要求出庭说明情况。经人民法院通知，有关人员应当出庭。第五十八条规定，对于经过法庭审理，确认或者不能排除存在本法第五十四条规定的以非法方法收集证据情形的，对有关证据应当予以排除。证据是一个法律概念，但在法律上具有意义的仅仅是诉讼证据，即进入诉讼过程并能产生诉讼证明作用的证据，才属于诉讼法意义上的证据。

第二节　刑事证据的适用原则

最新修正的《刑事诉讼法》第四十八条第三款规定："证据必须经过查证属实，才能作为定案的根据。"根据这一原则，无论是物证、书证、证人证言，还是被害人陈述、视听资料、电子证据，都应当经过查证属实后，才能作为定案根据。该原则适用于刑事诉讼的全过程。司法人员在侦查、起诉、审判程序中，都要对证据进行查证核实。2010年6月，"两高三部"[①]发布的《死刑案件证据规定》确定了证据裁判原则、程序法定原则和未经质证不得认定证据原则。根据"两高三部"的通知精神，这三项原则应当同样适用于普通刑事案件证据的审查判断，应当是对证据适用原则的具体阐述。

■ 一、证据裁判原则

(一) 证据裁判原则的内容

刑事审判的主要任务就是认定控诉方指控的犯罪事实是否存在，即犯罪是否构成，构成犯罪的如何处罚，而犯罪事实的认定完全依赖于证据。实际上，以事实为根据最终要归结到以证据为根据。证据裁判，就是指对于案件争议事项的认定，应当依据证据。证据裁判原则要求裁判的形成必须以达到一定要求的证据为依据，没有证据不得认定犯罪事实。根据各国立法及司法实践，证据裁判原则包括如下几方面内容。

1. 裁判的形成必须以证据为依据，没有证据不得认定犯罪事实

刑事诉讼中，犯罪嫌疑人、被告人是否犯罪，以及如何犯罪是客观存在的事实。由于

_____

① "两高三部"指的是最高人民法院、最高人民检察院、公安部、国家安全部和司法部。

这些事实都是诉讼前发生的，承办案件的司法人员要认识它，只能依靠证据，通过证明活动来实现。而行为人在预谋、实施犯罪的过程中及犯罪后，一方面，会留下物品、痕迹、文书或是与案件事实有关的环境状况等客观存在的实体物质和客观情况；另一方面，其犯罪行为还可能为其他人所知悉。这些反映了案件事实的痕迹、物品、文书以及知情人陈述等经公安司法人员收集、固定后即成为证明犯罪嫌疑人、被告人实施犯罪的证据。由这些主、客观痕迹运用逻辑推断案件事实真相，是由思维科学及哲学认识论所确认的理性和科学的证明方法。[①]

2.作为认定犯罪事实基础的证据必须具有证据能力

证据是司法裁判的基本依据。因此，以什么样的证据认定犯罪事实是人们首先要解决的问题，作为判决基础的证据必须具备证据能力。证据能力，亦称证据资格，或称证据适格性，是指其有可为严格证明系争议的实体法事实之资料的能力。[②]在大陆法系，为了发挥职权主义的精神，法律上对于证据能力一般不作积极的规定，仅仅消极地对无证据能力或限制其证据能力的情况进行明确。证据能力属于可以作为证据使用的一般形式的资格，不允许法院自由判断。大陆法系虽然由富有知识和经验的法官进行审判，可以期待他们作出合法、适当的证据判断，但是，大陆法系对于证据能力也并非毫无限制。违背如下原则所取得的证据，一般被认为无证据能力：①直接审理原则。不能依照直接审理原则进行调查的证据资料，如单纯的传闻、调查报告、警察局案件移送书、自诉状、意见书，都没有证据能力；证人在审判外所做的陈述，除法律另有规定外，也不得作为证据使用。②任意性法则。严禁刑讯逼供和以威胁、引诱、欺骗以及其他非法方法收集证据，不得强迫任何人证实自己有罪。③关联性法则。④合法性法则。未具备法定方式或要件的证据无证据能力，如没有依照勘验程序而进行的勘验，未经宣誓的证言或鉴定。⑤信用性原则。以不正当方法取得的证据。⑥意见法则。证人的个人意见或者推测之词，不得作为证据。[③]

(二) 适用证据裁判原则应注意的问题

1.正确理解案件事实

以事实为根据、以法律为准绳，是我国法治的基本原则。以事实为根据，就是要求司法人员在审理案件的过程中，必须以客观存在的案件事实为根据，不能以主观的臆测、推断、猜疑为基础。在刑事审判中，必须认真落实这一原则，正确理解案件事实。

(1) 认定事实只能依靠证据，即依据证据规则和程序规则由当事人或司法机关发现、提供给法庭的证据。证据是案件发生后遗留的事实的片断，裁判者必须以这些片断来重构作为裁判基础的事实，绝不能以任何猜想和臆断来认识案件事实。也就是说，证据之所以能够作为认定案件事实的根据，关键在于证据的客观性，即证据所反映的内容必须是客观存在的事实。证据必须具备客观性，这是证据最根本的属性，缺乏这个属性，证据便不成

① 龙宗智.刑事庭审制度研究[M].北京：中国政法大学出版社，2001：66.

② 卞建林.证据法学[M].北京：中国政法大学出版社，2000：73.

③ 陈朴生.刑事证据法[M].北京：三民书局，1979：177.

为证据。现代证据制度是以证据事实求证案件的客观事实,因为证据的实质内容是随着案件的发生、发展过程而遗留下来的。这种事实一经发生,即不以人们的意志为转移。人类正是根据证据这一已知的事实,推导出案件事实这一未知的事实,获得极强的可靠性,也是最坚实、最有说服力的。当然,证据并不等同于客观事实。必须认识到,证据裁判原则并非一种尽善尽美的方法,它在重构案件事实方面也存在难以克服的弱点,这主要源于证据相对于案件事实的不完整性。证据作为案件发生之后遗留下来的蛛丝马迹,就像一只花瓶打破后的碎片,由其重新拼接的花瓶犹如案件事实,与客观事实之间或多或少地存在差异。

(2) 发现和判断案件事实要严格遵照法律程序,不能脱离刑事诉讼程序法认定事实,要通过法庭调查、法庭辩论等环节来认定有证据支持的案件事实,即法律事实。从理想状态而言,裁判所依据的事实,必须是客观真实的事实即事实真相。然而,受认识能力、认识手段等主、客观条件的限制,司法裁判绝对地以客观真实的事实作为根据是根本不可能的,但法院裁判依据的事实即法律事实是以客观事实为基础的,是经过严格的法定程序所确定的。要贯彻和落实以事实为根据这一原则,就要使证据获得的事实尽可能接近客观事实,尽可能与客观事实相符合、相一致。

2. 坚持无罪推定,慎重处理证据存在案件

无罪推定,又可称为无罪类推(与有罪类推相对应),是指任何人在未经证实和判决有罪之前,应视其无罪。无罪推定所强调的是对被告人所指控的罪行,必须有充分、确凿、有效的证据,如果审判中不能证明其有罪,就应推定其无罪。无罪推定原则是现代法治国家刑事司法通行的一项重要原则,是国际公约确认和保护的一项基本人权,也是联合国在刑事司法领域制定和推行的最低限度标准之一。世界许多国家都在宪法或宪法性文件及刑事诉讼法典中规定了无罪推定原则。《刑事诉讼法》(1996年)第十二条规定:"未经人民法院依法判决,对任何人都不得确定有罪。"虽然该规定中没有出现"推定"或"假定"无罪的规范性表述,但含有无罪推定的精神。同时,在第一百六十二条第三款中还相应规定了罪疑从无原则,即"证据不足,不能认定被告人有罪的,应当作出证据不足、指控的犯罪不能成立的无罪判决"。最新修正的《刑事诉讼法》不仅延续了这些原则,而且在立法上确定了反对强迫自证其罪原则。该法规第五十条明确规定:"审判人员、检察人员、侦查人员必须依照法定程序,收集能够证实犯罪嫌疑人、被告人有罪或者无罪、犯罪情节轻重的各种证据。严禁刑讯逼供和以威胁、引诱、欺骗以及其他非法方法收集证据,不得强迫任何人证实自己有罪。"这是对无罪推定原则的有力保障和积极丰富,既有利于维护犯罪嫌疑人、被告人的合法权益,也有利于实现刑事司法公正及推动其他诉讼制度的完善和发展。

■ 二、程序法定原则

(一) 程序法定原则的内容

在刑事法领域,法治精神在实体法上表现为罪刑法定原则,在程序法上表现为程序法

定原则。程序法定原则是刑事诉讼法的基本原则，在证据适用中强调这一原则，是为了使程序法得到应有的尊重，使法定程序得到切实的遵守。从内容上看，程序法定原则包括形式意义上的程序法定原则和实质意义上的程序法定原则。

所谓形式意义上的程序法定原则，是以程序合法性为中心，要求国家发动刑事诉讼，进而干涉公民个人权利，必须有法律的明确授权，并且应严格遵守法律所设定的条件、步骤和方式；缺乏明确的法律根据，不得任意干涉、处分公民权利，否则即属于违法侵害公民基本权利的行为。只要国家的刑事诉讼活动在形式上符合法律规定，即视为达到程序法定原则的要求。程序法定原则包含对立法和司法两个方面的要求。

(1) 在立法的形式上，刑事程序应当而且只能由国家立法机关制定的法律加以确定。在立法的内容上，刑事诉讼法一方面应当确定各司法机关的管辖范围，以杜绝就特定案件设置临时法庭或任意选择管辖法院的情况发生；另一方面，应预先明确专门机关的职权及其追诉犯罪的程序，以避免专门机关假借追诉犯罪之名随意扩张追诉权。同时，刑事立法不得包含未经正当程序就剥夺公民权利的条款。

(2) 在司法的形式上，行使权力的国家机关一方面必须按照程序法律规定的方式和限度行使权力，否则将承担程序性制裁的后果；另一方面，在执法过程中，执法(司法)机关不得通过解释任意扩张自身权力或者随意限制公民权利，在发生疑问的情况下，应当朝着有利于受追诉人的方向解释这些法律。

实质意义上的程序法定原则不仅要求程序的合法性，而且要求程序的正当性，即规范诉讼程序的刑事诉讼法本身必须具有社会的正当性。①

(二) 适用程序法定原则应注意的问题

司法公正包括实体公正和程序公正，两者是辩证统一的。坚持实体公正与程序公正相结合，既重视实体公正，又保证程序公正，是政法工作中应当着重把握的要求。目前，在一些公安司法人员中，在一定程度上还存在"重实体、轻程序""程序虚无主义"的观念。在这种观念的主导下，一些执法主体不惜采取各种违法手段求证实体公正，结果造成一系列不公正。特别是在刑事诉讼方面，为了求证所谓的客观事实真相，一些执法人员不惜用刑讯逼供等严重侵犯人权的手段要求犯罪嫌疑人自证其罪，结果造成大量的冤假错案，这方面的教训是极其深刻的，公安司法人员及其工作人员作为司法公正的实现者、捍卫者，应该吸取这方面的教训。

我们应强调程序公正的价值，但结合中国实际不主张程序优先，而主张实体公正和程序公正并重。因为当事人参加诉讼，其主要目的不是追求过程的公正，而是要求获得一个有利于自己的公正结果。在司法实践中，当事人不服一审判决提起上诉，或者对已生效裁判提出再审申诉的，其理由绝大多数是实体不公，因此要进一步端正执法思想，牢固树立实体法和程序法并重、打击犯罪和保障人权并重的刑事诉讼观念。

———————————————

① 万毅，林喜芬. 现代刑事诉讼法的"帝王"原则：程序法定原则重述[J]. 当代法学，2006(1)：28.

三、未经质证不得认定证据原则

(一) 未经质征不得认定证据原则的内容

质证有广义和狭义之分。从广义上讲，质证是指在诉讼过程中，由法律允许的主体比如法官、公诉人、辩护人、被告人等，对包括当事人提供的证据在内的各种证据采取询问、辨认、质疑、说明、解释、咨询、辩驳等形式，从而对法官的内心确信形成特定说明力的一种诉讼活动。狭义的质证，主要是指在庭审过程中，由诉讼当事人就质证所出示的证据进行的对质、核实等活动。未经质证不得认定证据原则中的"质证"是广义上的"质证"，是与取证、举证、认证相对应的概念，具体是指证据必须提交法庭并由诉讼各方当面质询、询问、探究和质疑，包括对证据与事实的矛盾进行辩驳、澄清后，才能作为定罪量刑的根据。[①] 该原则具体包括以下两方面内容。

(1) 证据必须经过当庭出示、辨认、质证等法庭调查程序，才能作为定罪量刑的根据。法庭调查是指在审判人员的主持下，在控、辩双方和其他诉讼参与人的参加下，当庭对案件事实和证据进行审查、核实的诉讼活动。[②] 一项证据要想成为最终定罪量刑的根据，一个基本的前提就是必须经过当庭出示、辨认、质证等法庭调查程序，否则，该证据不能作为定罪量刑的根据。换句话说，即使证据在客观上具有真实性，但并未经过在法庭上出示、辨认或质证等调查程序，那么，该证据也不能作为定罪量刑的根据。

(2) 证据必须经过查证属实，才能作为定罪量刑的根据，并不是所有经过法庭调查程序的证据都能作为定罪量刑的根据。一项证据能否作为据以定罪量刑的根据，取决于该项证据能否客观、真实地反映案件事实真相。能够作为定罪量刑根据的证据，必须能够客观、真实地反映案件事实，而不是主观想象、猜测和捏造的。如果对某项证据的真实性存在疑问，则必须提供相应材料来辅助证明其真实性，或者由法庭予以调查核实。经过补充收集证据或者法官调查核实，仍然难以查明该项证据是否属实的，则该证据不能作为定罪量刑的根据。换句话说，只有那些经过法庭调查程序查证属实的证据，才能作为定罪量刑的根据。

(二) 适用未经质证不得认定证据原则应注意的问题

(1) 法庭最终据以定罪量刑的根据，必须是在法庭上予以出示并经过控辩双方询问、质证的证据。如果某项证据没有在法庭上出示，或者没有经过控辩双方的询问、质证，无论其是否具有证据能力以及证明力的大小如何，都不能作为定罪量刑的根据。

(2) 要注意法庭调查的程序和方法的问题，使得通过控辩双方的询问、辩驳等确实能够真正揭示证据的真伪，同时要防止法官形成先入为主的判断而使法庭调查流于形式。

(3) 当某一证据经过当庭出示、辨认、质证等法庭调查程序后仍然难辨真伪时，应当允许法官于庭外对这些证据予以调查核实。但对法官行使庭外调查权的范围、措施和程序

---

① 张军. 刑事证据规则理解与适用[M]. 北京：法律出版社，2010：62.
② 宋英辉. 刑事诉讼法学[M]. 北京：中国人民大学出版社，2007：379.

都应当有所限制或规制，以保障法官的中立立场，而防止其演变为一个积极主动地追查罪证的犯罪调查与追诉者，保障控审分离。

第三节　刑事证据的证明标准

一、刑事证据证明标准的概念和特点

证明标准是指法律规定的负有证明责任的诉讼主体运用证据证明争议事实、论证诉讼主张并须达到程度方面的要求。[①]首先，证明标准是法定的，侦查、检察人员和法官只能根据法律规定的证明标准判断事实，而不能根据自己的主观标准认定。其次，证明标准针对的是证明对象，即实体法事实和程序法事实。最后，证明标准指的是一种程度的要求，这种要求是法律上真伪的分界点。如果证明程度不能达到这一要求，则所证事实应被认为不存在；如果证明程度达到或超过证明标准的要求，则所证事实被认为成立。[②]

刑事证据证明标准是贯穿整个刑事证明过程的一根主线。刑事诉讼主体收集证据、审查判断证据、进行实体处理活动均须围绕证明标准而展开。刑事案件证明标准具有如下几个特点。

1. *层次性*

证明标准不是单一的，而是多元化、多层次的，表现在以下三个方面：第一，不同的诉讼阶段应适用不同的证明标准，刑事诉讼阶段是指在刑事诉讼过程中，按顺序和时序进行的相互独立又相互衔接的各个部分，在不同的诉讼阶段，其直接任务和诉讼主体的行为都不相同。第二，不同的证明主体适用不同的证明标准。在刑事诉讼中，证明责任原则上由控方承担，被告人不承担证明自己无罪的责任。但在法律有特别规定的情况下，被告人仍要对特定事项尤其是证明其无罪的情况承担局部的证明责任。第三，不同的证明对象适用不同的证明标准，如前文所述，证明对象包括实体法事实和程序法事实，对于这两种事实的证明标准应该加以区别。

2. *客观性*

证明标准虽然是对裁判者主观相信程度的描述，但证明标准本身是客观的。裁判者形成内心确信的过程从理论上可以分为两个步骤：第一，对有举证责任的一方提供给他的证据进行思考、评价、判断，在内心形成一定的相信程度；第二，用证明标准去衡量已形成的内心相信程度，如果这种相信程度达到证明标准，就认为举证一方的事实主张成立，虽然裁判者形成确信的过程离不开裁判者的主观认识活动，但证明标准本身是客观的，它独立于裁判者的意志之外，由法律设定，不以任何人的意志为转移。[③]

---

① 宋英辉. 刑事诉讼法学[M]. 北京：中国人民大学出版社，2007：379.
② 李玲. 重构我国的刑事诉讼证明标准[D]. 郑州：郑州大学，2004：1-5.
③ 李玲. 重构我国的刑事诉讼证明标准[D]. 郑州：郑州大学，2004：1-5.

3. 最低性

最低性是指证明标准为证明主体认识事实设定了一条底线，若证据的证明力高出这条底线，就可认为所证事实为真；如果低于这一底线，则应认为事实处于真伪不明的状态。证明标准是证明主体认定事实的界限，但并不等于在每次认定过程中，证明主体的认识一旦达到证明标准就不再收集证据或审查证据。相反，证明主体总是尽可能地提高自己的相信程度，只有在根据现有证据确实不能达到确信或排除合理怀疑的情况下，证明标准才会成为衡量工具。

■ 二、证明标准的内涵

在刑事诉讼中，负有证明责任的证明主体对案件事实的证明究竟是否达到证明标准，最终还是要由案件事实的认定者，即法官来判断。因此，西方国家往往会从法官认识的角度来描述证明标准。在英美法系国家，根据证明的具体问题不同，可以将证明标准分为不同等级，其中，对被告人作出有罪判决必须达到"排除合理怀疑"的证明标准。所谓"合理怀疑"，是指"基于原因和常识的怀疑——那种将使一个理智正常的人犹豫不决的怀疑"，所以，排除合理怀疑的证明必须是如此可以让人信服，以至于一个理智正常的人在处理他自己十分重要的事务时会毫不犹豫地依靠它并据此来行事。在大陆法系国家，认定被告人有罪的证明标准通常被称为"内心确信"，这与法官的自由心证联系密切，即法官通过对证据的审查判断所形成的那种内心信念为"心证"，当这种"心证"达到深信不疑或者排除合理怀疑的程度时，便形成确信。在我国，根据《刑事诉讼法》的相关规定，人民法院对被告人作出有罪判决，必须做到犯罪事实清楚，证据确实、充分。证据确实、充分，是统一的不可分割的两个方面，是确认犯罪事实、正确定案的"尺度"，它们是相互依存、缺一不可的。①证据确实是就个别证据而言的，证据充分是就全案证据而言的，证据充分以证据确实为基础。

(1) "确实"是对证据在质上的要求，是指每一项证据都必须真实可靠，都必须能够反映案件的事实真相。具体包括：第一，每个证据都必须是客观存在的，且与案件存在客观联系；每个证据都必须经过查证属实，具有证明案件事实的资格和能力。也就是说，即使证据是真实的，但如果与犯罪事实无客观联系，也谈不上此项证据达到真实的标准。第二，证据与证据之间、证据与案件事实之间不存在矛盾或者矛盾能够得以合理排除。只有当各个证据之间、证据与案件事实之间没有任何相互排斥的矛盾，才能据此认定被告人实施了犯罪行为，依法予以定罪量刑；如果证据之间或者证据与案件事实之间有矛盾，必须合理地予以排除，否则，应当按照"疑罪从无"的原则，不能认定被告人有罪。

(2) "充分"是对证据在量上的要求，是指符合确实标准的证据在量上必须达到法律规定的能够认定案件事实的要求。证据的量因案件而异，在不同的案件中有不同的规定性，要以能够证明案件事实情况为标准。具体包括：第一，属于犯罪各构成要件的事实都

---

① 王洪俊.论证据的确实充分[M].北京：警官教育出版社，1999：124-125.

有相应的证据加以证明。也就是说，有关犯罪时间、地点、过程、手段、工具、后果、目的、动机、犯罪嫌疑人和被告人的个人情况等，都有相应的证据予以证明。第二，如果是共同犯罪的案件，应当查明被告人在共同犯罪中所处的地位及所起的作用。被告人在共同犯罪案件中的地位和作用直接关系其刑事责任的承担，只有查明被告人在共同犯罪案件中的地位和作用，才能对其正确定罪和判处相应的刑罚。第三，所有的证据综合起来必须形成一个完整的、协调的证明体系，对案件事实的推论过程不违反逻辑和经验规则，足以得出唯一的、确定无疑的结论，排除一切合理的怀疑。如果对案件事实的推论过程存在瑕疵，不符合逻辑和经验规则，或者根据已经收集的证据不能得到唯一的结论，则不能据此认定案件事实。

(3) 证据确实、充分不仅是对被告人定罪量刑时应当遵守的证明标准，也是公安机关侦查终结、移送审查起诉和检察机关依法决定提起公诉时应当遵守的证明标准，如果认为案件没有达到事实清楚，证据确实、充分的标准，那么公安机关不应当将案件移送审查起诉，检察机关也不应当提起公诉。[①]最新修正的《刑事诉讼法》进一步肯定了这个证明标准，并且确定了三项具体条件。该法第五十三条第二款规定，证据确实、充分应当符合以下条件：①定罪量刑的事实都有证据证明；②据以定案的证据均经法定程序查证属实；③综合全案证据，对所认定事实已排除合理怀疑。第一个条件是说案件事实均有必要的证据予以证明。这是指司法机关所认定的对解决争议有意义的事实均有证据做根据，没有证据证明的事实不得认定。第二个条件要求据以定案的证据均需要查证属实。这是指作为定案根据的每一个证据都具有证据的本质属性，即客观性、关联性和合法性。第三个条件是指证据之间、证据与案件事实之间的矛盾得到合理的排除，对案件事实的证明结论是唯一的，排除其他可能性。办案中收集到的证据可能与其他证据或案件事实有矛盾，这时，必须进一步补充证据，有根据地排除矛盾，查明事实真相，否则，不得认定有关的事实。

第四节　非法证据的排除

一、非法证据

证据是证明案件真实情况的事实，也是定案的根据，其本身并无合法与非法之分。所谓非法证据，是指在刑事诉讼过程中，违反法律规定收集或取得的证据。从广义上讲，非法证据包括4种：①主体不合法的证据，即不具备法律规定的取证主体资格的人收集提取的证据，如鉴定人不具备法定的资格和条件、鉴定人不具有相关专业知识或者职称。②形式不合法的证据，即不具备或不符合法定形式的证据，如收集调取的物证、书证，在勘验笔录、检查笔录、搜查笔录、提取笔录、扣押清单上没有侦查人员、物品持有人、见证人

---

①　杨迎泽，张红梅.刑事证据适用指南[M].北京：中国检察出版社，2011：41.

的签名，或者物品特征、数量、质量、名称等注明不详的。③程序不合法的证据，即违反法律规定的程序取得的证据，如询问证人没有个别进行而取得的证言；询问聋哑人或者不通晓当地通用语言、文字的少数民族人员及外国人，应当提供翻译而未提供的。④方法、手段不合法的证据，即使用法律禁止的手段获得的证据，如以暴力、威胁等非法手段取得的证人证言；以刑讯逼供等非法手段取得的被告人陈述；以非法搜查、扣押或非法侵入住宅等手段取得的物证、书证。

《刑事诉讼法》第五十四条规定："采用刑讯逼供等非法方法收集的犯罪嫌疑人、被告人供述和采用暴力、威胁等非法方法收集的证人证言、被害人陈述，应当予以排除。"收集物证、书证不符合法定程序，可能严重影响司法公正的，应当予以补正或者作出合理解释；不能补正或者作出合理解释的，对该证据应当予以排除。在侦查、审查起诉、审判时发现有应当排除的证据的，应当依法予以排除，不得作为提出起诉意见、作出起诉决定和判决的依据。

二、非法证据排除的程序审查

(一) 审查起诉阶段的非法证据排除程序

《刑事诉讼法》第五十五条规定："人民检察院接到报案、控告、举报或者发现侦查人员以非法方法收集证据的，应当进行调查核实。对于确有以非法方法收集证据情形的，应当提出纠正意见；构成犯罪的，依法追究刑事责任。"本条确定了审查起诉阶段的非法证据排除程序，人民检察院可以依据职权对非法证据予以排除。在此前"两高三部"《排除非法证据规定》和最高人民检察院颁布的《关于适用<关于办理死刑案件审查判断证据若干问题的规定>和<关于办理刑事案件排除非法证据若干问题的规定>的指导意见》也有过此类规定。可见，在审查起诉阶段对非法证据的程序启动采取的是诉权启动和职权启动相结合的方式。检察机关应当根据审查的情况向侦查机关提出纠正非法证据的意见，在必要时可以建议侦查机关更换办案人员，以确保证据的准确、充分。对于以非法方式收集证据构成犯罪的，应依法追究有关责任人员的刑事责任。

(二) 法庭审理阶段的非法证据排除程序

1. 法庭审理阶段非法证据排除程序的启动

《刑事诉讼法》第五十四条规定："采用刑讯逼供等非法方法收集的犯罪嫌疑人、被告人供述和采用暴力、威胁等非法方法收集的证人证言、被害人陈述，应当予以排除。收集物证、书证不符合法定程序，可能严重影响司法公正的，应当予以补正或者作出合理解释；不能补正或者作出合理解释的，对该证据应当予以排除。在侦查、审查起诉、审判时发现有应当排除的证据的，应当依法予以排除，不得作为起诉意见、起诉决定和判决的依据。"第五十六条规定："法庭审理过程中，审判人员认为可能存在本法第五十四条规定的以非法方法收集证据情形的，应当对证据收集的合法性进行法庭调查。当事人及其辩护人、诉讼代理人有权申请人民法院对以非法方法收集的证据依法予以排除。申请排除以非法方法收集的证据的，应当提供相关线索或者材料。""两高"发布的《排除非法证据规定》第四条规定："起诉书副本送达后开庭审判前，被告人提出其审判前供述是非法取得的，应当向人民法院提交书面意见。被告人书写确有困难的，可以口头告诉，由人民法院工作人员或者其辩护人作出笔录，并由被告人签名或者按指印。人民法院应当将被告人的书面意见或者告诉笔录复印件在开庭前交人民检察院。"第五条规定："被告人及其辩护人在开庭审理前或者庭审中，提出被告人审判前供述是非法取得的，法庭在公诉人宣读起诉书之后，应当先行当庭调查。法庭辩论结束前，被告人及其辩护人提出被告人审判前供述是非法取得的，法庭也应当进行调查。"第六条规定："被告人及其辩护人提出被告人审判前供述是非法取得的，法庭应当要求其提供涉嫌非法取证的人员、时间、地点、方式、内容等相关线索或者证据。"这些规定分别对法庭审理阶段启动证据合法性调查的主体、时间、方式、初步责任和效力作出了规定。

(1) 在法庭审理阶段，对非法证据排除的程序启动也采取诉权启动和职权启动相结合的方式。一方面，无论被告人及其辩护人是否提出存在非法证据，审判人员在审理过程中认为可能存在刑讯逼供，采用暴力、威胁等非法方法收集证人证言、被害人陈述或者有违反法律规定收集物证、书证情形的，都应当依据职权启动对证据合法性的审查；另一方面，当事人及其辩护人、诉讼代理人有权申请人民法院对以非法方法收集的证据依法予以排除，可以要求人民法院启动调查程序，并将作出是否排除相应证据的处理决定。对非法证据的排除可以由被告人在开庭审判前提出，也可以由被告人或者辩护人在庭审中、法庭辩论结束前提出。如果是在开庭审判前提出，被告人一般应提交书面意见，书写确有困难的，也可以口头告诉，由人民法院工作人员或其辩护人作出笔录，并由被告人签名或者按指印，人民法院应当将被告人的书面意见或者笔录复印件在开庭前交人民检察院。如果是在庭审中法庭辩论结束前提出，则一般由被告人或辩护人当庭口头提出。

(2) 被告人及其辩护人应当承担启动证据合法性调查程序的初步责任，即应当提供涉嫌非法取证的人员、时间、地点、方式、内容等相关线索或者证据。申请排除以非法方法收集的证据的，应当提供相关线索或者证据。这里的"初步责任"应包括两个层面：其一是形式意义上的初步责任，即提供相关线索或者证据的责任；其二是实质意义上的初步责任，即法庭对证据的合法性产生疑问的责任。完成形式意义上的初步责任，将导致法庭对证据的合法性予以初步审查。形式意义上或称行为意义上的初步责任只要求被告人及其辩护人具有提供相关线索或证据的行为，该线索或证据的内容应为涉嫌非法取证的人员、时间、地点、方式、内容等，除此之外并无证明标准方面的要求。也就是说，只要被告人及其辩护人就被告人审判前供述的合法性予以初步审查，完成实质意义上的初步责任，将导致法庭要求控方提供证据证明其取证手段合法。实质意义上的初步责任或称结果意义上的初步责任，要求被告人或辩护人所提供的线索或证据应当达到使法庭对被告人审判前供述取证手段的合法性产生疑问，才需要进一步要求控方对证据的合法性问题予以证明。

(3) 只要被告人或其辩护人在公诉人宣读起诉书之前提出被告人审判前的供述是非法取得的，并提供了相关的线索或者证据、法庭即应在公诉人宣读起诉书之后先行对该供述取得手段的合法性予以初步审查，而不得先开始针对起诉书指控事实的证据调查。如果被告人或辩护人是在公诉人宣读起诉书之后、法庭辩论结束之前，才提出被告人审判前供述是非法取得的，并提供相关线索或者证据，也应当尽可能先对被告人审判前供述的合法性进行初步审查。

2. 法庭审理阶段非法证据排除的调查方式

我国最新修正的《刑事诉讼法》第五十七条规定："在对证据收集的合法性进行法庭调查的过程中，人民检察院应当对证据收集的合法性加以证明。现有证据材料不能证明证据收集的合法性的，人民检察院可以提请人民法院通知有关侦查人员或者其他人员出庭说明情况；人民法院可以通知有关侦查人员或者其他人员出庭说明情况。有关侦查人员或者其他人员也可以要求出庭说明情况。经人民法院通知，有关人员应当出庭。""两高三部"发布的《排除非法证据规定》第七条规定："经审查，法庭对被告人审判前供述取得的合法性有疑问的，公诉人应当向法庭提供讯问笔录、原始的讯问过程录音录像或者其他证据，提请法庭通知讯问时其他在场人员或者其他证人出庭作证，仍不能排除刑讯逼供嫌疑的，提请法庭通知讯问人员出庭作证，对该供述取得的合法性予以证明。公诉人当庭不能举证的，可以根据《刑事诉讼法》第一百六十五条的规定，建议法庭延期审理。"

3. 法庭审理阶段非法证据排除的调查核实

《刑事诉讼法》第一百九十一条规定："法庭审理过程中，合议庭对证据有疑问的，可以宣布休庭，对证据进行调查核实。人民法院调查核实证据，可以进行勘验、检查、查封、扣押、鉴定和查询、冻结。""两高三部"发布的《排除非法证据规定》第八条规定："法庭对于控辩双方提供的证据有疑问的，可以宣布休庭，对证据进行调查核实。必要时，可以通知检察人员、辩护人到场。"这两个条文规定了法庭对存疑证据的调查核实。法庭对于控辩双方提供的证据有疑问的，也就是说，经过控辩双方的举证、质证和辩论，法庭仍然无法确定某证据真伪的，可以宣布休庭，对该证据进行调查核实。法庭的调查应当仅限于核实控辩双方已经提供的证据，在必要时可以通知检察人员和辩护人到场。法庭不应积极主动地调查新的证据，但一旦在调查核实控辩双方已提供的证据的过程中发现了新的证据，一般应当通知检察人员和辩护人到场，在控辩双方均在场的情况下收集新的证据。人民法院调查核实证据，可以进行勘验、检查、扣押、鉴定和查询、冻结。之所以作出这样的规定，一方面，现代刑事诉讼认为，法官在刑事诉讼中不应与侦查人员一样扮演积极主动的犯罪调查者角色，而应当扮演相对消极的、中立的裁判者角色；另一方面，庭审中又确实可能存在法庭对控辩双方提供的证据存在疑问，不予以核实可能会造成错误认定的情况，因此，本条既规定了法庭必要的庭外调查权，又对该权力的行使范围和方式予以必要的限制，即规定法庭的庭外调查应当仅限于对控辩双方已经提供的证据予以核实，其所采用的手段也应当仅限于用以核实控辩双方已经提供的证据所需要的手段，尤其是规定了在必要的时候，可以通知检察人员和辩护人到场。总之，要尽一切可能来保障法庭在庭外调查中的中立立场，防止其演变为一个积极主动的犯罪调查者和犯罪证据的收集者。

4. 法庭审理阶段非法证据排除的延期审理

《刑事诉讼法》第一百九十八条规定："在法庭审判过程中，遇有下列情形之一，影响审判进行的，可以延期审理：需要通知新的证人到庭，调取新的物证，重新鉴定或者勘验的；检察人员发现提起公诉的案件需要补充侦查，提出建议的；由于申请回避而不能进行审判的。""两高三部"发布的《排除非法证据规定》第九条规定："庭审中，公诉人为提供新的证据需要补充侦查，建议延期审理的，法庭应当同意。被告人及其辩护人申请通知讯问人员、讯问时其他在场人员或者其他证人到庭，法庭认为有必要的，可以宣布延期审理。"这两个条文对法庭审判的延期审理作出了规定。

5.法庭审理阶段非法证据排除的处理

《刑事诉讼法》第五十八条规定："对于经过法庭审理，确认或者不能排除存在本法第五十四条规定的以非法方法收集证据情形的，对有关证据应当予以排除。"对于排除的非法证据，不能将其作为批准逮捕、提起公诉和定案的根据。这不仅意味着有关法律文书在说明理由和列举相关证据时，不能以该证据为根据，更意味着检察官和法庭在作出相关判断时不应受到该证据的影响。

需要注意的是，排除非法证据，仅意味着该证据的内容不能作为批准逮捕、提起公诉或定案的根据，如果要证明存在刑讯逼供、暴力、威胁等非法取证手段本身，则该非法证据可以作为依据。同时，排除非法证据，仅意味着该被排除的非法证据不能作为批准逮捕、提起公诉或定案的根据，并不意味着不能批准逮捕、提起公诉或定案。如果排除非法证据后，案件中的其他证据对犯罪事实的证明仍然可以达到刑事诉讼关于批准逮捕、提起公诉或者定案的证明标准，那么当然可以依据其他证据作出相关的决定与裁判。

第十二章　刑事一审案件普通程序模拟审判

本章学习目的和要求：

(1) 掌握公诉人、法官、律师在庭审过程中的职责。

(2) 培养分析案件的能力。

(3) 掌握主要的司法文书的撰写要求。

第一节　刑事经典案例分析

■ 一、案情简介

被告人：吴金友，男，××××年×月×日出生，个体户。因涉嫌贪污罪，于1998年8月15日被逮捕。

被告人：陈娜，女，××××年×月×日出生，原系陕西省铜川市城区信用社川口业务处主任。因涉嫌窝藏罪，于1998年8月19日被逮捕。

1998年7月初，中国人民银行陕西省铜川市分行业务部出纳彭玉生(在逃)，多次找被告人吴金友商议盗窃彭与另一位出纳共同管理的保险柜内的现金，吴未同意。后彭玉生多次约吴吃饭、喝酒，做吴的工作，并把自己的作案计划、安排告诉吴，同时多次让吴看自己掌管的钥匙。吴金友同意作案后，彭即向吴金友要了一把中号螺丝刀和一只蛇皮袋放在自己的办公桌内，又用事先准备好的钢锯条将业务部的钢筋护窗栏锯断，为作案后逃离现场做准备。7月23日上午10时许，彭玉生将吴金友带至铜川市分行业务部熟悉地形，并暗示存放现金的保险柜和开启保险柜的另一把钥匙的存放地点。7月27日晚，彭玉生找到被告人吴金友，告知其近日将提款40万元存放在保险柜内，并详细告诉吴金友作案的时间、步骤、开启保险柜的方法及进出路线等。

7月30日上午7时，彭玉生将被告人吴金友带进该行业务部套间，藏在自己保管的大壁柜内。其他工作人员上班后，彭玉生与另一位出纳从金库提回现金40万元，放进保险柜内的顶层。10时许，本市邮政财务科取走现金10万元。10时30分左右，彭进入套间向被告人吴金友指认了放款的保险柜，后与其他本行职员聊天。10时40分，彭玉生趁其他工作人员外出吃饭离开办公室之际，打开壁柜将自己保管的一把保险柜钥匙交给吴金友，并告知人都走了，自己即离开业务部去吃饭。被告人吴金友撬开另一位出纳员的办公桌抽屉，取出另一把保险柜钥匙，然后利用两把钥匙打开保险柜将30万元人民币装入蛇皮袋里，又在办公室将彭玉生等人的办公桌撬开，然后从后窗翻出办公室逃离现场。

8月1日晚，彭玉生将作案经过告诉其妻陈娜，让陈通知吴金友带款在本市青年旅社等候。8月2日中午，被告人陈娜找到了吴，讲了彭的要求。当日下午，吴金友依彭的要求到了青年旅社。8月3日晨见面后，两人一同来到吴金友家，吴拿出蛇皮袋说钱都在里面。彭要吴一起逃走，吴不同意，彭即给吴留下3万元，然后携带其余赃款潜逃。破案后，从被告人吴金友家中起获赃款3万元。

陕西省铜川市人民检察院以被告人吴金友犯贪污罪、被告人陈娜犯窝藏罪，向铜川市中级人民法院提起公诉。

■ 二、争议焦点

(1) 在整个案件中，被告人吴金友到底是主犯还是从犯？

(2) 对被告人吴金友是定贪污罪还是盗窃罪？换言之，外部人员与银行工作人员勾结窃取银行现金的行为如何定性？

(3) 被告人陈娜的行为是否符合窝藏罪的犯罪构成？

■ 三、本案涉及的相关法律知识

本案的实体问题有三点值得注意：第一，本案中，被告人吴金友是否为从犯？换言之，认定主犯和从犯的标准到底是什么？被告人吴金友能否只对自己所分得的3万元赃款负刑事责任？第二，本案应该如何定性？被告人吴金友与在逃犯罪嫌疑人彭玉生是构成共同贪污罪，还是共同盗窃罪，或者分别构成盗窃罪和贪污罪？第三，本案中的被告人陈娜是否构成窝藏罪？"知情不报"与窝藏犯罪的界限在哪里？

关于第一个问题，《刑法》第二十六条第一款规定："组织、领导犯罪集团进行犯罪活动的或者在共同犯罪中起主要作用的，是主犯。"第二十七条第一款又规定："在共同犯罪中起次要或者辅助作用的，是从犯。"可见我国刑法中的主犯和从犯的划分标准是共同犯罪行为人在共同犯罪中的作用。本案中的在逃犯罪嫌疑人彭玉生系主犯，几乎没有什么争论。但对被告人吴金友的共同犯罪身份存在两种不同意见：公诉方和人民法院都认为被告人吴金友是主犯，因为如果没有他撬开另一位出纳的办公桌抽屉取出另一把保险柜的钥匙，30万元现金不可能到手，在本案中实施这种决定性行为的被告人吴金友显然是主犯；辩护方则认为，本案中的作案计划、提供条件、指认巨款和保险柜钥匙的存放位置等，都是在逃犯罪嫌疑人彭玉生所为，被告人吴金友只不过"帮"其把钱从银行"拿出来"而已，他自始至终在本案中都处于被动和从属的地位。其实，本案的辩护方混淆了意识上的被动和行为上的被动的区别、思想意识的被动和行为地位从属的区别。被告人吴金友虽然在思想意识上，可能是碍于面子、逞能，但他混入银行、藏匿、撬锁开柜取钱的行为不能说是被动的，在本案中所起的作用也不能说是次要和辅助的，而是主要、关键和决定性的。同时，思想意识上的被动也并不等于行为地位的从属，想得厉害的未必做得厉害，反之亦然。刑法学理也认为，一般共同犯罪中的主犯，主要是指在一般共同犯罪中起主要作用的实行犯，具体表现为：在共同犯罪中直接造成严重危害结果，在完成共同犯罪中起关键作用，罪行重大或者情节特别严重的，等等。主犯是共同犯罪中的核心人物，没有主犯就不可能成立共同犯罪，只有主犯(须两人以上)没有从犯可以成立共同犯罪。但共同犯罪中不可能只有两个以上的从犯而无主犯。本案的盗窃共同犯罪中，在逃犯罪嫌疑人彭玉生也是主犯，即本案是一个没有从犯的一般共同犯罪案件。对于本案中的被告人吴金友这种一般共同犯罪中的主犯的刑事责任，根据《刑法》第二十六条第三款的规定，"应当按照其所参与的全部犯罪"处罚。所以，本案中的被告人吴金友必须对其所盗窃的30万元负刑事责任，而不能只针对自己分得的3万元负刑事责任。

关于第二个问题，本案采取的是共同犯罪的犯罪构成要件符合说，其理由在本案的判决书中已说得非常清楚，不再赘述。但还有三个问题值得注意：第一，如果本案的在逃嫌疑人彭玉生已经抓获，能否对被告人吴金友和彭玉生分别处以盗窃罪和贪污罪呢？答案显然是否定的。因为，彭玉生虽然利用了职务上的便利条件，但是仅仅依靠其职务上的便利，是无法实现本案的犯罪目的的。如彭玉生事先将出纳办公室后窗的铁条锯断的行为，就不是什么职务便利。而且根据犯罪共同说，彭玉生和被告人吴金友也都构成盗窃罪的主犯。第二，尽管按主犯的犯罪性质确定共同犯罪案件性质的观点已经不被《刑法》所认可，但在有关司法解释中依然可见其"影子"，最高人民法院2000年7月8日起施行的《关于审理贪污、职务侵占案件如何认定共同犯罪几个问题的解释》规定，公司、企业或者其他单位中，不具有国家工作人员身份的人与国家工作人员勾结，分别利用各自的职务便利，共同将本单位财物非法占为己有的，"按照主犯的犯罪性质定罪"。第三，《刑法》第二百六十四条第一款规定："盗窃金融机构，数额特别巨大的，处无期徒刑或者死刑，并处没收财产。"《刑法》第三百八十三条第一款规定："个人贪污数额在10万元以上的，处10年有期徒刑或者无期徒刑，可以并处没收财产；情节特别严重的，处死刑，并处没收财产。"可见，在本案中，不管是按盗窃罪，还是按贪污罪处理，两者的法定刑基本一致，这体现了法定刑的协调性。但按照一般的社会心理和刑法规律，对"监守自盗"式的贪污罪应该要比一般的盗窃罪处刑更重方才合理，而且对于盗窃罪，完全可以废除死刑。这都是值得探讨和研究的问题。

关于第三个问题，《刑法》规定的窝藏罪，是指明知是犯罪的人，而为其提供隐藏处所、财物，帮助其逃匿的行为。之所以要对窝藏罪进行打击，主要是因为它妨害了司法机关对罪犯进行刑事追究的正常活动。对于犯罪人的近亲属的窝藏行为，有些国家的刑法理论和实务通常以缺少期待可能性而不予追究刑事责任，如德国、日本、瑞士等。我国古代也有"亲亲得相首匿"的规定。《刑法》并未将犯罪人的近亲属排除在犯罪主体之外，只要行为人的行为符合窝藏罪的犯罪构成，就可构成窝藏罪，而不论其是否是犯罪人的近亲属。本案中陈娜的行为表现，已经不仅仅是单纯的"知情不报"这种消极的不作为，而是表现为积极的带纸条给被告人吴金友、阻碍拖延公安机关搜查等作为，而且客观上造成了30万元被盗巨款的瓜分和转移，造成了犯罪嫌疑人彭玉生的逃脱。所以，被告人陈娜的行为不是一般的"知情不报"和轻微违法，已经构成窝藏罪。至于对近亲属犯窝藏罪的刑事责任问题，理论界也有人认为，受一些落后思想意识的影响，加之社会转型时期的犯罪现象增加的现状，目前还不宜免除近亲属窝藏犯罪的刑事责任，但是可以根据犯罪情节减轻或从轻处罚。

第二节　模拟开庭

一、开庭前的准备

在决定开庭审判后，铜川市中级人民法院依法进行了以下开庭前的准备工作：①决定由审判员刘加深、万美娟、李长农依法组成合议庭，由刘加深担任审判长；②在开庭10日前，将人民检察院的起诉书副本送达被告人吴金友和陈娜；③将开庭的时间、地点在开庭3日前通知铜川市人民检察院；④在开庭3日前，将传唤被告人吴金友和陈娜的传票分别送达看守所，向辩护人、证人、鉴定人送达出庭通知书；⑤在开庭3日前先期公布案由、被告人姓名、开庭的时间和地点。上述活动均写入笔录，由主审法官李长农和书记员肖中南签名。主审法官李长农还拟定了法庭审理提纲。

二、开庭

时间：1998年12月1日9时

地点：铜川市中级人民法院第一刑事审判庭内

法庭内，审判台中央上方，鲜艳的国徽格外引人注目。

黑里透红的审判台，比控辩双方的席位高30～60厘米，显得庄严、沉稳；审判台中央，审判长的法椅比两旁的审判员的法椅略高。

审判台正中下边是书记员席位。

公诉人、辩护人的席位分列审判台两边，相对而设。

与审判台相对，靠公诉人方向的是证人、鉴定人席位，靠辩护人方向的是被告人席位。

前来旁听本案的一般群众，已在法庭内入座。人们一边等待，一边窃窃私语。

书记员：(依法查明公诉人和辩护人的到庭情况，然后对着话筒喊)请安静！现在宣读法庭纪律。(略停一下)①法庭内要保持安静，不得鼓掌、喧哗和实施其他妨害审判活动的行为，禁止抽烟；②开庭过程中不得随便走动和进入审判区；③未经法庭允许不得录音、录像和摄影；④未经法庭允许不得发言、提问；⑤所有诉讼参与人以及旁听人员必须关闭手机等所有的通信设备。对违反法庭规则的人，将视具体情况分别予以警告、训诫、没收录音录像和摄影器材、责令退出法庭、罚款、拘留直至追究刑事责任。

书记员：(请公诉人、辩护人入庭就座后，环视一下整个法庭，然后大声地宣布)全体起立！

书记员：(略停一下)请审判长、审判员入庭。

审判长：(与两位审判员站立，面对旁听席，略停一下，然后清晰而严肃地吐出两个字)坐下。

(法庭内人声宁息、气氛庄严，只有书记员的声音在法庭内回荡)

书记员：报告审判长，被告人吴金友贪污并被告人陈娜窝藏一案的公诉人和辩护人已到庭。法庭准备工作就绪，可以开庭，报告完毕。

(审判长向书记员点点头。书记员入座，坐下)

审判长：(环顾法庭，用力敲击法槌，然后大声地宣布)铜川市中级人民法院，公开审理被告人吴金友贪污并被告人陈娜窝藏一案，现在开庭！

审判长：(略停一下)传本案第一被告人吴金友到庭。

(第一被告人吴金友由两位法警带到被告人席，站立)

审判长：(看了一下被告人席，然后用十分清晰的声音念)被告人吴金友，男，1957年5月21日出生，汉族，初中文化，个体户，住铜川市第三纺织厂宿舍，未受过刑事处罚。1998年8月10日因涉嫌盗窃、贪污犯罪被铜川市公安局刑事拘留，同月14日经铜川市人民检察院批准，次日被执行逮捕，现押于铜川市第一看守所。

审判长：(看一下被告人席)被告人吴金友，以上关于你个人的情况是否属实？

第一被告人：属实。

审判长：被告人吴金友，你是何时收到起诉书副本的？

第一被告人：1998年11月19日。

审判长：坐下。

审判长：(略停一下)传本案第二被告人陈娜到庭。

(第二被告人陈娜由两位女法警带到被告人席，站立)

审判长：(看了一下被告人席，然后用十分清晰的声音念)被告人陈娜，女，1960年1月6日出生，汉族，高中文化，原系陕西省铜川市城区信用社川口业务处主任，住铜川市城区信用社家属宿舍。因涉嫌窝藏罪犯，于1998年8月15日被铜川市公安局刑事拘留，同月18日经铜川市人民检察院批准，次日被执行逮捕，现押于铜川市第一看守所。

审判长：被告人陈娜，以上关于你个人的情况是否属实？

第二被告人：属实。

审判长：被告人陈娜，你是何时收到起诉书副本的？

第二被告人：1998年11月19日。

审判长：陕西省铜川市中级人民法院刑事审判庭今天在此依法公开开庭审理铜川市人民检察院依法提起公诉的吴金友贪污并陈娜窝藏一案。

审判长：(略停一下)本案由本院审判员刘加深、万美娟和李长农依法组成合议庭，由审判员刘加深担任审判长，书记员肖中南担任本庭记录。铜川市人民检察院指派检察员刘建华、张并归、谢同到庭支持公诉。陕西省铜牙律师事务所律师马高，接受委托担任本案被告人吴金友的辩护人。铜川市天平律师事务所律师刘金柱,接受委托担任本案被告人陈娜的辩护人。鉴定人柳园也按通知到庭。

审判长:(略停一下)在庭审过程中,被告人及其辩护人依法享有下列诉讼权利:①可以申请合议庭组成人员、书记员、公诉人、鉴定人回避;②可以提出证据,申请通知新的证人到庭,调取新的证据,重新鉴定或者勘验、检查;③被告人可以自行辩护;④被告人可以在法庭辩论终结后作最后陈述。

审判长:以上权利,被告人和辩护人,是否都听清楚了?

(第一被告人、第二被告人及其各自的辩护人都表示听清楚了)

审判长:被告人吴金友,你是否申请回避?

第一被告人:不申请。

审判长:被告人陈娜,你是否申请回避?

第二被告人:不申请。

审判长:下面进行法庭调查。

▌三、法庭调查

审判长:现在进行当庭陈述。首先由公诉人宣读起诉书。

公诉人刘:(站起来,用十分清晰的声音宣读)陕西省铜川市人民检察院起诉书。铜检刑诉〔1998〕第308号。被告人吴金友,男……现押于铜川市第一看守所。被告人陈娜,女……现押于铜川市第一看守所。被告人吴金友贪污、被告人陈娜窝藏一案,由铜川市公安局侦查终结,于1998年9月10日移送本院审查起诉,现查明:1998年7月初,被告人吴金友与中国人民银行陕西省铜川市分行业务部出纳彭玉生(在逃),按照约定盗窃彭玉生与另一位出纳共同管理的保险柜内的现金。7月30日上午7时,被告人吴金友在彭玉生的掩护下,溜进该行业务部套间,藏在彭玉生保管的大壁柜内。10时40分左右,被告人吴金友趁彭玉生与其他工作人员外出吃饭离开办公室之际,撬开另一位出纳员的办公桌抽屉,取出保险柜的一把钥匙,并同彭玉生给他的另一把保险柜钥匙,打开保险柜盗走现金30万元人民币。为了制造假象,吴又将办公室内彭玉生等人的办公桌撬开,然后从后窗翻出办公室逃离现场。8月2日中午,被告人陈娜找到了被告人吴金友,说彭玉生要他带款在本市青年旅社等候。吴、彭见面以后,彭给吴留下3万元,其余款项由彭携带潜逃。破案后,从被告人吴金友家中起获赃款3万元。上述犯罪事实有书证、物证、证人证言、鉴定结论以及被告人供述和辩解等证据在案佐证,事实清楚,证据确实、充分,足以认定。本院确认:被告人吴金友与身为国家银行出纳的彭玉生勾结,利用彭玉生的职务便利,窃取银行现金,数额巨大,其行为触犯了《中华人民共和国刑法》第三百八十二条之规定,已构成贪污罪的共同犯罪。被告人陈娜的行为触犯了《中华人民共和国刑法》第三百一十条之规定,已构成窝藏罪。为惩罚犯罪,保护国家公共财产不受侵犯,维护正常的司法秩序,依据《中华人民共和国刑事诉讼法》第一百四十一条之规定,特将被告人吴金友、陈娜提起公诉,请依法判处。此致,铜川市中级人民法院。检察员,刘建华。1998年9月25日。附移送案卷两册(内含证据目录、证人名单和主要证据复印件)。

(宣读完起诉书后,公诉人刘环视法庭,坐下)

审判长:(目光转向第一被告人席)被告人吴金友,你对起诉书中指控的犯罪事实有何异议?

第一被告人:没有。

第一被告人的辩护人:(举手)审判长,我想询问我的当事人。

审判长:准许,但必须围绕本案事实进行。

第一被告人的辩护人:(站起来)谢谢审判长。

第一被告人的辩护人:(继续)吴金友,你与彭玉生是什么关系?

第一被告人:朋友关系。

第一被告人的辩护人:彭玉生是怎样要你去伙同贪污的?

第一被告人:他找过我好几次,说没有任何风险,并且说我之所以不愿干,是担心分配不均,对他彭玉生不信任。

第一被告人的辩护人:为什么在分钱时你只拿了3万元?

第一被告人:我本来就不在乎钱的多少。

第一被告人的辩护人:分钱的时候,你跟彭玉生说了什么?

第一被告人:我把他爱人陈娜的担心告诉他,问他是否应把钱悄悄地补回去。

第一被告人的辩护人:彭玉生怎么说?

第一被告人:他说顾不上那么多了。问我要多少钱,我说无所谓。他就留下3万元,把其余的钱都拿走了。

第一被告人的辩护人:(转向审判台)审判长,我的话问完了(说完坐下)。

审判长:(目光转向第二被告人席)被告人除娜,你对起诉书中指控的犯罪事实有何异议?

第二被告人:有,我去通知吴金友,并劝说他们投案自首,并不是想窝藏他们。

审判长:你陈述一下通知吴金友的过程。

第二被告人:7月30日晚上,我丈夫彭玉生打来电话,说他这两天都要值夜班,可能不能回家,让我自己去幼儿园接小孩。我问他有什么事,他说行里保险柜被偷了。第三天晚上,我丈夫回来了,我问他保险柜被盗的事怎样了,他笑了笑,说如果盗保险柜的不是别人,而是我们自己人,你会怎么想?我说你别开玩笑,快告诉我。他问我认不认识吴金友,我说认识,难道是他干的不成?接着,他就把前两天保险柜被盗的事告诉了我。我当时吓蒙了,要他去投案自首,但他很生气,说我不理解他为家里的一片好心。我说我能理解,但违法犯罪得来的钱我们一分也不能要。他说,问题是现在已经做了,没有回头路了。他生气地说,你去投案,去呀!杀了我的头,看你和儿子怎么办?我吓哭了,他就跟我说,现在哭也没用。不如明天你帮我告诉吴金友,我们见了面以后,再商量怎样把钱退回去,可能罪行会轻些。于是,我就根据他的意思,第二天去找吴金友,把投案自首和悄悄把钱退回去的想法告诉了吴。所以,我不是故意想窝藏他们,而是想让他们投案自首,减轻罪行。

审判长：公诉人有没有话要问？

公诉人张：(站起来问道)被告人陈娜，你去通知吴金友的时候，知不知道30万元赃款的数目？

第二被告人：知道。

公诉人张：你是否想减轻他们的罪责？

第二被告人：想。

公诉人张：你有没有想过，怎样才能让别人不知道？

第二被告人的辩护人：审判长，(大声地)我抗议！公诉人在诱导我的当事人。

审判长：(敲击一下法槌)抗议有效，被告人可以不予回答，请公诉人注意讯问方式。

公诉人张：(继续)被告人陈娜，你见到吴金友，是怎样跟他说的？

第二被告人：我说你们闯了杀头的祸了，赶快想办法去自首吧。

公诉人张：你这样说的时候，吴金友如何回答？

第二被告人：他说他对钱本来就无所谓，不过也没有必要去退钱，相信彭玉生会有办法。

公诉人张：你又怎么说？

第二被告人：我说死到临头了，还说钱无所谓，你们两个看着办吧，我再也不管你们了。

公诉人张：后来怎么样了？

第二被告人：后来我就哭着走了。

公诉人张：你丈夫和吴金友伙同贪污银行巨款的事，你与别人说过吗？

第二被告人：没有。

公诉人张：你为什么不向公安机关报案？

第二被告人：不敢。

审判员李：(插了一句)与彭玉生在青年旅社碰面的话，是你告诉吴金友的吗？

第二被告人：是的。

审判长：公诉人，你还有什么话要问吗？

公诉人张：没有了(说完坐下)。

审判长：辩护人还有什么话要问吗？

(第一被告人的辩护人和第二被告人的辩护人都摇头表示没有)

审判长：被告人陈娜，你还有什么要说的吗？

第二被告人：没有了。

审判长：当庭陈述完毕，下面进行当庭举证和质证。

(说完示意审判员李，由他主持当庭举证，李会意)

审判员李：对证人和鉴定人发问，应当先由提请传唤的一方进行；发问完毕后，对方经本庭准许，也可以发问。但询问、讯问或者发问，应当遵守以下规则：①内容应当与案件的事实相关；②不得以诱导方式提问；③不得威胁被问话人；④不得损害被问话人的人格尊严。法庭调查中当庭出示的物证、书证、视听资料等，应当由出示证据的一方就所出示的证据的来源、特征等做必要的说明，然后由另一方进行辨认并发表意见。控辩双方可以互相质问、辩论。

审判员李：现在先由公诉方举证。

公诉人谢：审判长、审判员，我方在这里有7份证据材料需要向法庭出示。

公诉人谢：(略停一下，继续)现在请传我方第一号证人向明生出庭作证。

审判员李：传证人向明生出庭。

(证人向明生在法警的带领下走进法庭，来到证人席)

法律提示：根据《刑事诉讼法》和最高人民法院《关于执行<中华人民共和国刑事诉讼法>若干问题的解释》，证人应当出庭作证。符合法定情形，经人民法院许可，证人可以不出庭。证人出庭时，审判人员应当先核实证人的身份、与当事人以及本案的关系，告知证人应当如实提供证言和有意作伪证或者隐匿罪证要负的法律责任。证人作证前，应当在如实作证的保证书上签名。

审判员李：介绍你的姓名、职业，现在哪里工作？住址在何处？

向明生：向明生，职业是保安，现在中国人民银行铜川市分行营业部负责门卫、保安工作。

审判员李：证人向明生，根据我国法律规定，公民有作证的义务，你应该如实将你知道的情况向法庭陈述。对于与本案无关的问题，你有权拒绝回答。但如果作伪证，你将受到法律制裁。对此，你听清楚了吗？

向明生：听清楚了。

审判员李：现在请你在如实作证的保证书上签名。

审判员李：(待向明生在保证书上签名后)证人向明生，现在将你所知道的本案情况向法庭如实陈述。

向明生：7月30日上午7时左右，还不到上班时间，营业部出纳彭玉生就带着另一个人来到营业部，说是他的朋友。因为他们要到营业部工作间里玩，我说按照规定，麻烦登记一下，彭玉生不太高兴，但还是进行了登记，是由彭玉生写的。

公诉人谢：登记了什么内容？

向明生：登记的是"马胜利，男，本市邮政局财务科职员，前来洽谈业务事宜"。

公诉人谢：后来呢？

向明生：后来我就让他们进去了，10点钟左右，邮政财务科的人来取钱，我以为登记的"马胜利"与来取钱的人是一起的，也就没有再问。

公诉人谢：业务部发生保险柜被盗事件，你是什么时候知道的？

向明生：中午12点左右，业务部的人吃完饭回来发现办公室被盗。

公诉人谢：报案后，公安机关向你了解情况没有？

向明生：了解了。

公诉人谢：你向公安机关汇报了吗？

向明生：汇报了。但公安机关当时没说什么，我也就没太在意。

公诉人谢：后来你是怎么知道该案侦破的？

向明生：过了一个星期左右，铜川市公安局通知我去指认犯罪嫌疑人。我到那里一看，那天登记的"马胜利"就是被抓住的吴金友。

公诉人谢：向明生，你仔细看清楚，案发当天与彭玉生一起到营业部玩的那个人是否就是现在站在被告人席上的吴金友。

向明生：(仔细看了一下被告人吴金友，很肯定地说)没错，就是他！

审判员李：第一被告人辩护方，你们有什么要问的吗？

第一被告人的辩护人：没有。

审判员李：请法警带证人向明生暂时退庭。

公诉人谢：请法庭传我方的第二号证人宋明霞出庭作证。

审判员李：带证人宋明霞出庭作证。

审判员李：(待证人宋明霞在法警的带领下来到证人席后)介绍你的姓名、职业，现在哪里工作？住址在何处？

宋明霞：宋明霞，现为中国人民银行铜川市分行营业部出纳，住分行家属宿舍内。

审判员李：证人宋明霞，根据我国法律规定，公民有作证的义务。你应该如实将你知道的情况向法庭陈述。对于与本案无关的问题，你有权拒绝回答。但如果作伪证，你将受到法律制裁。对此，你听清楚了吗？

宋明霞：听清楚了。

审判员李：现在请你在如实作证的保证书上签名。

审判员李：(待宋明霞在保证书上签名后)证人宋明霞，现在将你知道的本案情况向法庭如实陈述。

宋明霞：7月30日上午上班后，我与另一位出纳彭玉生从金库提回现金40万元，放进保险柜内的顶层。10时许，本市邮政财务科取走现金10万元。10时40分左右，我、彭玉生以及其他工作人员外出吃饭，由彭玉生锁门。因为那天大家高兴，午饭吃到12点多才回来，反正是早餐中餐一起吃的。回来才发现我和彭玉生等人的办公桌都被撬了，保险柜被打开，保险柜里的30万元人民币不翼而飞。

公诉人谢：当时现场的情况怎么样？

宋明霞：办公室的门没有被弄坏，就是后窗的铁条被锯断，犯罪分子肯定是从后窗进来作案然后又从后窗出去的。

公诉人谢：彭玉生负责什么工作？

宋明霞：我和彭玉生每人负责保管一把保险柜的钥匙，我们都是分行营业部的出纳。

公诉人谢：彭玉生平时表现怎么样？

宋明霞：为人挺好的，就是有点怀才不遇，经常开玩笑说只有给别人点票子的命。

公诉人谢：他经常这样说吗？

宋明霞：经常说，不过这也是干我们这一行的通病。彭玉生与他老婆的关系也挺好的，他老婆经常到我们单位找他……

审判长：(插一句)证人宋明霞，回答问题要简练，与案情无关的话不要说。

公诉人谢：彭玉生在案发当天表现怎么样？

宋明霞：跟我一样，非常紧张和害怕。我们两人的责任太大了。

公诉人谢：后来呢？

宋明霞：后来，彭玉生与我们马上报了案。公安机关进行了现场勘验，分别找我们谈话。我们的心情也不好，一直守在办公室随时等待问话。一直到8月1日晚上，公安机关说我们可以回家了，我才松了一口气。

公诉人谢：第二天彭玉生来上班了吗？

宋明霞：再也没有来过，后来听说他携款潜逃了，我们简直不敢相信。

公诉人谢：审判长、审判员，我的话问完了。

审判员李：被告人和辩护人，你们有话要问证人吗？

(第一被告人、第二被告人以及他们的辩护人都表示没有)

审判员李：请法警带领证人宋明霞暂时退庭。(略停一下)公诉方继续举证。

公诉人谢：现在出示我方的第三份证据材料——银行巨款被盗现场的勘查笔录。

审判员李：请公诉人宣读勘查笔录。

公诉人谢：铜川市公安局刑侦大队现场勘查笔录。1998年7月30日中午12时20分左右，我刑侦大队值班室接到人民银行铜川市分行营业部保险柜被盗的报案电话，我队当即派人前往案发现场勘查。案发现场没有遭到破坏，出纳办公室的房门完好无损，办公室后窗的两根钢筋铁条被锯断并扳歪，现场发现有踏痕和模糊的鞋印，但钢筋护栏铁条被锯断处的周围没有发现明显的金属粉末。办公室的几个抽屉被撬，其中出纳彭玉生和宋明霞存放保险柜钥匙的抽屉被破坏得最为厉害。经现场认真搜索后，未发现其他物证。现场勘查于当日下午3点钟结束，提取了现场鞋印、被锯断的铁条、被撬的锁等物品。拍摄了现场照片20张，绘制了现场图2张，复印了当日资金进账的明细表，并向出纳彭玉生、宋明霞和保安向明生询问了有关情况，制作了现场笔录1份。在对现场进行勘查和对相关人员进行询问后，经初步分析认为：该盗窃案是有预谋的，后窗铁条在案发前就已经被锯断。犯罪分子可能是男性，并且是单人作案。另据出纳宋明霞反映，当天的现金都是面值为100元的90年版新钞，号码从TC 40280299至TC 40284298。其中，邮政财务科提走的10万元没有在记录号码。也就是说，被盗的30万元钞号是从记录钞号中除去邮政财务科的1000张钞票的号码。勘查人，铜川市刑侦大队副队长郑明、队员金石松、孙加委。现场见证人，宋明霞、彭玉生。现场记录人，刘银河。1998年7月30日。

审判员李：被告和辩护人，你们对刚才宣读的勘查笔录有无异议？

第一被告人的辩护人：没有。

(审判员李示意公诉人谢继续举证)

公诉人谢：现在出示我方的第四份证据材料——关于鞋印、锁痕和铁条锯痕的物证鉴定书。请法庭传鉴定人柳园出庭宣读物证鉴定书。

审判员李：传鉴定人柳园出庭宣读物证鉴定结论。

(鉴定人柳园在法警的带领下来到证人席，法庭对其核实身份、告知如实提供鉴定意见和作虚假鉴定要负的法律责任，并且要求其在如实说明鉴定结论的保证书上签名。具体操作与前述针对证人的方式相同)

鉴定人柳园：物证鉴定书。根据铜川市公安刑侦大队先后送来的鞋印、锁痕、铁条锯痕和鞋样、中号螺丝刀、起子以及钢锯条的样本，本鉴定中心对其一一进行了仔细的鉴定，最终发现，鞋印、锁痕、铁条锯痕和送来的鞋样、螺丝刀、起子和钢锯条样本基本相符。铁条断处的锯痕接口很好，没有折断蹦碎的情况，如果不仔细观察，很难看出断痕。结论：送检的样本和鞋印、锁痕、铁条锯痕相符。锯断铁条系案前精心准备所为，不是案发当时所为。鉴定人，柳园。铜川市中级人民法院司法鉴定中心。1998年8月12日。

公诉人谢：鉴定人，你鉴定的鞋印、锁痕和铁条锯痕，是从哪里来的？

鉴定人：是公安刑侦大队先后送来的现场勘查照片和提取的实物。

公诉人谢：刚才你说的"先后送来"是什么意思？

鉴定人：勘查照片、被撬坏的锁和断铁条是8月3日送来的，鞋样、螺丝刀和起子是8月11日送来的。据送样品来的同志说，案件基本可以告破。

公诉人谢：(举起手边的几样东西，问)你鉴定的鞋样、起子和螺丝刀就是这几件吗？

鉴定人：(犹豫了一下)能将东西给我看一下吗？

审判员李：请法警将公诉方出示的物品给鉴定人辨认。

鉴定人：(仔细看法警递过来的鞋样、起子和螺丝刀后，抬起头说)是的，就是这些。

公诉人谢：审判长、审判员，我的话问完了。

第一被告人的辩护人：(举手示意)审判长、审判员，我想询问鉴定人几个问题。

审判员李：准许。

第一被告人的辩护人：请问鉴定人，你刚才开始时讲的是"基本相符"，后来在鉴定结论部分又说"相符"，前后是否矛盾？

公诉人张：(大声地)抗议！辩护人在诱导鉴定人。

第一被告人的辩护人：我是在澄清事实，请法庭支持。

审判长：(用力敲击一下法槌)抗议无效，鉴定人必须回答。

鉴定人：这样说，是因为其中的鞋印在照片上看比较模糊，但大体轮廓和粗纹仍然能看清楚。后来结论中说相符，是根据鉴定经验和送检方提供的其他材料认定的。

第一被告人的辩护人：我的话问完了。

审判员李：其他被告人和辩护人，对鉴定结论还有什么异议吗？

审判员李：(看了一下被告人席，没有发现异议，继续说)请法警带领鉴定人暂时退庭。公诉方继续举证。

公诉方谢：现在出示我方的第五份证据材料——从被告人吴金友家中提取的鞋样、起子和螺丝刀。

(旁听席内一时有点骚动，有人不断抬头想看个明白，同时互相议论)

审判长：(用力敲击一下法槌，大声地说)安静！

审判员李：(待旁听席安静下来以后)请法警将公诉方证据交第一被告人及其辩护人质证。

审判员李：(待第一被告人辨认法警递交的证据后，问)被告人吴金友，这些东西都是你的吗？

第一被告人：是的。

审判员李：第一被告人的辩护人，你对这些证据有什么异议吗？

第一被告人的辩护人：没有。

审判员李：请法警将上述物证交本庭书记员处登记。

公诉人谢：现在出示我方的第六份证据——从第一被告人吴金友家中搜出的3万元现金钞样和装钱用的蛇皮袋。

(法警将现金钞样和袋子交由被告人吴金友辨认)

公诉人谢：被告人吴金友，这些现金钞样和蛇皮袋是不是从你家里搜出来的？

第一被告人：钱我不好说，袋子是我的。

公诉人谢：现在出示我方的第七份证据——两位被告人的供述和辩解。其中一份是第一被告人吴金友的，另一份是第二被告人陈娜的。

审判员李：请公诉人宣读被告人的供述和辩解。

公诉人谢：被告人吴金友的供述和辩解。我叫吴金友……以上是我的整个作案经过，我现在很后悔中了彭玉生的激将法，犯下了如此贪污大罪。但我在整个案件中处于被动地位，整个犯罪过程都是由彭玉生一手策划的，我错就错在讲哥们义气，不懂法律，所以，恳请司法机关对我予以宽大处理。吴金友，1998年11月5日。

审判员李：被告人吴金友，刚才的供述和辩解是否属实？

第一被告人：属实。

公诉人谢：被告人吴金友，出纳办公室后窗的铁条是你锯断的吗？

第一被告人：不是，是彭玉生。他提前两天就准备好了，并且告诉我万无一失。

公诉人谢：在你7月30日早晨进入营业部时，是否在登记簿上签了名？

第一被告人：我没有签，是彭玉生签的。

公诉人谢：签的什么名字？

第一被告人：具体记不太清楚了，好像是……是马什么？

公诉人谢：马胜利？

第一被告人：是，好像是"马胜利"。

公诉人谢：你进入营业部后，藏在什么地方？

第一被告人：彭玉生把我藏在一个大壁柜里。

公诉人谢：你是怎样找到保险柜钥匙的？

第一被告人：一把是彭玉生在去吃饭之前给我的，并告诉我可以动手了。

公诉人谢：另一把呢？

第一被告人：另一把是我撬锁得来的。

公诉人谢：你怎么知道另一把钥匙在哪里呢？

第一被告人：是彭玉生事先指示给我看的。

公诉人谢：那你为什么还要撬彭玉生的办公桌？

第一被告人：是彭玉生事先交代的，说这样才能不让人怀疑。

公诉人谢：(看向审判长和审判员，略停一下，继续)下面是被告人陈娜的供述和辩解。我叫陈娜……以上是我的整个作案经过，我因为不懂法律，不敢去司法机关举报我丈夫和吴金友的贪污盗窃犯罪行为，而且还一厢情愿地去找吴金友告诉他们约定的见面地点。经过司法人员做工作，我认识到自己的行为的严重性，恳请司法机关念及我看重家庭亲情，对我从轻处罚。陈娜，1998年11月8日。

审判员李：被告人陈娜，刚才公诉人宣读的供述和辩解，是否属实？

第二被告人：属实。

审判员李：公诉方，还有没有其他证据需要向本庭提供？

公诉人谢：没有了。

(审判员张示意审判员万主持接下来的被告方举证，万会意)

审判员万：公诉方举证完毕，现在由被告人和辩护方举证。先由第一被告人和辩护方举证。

第一被告人的辩护人：审判长、审判员，我方有两份证据可以表明我方当事人自始至终处于作案的从属地位。第一份证据是在逃犯罪嫌疑人彭玉生在案发前发给吴金友的短信，请法庭允许我宣读。

审判员万：准许。

第一被告人的辩护人：(宣读彭玉生的短信)友哥，这个年头，干什么事都离不开钱，毕竟世上万物，钱才是第一"通货"。现在有机会发大财，关键需要你出手相助，因为别人我信不过，希望有机会与你再详细面谈。彭玉生，1998年7月2日。

审判员万：被告人吴金友，信中的"友哥"是谁？

被告人吴金友：就是我，大家平时喜欢叫我"友哥"。

审判员万：公诉方对该证据有何异议？

公诉人张：没有。

第一被告人的辩护人：(略停一下，继续)我方的第二份证据是第二被告人陈娜在8月2日见面时交给吴金友的纸条。内容是："友哥，具体情况我老婆会跟你讲，你要么将钱给我老婆带回，要么想办法明天在青年旅社见面再说。彭。"

审判员万：公诉方对该纸条是否有异议？

公诉人张：有。这张纸条且不说其真实性如何，对本案的主从犯罪没有什么说服力。

审判员万：第二被告人陈娜，该纸条是否属实？

第二被告人：属实。

审判员万：被告人吴金友，你是在什么情况下见到陈娜的？

第一被告人：她打电话约我的。

审判员万：陈娜有没有要你带上钱？

第一被告人：没有。考虑到安全问题，我就没带钱去。

审判员万：陈娜见到你怎么说？

第一被告人：没说什么，把纸条交给我后，只是哭。

审判员万：你怎么说？

第一被告人：我说了几句安慰的话，陈娜说"我不管你们的屁事"，说完就走了。

审判员万：被告人陈娜，被告人吴金友刚才的话是否属实？

第二被告人：属实。

审判员万：(略停一下，将目光转向第二被告人席)被告人陈娜，你有什么其他证据需要向本庭提供的吗？

第二被告人的辩护人：没有。

(审判员万问完话后，向审判长示意后面的法庭辩论由其主持，审判长会意)

四、法庭辩论

审判长：经过刚才的举证和质证，本庭对公诉方提供的七份证据材料的真实性、合法性和关联性予以认定。对第一被告人提供的两份证据材料的真实性和合法性予以认定，对于其与本案的关联程度和作用，暂不认定。(略停一下，继续)至此，法庭调查结束。现在进行法庭辩论。

审判长：法庭辩论拟在本庭主持下，按照下列顺序进行：①公诉人发言；②被告人自行辩护；③辩护人辩护；④控辩双方进行辩论。

审判长：现在先由公诉方发言。

公诉人刘：审判长、审判员，根据《中华人民共和国刑事诉讼法》第一百五十三条、第一百六十条、第一百六十五条、第一百六十九条的规定，我们受铜川市人民检察院的指派，代表本院，以国家公诉人的身份，出席法庭支持公诉，并依法对刑事诉讼实行法律监督。现对本案证据和案件情况发表如下意见，请法庭予以考虑：根据刚才的法庭举证和质证，可以看出，被告人吴金友与在逃犯罪嫌疑人彭玉生合伙实施了这起盗窃贪污案。现场勘查笔录和证人宋明霞的证言，足以认定在逃嫌疑人彭玉生与人合伙犯罪，证实本案为一起有预谋的犯罪，并且可以发现门卫登记簿上的"马胜利"有较大嫌疑。证人向明生当庭指认的登记簿上的"马胜利"就是被告人吴金友，鉴定结论也表明，案发现场的鞋印、锁痕和后来在被告人吴金友家中提取的鞋样、起子和螺丝刀相吻合，在被告人家中搜出的3万元现金的钞样和蛇皮袋，也可以证实被告人就是本案的共犯之一。在刚才的法庭调查中，蛇皮袋已经被告人吴金友指认，钞样的号码与案发当天的现金进账的钞票号码范围完全相符。被告人吴金友对本案的犯罪事实亦供认不讳。至于被告人吴金友的辩护律师提出的两份证据，不能证明其具有从犯的法定情节。我们认为，被告人吴金友在本案中与彭玉生系共同实行犯，没有主从之分，要说主犯和从犯，吴金友本人也是主犯。对于被告人陈娜的窝藏犯罪行为，在公安机关的移送起诉意见书中多有涉及，该意见书称，公安机关对彭玉生家采取搜查措施时，被告人陈娜故意拖延，干扰执法，致使犯罪嫌疑人彭玉生逃脱。这一点，被告人陈娜在侦查阶段的供述和辩解中也供认不讳，加之刚才法庭调查中第一被告方提供的纸条也足以说明问题。可见，本案两被告人的犯罪事实清楚，证据确实、充分。综上所述，我们认为，依照《中华人民共和国刑法》第三百八十二条和第三百一十条之规定，被告人吴金友的行为已构成贪污罪，被告人陈娜的行为已构成窝藏罪，而且被告人吴金友和陈娜均不具备法定从轻处罚的情节。公诉人，刘建华。1998年12月1日。

审判长：现在由第一被告人吴金友自行辩护。

第一被告人：审判长、审判员，我对自己的犯罪行为后悔不已。只是请念及我一时糊涂，要不是彭玉生……

审判长：(打断第一被告人的啰唆话)被告人吴金友，只说你的观点或者新的看法，重复的话不要说。

第一被告人：我是从犯，要严惩彭玉生，否则我不甘心。

审判长：你还有什么要补充的吗？

第一被告人：没有了。

审判长：现在由第一被告人的辩护人进行辩护发言。

第一被告人的辩护人：审判长、审判员，陕西省铜牙律师事务所接受被告人吴金友的委托，指派我担任本案的辩护人。接受委托后，我仔细了解了案件情况，通过刚才的法庭调查，兹发表以下辩护意见，请法庭予以充分的考虑：首先，被告人吴金友自始至终都是处于从属和被动的地位，其作用是次要和辅助的，是哥们义气和逞能思想在作怪。根据《刑法》第二十七条的规定，对其应当从轻、减轻或者免除处罚；其次，被告人吴金友在分钱时听凭给多少是多少的行为，足以说明他没有非法占有30万元人民币的意图，顶多只需对自己分得的3万元负刑事责任。以上事实，可由我方提供的两份证据材料和被告人在侦查阶段的供述和辩解佐证。我的发言完了，谢谢！

审判长：现在由第二被告人陈娜自行辩护。

第二被告人：(一边哭一边说)审判长、审判员，我没其他要说的，只求对我从宽处罚。

审判长：现在由第二被告人的辩护人进行辩护发言。

第二被告人的辩护人：审判长，审判员，铜川市天平律师事务所接受被告人陈娜的委托，指派我担任本案的辩护人。我接受委托后，仔细查阅了案卷，与我的当事人谈话，加之通过刚才的法庭调查，发表以下辩护意见，请法庭予以充分考虑：我的当事人在本案中的行为实际上是一种典型的"知情不报"，其违法性和错误性显然是不容否认的。但她并没有窝藏犯罪嫌疑人彭玉生和转移赃款的意图，也没有实现窝藏的行为，虽然她受彭玉生之托去找吴金友，但她并不想管他们的事，可怜的女人，在这种情况下，只能选择哭泣和沉默。她一方面恨丈夫不争气，另一方面又没有胆量去报案，怀着一丝侥幸心理，但愿丈夫的犯罪行为不被发现。在公安机关前来搜查的时候，我的当事人是不太主动配合，但也没有实施蛮横的阻碍行为，纯粹是出于一种自我保护的本能。试想为人妻者，又有谁能如此超然呢？如果我的当事人陈娜的这种行为就是窝藏罪的话，那么，天下所有犯罪人的家属都有可能构成窝藏罪，这样的法律还有什么意义呢……

审判长：(打断第二被告人的辩护人讲话)辩护人，说话要简练，与本案无关的话不要说。

第二被告人的辩护人：好的。总之，我认为，被告人陈娜的行为不具备窝藏的故意，而且情节轻微，不足以构成窝藏罪。考虑到她的认识态度，请求法庭无罪释放或者免予刑事处罚。我的发言完了，谢谢！

审判长：现在进入自由辩论阶段。控辩双方可就刚才的发言，围绕全案的事实、证据、适用法律等问题进行辩论。重点放在：①被告人吴金友在本案中是否是从犯，是否只能对分得的3万元赃款负刑事责任。②被告人陈娜的行为是否构成窝藏罪。控辩双方发言尽可能简要，多余的、重复的话就不要再说，禁止辩论过程中的人身攻击和起哄。

公诉人张：公诉方认为，本案中被告人吴金友不是从犯，他和在逃犯罪嫌疑人合伙共同贪污没错，但并不是每个共同犯罪案件中都有主犯和从犯。本案中，其实吴、彭两人都是实行犯罪行为的主犯，如果没有在逃犯罪嫌疑人彭玉生的主要作用，就不能顺利达到内外结合窃取巨款的目的。但如果没有被告人吴金友撬锁开柜的行为，30万元也不会自动到手。所以，本案中的两人与其说是主从，不如说是互相配合，两者都是主犯，被告人吴金友不具备法定从轻的从犯情节。

第一被告人的辩护人：按照公诉方的说法，可以说每一个共同犯罪案件中都无所谓主从之分，因为每个共同犯罪人的行为都是独立实施的，别人无法替代，都是一种互相配合的关系。那么，《刑法》规定主犯和从犯就显得毫无意义。而事实情况并不是这样的，本案的被告人吴金友，自始至终都处在从属和被动的地位，如果没有在逃犯罪嫌疑人彭玉生的怂恿和安排，吴金友就不可能有窃取保险柜的意图，而且根本不可能得逞。值得注意的是，本案中的被告人吴金友自始至终对30万元巨额现金没有丝毫的占有欲望，缺乏共同贪污的主观恶性。这起案件，其实换上别人照样能干成，不管是吴金友还是刘金友、李金友、张金友或者王金友。但如果离开了彭玉生，任凭是谁都难以成功，又何谈像本案这样轻而易举。所以，被告人吴金友只能是从犯。不知道身为国家公诉人，连这点常识都不了解，究竟做何感想！

审判长：(重敲一下法槌，打断第一被告人的辩护人讲话)第一被告人的辩护人，不能进行人身攻击，本庭对你提出警告！

第一被告人的辩护人：是。

审判长：你还有什么要说的吗？

第一被告人的辩护人：没有了。

公诉人张：(继续)公诉方同时还认为，被告人陈娜的行为构成了窝藏罪，其行为不仅仅是"知情不报"的问题，根据她对公安机关搜查行动的不配合以及给被告人吴金友送纸条的行为就足以认定。因为，这两个行为是直接造成30万元现金被瓜分和犯罪嫌疑人彭玉生逃脱后果的关键因素。

第二被告人的辩护人：我方当事人的行为其实只是一种人之常情的本能表现，并不具有窝藏赃款和犯罪嫌疑人的主观故意。如果对其追究窝藏犯罪，则明显扩大了打击范围。所以，我方当事人陈娜的行为不符合窝藏罪的法定犯罪构成，不构成窝藏罪。

(法庭现场氛围陷入沉闷，双方互不相让，又不知说什么好)

审判长：(打破这种沉闷)控辩双方还有什么要补充的吗？

审判长：(见双方没有反应，环视整个法庭，继续说)鉴于控辩双方没有内容要补充，现在我宣布法庭辩论结束。

■ 五、被告人的最后陈述

审判长：根据《中华人民共和国刑事诉讼法》第一百六十条的规定，法庭辩论终结后，被告人有最后陈述的权利。下面由被告人做最后陈述，先由第一被告人吴金友陈述。

第一被告人：审判长、审判员，我为自己犯下的罪行而深感痛心。我现在唯一的想法就是希望人民政府能够早日将彭玉生绳之以法，并且对我从宽处罚，否则我不甘心。在这里，我再将整个犯罪过程向法庭做最后陈述，恳请法庭公正处理。今年7月初，彭玉生多次找我商议盗窃他与另一位出纳共同管理的保险柜内的现金，我没同意。后彭玉生多次约我吃饭、喝酒，做我的工作，并把他的计划、安排告诉我，说保证没事，我的任务就是去把钱拿出来而已，其他事情一律由他摆平。他又说，友哥你要是胆小怕事或者担心我给你的份额太少就算了。我只是把你当真朋友，没想到你这么不中用，不把我当真朋友。同时他还多次让我看他掌管的钥匙。我碍于面子，只好同意。彭即向我要了一把中号螺丝刀和一只蛇皮口袋放在他自己的办公桌内，又用事先准备好的钢锯条将业务部的钢筋护窗栏锯断。7月23日上午，彭玉生将我带至铜川市分行业务部熟悉地形，并暗示了存放现金的保险柜和开启保险柜的另一把钥匙的存放地点。7月27日晚，彭玉生找到我，告知我近日将提款40万元存放在保险柜内，并详细告诉我作案的时间、步骤、开启保险柜的方法及进出路线等。

7月30日早上，彭玉生将我带进该行业务部套间，藏在由他保管的大壁柜内。后来，他进入套间向我指认了放款的保险柜，后与其他本行职员聊天。再后来，彭玉生趁其他工作人员外出吃饭离开办公室之际，打开壁柜将自己保管的那把保险柜钥匙交给我，并告知人都走了，他接下来也离开业务部去吃饭。我急忙撬开另一位出纳员的办公桌抽屉，取出另外一把保险柜钥匙，打开保险柜将一大堆人民币装入旅行袋里，又在办公室将彭玉生等人的办公桌撬开，然后从后窗翻出办公室逃离现场。

回到家里后，我仔细一看，足有几十万，心里开始紧张起来。8月2日中午，彭玉生的爱人陈娜找到我，把彭玉生写的纸条给了我，她也很害怕，一直在哭。当日下午，我依彭的要求到了青年旅社。8月3日早晨见面后，我和彭玉生一同来到我家，我拿出蛇皮袋说钱都在里面。彭要我一起逃走，我不同意，彭随即给我留下3万元，然后携带其余赃款潜逃。我拿着这3万元钱，真是度日如年。后来公安机关到我家里搜出了这些钱，我反倒不担心了，现在心里只恨自己不争气，也恨彭玉生将我引上这样一条犯罪道路。

我将上述经过向法庭陈述，是想让人们以我为鉴，不要逞一时英雄。同时，恳请法庭考虑我的从犯地位，对我宽大处理，给我重新做人的机会。谢谢！

审判长：现在由第二被告人陈娜做最后陈述。

第二被告人：审判长、审判员，我在这起案件中是无辜的，我的丈夫彭玉生平时与我的关系不错，但他与吴金友合伙贪污的事我开始一点也不知道。8月1日晚，他将作案经过告诉了我，我骂他不争气，放着好日子不过，非要去犯罪。我丈夫求我，说他也是不得已，并要求我去找吴金友，见面后再商量怎样解决，现在事情已经出了，哭也没用。8月2日中午，我只好按我丈夫的要求找到了吴，把他写的纸条给了吴。吴金友看我伤心，就劝我别哭。我说再也不管你们的屁事了。后来公安机关来我家搜查，我确实与他们发生了冲突，原因是一个公安局的小伙子态度蛮横，我心情不好。但我丈夫逃跑我确实没有料到，也没有心思再去管他了。总之，我希望别人以我为鉴，要主动、积极地向政府报案，不要像我一样软弱和犹豫。我承认自己在本案中有重大错误，但不至于构成犯罪，因为我从头到尾就没有想过转移财产或者窝藏我丈夫。恳请法庭为我做主,对我从宽处理。谢谢!

六、休庭评议

审判长:通过前面的法庭调查、法庭辩论和被告人的最后陈述,本案的事实争议不大,控辩双方的证据经过当庭举证和质证,本庭对公诉方的证据均予以采纳,对第一被告方提供的纸条和短信的真实性和合法性予以认定,但对其证明力暂不做认定。至此,本案的争议焦点有三:第一,被告人是否属于从犯,是否具备法定从轻处罚的情节;第二,被告人吴金友是否只对他所分得的3万元赃款负刑事责任;第三,被告人陈娜是否构成窝藏罪。

(审判长与两位审判员低头小声商量了一番,审判长抬起头继续主持审判)

审判长:下面将休庭评议。本案实行定期宣判,具体时间另行通知,今天的审理就到此为止。

审判长:请法警将两位被告人带出法庭重新羁押。

审判长:请控辩双方将当庭出示、宣读的证据,提交合议庭。

(控辩双方将证据材料由司法警察递交合议庭,合议庭指示书记员一一登记在卷)

审判长:(待两被告人被带出法庭后)请书记员将法庭笔录交由证人、被告人阅读、补正并签名盖章。

(书记员组织证人、当事人阅读并补正法庭笔录后,将法庭笔录交由审判长审阅后,审判长和书记员分别签名)

审判长:(环视整个法庭,大声宣布)休庭!(用力敲击一下法槌)

书记员:(略停一下,大声地)全体起立!

书记员:(略停一下)请审判长、审判员退庭。

书记员:(待合议庭成员退庭后)请控辩双方与旁听人员退庭。

法律提示:合议庭应当根据已经查明的事实、证据和有关法律规定,并在充分考虑控辩双方意见的基础上,进行评议,确定被告人是否有罪,应否追究刑事责任;构成何罪,应否处以刑罚;判处何种刑罚;有无从重、从轻、减轻或者免除处罚的情节,并依法作出判决。合议庭进行评议的时候,如果出现意见分歧,应当按照多数人的意见作出决定,但是少数人的意见应写入笔录。评议笔录由合议庭的组成人员签名。

七、定期宣判

(合议庭在宣告判决的前一天,公告了定期宣判的时间和地点,传唤了被告人并通知公诉人以及其他有关诉讼参与人参加)

时间:1998年12月25日9时

地点:铜川市中级人民法院第一刑事审判庭内

(法庭布置、开庭的准备工作一如从前,此处略)

书记员:(环视整个法庭,然后大声地宣布)全体起立!

书记员：(略停一下)请审判长、审判员入庭。

审判长：(与两位审判员站着面对旁听席。略停一下，然后清晰而严肃地吐出两个字)坐下。

(法庭内人声宁息、气氛庄严，只有书记员的声音在法庭内回荡)

书记员：报告审判长，被告人吴金友贪污并被告人陈娜窝藏一案的公诉人和辩护人已到庭。法庭准备工作就绪，可以开庭。报告完毕。

(审判长向书记员点点头。书记员入座，坐下)

审判长：(环顾法庭，用力敲击一下法槌，然后大声地宣布)铜川市中级人民法院公开审理被告人吴金友贪污并被告人陈娜窝藏一案，现在继续开庭！

审判长：(略停一下)传本案第一被告人吴金友到庭。

(第一被告人吴金友由两位法警带到被告人席)

审判长：(略停一下)传本案第二被告人陈娜到庭。

(第二被告人陈娜由两位法警带到被告人席)

审判长：本案经过法庭调查、法庭辩论、被告人最后的当庭陈述以及后来的休庭评议，现在予以宣判。

审判长：(略停一下)铜川市人民检察院以铜检刑诉〔1998〕第308号起诉书，指控被告人吴金友犯贪污罪、被告人陈娜犯窝藏罪，于1998年9月25日向本院提起公诉。本院依法组成合议庭，公开审理了本案。铜川市人民检察院指派检察员刘建华、张并归、谢同出庭支持公诉，辩护人马高、刘金柱，证人宋明霞、向明生，鉴定人柳园等到庭参加诉讼。现已审理终结。

铜川市人民检察院指控被告人吴金友与原中国人民银行陕西省铜川市分行业务部出纳彭玉生(在逃)，按照约定盗窃彭玉生与另一位出纳共同管理的保险柜内的现金。然后通过熟悉地形、商量好详细的作案计划，于7月30日10时许，在彭玉生的掩护和配合下，撬开另一位出纳员的办公桌抽屉，取出保险柜的一把钥匙，并同彭玉生给他的另一把保险柜钥匙，打开保险柜盗走30万元人民币。为了制造假象，吴又在办公室将彭玉生等人的办公桌撬开，然后从后窗翻出办公室逃离现场。破案后，从被告人吴金友家中起获赃款3万元，其余27万元被犯罪嫌疑人彭玉生携带潜逃。指控被告人陈娜在明知其夫彭玉生与被告人吴金友伙同窃取银行巨额现金的情况下，为彭和吴牵线联系，转移赃款。检察院提供了上述犯罪事实的书证、物证、证人证言、鉴定结论以及被告人供述和辩解等证据佐证。

被告人吴金友对自己的犯罪行为供认不讳，但辩称，自己并没有占有银行巨额现金的意图，只是受了彭玉生的指使和恐吓，为了充"英雄"和逞能而成了彭玉生的替罪羊。被告人吴金友的辩护人提出三点辩护意见，认为：①被告人吴金友在本案中自始至终处于被动地位，系从犯；②被告人吴金友的行为虽然构成贪污罪，但根据罪责自负的原则，只应对其所拿的3万元赃款负刑事责任；③被告人吴金友认罪态度较好，能主动交代所犯罪行，揭发同案犯彭玉生的犯罪行径，请求法庭在量刑时予以考虑。

被告人陈娜对自己去找吴金友的行为后悔不已，对指控的犯罪事实亦供认不讳，只是请求人民法院对其从轻处罚。被告人陈娜的辩护人认为，陈娜明知其夫与被告人吴金友合伙盗窃了银行的巨额现金，仍然为他们联络和带话，其行为是违法的，但根据《刑法》关于窝藏罪的规定，陈娜并没有为彭玉生和吴金友转移财产和提供隐藏处所，彭玉生携款潜逃时也没有与陈娜打招呼，而且在侦查机关来陈娜家进行搜查时，陈娜主动交代了彭玉生与吴金友的犯罪情况。所以，被告人陈娜的行为只是一种知情不报和带话的违法行为，并不符合《刑法》关于窝藏罪的犯罪构成，对其不能以窝藏罪定罪和量刑。

经审理查明，1998年7月初，中国人民银行陕西省铜川市分行业务部出纳彭玉生(在逃)，多次找被告人吴金友商议盗窃彭与另一位出纳共同管理的保险柜内的现金，吴未同意。后彭玉生多次约吴吃饭、喝酒，做吴的工作，并把自己的作案计划、安排告诉吴，同时还多次让吴看自己掌管的钥匙。吴金友同意作案后，彭即向吴金友要了一把中号螺丝刀和一只蛇皮袋放在自己的办公桌内，又用事先准备好的钢锯条将业务部的钢筋护窗栏锯断，为作案后逃离现场做准备。7月23日上午10时许，彭玉生将吴金友带至铜川市分行业务部熟悉地形，并暗示了存放现金的保险柜和开启保险柜的另一把钥匙的存放地点。7月27日晚，彭玉生找到被告人吴金友，告知其近日将提款40万元存放保险柜的情况，并详细告诉吴金友作案的时间、步骤、开启保险柜的方法及进出路线等。

7月30日上午7时，彭玉生将被告人吴金友带进该行业务部套间，藏在自己保管的大壁柜内。其他工作人员上班后，彭玉生与另一位出纳从金库提回现金40万元，放进保险柜内的顶层。10时许，本市邮政财务科取走现金10万元。10时30分左右，彭进入套间向被告人吴金友指认了放款的保险柜，后与本行其他职员聊天。10时40分，彭玉生趁其他工作人员外出吃饭离开办公室之际，打开壁柜将自己保管的保险柜钥匙交给吴金友，并告知人都走了，自己即离开业务部去吃饭。被告人吴金友撬开另一位出纳员的办公桌抽屉，取出钥匙，打开保险柜将30万元人民币装入蛇皮袋里，又在办公室将彭玉生等人的办公桌撬开，然后从后窗翻出办公室逃离现场。

8月1日晚，彭玉生将作案经过告诉了其妻陈娜，让陈通知吴金友带款在本市青年旅社等候。8月2日中午，被告人陈娜找到了吴，讲了彭的要求。当日下午，吴金友依彭的要求到了青年旅社。8月3日晨见面后，两人一同来到吴金友家，吴拿出蛇皮袋说钱都在里面。彭要吴一起逃走，吴不同意，彭即给吴留下3万元，然后携带其余赃款潜逃。破案后，从被告人吴金友家中起获赃款3万元。

以上事实，经过当庭举证、质证，控辩双方都没有异议，本院予以采纳。但对于第一被告人的辩护人的辩护意见的第一点和第二点，本院不予采纳。因为，第一被告人在整个盗窃过程中，虽然深受犯罪嫌疑人彭玉生的影响，但其撬开另一位出纳的抽屉盗走30万元现金的行为，并不处于共同犯罪的从属和辅助地位，而是直接、积极地实施了犯罪，其行为已符合主犯的犯罪构成。而且30万元是吴金友和彭玉生共同窃取的，瓜分赃款只是一种犯罪已经构成的情况下的后续行为，因而不能按照赃款的瓜分比例和多少来区分共同犯罪的主犯和从犯。对于第二被告人陈娜的辩护人的无罪辩护，根据《刑法》的规定和精神，所谓"知情不报"，只是消极地不提供有关犯罪事实和犯罪分子的消息。但本案中，被告人主动、积极地为被告人吴金友和彭玉生牵线带话，是本案中导致财产转移的关键行为。被告人陈娜的行为，完全符合窝藏罪的犯罪构成。本院对于被告人陈娜的无罪辩护意见，不予采纳。

关于第一被告人吴金友的犯罪行为定性问题，铜川市人民检察院和第一被告人的辩护人都认为是构成贪污罪的共同犯罪。理由是，在整个案件中，在逃犯罪嫌疑人彭玉生利用经管银行现金的职务之便，授意、安排吴金友盗窃巨额现金，且分得全部赃款的90%。无论是采用共同犯罪应以主犯的犯罪性质认定罪名，还是根据《刑法》第三百八十二条第三款关于"与前两款所列人员勾结、伙同贪污的，以共犯论处"的规定，对第一被告人吴金友的行为，都应认定为贪污罪。本院经审理查明认为，在整个犯罪中，30万元现金是被告人吴金友单独窃取的，虽然彭玉生对作案进行了周密的策划、带吴到其工作单位熟悉环境、为吴提供作案工具等，但这仅是彭利用职务之便为吴实施盗窃制造条件，尚不足以取得现金，被告人吴金友还必须撬盗另一把保险柜钥匙才能取得现金。因此，对本案被告人吴金友应以盗窃罪论处。

至于前述共同犯罪案件性质应以主犯的犯罪性质认定的说法，只是在新《刑法》实施以前"两高"《关于当前办理经济犯罪案件中具体应用法律的若干问题的解答(试行)》中有所涉及，该《解答》指出："内外勾结进行贪污或者盗窃活动的共同犯罪……应按其共同犯罪的基本特征定罪。共同犯罪的基本特征一般是由主犯犯罪的基本特征决定的。如果共同犯罪中主犯犯罪的基本特征是贪污，同案中不具有贪污罪主体身份的人，应以贪污罪的共犯论处……如果共同犯罪中主犯犯罪的基本特征是盗窃，同案犯的国家工作人员不论是否利用职务上的便利，应以盗窃罪的共犯论处。"后来，全国人大常委会《关于惩治贪污罪贿赂罪的补充规定》则不再以主犯的犯罪性质来决定共同犯罪案件的性质，而是根据共同实施行为的性质来认定共同犯罪案件的性质。根据《补充规定》："与国家工作人员、集体经济组织工作人员或者其他经手、管理公共财物的人员勾结，伙同贪污的，以共犯论处。"该《补充规定》也已被后来的新《刑法》吸收而废止。《刑法》第三百八十二条第三款"与前两款所列人员勾结，伙同贪污的，以共犯论处"的规定也没有将主犯的犯罪性质作为认定整起共同犯罪案件性质的依据，而关键要看共同犯罪是否是"伙同贪污"，也就是说，关键要看整起案件的共同故意和共同行为是否符合法定贪污罪的构成要件。可见，以主犯的犯罪性质来认定共同犯罪案件性质的说法已经被《刑法》所否定。本案中，虽然利用了在逃犯罪嫌疑人彭玉生的职务便利，但这种便利只是提供了一种作案便利，如果没有被告人吴金友单独的盗窃行为，30万元银行巨额现金就不可能到手。何况，被告人吴金友也不是从犯，其在整个案件中的作用一点也不亚于彭玉生。总之，本案并非全部利用彭玉生的职务便利实施和完成的，不符合贪污共同犯罪的构成要件，因而不能定贪污罪。

综上所述，本院认为，铜川市人民检察院指控两被告人的犯罪事实清楚、证据充分，被告人陈娜的罪名成立，但对于被告人吴金友指控的罪名不当。鉴于被告人陈娜有悔罪表现，可酌情从轻处罚。依照《中华人民共和国刑法》第二百六十四条第一款、第三百一十条第一款、第二十五条第一款、第二十六条第一款、第五十七条第一款、第七十二条第一款的规定，特判决如下：

(审判长略停一下，环视整个法庭)

书记员：(大声地)全体起立！

审判长：(略停一下，清清嗓门，大声宣判)第一，被告人吴金友犯盗窃罪，判处死刑，剥夺政治权利终身，并处没收财产人民币1 200元；第二，被告人陈娜犯窝藏罪，判处有期徒刑3年，缓刑4年。本判决宣告后立即送达被告人、辩护人和提起公诉的人民检察院。如不服本判决，可在接到判决书的第2日起10日内，通过本院或者直接向陕西省高级人民法院提出上诉。书面上诉的，应当提交上诉状正本一份、副本两份。

(宣读完判决后，审判长用力敲击一下法槌)

书记员：请全体坐下。

审判长：(对着控辩双方)控辩双方都听清楚了吗？

控辩双方：都听清楚了。

审判长：请法警将两位被告人带出法庭重新羁押。

审判长：(待两被告人被带出法庭后)请书记员将法庭笔录交由证人、被告人阅读、补正并签名盖章。

(书记员组织证人、当事人阅读并补正法庭笔录后，将法庭笔录交由审判长审阅后，审判长和书记员分别签名)

审判长：(略停一下，然后大声宣布)铜川市中级人民法院公开开庭审理被告人吴金友贪污并被告人陈娜窝藏一案，现在审理完毕，我宣布：闭庭！(用力敲击一下法槌)

书记员：(略停一下，大声地)全体起立！

书记员：(略停一下)请审判长、审判员退庭。

书记员：(待合议庭成员退庭后)请控辩双方与旁听人员退庭。

八、尾声

一审宣判后，被告人吴金友以自己不是主犯，应比照彭玉生的贪污主犯身份，将自己定性为贪污从犯，以及原判量刑过重等为由，向陕西省高级人民法院提出上诉。铜川市人民检察院亦以原判定性不当，向陕西省高级人民法院提起抗诉。二审期间，陕西省人民检察院认为抗诉不当，撤回抗诉。陕西省高级人民法院裁定准予撤回抗诉，并继续审理本案。

陕西省高级人民法院经审理认为，上诉人吴金友撬开另一位出纳员的抽屉，窃取另一把保险柜钥匙，后用该钥匙和彭玉生提供的钥匙打开保险柜，窃走柜内存放的30万元现金，这些行为都是吴金友单独实施的，也是造成30万元现金脱离存放地点、失去该款保管人控制的直接原因。彭玉生虽为业务部出纳，也掌管着另一把保险柜钥匙，作案前进行了周密的准备，将吴带进业务部藏匿，将其他工作人员叫出去吃饭，是利用职务之便为吴金友实施盗窃提供和创造了条件，但仅以其个人职务便利尚不足以与吴共同侵吞这笔巨额公款，因而不能以彭玉生的身份和行为确定本案的性质。上诉人吴金友在窃取巨款的共同犯罪中起了主要作用，原判认定其为主犯正确。鉴于另一案犯彭玉生在逃，吴金友归案后能如实坦白交代自己的罪行，且认罪态度较好，有悔罪表现，故对其判处死刑，但不立即执行。依照《中华人民共和国刑事诉讼法》第一百八十九条第一、二款，《中华人民共和国刑法》第二百六十四条第一款、第二十五条第一款、第二十六条第一款、第四十八条第一款的规定，于1999年6月29日判决如下：

(1) 维持铜川市中级人民法院刑事判决第二项，即被告人陈娜犯窝藏罪，判处有期徒刑3年，缓刑4年。

(2) 撤销铜川市中级人民法院刑事判决第一项，即被告人吴金友犯盗窃罪，判处死刑，剥夺政治权利终身，并处没收财产人民币1 200元。

(3) 上诉人(原审被告人)吴金友犯盗窃罪，判处死刑，缓期2年执行，剥夺政治权利终身，并处没收财产人民币1 200元。

九、庭审程序问题评析

我国的刑事审判方式改革，一个明显的标志就是1996年《刑事诉讼法》的出台和实施。由于认识上的不统一和利益上的难以协调，刑事审判方式改革的效果并不如民事经济审判方式改革或者行政审判方式改革那么显著。尽管如此，我国的刑事审判方式改革自20世纪80年代末90年代初以来就未曾停止过，其间取得了许多成效，但同时也暴露现行审判方式的诸多问题。本案的法庭审理，可以说，就是这种改革和尝试的一个缩影。

本案的庭审程序，完全是根据现行《刑事诉讼法》和最新的刑事诉讼司法解释模拟设计而成的，其中有些"不如意"的地方，可以说是面对现实故意显露的"破绽"，比如庭审前对公诉案件的审查、定期宣判等。总体来讲，本案的庭审模式更多地体现了"控辩式审判"的特点。下面拟结合本案的庭审方式，谈谈我国现行"控辩式"刑事审判方式、庭前公诉案件的审查和定期宣判等问题。

(一) 关于我国现行的"控辩式"刑事审判方式改革问题

我国现行的刑事审判方式，自1996年修订的《刑事诉讼法》实施以来，发生了全新的变化，相较于1979年《刑事诉讼法》的规定，这种变化可以概括为以下5个方面：①改变了庭审结构，强化了控辩之间的对抗功能，保证法庭能居中裁判。具体的措施又表现为：变庭前案件的实体性审查为程序性审查，变一般证据的庭前调查收集为庭后存疑证据的调查核实，变法庭出示证据为控辩双方的举证和质证，等等。②加强了庭审功能，强调当庭举证、当庭质证、当庭认证和当庭宣判。《刑事诉讼法》第一百四十九条明确规定"合议庭开庭审理并且评议后，应当作出判决"。③加强了辩护职能，提前了辩护律师介入诉讼的时间，增加了辩护方接触案卷材料、会见和通信、申请庭前调查等权利，第一次确立了法律援助制度。④确立了证据不足、疑罪从无的审判原则。⑤增设简易程序审理公诉案件和自诉案件。这种新的审判方式，大大加强了控辩双方在庭审中的职责和作用，将法官原来的"坐堂问案"改为现在的"坐堂听案"，但仍然赋予法官主导审判、指挥和控制庭审全过程的权力，因而可以将其理解为"具有中国特色"的控辩式审判方式。但立法的变更不一定会带来预想的效果，现行审判方式的运作在实践中还存在诸多问题，尚待克服和完善：①由于律师调查取证没有必要的保障、律师刑事辩护的积极性不高等原因，致使辩护制度落实不到位，庭审辩论有时还流于形式；②由于证人的合法权益缺少保障，证人不出庭作证的现象还比较普遍；③《刑事诉讼法》第一百六十二条第三款规定的"疑罪从无"原则还流于形式，贯彻不力，在实践中执行起来困难和阻力很大，其中一个重要原因就是法院有时不得不慎重考虑其与检察院的"友好"关系；④刑事简易程序的启动过于烦琐，等等。这些问题，必须通过完善立法和规范司法加以解决，最终实现庭审的实质化和公正性。

(二) 关于庭审前的公诉审查制度

《刑事诉讼法》第一百五十条规定："人民法院对提起公诉的案件进行审查后，对于起诉书中有明确的指控犯罪事实并且附有证据目录、证人名单和主要证据复印件或者照片的，应当决定开庭审判。"

创设这一制度的初衷，是为了有效防止法官的审前预断，有的放矢地驾驭庭审过程。但司法实践的反映不如预想的那样好，该制度不仅没有防止法官的审前预断(实践中还是按照原来的实体性审查来运作)，而且由于制度上的缺失，又产生了新的弊端，在实践中已名存实亡，司法实践部门一致反映必须予以废止。

针对本案的庭前审查，在模拟设计时，就碰到这样几个问题：①什么样的证据才是这里的"主要证据"？有没有一个可供操作的质量指标？②既然没有对案件的实体了解，法官又何来"主要证据"的判断？③如果公诉材料经审查符合要求当然是"应当决定开庭审判"，如果不符合要求呢？应该通知补送吗？如果补送还不符合要求呢？

关于人民检察院对"主要证据"的移送问题，"两高"等六部委在《关于刑事诉讼法实施中若干问题的决定》在第三十六条第一款还有一个指导性的界定，但《刑事诉讼法》第三十四条规定，公诉人出庭公诉的案件，被告人因经济困难或者其他原因没有委托辩护人的，人民法院"可以"指定承担法律援助义务的律师为其提供辩护；被告人是盲人、听障者或者未成年人，或者被告人可能被判处死刑而没有委托辩护人的，人民法院"应当"指定承担法律援助义务的律师为其提供辩护。在该条的第二款又规定："人民检察院针对具体案件移送起诉时，'主要证据'由人民检察院根据以上规定确定。"既然确定"主要证据"的范围的权力在人民检察院，人民法院又如何审查？这样一来，检察院可以名正言顺地只移送有利于己方的有罪证据，合议庭在庭前审查也只可能接触有罪证据，庭审过程中自然就不可避免地先入为主地偏信控方，而难以听信辩方的意见。这种只接触部分而且是有罪的证据材料的庭前审查，对法官预断的影响相较于过去较为全面的实体审查还会更为恶劣。何况，这种大量的复印件移送还将导致诉讼成本的增加和效率的降低。据说，深圳市检察院在1999年就用坏了4台复印机。一些经费困难的贫困地区检察院，要么走原来卷宗移送制度的老路，将全部案卷材料一并移送法院；要么就在决定提起公诉时挑灯夜战，将主要证据材料重新誊抄一遍。

关于人民法院对"主要证据"的判断问题，既然要审查主要证据，那么合议庭在庭前对全案证据材料的一并审查于法于理似乎也不应视为严重违反刑事诉讼程序的行为。所以，人民法院的庭前实体审查又找到了正当化依据。

关于庭前审查后发现不符合要求的问题，我国现行的公诉审查制度其实是一种折中、妥协型的制度。按照《刑事诉讼法》和六部委的规定，人民法院仅就起诉案件的形式要件进行审查，不能以材料不充足为由不开庭审判，也不能退回人民检察院要求补充侦查。因此，开庭审判是必然的，人民法院的审查，事实上形同虚设。这样就大大地弱化了人民法院对于检察院刑事诉讼活动的制约。虽然法院最后可以作出"证据不足，指控的犯罪不能成立，被告人无罪"的判决，但诉讼时间和资源的浪费是可想而知的。

鉴于上述问题的存在，有些法院实行书记员与承办案件的审判员分离的制度，检察院的全案卷宗移送制度也在一定程度上得以恢复，但同时也给合议庭的"卷宗断案"提供了可乘之机。所有这些，都是我们在模拟庭审设计和尝试中应该注意体会和研究的。

(三) 关于定期宣判制度

《刑事诉讼法》对定期宣判制度作了规定，但是没有就定期宣判的案件范围、适用条件作出规定。如果仅仅作为一种不同时间宣告判决的方式，定期宣判本身无可非议，倒是隐藏在其背后的暗箱操作、书面审理和"疑请"、审批制度等导致庭审功能和合议庭职能虚化的问题颇值得我们深思。

相较于当庭宣判的"阳光性"而言，定期宣判等于在庭审和宣判之间加了一层"防晒"和"遮阳"的幕布。尽管刑事审判方式改革也将当庭宣判作为改革目标之一，以便贯彻审判统一的原则，全面落实公开审判制度，排除各种庭外因素对裁判结果的干扰，进行法制宣传教育等，但定期宣判制度在无形中为规避当庭审判提供了一个漂亮的幌子。正如本案的庭审和宣判，当法庭辩论和被告人最后陈述结束后，人们好比刚看完比赛，正等着评委怎么说，却突然听到评委宣布到此为止、下回再来。不禁使人想到，评判分数似乎与比赛本身关系不大。为什么要定期宣判？理由无非要慎重。为什么要慎重？又如何才能做到慎重？无非合议庭再仔细商议和调查核实，或者再仔细阅卷，或者请示汇报，等等。

一审刑事案件的书面审理，其不正当性自然不用多说，也没有任何法律依据，这里主要就"疑请"和审批制度进行简要的分析。

所谓"疑请"，是指下级人民法院把自己正在审理的疑难案件，报请上级人民法院研究，并根据上级人民法院的意见作出判决的一种做法。这种做法没有法律依据，是典型的法外程序和制度，但司法实践中一直沿袭至今，而且数量有逐年增加之势。既然这种制度的种种弊端和不合法性法官们是知道的，为什么还对其如此"情有独钟"呢？法官个人的"生存策略"可能就是由现实中审判机构的行政化所决定的。因为这样，不仅可以避免二审改判或者发回重审，获得更多的"维持原判"，减少发生"错案"的机会，而且可以以此作为当地党政领导非法干预的挡箭牌，还能避免落得个"性情孤傲"和"我行我素"的名声而影响自己的升迁。看来，"疑请"制度实际上是司法操作的问题，应当在规范司法方面下功夫加以解决。

所谓案件的审批制度，是指主持法庭审理的合议庭或者独任庭，对于案件的裁判须报庭长、院长或者审判委员会审核和决定。现行《刑事诉讼法》第一百四十九条规定："对于疑难、复杂、重大的案件，合议庭认为难以作出决定的，由合议庭提请院长决定提交审判委员会讨论决定。审判委员会的决定，合议庭应当执行。"但《刑事诉讼法》并没有对"疑难、复杂、重大案件"的范围作出明确规定，根据最高人民法院《关于执行<中华人民共和国刑事诉讼法>若干问题的解释》和《人民法院合议庭工作的若干规定》，主要包括下列案件：①拟判处死刑的；②合议庭成员在适用法律方面有重大意见分歧的；③人民检察院抗诉的；④在社会上有重大影响或者其他疑难、重大、复杂、新型的案件；⑤其他合议庭认为需要提请或者本院审判委员会确定的应当由审判委员会讨论决定的案件。细究之后发现，除拟判处死刑的情况外，其余规定还是过于灵活，只要合议庭"认为有必要"，几乎没有什么案件是不可以提请审判委员会讨论决定的。正如有的法官所说的，这种规定，"限制了合议庭应有的作用，约束了当庭审判，违背了刑事诉讼法修改的初衷，不能不说是改革的一个倒退"。针对这种情况，在如何处理"合议制"与"庭长、院长审核制"以及"审判委员会最终决定制"三者之间的关系上，审判实务部门的同志认为，庭长、院长在案件审理中的审核作用，是处理三者关系的关键。同时指出，庭长、院长的职责应确定为"决定程序，审核实体，抓两头、放中间"，即庭长、院长对案件审理程序方面的一些问题拥有决定权，合议庭对庭、院长在审判程序上所作的决定应当执行；庭长、院长对案件的实体处理进行必要的审核，以确保案件的审判质量；庭长、院长审核案件的范围限于比较重大的案件和涉及罪与非罪及判处较轻刑罚的案件。具体而言，除了法律的原则性规定外，下列案件可考虑报请庭长、院长审核：①基层法院确定判处刑罚在10年以上有期徒刑的案件，中级人民法院确定判处刑罚在无期徒刑以上的案件；②宣告无罪的或其他有较大社会影响的案件；③判处缓刑、管制、拘役、免于刑事处分的案件；④单独适用附加刑的案件和决定监外执行的案件等。此外，对于存在意见分歧的案件，应从审慎的角度出发，加强监督，逐级上报审核，并根据具体情况决定是否提交审判委员会讨论。

综上所述，应该进一步明确定期宣判案件的范围，而且应当说明不当庭宣判的理由。本案中，还应该在宣布休庭之前说明法庭的认证情况，或者干脆在合议庭评议后说明理由，然后宣布休庭。这样，定期宣判才会达到立法的初衷，确保程序公正和实体公正的实现。至于如何科学划分刑事案件的裁判权限，确实是值得我们深入研究的重大课题。

第三节 刑事诉讼案例分析练习

■ 一、背景材料

被告人：余某，男，26岁，无业，住××市××路。因涉嫌盗窃罪，于2004年6月24日被捕。

被告人：唐某，男，20岁，无业，住××市××路。因涉嫌盗窃罪，于2004年6月24日被捕。

被告人：贺某，男，19岁，学生，住××市××路。因涉嫌盗窃罪，于2004年6月24

日被捕。

被告人：何某，男，23岁，工人，住××市××路。因涉嫌盗窃罪，于2004年6月24日被捕。

1. 案由：网络盗窃案

2004年2月，被告人唐某与被告人余某合谋，由余某负责编写病毒程序交给唐某，唐某负责传播并利用病毒程序截取他人的网上银行账号和密码，将他人的存款转入余某刚在××市工商银行以假名"周忠舫"开设的账户。余某从假账户中提出款后，两人平分。余某按照约定将编写好的木马病毒程序捆绑在多个网站上进行传播，将截取的他人网上银行账户和密码交给唐某，唐某伙同贺某具体实施，并在贺某窃取他人的网上银行存款后，两人就唐某所得部分按四六成比例分成。

2004年4月21、22日，被告人余某、唐某、贺某采用上述手段，先后4次将中国工商银行××市分行储户怡某账户内的存款17 400元转入"周忠舫"账户。余某从"周忠舫"账户内提款11 860元，按约定的比例给唐某留下5 930元。唐某按四六成比例留下2 372元后，给贺某汇款3 558元。4月26日下午，怡某取款时发现账户内存款被盗，立即报案。

2004年4月23日，被告人贺某用木马病毒程序截取了河南省××市工商银行储户刘某的网上银行账号、密码，提供给被告人何某。何某明知该账号与密码是贺某在网上截取的，仍在网上虚拟卖家为"孤独剑"、买家为"就是有钱"，进行虚假的网络游戏装备交易，通过B2C网络中介商，从刘某账户内划转存款2 730元据为己有。

江苏省××市××区人民检察院以盗窃罪对上述4位被告向××市××区人民法院提起公诉。

余某的辩护人对公诉机关指控余某与唐某、贺某共同盗窃怡某11 860元无异议，但提出存入"周忠舫"账户内的怡某的存款中的5 540元没有被余某提取，不能认定余某非法占有这部分存款。而且余某仅编写了木马病毒程序和提供了账户，在共同犯罪中起次要作用，是从犯。贺某的辩护人对公诉机关指控的基本事实和定性不持异议，但提出贺某在共同犯罪中起次要作用，是从犯。何某的辩护人同样对盗窃的基本事实和定性无异议，但提出何某在共同犯罪中起次要作用，是从犯。

2. 本案的争议焦点

(1) 尚未被被告人提取的款项，能否认定为共同盗窃数额？

(2) 两起共同盗窃案件中的主从犯如何认定？

3. 公诉机关提交的主要证据

(1) 余某、唐某、贺某在侦查机关的多次供述和庭审中的部分供述，证实三人在共同盗窃过程中的分工以及赃款分配等事实。

(2) 公安机关提取有关唐某电脑磁盘内容的笔录，证实唐某与余某、贺某通过病毒窃取他人网上银行账号、密码，提取他人存款并分赃的事实。

(3) 被害人怡某的陈述，证实其发现存款被盗后报案，以及5 540元存款被从"周忠舫"账户追回的事实。

(4) 中国工商银行××市分行出具的怡某账户交易明细记录以及"周忠舫"账户明细

记录，证实17 400元存款被分成4笔从怡某的账户转入"周忠舫"的账户的事实。

(5) 贺某、何某在侦查机关及庭审中的供述，证实贺某利用病毒程序截取了刘某的网上银行账号及密码，提供给何某，何某通过虚拟的网络游戏装备交易，窃取刘某账户内2 730元存款的事实。

(6) 公安机关提取何某电脑磁盘内容的笔录，证实何某在网上进行虚拟网络游戏装备交易的事实。

(7) 被害人刘某的陈述，工商银行××市支行出具的存款证明书，B2C网络中介商出具的刘某账户网上购物交易清单，工商银行××市支行出具的何某账户明细记录，证实何某窃取刘某存款的事实。

(8) 户籍与抓获经过证明，证实4名被告人的身份，被抓获归案的时间、地点、经过。

■ 二、练习要求

(1) 按照背景材料分配角色，准备各自的法律文书。根据案情的具体情况，可以设立观察员，把观看模拟演练的心得和演练者的不足记录下来，在演练完之后与教师和演练者分享。

(2) 各角色扮演者不应私下交流，严格按照各自的角色要求演练。

(3) 演练结束后，各角色相互点评并听取指导教师的评价。

(4) 指导教师可以根据案情设定一些特定角色材料，即在领取案件材料时只有特定角色知悉的保密材料，这些材料不是共享的，应随着模拟演练程序进行到相应阶段才发放给相关角色。

第四节 "诉、辩、审"法律文书

■ 一、起诉书

(一) 起诉书的要求

起诉书是人民检察院依照法定的诉讼程序，代表国家向人民法院对被告人提起公诉的法律文书。因为它是以公诉人的身份提出的，所以也叫公诉书。起诉书为打印文件。除首尾部分外，主要包括三大部分，其中，"犯罪事实和证据"一般被作为起诉书的主体。对于不同性质的案件，要写出法律规定的犯罪特征；对于有关的犯罪事实，必须写清时间、地点、手段、目的(动机)、经过、后果等要素。要注意前后事实、时间之间的一致性，注意保护被害人名誉。在叙述犯罪事实时，要针对案件特点，做到详略得当、主次分明。起诉书"附项"根据案件情况填写，包括被告人的羁押场所、卷宗册数、赃物证物等。

(二) 起诉书实例

陕西省铜川市人民检察院
起诉书

铜检刑诉〔1998〕第308号

被告人吴金友，男，××××年×月×日出生，汉族，初中文化，个体户，住铜川市×××，未受过刑事处罚。1998年8月10日因涉嫌盗窃、贪污犯罪被铜川市公安局刑事拘留，同月14日经本院批准，次日被执行逮捕。现押于铜川市第一看守所。

被告人陈娜，女，××××年×月×日出生，汉族，高中文化，原系陕西省铜川市城区信用社川口业务处主任，住铜川市×××。因涉嫌窝藏犯罪，于1998年8月15日被铜川市公安局刑事拘留，同月18日经本院批准，次日被执行逮捕。现押于铜川市第一看守所。

被告人吴金友贪污、被告人陈娜窝藏一案，由铜川市公安局侦查终结，于1998年9月10日移送本院审查起诉，现查明：

1998年7月初，被告人吴金友与中国人民银行陕西省铜川市分行业务部出纳彭玉生(在逃)，按照约定盗窃彭玉生与另一位出纳共同管理的保险柜内的现金。两人决定，先由彭用钢锯条将业务部的钢筋护窗栏锯断，为作案后逃离现场做准备。7月23日上午10时许，被告人吴金友在彭玉生的带领下到铜川市分行业务部熟悉地形，并知晓存放现金的保险柜和开启保险柜的另一把钥匙的存放地点。7月27日晚，被告人吴金友得知近日将提款40万元存放保险柜的情况，并与彭玉生商量好详细的作案时间和方案。7月30日上午7时，被告人吴金友在彭玉生的掩护下，溜进该行业务部套间，藏在彭玉生保管的大壁柜内。其他工作人员上班后，彭玉生与另一位出纳从金库提回现金40万元，放进保险柜内的顶层。10时许，本市邮政财务科取走现金10万元。10时40分左右，被告人吴金友趁彭玉生与其他工作人员外出吃饭离开办公室之际，撬开另一位出纳员的办公桌抽屉，取出保险柜的一把钥匙，并同彭玉生给他的另一把保险柜钥匙，打开保险柜将30万元人民币装入一个蛇皮袋里。为了制造假象，吴又在办公室将彭玉生等人的办公桌撬开，然后从后窗翻出办公室逃离现场。

8月2日中午，被告人陈娜找到被告人吴金友，说彭玉生要他带款在本市青年旅社等候。当日下午，吴金友依彭的要求到了青年旅社。8月3日晨见面后，吴、彭两人一同来到吴金友家，吴拿出蛇皮袋说钱都在里面。彭要吴一起逃走，吴不同意，彭随即给吴留下3万元，然后携带其余赃款潜逃。破案后，从被告人吴金友家中起获赃款3万元。

上述犯罪事实有书证、物证、证人证言、鉴定结论以及被告人供述和辩解等证据在案佐证，事实清楚，证据确实、充分，足以认定。

本院确认：被告人吴金友与身为国家银行出纳的彭玉生勾结，利用彭玉生的职务便利，窃取银行现金，数额特别巨大，其行为触犯了《中华人民共和国刑法》第三百八十二条的规定，已构成贪污罪的共同犯罪。被告人陈娜的行为触犯了《中华人民共和国刑法》第三百一十条的规定，已构成窝藏罪。

为惩罚犯罪，保护国家公共财产不受侵犯，维护正常的司法秩序，依据《中华人民共和国刑事诉讼法》第一百四十一条的规定，特将被告人吴金友、陈娜提起公诉，请依法判处。

此致

铜川市中级人民法院

检察员　刘建华

一九九八年九月二十五日

附项：移送案卷两册(内含证据目录、证人名单和主要证据复印件)

二、辩护词

(一) 辩护词的要求

辩护词没有固定的格式，但一般情况下由三部分组成，即序言、理由和结论。除此以外，标题应写明"辩护词"或"关于×××(被告人姓名)××(案由)一案的辩护词"。

1. 序言

序言用于说明辩护人出庭的合法身份和出庭任务并简要说明辩护人在开庭前的活动情况。如说明受理案件以后，查阅了案卷，会见了被告人，走访了受害人和证人，调查了案情等。这实际上就是向法庭表明，辩护人的辩护意见来自对案件的调查研究，是有根据的，绝不是空发议论和无中生有。在说明自己的合法身份、任务和开庭前后活动的情况之后，针对人民检察院的起诉书或自诉人的刑事诉状内容，提出自己的基本看法，以进入辩护理由部分。有的辩护词的序言不提对本案的基本看法，而只对本案发表几条辩护意见，供法庭参考，这也是可以的。总之，写序言要从实际出发确定其内容，要灵活多样，不要墨守成规。

2. 理由

理由是辩护词的中心内容，通常情况下可以从以下两方面阐述辩护理由。

(1) 从认定犯罪事实方面进行辩护。犯罪事实是定罪量刑的基础和依据，如果起诉书或自诉状中所写的事实不能成立，或不能完全成立，那就应当否定原有的证据，提出新的证据，证明被告人被指控的事实根本不成立，或部分不能成立，从而达到辩护目的。还有一种情况，起诉书或自诉状认定被告人的犯罪事实虽然全部存在或部分存在，但有所夸大，甚至被歪曲，辩护词就要依据事实说明真相，建议法庭根据被告人的实际罪行来评判被告人的罪行轻重。

(2) 从适用法律方面进行辩护。被告人的行为是否构成犯罪，构成什么罪，罪重还是罪轻，是一罪还是数罪，要以法律为准绳衡量，方可确定其性质。在起诉书和自诉状中，如果适用法律不当，对被告人的罪行性质指控有错误，把故意伤害致死控告为故意杀人，把盗窃指控为贪污，把某种流氓罪指控为××实际罪，甚至把通奸指控为××等，则应该引证有关法律条款结合被告人的罪行行为进行分析论证，指出控诉一方适用法律不当、定性不准并进行辩护，以维护被告人的合法权益。

辩护词的理由要从实际出发，多方面考虑。撰写辩护词时应注意，辩护人在刑事案件辩护中追求的是公正判决，而不是单纯有利于被告人的判决，要把保证国家法律的正确实施和维护当事人的合法权益有机结合起来，以充分发挥辩护词的作用。

3. 结论

结论即结束语，包括以下内容。

辩护人对自己的发言进行归纳总结，提出结论性意见，让法庭成员明了辩护词的基本观点。对被告人如何定罪量刑，适用什么刑法条款，向法庭提出看法、要求和建议。结束语要言简意赅、观点明确，给人以明晰的印象，并且要与辩护理由相一致，是辩护理由的必然结论，才容易为人们所接受。

(二) 辩护词实例

辩 护 词

审判长、审判员：

陕西省铜牙律师事务所依法受理被告人吴金友的委托，指派我担任本案被告人吴金友的辩护人，出庭为其进行辩护。通过仔细查阅卷宗、会见被告人并通过法庭调查，我对案情有了比较细致的了解。现在，依据事实和法律作如下辩护，请合议庭根据本案的事实和现行法律规定，全面考虑，予以采纳。

第一，被告人吴金友在本案中自始至终处于被动地位，系从犯。在本案犯罪行为的实施过程中，犯罪嫌疑人彭玉生自始至终扮演主要角色。7月初的时候，彭玉生就多次找被告人吴金友商议合伙盗窃他与另一位出纳共同管理的保险柜内的现金，吴未同意。后来，他又多次约吴吃饭、喝酒，做吴的工作，并把自己的作案计划、安排告诉吴，同时多次让吴看自己掌管的钥匙，并用激将法说吴胆小怕事，不想参与是担心彭不给他应得的份额。被告人吴金友反驳自己不是因为胆小，也不在乎钱的多少，而是觉得这样做有点"不地道"。彭就说："别说得那么好听，到时钱到手后，方才看得出你是不是真的不胆小怕事，是不是真的对钱无所谓。"而且他多次强调，就算出事，他属于"监守自盗"，主要责任在他自己，吴顶多是从犯，况且计划天衣无缝，根本不会出事。被告人吴金友平日好戴"高帽子"，不想在彭面前变成怕事的人，只好同意作案，但一再声明不是冲着钱来的。彭欣喜万分，当即向吴金友要了一把中号螺丝刀和一只蛇皮口袋放在自己的办公桌内，又用事先准备好的钢锯条，将业务部的钢筋护窗栏锯断，为作案后逃离现场做准备。7月23日上午，彭玉生将吴金友带至铜川市分行业务部熟悉地形，并暗示了存放现金的保险柜和开启保险柜的另一把钥匙的存放地点。7月27日晚，彭玉生找到被告人吴金友，告知其近日将提款40万元存放保险柜的情况，并详细告诉吴金友作案的时间、步骤、开启保险柜的方法及进出路线等。7月30日上午，彭玉生将被告人吴金友带入该行业务部套间，藏在自己保管的大壁柜内，趁其他工作人员外出吃饭离开办公室之际，打开壁柜将自己保管的保险柜钥匙交给吴金友，并告知人都走了，示意吴可以动手了。案发后，彭要吴一起逃走，吴不同意，彭即给吴留下3万元后携款潜逃，吴对自己该得多少还是无所谓。从整个案情的发展过程来看，被告人吴金友自始至终处于被动状态，是典型的从犯。

第二，被告人吴金友的行为虽然构成贪污罪，但根据罪责自负的原则，只应对其所拿的3万元赃款负刑事责任。尽管本案中的30万元现金是由被告人吴金友偷出来的，但吴金友并没有非法占有的意图，任凭彭玉生给多少是多少，最后，也只拿了其中的3万元。所以，被告人吴金友只应对这3万元赃款负刑事责任，否则就会造成罪罚不当。

第三，被告人吴金友认罪态度较好，能主动交代所犯罪行，揭发同案犯彭玉生的犯罪行径，请求法庭在量刑时予以考虑。

综上所述，被告人吴金友法制观念淡薄，为了讲虚荣、充"英雄"，把自己推进了犯罪的深渊，但念其主观恶性不强、受人指使和利用的实际情况，请求法庭对其予以从轻处罚。谢谢！

辩护人：马高

一九九八年十一月二十五日

■ 三、刑事判决书

(一) 刑事判决书的要求

刑事判决是指人民法院对刑事案件审理终结后，依据查明的事实和适用的法律，对被告人所犯罪行作出的具有法律约束力的判决。刑事判决书应当写明：①被告人的基本情况，包括被告人的姓名、性别、年龄、籍贯、住址、职务、以前是否受过刑事处罚、是否被逮捕、羁押日期等；②辩护人和公诉人的情况；③判决认定的事实、理由和适用的法律依据；④判决结果和上诉期间以及上诉的法院。

事实和理由两部分是刑事判决书的重点内容，文字较多，作用也不相同。事实部分是记事的，要把事实的来龙去脉说清楚，主要运用叙述性语言。理由部分是论理的，应当运用论证性的语言，把道理说清、说透，显隐发微，合情合理；层次要清楚、明晰，富有条理性；说理要充分、有力，富有针对性；论证要周密，严谨，富有逻辑性；判决理由引证法律条文要全面、准确。

(二) 刑事判决书实例

陕西省铜川市中级人民法院

刑事判决书

〔1998〕铜刑初字第356号

公诉机关：铜川市人民检察院

被告人吴金友，男，××××年×月×日出生，汉族，初中文化，个体户，住铜川市×××，未受过刑事处罚。1998年8月10日因涉嫌盗窃、贪污犯罪被铜川市公安局刑事拘留，同月14日经铜川市人民检察院批准，次日被执行逮捕。现押于铜川市第一看守所。

辩护人马高，系陕西省铜牙律师事务所律师，接受委托担任本案被告人吴金友的辩护人。

被告人陈娜，女，××××年×月×日出生，汉族，高中文化，原系陕西省铜川市城区信用社川口业务处主任，住铜川市×××。因涉嫌窝藏犯罪，于1998年8月15日被铜川市公安局刑事拘留，同月18日经铜川市人民检察院批准，次日被执行逮捕。现押于铜川市第一看守所。

辩护人刘金柱，系铜川市天平律师事务所律师，接受委托担任本案被告人陈娜的辩护人。

铜川市人民检察院以铜检刑诉〔1998〕第308号起诉书，指控被告人吴金友犯贪污罪、被告人陈娜犯窝藏罪，于1998年9月25日向本院提起公诉。本院依法组成合议庭，公开审理了本案。铜川市人民检察院指派检察员刘建华、张并归、谢同出庭支持公诉，辩护人马高、刘金柱，证人宋明霞、向明生，鉴定人柳园等到庭参加诉讼。现已审理终结。

铜川市人民检察院指控被告人吴金友与原中国人民银行陕西省铜川市分行业务部出纳彭玉生(在逃)，按照约定盗窃彭玉生与另一位出纳共同管理的保险柜内的现金。然后通过熟悉地形、商量好详细的作案计划，于7月30日10时许，在彭玉生的掩护和配合下，撬开另一位出纳员的办公桌抽屉，取出保险柜的一把钥匙，并同彭玉生给他的另一把保险柜钥匙，打开保险柜盗走30万元人民币。为了制造假象，吴又在办公室将彭玉生等人的办公桌撬开，然后从后窗翻出办公室逃离现场。破案后，从被告人吴金友家中起获赃款3万元，其余27万元被犯罪嫌疑人彭玉生携带潜逃。指控被告人陈娜明知其夫彭玉生与被告人吴金友伙同窃取银行巨额现金的情况下，为彭和吴牵线联系，转移赃款。检察院提供了上述犯罪事实的书证、物证、证人证言、鉴定结论以及被告人供述和辩解等证据佐证。

被告人吴金友对自己的犯罪行为供认不讳，但辩称，自己并没有占有银行巨额现金的意图，只是受了彭玉生的指使和怂恿，为了充"英雄"和逞能而成了彭玉生的替罪羊。被告人吴金友的辩护人提出三点辩护意见，认为：①被告人吴金友在本案中自始至终处于被动地位，系从犯；②被告人吴金友的行为虽然构成贪污罪，但根据罪责自负的原则，只应对其所拿的3万元赃款负刑事责任；③被告人吴金友认罪态度较好，能主动交代所犯罪行，揭发同案犯彭玉生的犯罪行径，请求法庭在量刑时予以考虑。

被告人陈娜对自己去找吴金友的行为后悔不已，对指控的犯罪事实亦供认不讳，但请求人民法院对其从轻处罚。被告人陈娜的辩护人认为，陈娜明知其夫与被告人吴金友合伙盗窃了银行的巨额现金，仍然为他们联络和带话，其行为是违法的，但根据《刑法》关于窝藏罪的规定，陈娜并没有为彭玉生和吴金友转移财产和提供隐藏处所，彭玉生携款潜逃时也没有与陈娜打招呼，而且在侦查机关来陈娜家搜查时陈娜主动交代了彭玉生与吴金友的犯罪情况。所以，被告人陈娜的行为只是一种知情不报和带话的违法行为，并不符合《刑法》关于窝藏罪的犯罪构成，对其不能以窝藏罪定罪和量刑。

经审理查明，1998年7月初，中国人民银行陕西省铜川市分行业务部出纳彭玉生(在逃)，多次找被告人吴金友商议盗窃彭与另一位出纳共同管理的保险柜内的现金，吴未同意。后彭玉生多次约吴吃饭、喝酒，做吴的工作，并把自己的作案计划、安排告诉吴，同时还多次让吴看自己掌管的钥匙。吴金友同意作案后，彭即向吴金友要了一把中号螺丝刀和一只蛇皮口袋放在自己的办公桌内，又用事先准备好的钢锯条，将业务部的钢筋护窗栏锯断，为作案后逃离现场做准备。7月23日上午10时许，彭玉生将吴金友带至铜川市分行业务部熟悉地形，并暗示了存放现金的保险柜和开启保险柜的另一把钥匙的存放地点。7月27日晚，彭玉生找到被告人吴金友，告知其近日将提款40万元存放保险柜的情况，并详细告诉吴金友作案的时间、步骤、开启保险柜的方法及进出路线等。

7月30日上午7时，彭玉生将被告人吴金友带进该行业务部套间，藏在自己保管的大壁柜内。其他工作人员上班后，彭玉生与另一位出纳从金库提回现金40万元，放进保险柜内的顶层。10时许，本市邮政财务科取走现金10万元。10时30分左右，彭进入套间向被告人吴金友指认了放款的保险柜，后与其他本行职员聊天。10时40分，彭玉生趁其他工作人员外出吃饭离开办公室之际，打开壁柜将自己保管的保险柜钥匙交给吴金友，并告知人都走了，自己即离开业务部去吃饭。被告人吴金友撬开另一位出纳员的办公桌抽屉，取出钥匙，打开保险柜将30万元人民币装入蛇皮袋里，又在办公室将彭玉生等人的办公桌撬开，然后从后窗翻出办公室逃离现场。

8月1日晚，彭玉生将作案经过告诉了其妻陈娜，让陈通知吴金友带款在本市青年旅社等候。8月2日中午，被告人陈娜找到了吴，讲了彭的要求。当日下午，吴金友依彭的要求到了青年旅社。8月3日晨见面后，两人一同来到吴金友家，吴拿出蛇皮袋说钱都在里面。彭要吴一起逃走，吴不同意，彭即给吴留下3万元，然后携带其余赃款潜逃。破案后，从被告人吴金友家中起获赃款3万元。

以上事实，经过当庭举证、质证，控辩双方都没有异议，本院予以采纳。但对于被告人的辩护人提出的辩护意见的第一点和第二点，本院不予采纳。因为，被告人在整个盗窃过程中，虽然深受犯罪嫌疑人彭玉生的影响，但其撬开另一位出纳的抽屉，盗走30万元现金的行为，并不处于共同犯罪的从属和辅助地位，而是直接积极地实施了犯罪，其行为已符合主犯的犯罪构成。而且，30万元都是吴金友和彭玉生共同窃取的，瓜分赃款只是一种犯罪已经构成情况下的后续行为，因而不能按照赃款的瓜分比例和多少来区分共同犯罪的主犯和从犯。对于被告人陈娜的辩护人的无罪辩护，根据《刑法》的规定和精神，所谓"知情不报"，只是消极地不提供有关犯罪事实和犯罪分子的消息。但本案中，被告人主动积极地为被告人吴金友和彭玉生牵线带话，是本案中导致财产转移的关键行为。被告人陈娜的行为，已完全符合窝藏罪的犯罪构成。本院对于被告人陈娜的无罪辩护意见，不予采纳。

关于被告人吴金友的犯罪行为定性问题，铜川市人民检察院和被告人的辩护人都认为构成贪污罪的共同犯罪。理由是，在整个案件中，在逃犯罪嫌疑人彭玉生利用经管银行现金的职务之便，授意、安排吴金友盗窃巨额现金，且分得全部赃款的90%。无论是采用共同犯罪应以主犯的犯罪性质认定罪名，还是根据《刑法》第三百八十二条第三款关于"与前两款所列人员勾结、伙同贪污的，以共犯论处"的规定，对被告人吴金友的行为，都应认定为贪污罪。本院经审理查明认为，在整个犯罪中，30万元现金是被告人吴金友单独窃取的。虽然彭玉生对作案过程进行了周密的策划，带吴到其工作单位熟悉环境，为吴提供作案工具等，但这仅是彭利用职务之便为彭实施盗窃制造条件，尚不足以取得现金，被告人吴金友还必须撬盗另一把保险柜钥匙才能取得现金。因此，对本案被告人吴金友应以盗窃罪论处。

　　至于前述共同犯罪案件性质应以主犯的犯罪性质认定的说法，只是在新《刑法》实施以前"两高"《关于当前办理经济犯罪案件中具体应用法律的若干问题的解答(试行)》中有所涉及，该《解答》指出："内外勾结进行贪污或者盗窃活动的共同犯罪，……应按其共同犯罪的基本特征定罪。共同犯罪的基本特征一般是由主犯犯罪的基本特征决定的。如果共同犯罪中主犯犯罪的基本特征是贪污，同案中不具有贪污罪主体身份的人，应以贪污罪的共犯论处。……如果共同犯罪中主犯犯罪的基本特征是盗窃，同案犯的国家工作人员不论是否利用职务上的便利，应以盗窃罪的共犯论处。"后来，全国人大常委会《关于惩治贪污罪贿赂罪的补充规定》则不再以主犯的犯罪性质来决定共同犯罪案件的性质，而是根据共同实行行为的性质来确定共同犯罪案件的性质。根据《补充规定》，"与国家工作人员、集体经济组织工作人员或者其他经手、管理公共财物的人员勾结，伙同贪污的，以共犯论处"。该《补充规定》也已被后来的新《刑法》吸收而废止。现行《刑法》第三百八十二条第三款"与前两款所列人员勾结，伙同贪污的，以共犯论处"的规定也没有将主犯的犯罪性质作为认定整个共同犯罪案件性质的依据，而关键要看共同犯罪是否是"伙同贪污"，也就是说，关键要看整个案件的共同故意和共同行为是否符合法定贪污罪的构成要件。可见，以主犯的犯罪性质来认定共同犯罪案件性质的说法已经被现行《刑法》所否定。本案中，虽然利用了在逃犯罪嫌疑人彭玉生的职务便利，但这种便利只是提供了一种作案便利，如果没有被告人吴金友单独的盗窃行为，30万元银行巨额现金就不可能到手。何况，被告人吴金友也不是从犯，其在整个案件中的作用一点也不亚于彭玉生。总之，本案并非全部是利用彭玉生的职务便利实施和完成的，不符合贪污共同犯罪的构成要件，因而不能定贪污罪。

　　综上所述，本院认为，铜川市人民检察院指控两被告人的犯罪事实清楚、证据充分，被告人陈娜的罪名成立，但对于被告人吴金友指控的罪名不当。鉴于被告人陈娜有悔罪表现，可酌情从轻处罚。依照《中华人民共和国刑法》第二百六十四条第一款、第三百一十条第一款、第二十五条第一款、第二十六条第一款、第五十七条第一款、第七十二条第一款的规定，特判决如下：

　　一、被告人吴金友犯盗窃罪，判处死刑，剥夺政治权利终身，并处没收财产人民币1 200元。

　　二、被告人陈娜犯窝藏罪，判处有期徒刑3年，缓刑4年。

　　如不服本判决，可在接到判决书的第2日起10日内，通过本院或者直接向陕西省高级人民法院提出上诉。书面上诉的，应当提交上诉状正本一份，副本两份。

审判长　刘加深

审判员　万美娟

审判员　李长农

一九九八年十二月十五日

(铜川市中级人民法院院印)

书记员　肖中南

第五篇
行政复议与行政诉讼实务

第十三章 行政复议

本章学习目的和要求：

(1) 明确行政复议的概念与原则、制度。

(2) 了解行政复议的参加人范围，掌握行政复议程序。

第一节 行政复议的基本理论

■ 一、行政复议的概念

对行政复议应从以下几个方面来理解：行政复议是以公民、法人或者其他组织申请为前提的；实施行政复议行为的主体也是行政主体；实施行政复议的行政主体是被复议的行政主体的上一级或法律明确规定的其他行政主体；行政复议本身也是一种具体的行政行为；行政复议是以审查具体行政行为为主，可附带审查部分抽象行政行为。所以，可将行政复议的概念归纳为：行政复议是指公民、法人或者其他组织认为行政主体的具体行政行为侵犯其合法权益，向该行政机关的上一级行政机关或法律规定的其他行政主体提出复查该具体行政行为的申请，行政机关受理复议申请、作出行政复议决定的活动。

■ 二、行政复议的基本原则

行政复议须遵循以下基本原则：合法原则；公正原则；公开原则；及时原则；便民原则。

■ 三、行政复议的基本制度

(一) 一级复议制

对一级复议制要从多个方面考虑。首先，它规定一般情况下行政复议一次复议审查并作出决定，公民、法人或者其他组织对复议决定不得再次申请复议，有特殊规定的除外。这与行政诉讼是有区别的，行政诉讼适用二审终审制。其次，一级复议制是向原行政主体的上一级行政主体提出行政复议申请，不能越级申请。

一级复议制也有例外，如对国务院各部门或省级人民政府的具体行政行为不服，申请行政复议，这种申请要向原行政主体提出，即向作出该具体行政行为的国务院各部门或省级人民政府本身提出行政复议申请，对其行政复议决定不服的，可以向国务院申请再次行政复议。当然，如对国务院各部门或省级人民政府的行政复议决定不服，也可以提出行政诉讼。但如果选择向国务院申请行政复议，国务院的行政复议决定就是终局裁决，是不可以提起行政诉讼的。

(二) 书面审查制

行政复议机关的复议审查行为一般以书面审查为主，不必然组成行政复议庭进行复议审查。行政复议机关对申请人的申请和被申请人的答复及证据材料进行书面审查后，可以作出行政复议决定。行政复议与行政诉讼有很大区别。行政诉讼的一审程序是一定要开庭的，各方当事人要对证据进行质证，各方有充分的辩论权；而行政复议的书面审查，很可能出现申请人与被申请人不见面就已经作出行政复议决定的情况。采用书面审查制度的理论目的就是降低行政成本，提高行政效率。

(三) 举证责任倒置制度

在行政复议活动中，被申请人承担主要举证责任。主要原因是行政复议审查的是原具体行政行为，被申请人应当就其已经作出的原具体行政行为的合法性及合理性提供证据予以佐证，所以其应提供已有的证据。另外，申请人有举证不能的可能，相较于被申请人的地位而言，其处于相对弱势，可能无法得到被申请人作出具体行政行为的证据材料。所以，应当由被申请人承担主要举证责任。

申请人也同样有举证责任，它可以在行政复议申请中不提供任何证据，但应当针对自身的主张提供相应证据予以佐证。尤其是有赔偿请求内容的申请，更应当就其损失、因果关系等事项提供证据予以佐证。

四、行政复议的申请人与被申请人

(一) 申请人

有权提出行政复议的申请人应当是公民、法人或者其他组织。而且，只有申请人认为其合法权益被具体行政行为侵犯了，才能提出行政复议申请。同时，申请人须以自己的名义提出行政复议申请。申请人死亡、申请人为无民事行为能力人或法人组织终止等，《中华人民共和国行政复议法》(以下简称《行政复议法》)对这些情况发生时如何确定复议申请人有明确规定。

(二) 被申请人

行政复议的被申请人一般为原具体行政行为的行政主体。《中华人民共和国行政复议实施条例》(以下简称《行政复议实施条例》)的特别规定如下所述。

(1) 行政机关与法律、法规授权的组织以共同名义作出具体行政行为的，行政机关和法律法规授权的组织为共同被申请人。

(2) 行政机关与其他组织以共同名义作出具体行政行为的,行政机关为被申请人。

(3) 下级行政机关依照法律、法规、规章规定,经上级行政机关批准作出具体行政行为的,批准机关为被申请人。

(4) 行政机关设立的派出机构、内设机构或者其他组织,未经法律、法规授权,对外以自己名义作出具体行政行为的,该行政机关为被申请人。

■ 五、行政复议的程序

行政复议的程序主要包括申请、受理、审查、决定4个环节。

(一) 申请

公民、法人或者其他组织认为具体行政行为侵犯其合法权益的,可以自知道该具体行政行为之日起60日内提出行政复议申请,但法律规定的申请期限超过60日的除外。

行政机关作出具体行政行为,依法应当向有关公民、法人或者其他组织送达法律文书而未送达的,视为该公民、法人或者其他组织不知道具体行政行为。

提出申请复议的方式有两种,一是书面提出,二是口头提出。口头提出的,行政复议机关应当当场作出申请复议笔录,向申请人宣读后,由其签字确认。

(二) 受理

行政复议机关应当在收到复议申请后5日内作出是否受理的决定。对于符合行政复议申请条件的,可以直接受理,并且应当在7日内将复议申请送达被申请人。被申请人应自收到行政复议申请之日起10日内作出答复,并提交当初作出具体行政行为的证据、依据和其他有关材料。对于不缺少材料的,应当在5日内告知其补正。对于不符合条件的,行政复议机关要制作不予受理决定书,送达申请人,予以告知。

(三) 审查

在进行行政复议审查时,应注意以下几个问题。

(1) 审查形式以书面为主,对重大、复杂的案件,申请人申请或行政复议机关认为有必要的,也可以采用听证的方式复议审查。

(2) 行政复议审查的依据包括法律、法规、规章、其他规范性文件。而行政诉讼案件审查时应以法律、行政法规、地方性法规为依据,以规章为参照。

(3) 行政复议审查的对象以具体行政行为为主,也包括部分抽象行政行为。但必须是申请人对具体行政行为不服,提出行政复议申请,同时可以对《行政复议法》规定的部分抽象行政行为一并申请行政复议,而不能是单独对抽象行政行为申请行政复议。这部分抽象行政行为包括:国务院部门的规定;县级以上地方各级人民政府及其工作部门的规定;乡、镇人民政府的规定。这里所列的"规定"不含国务院部、委员会规章和地方人民政府规章。规章的审查依照法律、行政法规办理。

(4) 行政复议对证据的审查，要审查其合法性、客观真实性、关联性和合理性。

(四) 决定

行政复议的审查期限一般为60日，法律另有规定的除外。如《中华人民共和国集会游行示威法》就规定，人民政府应当自接到申请复议之日起3日内作出决定。

行政复议决定是行政复议机关对被申请人的具体行政行为进行合法性、适当性审查之后，作出的决定，主要有维持决定、履行决定、撤销决定、变更决定、确认决定、赔偿决定等。

行政复议决定作出之后，其效力分两种：一种是终局裁决，不可以对其提起行政诉讼，该行政复议决定具有强制执行的效力；另一种是非终局裁决，如公民、法人或者其他组织对该行政复议决定不服，在收到复议决定书之日起15日内可以向人民法院提起行政诉讼。

第二节　行政复议案例分析

■ 一、基本案情

2000年5月初，南阳市新溪县强利经济贸易有限责任公司(以下简称"强利公司")向新溪县环保局、工商局提出投资建设苦味酸(俗称"黄色炸药")生产项目的申请。该县环保局和工商局分别于当年5月27日、6月5日批准了强利公司的申请。强利公司于当年6月底正式投入生产。当年10月7日，南阳市环保局接到新溪县的张某实名举报。举报称：强利公司生产苦味酸，排放的污水严重污染周围环境。南阳市环保局经调查，确认强利公司生产苦味酸未按《化学危险品安全管理条例》规定的程序报批，属于未经批准擅自生产行为，强利公司利用渗坑排放污水，已造成强利公司附近土壤及饮用水井水质污染。据此，认定强利公司的行为违反了国务院《化学危险品安全管理条例》和《水污染防治法》的规定，决定对强利公司下达处罚决定，处罚内容如下：①立即停止苦味酸的生产，拆除苦味酸的生产设备；②对强利公司罚款5万元人民币；③令强利公司1个月内清除所排废液及已污染的土壤。强利公司不服处罚决定书，向南阳市政府申请行政复议，请求撤销南阳市环保局的行政处罚决定。[①]

■ 二、行政复议案件的审查分析

(一) 确定本案的主体是否适格

本案的申请人应当是强利公司，被申请人是南阳市环保局，行政复议机关是南阳市

---

① 　国务院法制办公室网. 环保处罚违法复议决定撤销. http://www.chinalaw.gov.cn/，2014-11-15.

政府，这些主体是适格的。强利公司是南阳市环保局行政处罚决定的行政相对人，其认为合法权益被侵犯，就有权提出行政复议。行政处罚决定是南阳市环保局作出的，该局要对自身的行政行为承担责任，并且该局具备独立承担责任的能力，是独立的法人单位，所以南阳市环保局作为行政复议的被申请人是适当的。南阳市政府是南阳市环保局的上一级主管，按照《行政复议法》第十二条第一款的规定，即"对县级以上地方各级人民政府工作部门的具体行政行为不服的，由申请人选择，可以向该部门的本级人民政府申请行政复议，也可以向上一级主管部门申请行政复议"。强利公司向南阳市政府提出行政复议申请，南阳市政府应当受理案件，其作为行政复议机关也是正确的。所以本案的各方主体没有问题。

另外，本案是否需要追加第三人应当考虑。笔者认为本案应当追加第三人，应当追加新溪县环保局、工商局为第三人。因为本案审查的重要事项是强利公司是否未经批准而投入生产，第三人应当就其作出的批准手续的全面事项予以说明。根据《行政复议法》第十条第二款的规定，即"同申请行政复议的具体行政行为有利害关系的公民、法人或者其他组织，可以作为第三人参加行政复议"，应当追加新溪县环保局、工商局为第三人参加行政复议。

(二) 确定受案范围

本案申请人申请撤销的是南阳市环保局的行政处罚决定，该复议请求符合《行政复议法》第六条第一项的规定，即"有下列情形之一的，公民、法人或者其他组织可以依照本法申请行政复议：对行政机关作出的警告、罚款、没收违法所得、没收非法财物、责令停产停业、暂扣或者吊销许可证、暂扣或者吊销执照、行政拘留等行政处罚决定不服的"。所以，本案属于行政复议受案范围。

(三) 确定作出原具体行政行为的行政主体的职权的合法性

针对水污染环境这一事项而言，张某到环保局举报，环保局有权予以处理，这是毋庸质疑的，所以南阳市环保局有权对强利公司是否存在水污染环境一事进行调查。如果存在水污染环境的情况，就有权依法作出行政处罚决定，所以其职权没有问题。

(四) 审查原具体行政行为认定的事实证据的合法性

从处罚决定来看，南阳市环保局已经查明强利公司有水污染环境的事实，但原行政处罚决定认定的事实仍有不清楚之处。

(1) 强利公司的性质是经济贸易类公司，其经营范围应当不包括炸药类物品的生产。

(2) 南阳市环保局认为强利公司属于未经批准而擅自生产的行为，但未陈述清楚如何看强利公司向新溪县环保局、工商局申请得到批准一事，对这一批准行为只字不提。新溪县环保局、工商局也是代表政府行使职权，强利公司也有理由相信它们，并依据它们的批准而实施生产行为，所以本案中应当就上述部门的行为作出相应陈述。经过行政复议审查，查清的是苦味酸的生产属于特殊事项，这属于生产爆炸器材方面的问题。按照《中华人民共和国民用爆炸物品管理条例》第九条的规定，"建立民用爆破器材的工厂，必须由其主管部门提请所在地省、市、自治区主管爆破器材生产的部门会同有关部门审查同意，由兵器工业部根据国家计划审查批准，持批准文件和设计图纸，向所在地县、市公安局申请许可。经审查，符合本条例规定的，发给《爆炸物品安全生产许可证》，并向所在县、市工商行政管理局办理登记手续，领取营业执照，方准生产"。所以，新溪县环保局对此是没有权利批准的，其行为属于行政越权行为。新溪县工商局在强利公司未办理前置审批手续的前提下，是不能为其办理工商登记手续的，其办理行为是错误的。所以，新溪县环保局、工商局的行为都是越权行为，应当无效。审查这些事项，不仅审查了事实真相，也审查了南阳市环保局行政处罚适当性问题，也就是说，强利公司的生产行为与新溪县环保局、工商局的行为有关。

(3) 强利公司的苦味酸投入生产行为的前提是新溪县环保局、工商局的批准行为，从这点来看，应当适当减轻对强利公司的处罚。因为没有上述部门的批准，强利公司不可能投入生产。所以，在这种情况下，对强利公司的处罚，应当考虑新溪县环保局、工商局的行为因素，可以酌情减轻对强利公司的处罚。但强利公司的报批程序也有错误，应当承担主要责任。这是对行政合理性原则的适用，体现了行政处罚的适当性。

(五) 审查原具体行政行为的法律适用是否适当

本案中，南阳市环保局适用了《化学危险品安全管理条例》和《中华人民共和国水污染防治法》，但此种法律适用是有问题的。行政行为在适用法律方面是非常严谨的，要求必须明确所适用法律的具体条、款、项及内容。原行政处罚决定只列举了法律规范文件的名称，并未说明具体依据哪条、哪款、哪项及相应内容，即适用法律不明。另外，强利公司原不是爆炸器材的生产厂家，没有相应许可，所以强利公司要生产苦味酸这种爆炸物，相当于新建一个爆炸器材生产厂，应当适用《中华人民共和国民用爆炸物品管理条例》第九条的规定(《中华人民共和国民用爆炸物品管理条例》2006年9月1日被废止，《民用爆炸物品安全管理条例》2006年9月1日开始实施)，而不适用《化学危险品安全管理条例》。即便不是新建工厂，也应依据《中华人民共和国民用爆炸物品管理条例》第三十四条规定的程序报批，即"生产黑火药、烟火剂、民用信号弹和烟花爆竹的企业，必须按照隶属关系报经省、市、自治区主管部门批准，季节性生产烟花爆竹的作坊，必须经所在地县、市主管部门批准；凭批准文件，向所在地县、市公安局申请许可，经审查，符合国家有关安全规定的，发给《爆炸物品安全生产许可证》；然后向所在地县、市工商行政管理局办理登记手续，领取营业执照，方准生产"。

另外，南阳市环保局对强利公司的处罚中有一项是"拆除苦味酸的生产设备"，此项处罚内容没有相应的法律依据。

综上所述，南阳市环保局的行政处罚决定中的法律适用是错误的。

(六) 审查原具体行政行为的程序

原案的行政行为程序没有问题，所以在这里不再赘述。但要提醒大家，程序很重要，如行政行为程序错误，可能导致整个行政行为被撤销。

上述事项审查完毕，我们会发现强利公司生产苦味酸的行为确实在报批、审批手续方面有错误，南阳市环保局认定其未经合法程序批准是正确的。但在这种情况下，也不能认为南阳市环保局的行政处罚就完全正确。该行政处罚的法律依据有错误；认定事实有不清之处；处罚强利公司5万元人民币，属于合法但不属于法律规定的适当，没有考虑适当减轻的因素。

根据上述情况，南阳市政府最终作出行政复议决定，撤销南阳市环保局的行政处罚决定，并责令其重新作出具体行政行为。

第十四章 行政诉讼基本原理与流程

本章学习目的和要求:
(1) 明确行政诉讼的概念与原则、制度。
(2) 了解行政诉讼的适用范围,掌握行政诉讼程序。

第一节 行政诉讼的基本原理与流程

■ 一、行政诉讼的基本原理

行政诉讼是行政救济途径之一,它体现了司法对行政的监督,是对行政相对人合法权益的司法保护。

(一) 行政诉讼的概念

行政诉讼是指公民、法人或者其他组织认为行政机关和行政机关工作人员的行政行为侵犯其合法权益,依法向人民法院提起诉讼,由人民法院进行审理并作出裁决的活动。

(二) 行政诉讼的特征

行政诉讼具有以下几个基本特征。

(1) 解决行政争议的有限性。不是所有的行政争议都能通过行政诉讼解决,受《行政诉讼法》第二章"受案范围"的限制。

(2) 以审查行政行为的合法性为主。司法权监督行政权,但不能替代行政权,所以司法审查是以行政行为合法性审查为主。

(3) 目的的双重性。行政诉讼法以既监督行政职权,又保护公民、法人和其他组织的合法权益为目的。

(4) 原、被告具有恒定性。行政诉讼的原告只能是作为行政相对人的公民、法人和其他组织或利害关系人;作出行政行为的行政主体只能是被告,并且没有反诉权。原、被告这种法律诉讼位置是恒定的,不能变换。

(三) 行政诉讼的特有原则

除三大诉讼法(《刑事诉讼法》《民事诉讼法》《行政诉讼法》)共有的原则及制度之

外，行政诉讼还应遵循一个特有原则：合法性审查原则。《行政诉讼法》第六条规定："人民法院审理行政案件，对行政行为是否合法进行审查。"行政行为的合理性审理是例外。

合法性审查，这里所说的"法"，是要以法律、行政法规、地方性法规为依据，以规章为参照。地方性法规适用于本行政区域内发生的行政案件。民族自治地方发生的行政诉讼案件，以民族自治地方的民族自治条例和单行条例为依据。

合法性审查以审查行政主体的职权合法、行政主体实施行政行为的内容合法、证据合法、适用的法律依据合法、程序合法为主要内容。职权合法，要求行政主体不能越权、无权、滥用职权等，也就是政府有权但不能任性。内容合法，要求其依职权所实施的行政行为的内容要合法，认定事实要清楚。证据合法，要求行政行为采用的证据全面合法，要符合合法性、客观真实性和关联性的要求。适用的法律依据合法，要求针对本行政案件，正确适用法律、法规的具体条款，要有条款的具体内容，而且要全面，所适用的规范性文件本身也要合法。程序合法，要求行政行为的步骤、顺序、时间、方式等都要合法。

对行政行为合法性的审查是限制司法机关的行为不能替代行政机关的行为。但法律在规定以合法性审查为主的情况下，同时予以司法机关有限的司法变更权，也就是我们所说的合理性审查权。关于合理性审查，在《行政诉讼法》第七十七条中有规定："行政处罚明显不当，或者其他行政行为涉及对款额的确定、认定确有错误的，人民法院可以判决变更。"这是对合理性审查案件范围的限制性规定。

合法性审查与合理性审查相结合，是司法对行政监督与尊重的结合，是对公民权利的更好保护。

(四) 行政诉讼的结构

行政诉讼 { 诉前准备：确定诉讼主体、诉讼请求、受案范围、时效等。
诉中程序：起诉与受理、庭审前准备、庭审程序、宣判程序等。
诉后事项：执行程序等。

■ 二、行政诉讼的流程

任何一起行政诉讼案件都有其一般流程，有诉讼提起之前的准备步骤，也有提起诉讼之后的先后顺序，还有审判之后的执行程序。本节主要论证的是提起行政诉讼之后的程序。

一般的行政诉讼案件在诉讼之前应当按照如下步骤审查：确定行政诉讼的适格主体(原告、被告、第三人)→明确具体的诉讼请求→审查是否属于行政诉讼的受案范围→审查诉讼时效问题→提起行政诉讼。

提起行政诉讼后，应遵循的主要程序：起诉和答辩、庭前准备、庭审程序、宣判程序。

(一) 起诉和答辩

1. 起诉

公民、法人或者其他组织认为行政机关和行政机关的工作人员的行政行为侵犯其合法权益，有权依照《行政诉讼法》向人民法院提起诉讼。

(1) 提起行政诉讼主体。提起行政诉讼的主体为行政行为的相对人或者与行政行为有利害关系的公民、法人或者其他组织。

(2) 起诉的条件。①原告是符合本法第二十五条规定的公民、法人或者其他组织。②有明确的被告。③有具体的诉讼请求和事实理由。④属于人民法院受案范围和受诉人民法院管辖。

(3) 起诉的期限。①一般直接提起行政诉讼的案件，在知道或者应当知道行政行为之日起6个月内提出。②不服行政复议决定的，从收到行政复议决定书之日起15日内提起行政诉讼。行政复议机关逾期不作决定的，申请人可以在复议期满之日起15日内向人民法院提起行政诉讼。法律另有规定的除外。③最长诉讼保护期。因不动产提起行政诉讼的案件，最长诉讼保护期为20年。其他案件的诉讼保护期为从行政行为作出之日起5年。超过这些期限的，法院不受理。④《最高人民法院关于适用<中华人民共和国行政诉讼法>若干问题的解释》第十二条规定，"公民、法人或者其他组织对行政机关不依法履行、未按照约定履行协议提起诉讼的，参照民事法律规范关于诉讼时效的规定；对行政机关单方变更、解除协议等行为提起诉讼的，适用行政诉讼及其司法解释关于起诉期限的规定"。

2. 答辩

案件经法院受理后，要依法向被告送达起诉状。被告应当在收到起诉状副本之日起15日内向人民法院提交答辩状，同时提交其作出行政行为的证据和所依据的规范性文件。被告不提交答辩状，不影响人民法院审理。

(二) 庭前准备

庭前准备，是指人民法院在受理行政诉讼案件以后、正式开庭之前，为保证开庭审理程序的顺利进行，由审判人员负责的一系列准备工作。

(1) 人民法院审理行政案件，由审判员组成合议庭，或者由审判员、陪审员组成合议庭。合议庭的成员，应当是3人以上的单数。

(2) 人民法院应当在立案之日起5日内，将起诉状副本发送被告。

(3) 人民法院应当在收到答辩状之日起5日内，将答辩状副本发送原告。

(4) 人民法院应当在开庭3天前通知当事人和其他诉讼参与人开庭的时间、地点。

(5) 审判人员应当在开庭前审阅诉讼材料，了解案件事实情况，找出争议焦点和疑点。确定案件是否有先予执行等情况，如果有，应予以处理。

(三) 庭审程序

确定案件是否属于不公开审理的范畴，如不属于，一律公开审理。在审理时，应遵照以下程序。

(1) 书记员查清当事人及其诉讼代理人、其他诉讼参与人是否到庭。

(2) 书记员宣布法庭纪律。

(3) 书记员宣布请审判长、审判员(人民陪审员)到庭。

(4) 审判长正式宣布开庭。审判长开始核对当事人及其诉讼代理人的身份。

(5) 审判长宣布案由和法庭组成人员、书记员名单。

(6) 审判长向各方当事人告知有关的诉讼权利和义务。

(7) 审判长询问各方当事人对审判人员、书记员是否申请回避。先问原告，然后问被告，最后问第三人。如果有申请回避的，依照有关规定作出处理。

(8) 进入法庭调查阶段和辩论阶段。实践中，往往采用质辩合一的方式进行审理。具体包括：

① 由原告陈述诉讼请求、事实与理由。

② 被告答辩。

③ 法庭总结焦点问题。

④ 对被告行政行为合法性进行审查。审查内容包括以下几个方面。

a. 对被告的职权依据进行审查。首先，由被告陈述其职权依据；其次，询问原告对被告的职权依据是否有异议。如果有异议，原告需要讲明具体的异议内容，然后由被告给出相应解释。

b. 对被告认定事实及采用的证据进行审查。首先，被告要陈述作出行政行为的经过、认定的事实情况，并举证其所采用的证据；其次，原告对被告的陈述及证据发表意见；再次，原告提供证据证明事实情况；最后，被告对原告所述事实及证据发表意见。

c. 对法律适用进行审查。首先，由被告陈述其行政行为的法律依据；其次，询问原告对被告的法律依据是否有异议。如果有异议，原告需要讲明具体的异议内容，然后由被告给出相应解释。

这里要注意：被告在提供法律适用依据时要明确法律、法规、规范性文件的具体名称、具体条款、条款的具体内容，不能用"根据我国相关法律的相关规定"等类似的语句模糊地表述。如果被告表述不清，无法说明具体条款的具体内容，可以视为其行政行为的法律适用依据不明或无法律依据。原告也要注意对这些方面的质证。

d. 对行政行为的法律程序进行审理。首先，由被告陈述其作出行政行为的法律程序及程序依据；其次，询问原告对被告的行政行为的程序是否有异议。如果有异议，原告需要讲明具体的异议内容，然后由被告给出相应解释。

e. 法庭可就事实情况向各方当事人询问，各方当事人要如实回答问题。

f. 各方当事人综合围绕法庭总结的焦点问题进行辩论或补充前面未阐述清楚的观点。原告先发表辩论意见，然后由被告发表辩论意见。

g. 由各方当事人作最后陈述。

(9) 休庭。应注意，行政诉讼不适用调解。但是，行政赔偿、行政机关依法给予补偿以及行政机关行使法律、法规规定的自由裁量权的案件除外。

在休庭期间，合议庭进行评议。由合议庭全体成员对案件进行全面分析，确认案件事实和法律适用情况，对被诉行政行为的合法性作出最终判断。合议庭评议不公开进行，实行少数服从多数的原则。每位合议庭成员都要在评议笔录上签字。

(10) 恢复开庭，对案件进行宣判。人民法院对公开审理或不公开审理的案件，一律公开宣告判决。宣告判决时，必须告知当事人的上诉权利、上诉期限和上诉的法院。

第二节　行政诉讼中的证据审查

■ 一、证据的种类

《行政诉讼法》明确规定，证据有以下几种。

(1) 书证。

(2) 物证。

(3) 视听资料。

(4) 电子数据。

(5) 证人证言。

(6) 当事人的陈述。

(7) 鉴定意见。

(8) 勘验笔录、现场笔录。

以上证据经法庭审查属实，才能作为案件审理的根据。

在三大诉讼法中，现场笔录是《行政诉讼法》特有的证据。

■ 二、证据的审查

行政诉讼与民事诉讼在举证方面有区别，民事诉讼以谁主张、谁举证为主，而行政诉讼则主要是由被告承担举证责任，被告应当提供作出该行政行为的证据和所依据的规范性文件。被告不提供证据或者无正当理由逾期提供证据，视为没有相应证据。但是，被诉行政行为涉及第三人合法权益，第三人提供证据或者人民法院依法调取证据的除外。被告承担主要举证责任，不等于原告不用举证，原告应当对其主张尽可能提供相应证据材料予以佐证。

(一) 人民法院应当全面、客观地审查证据

未经庭审质证的证据，不能作为定案依据。审查证据时要注意对它的合法性、真实性、关联性进行审查。

审查证据的合法性，主要看证据的来源是否合法，证据的存在形式是否合法，是否有其他违法情况影响证据的效力。

审查证据的真实性，主要看证据的成因，证据存在的客观环境，证据是否是原件，证据与提供证据的人的关系，是否有其他利害关系存在，证据证明的问题是否具有唯一性，是否存在影响证据真实性的各种因素。

审查证据的关联性，主要看证据与案件的关系，证据与被证明问题的关系，证据与其

他证据之间是否有关联。

(二) 重点审查合法性、真实性、关联性问题

(1) 程序方面的证据审查很重要。审查行政行为与审查民事行为的区别有很多，其中一项对行政诉讼而言是非常重要的，即程序审查。如果行政行为程序错误，很可能导致该行政行为被撤销。在行政诉讼中，程序审查是重要环节，不容忽视。被告作为代表国家行使行政职权的主体，其行政行为实体方面发生错误的概率比其行政行为程序方面发生错误的概率要低。所以，从行政诉讼原告的角度来看，审查被告的程序问题是主要方向之一。而且，在实践中，被告因程序错误导致行政行为被撤销的案件也是非常多的。这就提醒原告要研究被告的行政行为在程序方面的法律、法规或规范性文件的要求是什么，从中对比被告实际上的行政行为是否遵照此规定程序。同样情况，被告更应当明确与自己的行政行为有关的程序规范是什么，并在日常行政行为中严格按此规定去做，同时保留相应的证据材料。这样在庭审中，才能提供全面的程序方面的证据材料，才能在此环节中不给原告任何胜诉的机会。所以，在被告向法庭提供程序方面的证据材料时，原告能准确质证的前提是事先研究被告行为程序方面的法律、法规、规范性文件的要求是什么，被告在庭审中的陈述是否全面，并从中提出强有力的质证意见。

(2) 当事人自己提供的证据中不应存在对自己有任何不利的内容。也就是说，同一份证据中不能有相互矛盾的内容，也不能有既对自己有利又对自己不利的内容存在。此外，不同证据之间不能相互矛盾，这也是质证方应当审查的事项。

第十五章　行政诉讼实训

本章学习目的和要求：

(1) 了解行政诉讼理论在实践中的运用程序。

(2) 提升学生的实践能力。

第一节　行政诉讼模拟开庭

■ 一、案情简介

张友良诉中华人民共和国环境保护部政府信息公开告知行政纠纷案件

原告：张友良

被告：中华人民共和国环境保护部

法定代表人：周生贤　　　　职务：部长

本案争议焦点：被告中华人民共和国环境保护部的《环境保护部政府信息公开告知书》是否具有合法性。

原告张友良诉称其在2013年6月10日通过网络申请被告公开《环境信访办法》第二条和第十六条的制定依据、制定过程及是否召开听证会事宜。被告在当年7月25日以邮件方式向其作出《环境保护部政府信息公开告知书》，告知原告其申请的信息不存在。被告的行为没有正面回答原告的申请，所答非所问。原告还认为，被告未在《环境保护部政府信息公开告知书》上署名、签章，其程序违法。所以原告诉之法院，要求：①确认中华人民共和国环境保护部作出的2013年第100号《环境保护部政府信息公开告知书》(以下简称告知书)违法；②判令被告对原告申请答复事项重新作出行政行为；③由被告承担诉讼费用。

被告中华人民共和国环境保护部辩称，其在网上收到原告申请后，便积极组织相关部门审查具体事项，并于2013年7月25日向原告电子邮箱中发送了《环境保护部政府信息公开告知书》，对原告申请的《环境信访办法》的制定依据、制定过程及是否召开听证会的事宜全部作了答复，只是针对原告申请表格中的题目"政府信息公开《环境信访办法》第二条和第十六条第一项法规不是依法行政的法律依据"，被告针对该句话解释说"该信息不存在"。被告认为其行为实体、程序都符合法律法规规定，认定事实清楚，证据确凿充分，法律适用适当，行政行为合法有效，请求依法驳回原告的诉讼请求。

二、学习任务

(一) 实体法层面

(1) 了解《环境信访办法》的内容。

(2) 了解《政府信息公开条例》的有关规定。

(3) 了解《最高院关于审理政府信息公开行政案件若干问题的规定》的内容。

(二) 程序法层面

(1) 了解行政诉讼中对被诉行政行为审查的程序。

(2) 了解行政诉讼中原、被告举证、质证的程序。

三、模拟开庭

开庭时间：2014年6月10日9时。

开庭地点：北京市第一中级人民法院第十一审判庭。

案号：北一中行初字第727号。

开庭次数：第一次。

合议庭成员：审判长齐超，代理审判员吴森，代理审判员赵林峰。

书记员：关玉娟。

书记员(进入法庭)：现在核对当事人的身份及到庭情况。

原告：张友良，男，1975年2月22日出生，住河北省保定市阳光路115号361室，个体工商户。

被告：中华人民共和国环境保护部，住所地为北京市西城区西直门南小街115号。

法定代表人：周生贤，部长。

委托代理人王仁生，中华人民共和国环境保护部行政法规司行政复议处干部。

委托代理人李平一，北京市旭阳律师事务所律师。

书记员：请旁听人员就座，保持肃静，现在宣布法庭纪律。

(1) 当事人及其诉讼代理人和旁听人员必须听从审判长指挥，遵守法庭纪律。

(2) 开庭时，当事人及其代理人以及旁听人员须关闭移动电话以及其他通信工具。

(3) 审判庭内所有台面不准摆放饮料，法庭内不得抽烟，不得乱扔垃圾。

(4) 旁听人员必须遵守下列纪律：

① 未经法庭允许，不得录像、录音和拍照；

② 不得随意走动，不得进入审判区；

③ 未经法庭允许，不得发言、提问；

④ 不得鼓掌、喧哗、哄闹和实施其他妨碍审判活动的行为。

对于违反法庭纪律的人，审判长可以口头警告、训诫，也可以没收录音机、录像机和摄影器材，责令退出法庭或者经院长批准予以罚款、拘留。

对于严重扰乱法庭秩序，构成犯罪的，依法追究刑事责任。

书记员：请全体起立。

书记员：请审判长、审判员入庭。

(审判长、审判员入庭)

书记员：请坐下。

书记员：(待全体人员落座后站起来，面对审判人员)报告审判长，原告张友良，被告中华人民共和国环境保护部指定员工王仁生及被告的委托代理人李平一均已到庭，庭前各项准备工作就绪，可以开庭审理。

(审判长向书记员点点头。书记员入座，坐下)

审判长：现在核对当事人。原告向法庭报告你的基本情况。

原告：原告张友良，男，1975年2月22日出生，住河北省保定市阳光路115号361室，个体工商户，完毕。

审判长：被告，向法庭报告你单位的名称、住所地、法定代表人姓名及职务、诉讼代理人的姓名及职务和代理权限。

被告(代理人2)：被告是中华人民共和国环境保护部，住所地为北京市西城区西直门南小街115号。法定代表人是周生贤，系部长。委托代理人是王仁生(代理人1)，中华人民共和国环境保护部行政法规司行政复议处干部。另一委托代理人(代理人2)是李平一，北京市旭阳律师事务所律师。代理权限为代为承认、放弃、变更诉讼请求，代收法律文书，代为上诉等，完毕。

审判长：双方当事人对对方当事人的出庭人员有无异议？

原告：没有。

被告(代理人2)：没有。

审判长：经庭前审查及当庭核对，合议庭认为各方当事人及其诉讼代理人的诉讼身份和代理权限符合法律规定，法庭准予上述人员参加本案诉讼，(用力敲击一下法槌)现在开庭。

根据《中华人民共和国行政诉讼法》第五十四条的规定，北京市第一中级人民法院行政审判庭今天依法公开审理2014北一中行初字第727号行政案件，即原告张友良不服中华人民共和国环境保护部作出的2013年第100号《环境保护部政府信息公开告知书》(以下简称告知书)，向本院提起行政诉讼。本案由本院行政审判庭审判员齐超担任审判长并主审(就是我本人)，与代理审判员吴森(我左边这位)、代理审判员赵林峰(我右边这位)共同组成合议庭进行审理，书记员关玉娟担任法庭记录。

审判长：关于当事人在庭审期间所享有的诉讼权利和义务，本院于庭前已经以书面形式告知各方当事人。原告张友良，是否清楚诉讼权利和义务？是否申请回避？

原告：清楚了，不申请。

审判长：被告，是否清楚诉讼权利和义务？是否申请回避？

被告(代理人2)：清楚权利和义务，不申请回避。

审判长：现在进行法庭审查。依照《中华人民共和国行政诉讼法》第六条的规定，人民法院审理行政案件，对被诉行政行为是否合法进行审查。法庭审查采取当事人陈述，当庭举证、质证，法庭询问的方式。原告张友良是否在庭审前收到被告的举证材料？

原告：收到了。

审判长：被告，是否在庭审前收到了原告的证据材料？

被告(代理人2)：收到了。

审判长：下面围绕被诉行政行为是否合法进行审查。首先，原告陈述你的诉讼请求和理由，陈述完毕应当向法庭报告陈述完毕。

原告：好，我现在可以说吗？

审判长：说吧。

原告：我的诉讼请求：①确认中华人民共和国环境保护部作出的2013年第100号《环境保护部政府信息公开告知书》(以下简称告知书)违法；②判令被告对原告申请答复事项重新作出行政行为；③由被告承担诉讼费用。

事实与理由如下：原告多次反映保定市兴达纺织品有限公司存在噪声污染问题，多次向保定市环保局反映情况，要求环保部门对其进行查处。后来，我起诉环保局行政违法，保定市二级人民法院以其属于信访行为为由驳回。法院认定该行为属于信访的法律依据是《环境信访办法》第二条。我认为该办法第二条和第十六条与《信访条例》第十四条相冲突，所以我于2013年6月10日在网上向国家环保部申请公开关于《环境信访办法》第二条和第十六条是如何制定的、法律依据以及听证会的信息。7月25日被告通过邮件答复，即《环境保护部政府信息公开告知书》。但针对该内容没有作出答复，只是回复"经查我部未制作出上述信息，该信息不存在"。所以，我到北京市的法院起诉，诉请政府信息告知书违法。

被告没有认真审查我的申请事项，也没有告知我对申请事项作相应更改补充。我申请的内容与被告的答复不相符，我申请的回复内容是《环境信访办法》第二条、第十六条的制定是依据哪条法律、是否经过听证会的信息，而被告却以答非所问的方式作出告知书，被告行为实质上违法。而且被告没有在告知书、信息公开办理单上署名和盖章，属于行政行为程序违法。

我认为被告作出的告知书在程序上违法，实体上也不符合法律规定，完全没有理会原告申请事项的内容，是对原告合法权益的侵犯。故请求法院确认被告行为违法，判决撤销被告的告知书，判令被告对原告的政府信息公开申请重新答复。

我的诉讼依据为《最高院关于审理政府信息公开行政案件若干问题的规定》第一条"公民、法人或者其他组织认为下列政府信息公开的工作具体行政行为侵犯其合法权益以及依法提起行政诉讼的，人民法院应当受理"，第一项"向行政机关获取政府行政信息，行政机关拒绝的和逾期不答复的"。陈述完毕。

审判长：下面由被告环保部陈述答辩意见。

被告(代理人2)：审判长，请向原告明确，他的诉讼请求是确认我们的行政行为违法然后重新作出吗？这是矛盾的。如果要求确认违法，就不该再要求重作。

审判长：原告，再次明确你的诉讼请求。

原告：我要求确认被告作出告知书的行为违法，也要求判他重作。

审判长：你的主要目的到底是要求确认行政行为违法，还是要求被告重作行政行为？法庭现在向你释明，如果要求确认违法，就不能再要求其重作，如果行政行为被确认违法，可以被撤销或认定无效；而如果你的主要目的是要求行政主体重作行政行为，你应当先要求撤销该行政行为，同时要求其重作。原告，你听清楚了吗？

原告：听清楚了。

审判长：原告，现在再次明确你的诉讼请求。

原告：我要求撤销该行政行为，即撤销被告的告知书，并要求判被告重新作出行政行为。

审判长：原告，你现在变更了起诉状中的诉讼请求，是吗？以此作为最后确定的诉讼请求吗？

原告：是的，以我最后提出的这个请求为准。

审判长：被告，请根据原告确定的诉讼请求答辩。

被告(代理人2)：好的。本案提出的争议在于，原告张友良提出的申请与我们在一般情况下处理的申请有所不同，我简单地介绍一下。他的申请信息名称为"政府信息公开《环境信访办法》第二条和第十六条第一项法规不是依法行政的法律依据"，然后在表中所需信息的内容描述中他又明确提出"我要求环保部公开是依据哪条法律法规制定出这样的部门规章以及制定过程和召开听证会的信息"。那么，我们根据他给出的信息描述，对他要求公开的三项内容都作出答复，直接在答复里写明是依据什么来制定的、程序是怎样的、有没有召开听证会。只不过，针对他提出的信息名称，我们单独回答了他，说明我们没有制定过关于"第二条和第十六条第一项法规不是依法行政的法律依据"和与此直接相关的信息。就因为多回答了这样一句话，他就抓住不放，就说我们答复他不存在。实际上他真正要求公开的三项，我们已经完全答复他了、公开了。其实，我们也知道，他申请的目的是什么，因为他在表中填写的所需信息用途为"作为新证据本人可以依法向河北省人民法院申诉"。一审、二审法院没有受理他的行政案件，法院认为属于信访事件，不应该来诉讼。法院的依据是《环境信访办法》的第二条和第十六条第一项。因此，他要求我们予以答复，以便他作为申诉依据。我们认为我们没有针对这一问题做过任何规定，没有相关信息。这样回复恰恰是为了帮助他，没想到反倒惹出了很多麻烦。

现在，我来陈述答辩状：①总体上我们认为我们对原告政府信息公开申请所作出的答复，符合法律关于答复期限的规定。②原告的信息公开申请内容明确，被告未通知其更改、补充，不违反法律规定。③被告已依法对原告的政府信息公开申请逐一进行了答复。④虽然被诉告知书没有署名和签章，但我们是通过被告的政府信息公开专用邮箱回复原告的，且被告对该告知行为予以认可，不存在程序违法。⑤原告提出的"第二条和第十六条第一项法规不是依法行政的法律依据"的申请，属于行政咨询事项，结合他给出的信息内容描述和用途，他就是想让我们给一个明确的答复，即河北省一、二审法院的认定是错误的。但我们没有作出这样的规定，我们的答复是完全正确的，这是一起行政咨询事件，不是一个信息公开申请。我们认为这既然属于行政咨询事件，我们不答复也是可以的。我们答复没有制定相关信息、答复信息不存在，也是适当的，并没有违反法律规定。

针对原告刚才的陈述，他认为信息公开办理单和信息公开告知书存在形式问题，他认为我们的信息公开办理单上面没有法规处负责人的签字。对此我们认为，这个信息办理单是我们内部的一个流程单，是我们内部掌握的，并没有法律规定必须有相应级别的人员签字。所以我们认为，是否有法规处负责人的签字以及办公厅的审核意见的签字，都不影响办理单作为证据来使用的合法性。他提出我们给他的答复没有盖章、没有署名，这是因为我们不是在一张纸上打印一些内容没署名就直接交给他，而是通过我们的信息公开专用电子邮箱来回复他，他通过邮箱向我们提出信息公开申请，我们根据环保部信息公开指南上公布的邮箱给他回复邮件，显然署不署名、盖不盖章都是没有问题的，我们是用附件(侧头看代理人1)……

被告(代理人1)：(小声告诉代理人2)正文。

被告(代理人2)：哦，我们就是用邮件的正文对他直接作出答复。这个邮箱，包括文件的题头、答复的题头都写得很清楚，是环境保护部，没有造成任何误认，对方也正是基于这样一份邮件来提起诉讼的。根据政府机关条例，如果能现场答复，就可以现场答复。显然，这种现场答复包括口头部分，即便我直接口头答复也是可以的，并没有法律规定必须出具正式的法律文件，关于公文性质、是否带编号、是否盖章等，都没有规定。我只要答复了，就可以了。因为强调信息公开，你来检索申请公开相关信息，我公开了，就可以了，所以我们认为没有盖章在形式上并不违法，不影响信息公开告知的合法性。关于他提出的《环境信访办法》第二条、第十六条违反国务院的相关规定的程序规定问题，我们认为这个案件的焦点在于信息公开，你要求公开的信息我公开了，依法进行答复了，就可以了。至于《环境信访办法》的制定是否符合国务院的相关规定，和本案没有关系。另外，我部关于没有召开听证会的答复并没有不当之处。因为他在信息内容描述里明确写的是"关于制定这样的规章，你的依据、制定的过程和召开听证会的信息"，那么我们回答"关于《环境信访办法》我们没有召开听证会"，这个答复是完全符合要求的，并没有违法。原告提到他在河北诉讼的事项，我们认为这与本案没有关系。他在河北诉讼的情况，与我的信息公开之事没有必然联系。还有，他引用最高人民法院的相关规定，认定他的诉讼属于法院受理范围，这个根本没有意义，因为本案已经受理了，并没有驳回他的起诉。综上，我们认为我们的行政行为是合法有效的，请依法驳回原告的诉讼请求。陈述完毕。

审判长：合议庭经过庭前阅卷，结合刚才各方当事人的陈述意见及答辩意见，认为本案争议的焦点问题是：环保部作出的2013年第100号《环境保护部政府信息公开告知书》是否合法，应否撤销。原告，你对合议庭归纳的焦点是否有异议？有没有补充？

原告：你们讲的是应否撤销问题，而我要求确认环境保护部的信息公开是否违法。

审判长：我们这个案件的审查对象是环保部作出的政府信息公开告知书是否合法，也是基于你的诉请要求。要确认其是否违法，首先要审查是否具有合法性，然后判断是撤销还是确认其违法。

原告：你说得对，但诉请分4种，其中有一种就是确认违法之诉。

审判长：原告，你要听清楚，你对合议庭归纳的焦点问题有没有补充呀？

原告：我补充的就是要确认作出告知书是违法行为。

审判长：行。被告环保部，对合议庭归纳的焦点问题有没有异议？有没有补充？

被告(代理人2)：没有异议。

审判长：鉴于原告对合议庭归纳的焦点提出异议，刚才原告张友良提出他的诉讼请求是确认被告行为的违法性，对此合议庭在合法性审查过程中也涉及这个问题。那么，现在首先进行职权依据审查，由被告环保部说明你部作出政府信息公开告知书的职权依据。

被告(代理人2)：我们的职权依据是《政府信息公开条例》第四条"各级人民政府及县级以上人民政府部门应当建立健全本行政机关政府信息公开工作制度，并指定机构负责本行政机关政府信息公开的日常工作"。我部负责我部门的日常信息公开工作，这是我部的职权依据。

审判长：原告张友良，对环保部作出的被诉政府信息公开告知书的职权依据是否有异议？

原告：他说的是哪个证据？

审判长：就是他有权作出这个信息公开告知书。你对这个职权有没有异议？

原告：没有异议。

审判长：下面进行事实证据审查。首先由被告环保部陈述你部作出政府信息公开告知书的经过。

被告(代理人2)：2013年6月10日，我部受理张友良通过电子邮箱提出的政府信息公开申请；2013年7月25日，我部作出《环境保护部政府信息公开告知书》，对张友良提出的申请给予答复；2013年7月25日当天，我部以电子邮件的形式将告知书发送到张友良邮箱中。

审判长：你部就该事实提交的证据是什么？

被告(代理人2)：有2份证据：①政府信息公开申请表，证明原告向被告提起政府信息公开申请，要求公开政府信息的情况；②环境保护部出具的申请信息公开办理单及附件，证明被告办理原告政府信息公开申请的流程情况。

审判长：原告张友良，对环保部作出的本案被诉政府信息公开告知书的事实证据部分，有没有异议？

原告：我看到他向法庭提交了6份证据，不是2份证据。

审判长：你来陈述一下你的意见。

原告：我针对他提交的6份证据进行质证，可以吗？

审判长：哪6份证据呀？

原告：他在清单上写的是6份证据。

审判长：你来说一下。

原告：好。第一份是公开信息表，证明原告提出过申请。据此可以看出我申请公开的对方的信息、名称和我的信息内容以及我的用途等，针对第二条和第十六条，要求环保部公开依据的是哪条法律、制定的过程并公开听证会的信息。

审判长：我提示一下原告张友良，关于被告提供的这份清单，其中第4、5、6份都属于法律规范，是法律法规，这不属于证据；第3份，本案的被诉政府信息公开告知书是本案的审查对象，是行政行为，也不属于证据；也就是说，本案被告的证据只有清单中的第

1份和第2份。

原告：这个我知道。关于公开信息，因为他提供了证据，我就没必要再提供了。但他提供的证据信息公开告知书，没有负责人签字、没有盖章，不具备法律效力，这是违法的。它只能算作一个行政行为的过程，不属于完整的具体行政行为，因此不具备法律效力。并且不是我要求公开的事项，对我的申请事项没有回复，所答非所问。从他提供的材料可以看出，《环保信访办法》没有备案，根据相关规定，没有备案的应属于无效的法规。他也写得很清楚，没有经过法制办审查，签字盖章都没有，完全违反了国务院制定规章制度的条例。公开信息办理单上也能看出他程序违法，按他提供的办理单的程序，应当有告知书，后面有签字，包括办公厅的签字、意见。根据所有证据，他确实没有经过相关程序，只能算作处于行为过程中，不是最终的行政结果。我说完了。

审判长：关于本案的事实，被告还有无补充？

被告(代理人2)：刚才答辩时我们已经讲过了，就不再重复，我们的行为是合法有效的，办理单是内容流程，不签字不影响效力。信息告知书是电子版的，没有签字是正常的，是有效的。

审判长：原告，对被告的陈述是否有不同意见？

原告：不同意被告的说法，坚持刚才的质证意见。

审判长：被告，还有无证据？

被告(代理人2)：没有了。

审判长：原告，你就事实的认定有无证据？

原告：有。

审判长：讲吧。

原告：①河北省保定市中级人民法院(2012)保行终字第153号行政判决书；②河北省保定市南市区人民法院(2013)南行初字第28号行政裁定书；③河北省保定市南市区人民法院(2013)南行初字第1号行政裁定书；④河北省保定市中级人民法院(2013)保行诉终字第3号行政裁定书；⑤河北省保定市中级人民法院(2013)保行监字23号驳回申请再审通知书；⑥法制日报复印件；⑦河北省保定市高新技术产业开发区人民法院(2012)保高新行初字第17号行政判决书；⑧河北省保定市高新技术产业开发区人民法院(2012)保高新行诉初字第1号行政裁定书；⑨河北省保定市中级人民法院(2012)保行诉终字第31号行政裁定书；⑩南市区环境保护局《关于对保定市兴达纺织品有限公司噪音污染问题调查处理情况的函复》；⑪南市区环境保护局《关于投诉保定市兴达纺织品有限公司噪音扰民问题调查处理结果的答复函》。以上证据用以证明原告提起本次政府信息公开申请的原因。

审判长：被告，你对原告的证据进行质证。

被告(代理人2)：原告提供的所有证据与本案无关，都是他在河北那边的诉讼材料，与本案不具有关联性。

审判长：原告，还有其他证据吗？

原告：政府信息公开告知和办理单，被告已经举证了，我就不用举了吧？这些可以说明被告行为违法。

审判长：被告还有要质证的意见吗？

被告(代理人2)：针对告知书和办理单的意见，前面我们已经讲过，不再重复说了，它是合法的，应当有效。

审判长：原告，还有其他证据吗？

原告：没有了。

审判长：下面进行法律依据审查。被告环保部，说明你部作出本案被诉政府信息公开告知书的法律依据。

被告(代理人2)：法律依据是《政府信息公开条例》的第二十一条。该条规定对申请公开的政府信息，行政机关根据下列情况分别作出答复：属于公开范围的，应当告知申请人获取该政府信息的方式和途径；依法不属于本行政机关公开或者该政府信息不存在的，应当告知申请人，对能够确定该政府信息的公开机关的，应当告知申请人该行政机关的名称、联系方式。

审判长：原告张友良，对刚才被告环保部关于法律依据的陈述是否有异议？

原告：我没听到他讲的是哪条。

审判长：被告，你再说一遍。

被告(代理人2)：法律依据是《政府信息公开条例》的第二十一条。该条规定对申请公开的政府信息，行政机关根据下列情况分别作出答复：属于公开范围的，应当告知申请人获取该政府信息的方式和途径；依法不属于本行政机关公开或者该政府信息不存在的，应当告知申请人，对能够确定该政府信息的公开机关的，应当告知申请人该行政机关的名称、联系方式。

审判长：原告，你听清了吗？有异议吗？

原告：听清了，有异议。对第一项没有异议，对第二项有异议。我看信息是存在的，《环境信访办法》第二条是他们制定的，这个信息是存在的。另外，我可不可以补充一下？

审判长：讲吧。

原告：被告并没有告诉我，《环境信访办法》第二条是依据哪条法律制定的，我问的是第二条的制定依据，不是这个"办法"的制定依据。而且他只是告诉我《环境信访办法》是依据法律法规制定的，但没告诉我依据哪条法律法规。

审判长：陈述完了吗？

原告：陈述完了。

审判长：下面进行程序审查。被告环保部，说明你部作出本案被诉政府信息公开告知书的相关程序。

被告(代理人2)：我们收到他的政府信息公开申请邮件以后，通过信息公开的办公机构内部机构，由办公厅转给法制司；法制司指定法规处来进行相关的研究、查询，并且制定告知书的内容，经法制司审查后，又转给了办公厅；最后由办公厅通过电子邮箱向原告发送邮件告知。

审判长：原告张友良，对刚才被告环保部陈述的作出本案被诉政府信息公开告知书的相关程序有没有异议？

原告：他提到经过办公厅，但我并没有看到办公厅的审核意见，也没有签字，这和他所说的不一致。

审判长：下面由合议庭核实几个问题，各方当事人对法庭询问必须如实作出直接回答。首先，询问被告环保部几个问题。第一个问题，你部认为原告申请的信息是否属于政府信息？

被告(代理人2)：我部认为他申请公开规章的那几项，制定的依据、制定的过程以及是否听证，属于政府信息公开的申请；至于他在名称上提到的那句话，我们认为实际属于询问或自问的内容，不属于政府信息公开的申请。

审判长：你们认为他所说的制定的过程、听证会属于政府信息，是吧？

被告(代理人2)：对。

审判长：你们认为他提出的这个名称属于什么？

被告(代理人2)：对于这个名称，从他的表述来看，属于询问，他在问这两条是不是依法行政的法律依据，他认为如果是，那么河北那边的法院不应该不受理，我想是这样的。但是，他的表述不一定准确，他只是想通过他的描述对他的真实意思进行界定。

审判长：那你认为这个名称属于什么？

被告(代理人2)：实际上就是一个行政咨询。

审判长：第二个问题，你部认为原告张友良的政府信息公开申请是否清楚？

被告(代理人2)：清楚。

审判长：第三个问题，关于你部对原告申请获取的《环境信访办法》第二条和第十六条第一项法规不是依法行政的法律依据，所作出的"信息不存在"的答复，你们的判断依据是什么？

被告(代理人2)：判断依据是我们从来没有制定过有关《环境信访办法》第二条和第十六条的制定依据的相关文件，没有这样的信息。

审判长：第四个问题，原告在申请中，对答复的方式有没有要求？

被告(代理人2)：他写的是邮寄、电子邮件。

审判长：你们采取哪种方式？是电子邮件吗？

被告(代理人2)：是的。

审判长：目前针对电子邮件答复，对签章有没有统一的要求？

被告(代理人2)：没有。

审判长：那么，在你们的实践中，电子邮件都没有盖章吗？

被告(代理人2)：没有盖章。

审判长：原告，下面询问几个问题。第一个问题，你向环保部申请获取《环境信访办法》第二条和第十六条第一项法规不是依法行政的法律依据，你的目的是什么？

原告：这是个笔误，就是为了明确我没办法提起行政诉讼的依据。

审判长：你是想获得《环境信访办法》第二条和第十六条第一项法规的法律依据，是吗？

原告：不是，我要求公开第二条和第十六条是根据哪条法律制定的，我要明确法律依据。

审判长：那么，环保部对《环境信访办法》的制定依据、制定过程和是否召开听证会都进行了答复，你认为是否满足了你对政府信息公开申请的要求？

原告：没有。因为他所说的"信息公开"，在我看来只针对《环境信访办法》，而不是针对我所说的第二条和第十六条的申请内容。另外，他也没有提出到底依据哪条法律，你依据上位法，那你就应当明确依据哪个上位法。

审判长：那你申请政府信息公开的目的是什么？

原告：目的就是向高院申诉。

审判长：你认为《环境信访办法》第二条和第十六条不是依法行政的法律依据，那么你认为这是咨询呢，还是个人意见的表达？

原告：这段话当时是我复制的，"第二条和第十六条"后面的内容不应该存在，是个笔误。

审判长：回答完了？

原告：回答完了。

审判长：还有没有补充？

原告：没有补充，但是我要讲一下什么叫行政咨询。行政咨询是指行政机关在重大事项作出前，应当通过咨询机构来进行分析、判断等，作为决策的参考。我不是行政机关，你也不是咨询机构，所以我的申请不是行政咨询。对方说属于行政咨询是很好笑的，这恰恰说明信息是存在的，如果信息不存在，还能咨询吗？对于没有的信息还能咨询吗？所以对方是矛盾的。对方应明确到底是属于咨询，还是信息不存在。完毕。

审判长：(向左右两位审判员询问，是否有问题发问，他们均表示没有问题发问)

审判长：好，经过刚才各方当事人的陈述、举证、质证，合议庭从职权、事实依据、法律适用、程序4个方面，对本案被诉行政行为即"环保部作出的被诉政府信息公开告知书"的合法性进行了全面审查，法庭审查结束。下面进行法庭辩论，各方当事人进行法庭辩论，应当围绕本案争议焦点进行，各方当事人在证据审查阶段已经发表的质证意见，就不要重复发表。法庭辩论时要注意语言和态度的文明，按照原告、被告的顺序依次发表辩论意见。发言完毕，向法庭报告。首先，由原告发表辩论意见。

原告：关于《环境信访办法》第二条、第十六条的制定依据，对方没有答复我，且他们的解释存在矛盾。告知书认为信息不存在是错误的，并且没有被告签字盖章，没有效力。对方说信息不存在是错误的，信息是存在的。法律依据也不明确，没有具体的法律依据。完毕。

审判长：下面由被告发表辩论意见。

被告(代理人2)：好，简单补充一下。原告提出，他要求公开的是《环境信访办法》第二条和第十六条的法律依据，后面所谓的"不是依法行政的法律依据"是笔误，不应当存在。我们国家的相关法规规章以及相关法律的制定，都不会针对某个具体条款说明制定依据，我们只能针对这个规章来公开依据哪个法律法规。他在后面明确提出，要求公开规章的制定依据、制定过程及是否听证。我们真的是非常细致地考虑到你的疑问，为了你的便利，为了你的相关疑问能得到解决，才作出那样的答复。所以我们认为再纠缠第二条、第十六条的制定依据没有意义，我们的答复是合法的。此外，对于咨询事项，原告给出的行政咨询的解释是错误的。

审判长：原告，你还有什么补充吗？

原告：对方的回复应该是信息不明确的吧？你有这个告知义务。

审判长：原告，还有吗？

原告：程序违法是明确的，很多都是违法的。

审判长：被告是否还有新的辩论意见？

被告(代理人2)：我们认为原告的申请描述得很明确了，不需要补充说明。完毕。

审判长：法庭辩论至此结束，如果各方当事人有新的辩论意见，可以在庭后以书面形式补充提交给法庭。下面进行最后陈述，首先由原告张友良发表最后陈述意见。

原告：要求法院确认被告作出告知书属违法行为，请法院支持我的诉讼请求。完毕。

审判长：被告环保部作最后陈述。

被告(代理人2)：我们请求依法驳回原告的诉讼请求。

审判长：最后陈述结束。经过今天的庭审，合议庭认为本案各方当事人争议的问题已经审查清楚，合议庭将根据今天庭审中当事人的陈述情况，对本案进行评议。我们将对评议结果进行宣判。宣判日期，另行通知。庭审笔录，各方当事人在庭审后查阅、签字。现在休庭(审判长用力敲击一下法槌)。

书记员：全体起立。

(庭审中旁听人员起立)

书记员：请审判长、审判员退庭。

(审判长、审判员退出法庭)

书记员：请坐。

书记员：各方当事人查阅笔录，然后签字。[①]

■ 四、案件涉及的相关法律知识

(一) 实体法方面

(1)《环境信访办法》的规定。

(2)《政府信息公开条例》的规定。

(二) 程序法层面

(1) 行政诉讼中审查被诉行政行为的程序：审查被告的职权，审查被告认定的事实及证据，审查被告适用的法律依据，审查被诉行政行为的程序。

---

① 中华人民共和国最高人民法院网→庭审直播(中国法院庭审直播网)→行政(杨俊不服中华人民共和国环境保护部政府信息公开告知上诉案)的庭审直播. http://www.court.gov.cn/，2014-11-20. 本书将其变更为一审程序，并作部分调整。

(2) 行政诉讼中，先由被告举证、原告质证，后由原告举证、被告质证。

(3)《行政诉讼法》第六条规定，人民法院审理行政案件，对行政行为是否合法进行审查。

五、案例分析的思路及技巧

(一) 原告的思路及技巧——实体法和程序法的综合应用

本案中原告未请律师，笔者认为这是个错误。可能他自己认为，只要向政府或政府某个部门提出要求公开某种信息就可以，找律师没有用，还要花律师费。但从本案来看，诉讼中存在很多问题，也提醒我们应注意以下事项。

1. 原告提起行政诉讼前要全面分析行政行为

任何一个行政行为的相对人或利害关系人，要针对某个行政行为提起行政诉讼，都必须全面分析行政行为的合法性和合理性。要从行政主体的职权角度来分析，还要考虑行政行为的法律适用是否适当，行政主体认定的事实是否清楚，采用的证据是否充分、确凿，行政行为程序是否合法。从这些方面找出行政行为的错误所在，并要了解正确的做法应当是什么、依据是什么。只有这样，才可能在行政诉讼中占据主动地位，才有胜诉的把握。

2. 行政诉讼案件的时效

行政诉讼案件的时效很重要，它与民事案件不同，原告尤其要注意时效的法定期限，法院对此有主动审查权。如超过期限且无正当理由，法院有权不受理；如已经受理，也要裁定驳回起诉。《行政诉讼法》规定了6个月的法定期限(另有规定的除外)，《最高人民法院关于适用<中华人民共和国行政诉讼法>若干问题的解释》第三条第二项规定，"超过法定起诉期限且无正当理由的，已经立案的，应当裁定驳回起诉"。所以，原告在这方面要格外注意，别因此丧失诉权。

3. 提起诉讼案件，确定其诉讼请求是关键

一定要明确，诉讼请求之间不能相互矛盾。本案原告的诉讼请求是错误的，其诉讼请求第一项是"确认中华人民共和国环境保护部作出的2013年第100号《环境保护部政府信息公开告知书》(以下简称告知书)违法"，第二项是"判令被告对原告申请答复事项重新作出行政行为"，这两项诉讼请求之间不能相互承接，且相互矛盾。

行政诉讼案件的诉讼请求一般有确认之诉、撤销之诉、履行法定职责之诉、变更之诉和赔偿之诉。《最高人民法院关于适用<中华人民共和国行政诉讼法>若干问题的解释》第二条对行政诉讼法中的"具体的诉讼请求"有明确规定，即请求判决撤销或者变更行政行为；请求判决行政机关履行法定职责或者给付义务；请求判决确认行政行为违法；请求判决确认行政行为无效；请求判决行政机关予以赔偿或者补偿；请求解决行政协议争议；请求一并审查规章以下规范性文件；请求一并解决相关民事争议；其他诉讼请求。从最高人民法院的司法解释中也可以看出，确认违法之诉与撤销之诉是不同的诉讼请求。

某个行政行为如果被确认违法，理论上讲它仍然存在，并不是根本性的消灭。在这

种情况下，要重作一个新的行政行为是不可能的，同一事项，不能存在两个行政行为。所以，本案原告的诉讼请求是矛盾的。

在审查行政案件时，应当明确原告的最终目的是什么，他就想让被告重新答复他的申请，所以法庭在了解了原告的最终目的后，引导他变更了诉讼请求，把第一项的"确认请求"变更为"撤销请求"。因为撤销某一个行政行为，是根本性地让该行政行为消灭。该行政行为消灭了，才可能重新作出行政行为。诉讼请求不明确或矛盾，可能导致案件无法审理，并且原告的诉讼请求有被驳回的风险。假设原告的最终目的是确认被告的行政行为违法，那么他的第一项诉讼请求不用变，而第二项诉讼请求就不应是请求重新作出行政行为，可以是要求撤销或要求赔偿(因违法行政行为受到损失而要求赔偿)。

本案在庭审中，原告在法庭释明后，明确其最终目的是要求被告重作行政行为。那么，原告的诉讼请求第一项应当是要求撤销被告的行政行为，这样他的第一项诉讼请求与第二项之间才能承接。

4. 庭审中的表述要前后一致，不能自相矛盾

原告虽然在庭审开始时变更了诉讼请求，但在庭审过程中一直表述要求确认行政行为违法，这种表述是错误的。因为他已经变更了诉讼请求，再有这种表述，将被认定为陈述与诉讼请求不一致，这是诉讼案件很忌讳的事情，是严重的错误。这说明他不能应对庭审的变化。因为庭审中已经确定了新诉讼请求事项，那么，就应当针对新的诉讼请求来陈述，也就是要变更事先准备好的表述内容，而本案原告没有做到这一点。

5. 原告在行政诉讼中也有举证的责任

原告要针对自己的诉讼请求，提供相应的证据或法律法规依据，不能只依靠被告举证。从原告最初起诉时的诉讼请求内容来看，原告要求确认被告的行政行为违法，但原告没有明确被告违反了什么法律或法规的哪条、哪款、哪项。原告在庭审中提到了《最高院关于审理政府信息公开行政案件若干问题的规定》的第一条，但实际上，这一条并不是针对被告的，而是针对法院的，是针对法院应当受理案件的规定。原告为支持他的诉讼请求，应当提供他认为被告所违反的法律法规是什么，但遗憾的是他没有做到这一点。

原告在庭审中提供了很多证据材料，但大家可以看出来，这些材料都是他提起本案诉讼之前所经历的事项，是其他案件的材料，与本案无关。

6. 程序审查是审查行政行为很重要的一个环节

原告在本案中提出被告程序违法，说被告的行政行为没有署名及签章，这种提法是正确的。被告作为政府职能部门，其答复行为，无论是电子版的，还是纸质版的，都应当具有严肃性、正规性。无任何签章的材料，无法确定是否真正出自被告。但对于电子版材料的签章事宜，实践中环保部已经提出相应的整改措施，我们将在下文中阐述。

(二) 被告的思路及技巧——实体法和程序法的综合应用

作为行政诉讼案件的被告，要高度重视诉讼案件。因为法院审查行政行为是全面审查其合法性(合理性审查为例外)，不以原告的诉讼请求为限制范围。所以，被告应当就行政诉讼案件做好全面准备。

1. 提交诉讼材料

在收到法院送达的诉讼材料后，应当在15日内提供答辩、证据材料和所依据的规范性文件。对这种答辩及举证的期限要求比民事诉讼案件更严格。在行政诉讼案件中，由被告承担主要举证责任。被告不举证，从理论上来讲有败诉的风险。

2. 被告应当在上述15日内准备好原行政行为的全部材料

被告应准备好与被告自身的职权、被诉行政行为认定的事实、采用的证据、适用的法律法规或其他规范性文件具体内容、被诉讼行政行为程序相关的材料，不能简单地将行政行为档案材料调出来交给法院，要从材料中归纳事实证据材料、程序材料、法律适用材料，还须另行归纳被告自身的职权依据。本案中的被告按此期限规定提交了答辩及证据、规范性文件材料。

3. 被告提供的规范性文件应明确具体

被告提供的规范性文件应具体到哪部法律、法规或其他规范性文件的哪条、哪款、哪项及详细内容，这与民事案件是有区别的。在民事案件的审理中，当事人可能表述为"根据我国相关法律的相关规定"；而在行政诉讼案件中，被告不能有这样的陈述。因为行政行为必须有明确的法律法规依据，没有法律法规规定或授权，行政主体是不可以实施行政行为的。从庭审的情况看，本案的被告对法律、法规的具体规定还是很清晰的。

4. 被告的负责人要出庭，不能出庭的，要委托相应的工作人员出庭

这是《行政诉讼法》第三条明确规定的事项。这一规定改变了以前被告只有律师出庭的情况。本案中被告方的出庭人员不是环保部的负责人，而是其工作人员。

5. 行政行为程序问题往往影响行政行为的结果

因为法律法规对行政行为的实施既要求实体合法，也要求程序合法，行政主体的程序行为往往是原告方主攻的方向之一，所以作为被告在应诉前一定要将自身行为程序的相应规定及被告具体如何实施的情况核查清楚。如果发现自身程序不合法，应当主动撤销行政行为，对原行政行为予以纠正。

本案中，程序方面有一定的特殊性，不是一般的纸质版材料，而是电子邮件。一般纸质版材料，被告在形式上要有公章，要按期送达，要有当事人签收的证明等，但电子版的材料无法直接表现这些内容。被告在庭审中认为，他们已经按时用电子邮件回复了原告的申请，其程序合法，他们认为电子邮件无法盖章、签名，这确实是一个事实问题。电子数据是《行政诉讼法》规定的证据之一，但一封邮件，即便有行政主体的名头，就必然能代表行政主体吗？一般情况下，我们认为电子邮件最终应以纸质版材料来确定应有效力，这样才能体现行政行为的严肃性。这是因为电子邮件很难保留，并且容易变更。

本案的真实情况是：被告后期表明其接到法院的司法建议书后，决定整改相应的行为方式，会将回复打印成书面形式并加盖公章，然后将该件扫描后传给相对人，这样相对人看到的就是有公章的回复材料。但本案一审并没有因此程序问题而撤销被诉行政行为，具体原因我们会在法官的思路中阐述。

6. 被告在准备自己应备材料的同时，还应认真审查原告的起诉

在审查原告的诉讼请求及事实理由之前，应先审查原告主体资格是否适格，是否符合

起诉的条件，原告的起诉是否超过诉讼时效，案件是否存在管辖问题，是否涉及第三人等事项。如果涉及上述某个问题，要在提交答辩状时一并提出，然后针对原告的诉讼请求及事实理由进行分析。

分析原告的诉讼请求和事实理由时，要注意审查：其诉讼请求是否合法，诉讼请求之间或诉讼请求与事实理由之间是否矛盾，原告陈述的事实理由中是否有对被告有利的情况，其陈述的事实理由中不真实的、不合法的情况有哪些，相对而言真实的情况应当是什么。同时应审查针对原告的诉讼请求，明确被告在行政行为中作出哪些行为。

最终，经被告审查之后，被告要证明自己的行政行为是合法的(有的案件要证明其行为是合理的)，原告的诉讼请求不应当得到支持，应予以驳回。

(三) 法官的思路——实体法和程序法的综合应用

法院受理行政诉讼案件，以审查行政行为合法性为主。根据《行政诉讼法》第七十七条的规定，"行政处罚明显不当，或者其他行政行为涉及对款额的确定或者认定确有错误的，人民法院可以判决变更"，法院有权审查其合理性。除此之外，法院只能审查行政行为的合法性。从法官的角度审查一个行政行为，不能只以原告的诉讼请求为范围来审查行政行为，要对行政行为是否合法进行审查，即全面审查。

1. 法官开庭前要审查本案是否符合起诉条件

如果有《最高人民法院关于适用<中华人民共和国行政诉讼法>若干问题的解释》第三条规定的情况，要裁定驳回起诉。比如主体问题、时效问题、行政复议前置问题，等等。要审查本案中是否需要追加第三人，是否有遗漏当事人的情况，以及是否有先予执行等情况。与民事诉讼案件不同，如果行政诉讼原告曾经撤诉，现又起诉，法院要审查其是否有正当理由再起诉，对"撤回起诉后无正当理由再起诉的"，法院有权驳回起诉。

2. 开庭前法官要认真审阅案件

法官要先审查原告的诉讼请求及事实理由，看看是否合法适当，是否有疑问要向原告询问；再审查被告的行政行为，从其职权、认定事实及适用证据、法律适用、行为程序几个方面全面审查；要将向被告询问的主要问题准备好；要审查案件各方面是否有不清楚之处，是否需要进一步询问、查清；还要针对原、被告的诉讼请求及答辩内容，总结本案的焦点问题。

3. 庭审前法官应对本案涉及的法律、法规或其他规范性文件的名称、内容、要求有所了解，应查阅相应的资料

4. 准备询问意见

庭审中，法官要先认真听取各方当事人的起诉与答辩、陈述与辩解，根据庭审情况，审查确定事先准备的焦点问题是否需要修改；然后根据庭审中各方当事人的举证与质证，结合庭审之前的陈述与辩解，修改事先准备的问题并询问，以查清案件全部情况。

庭审中，法官要有掌控法庭审理程序的能力，对随时可能出现的事情要有应变、控制能力。如有严重扰乱庭审秩序的事情发生，要及时采取强制措施。对当事人陈述不清的事情，要进行释明。庭审中经常出现当事人多次、重复陈述观点的情况，对这种情况要告

知其不必重复，或控制其重复陈述。行政诉讼中的原告有时是普通百姓，法律知识甚少，也不请律师，自认为能表述清楚，但实际上往往表述不清。对于这种情况，法官要正确引导，不能歧视。

5. 原告针对法官提出的焦点问题，提出自己的观点

法官首先要审查原告提出的要求是否正确。因为行政诉讼案件不同于民事案件，行政诉讼案件一般都以对某个行政行为的合法性审查为焦点，所以原告提出的确认被告行政行为违法的要求，实际上是包含在法官总结的焦点问题之中的，不需要单独强调。但是原告法律知识有限，法官几次告知之后，他只坚持自己的理。在这种情况下，法官不能一直围绕这一件事情纠缠不休，应改变自己的说法，让庭审程序能继续进行。

本案庭审中，法官对被告的询问实际上超出原告所述范围，是对被告行政行为的全面审查，既审查了被告的实体行为，又审查了被告的程序行为。例如，法官问被告"你部认为原告申请的信息是否属于政府信息""那你认为这个名称属于什么"，这两个问题是前后衔接的，是对被告行政行为实体内容的审查。因为被告认为原告的申请中有政府信息公开的申请，但认为原告所写的名称不属于政府信息公开的申请，所以法官要审查清楚被告向原告申请的观点是什么。同时，法官也询问被告，是否清楚原告的申请，这里有另一层意思。如果被告认为不清楚，那么，被告的答复行为就存在问题，他们就应当先按照规定要求原告补充说明，而不是直接给原告答复。但被告回答法官说"清楚"，也就没有前面所述的问题了。再如法官问被告"目前对电子邮件这种答复，对签章有没有统一的要求"，这实际上是对被告的行为程序进行审查。如果有规定，那么被告没有签章就是违反规定的，而本案的真实情况是没有规定。

因为本案原告的诉讼请求不明确，所以法官在向原告询问时，更多是要了解原告的真实目的是什么。

6. 通过庭审，法官要对案件有明确的了解

经过庭审后的认真思考及合议庭评议，法官要对案件作出正确判断，并得到判决结果，依法予以宣判。

本案一审法院认为，被告未签章的行为属于程序上的瑕疵，不属于严重违法行为，并且原、被告都承认该告知书是被告所为，不是其他主体所为。法院考虑该瑕疵的严重程度不至于影响行为结果，考虑诉讼成本及各方当事人对被告行政行为诉讼及答辩的主要目的，作出相应判决。

案件一审审结后，法院向被告发出司法建议书，建议被告对这类行为的答复方式进行相应调整，予以完善。

■ 六、本案的处理结果及思考

(一) 本案的判决结果

一审法院判决：依照最高人民法院《关于审理政府信息公开行政案件若干问题的规

定》第十二条第八项之规定，判决如下：驳回原告张友良的全部诉讼请求。

(二) 案外思考

案件虽有了一审结果，但案件本身留给我们一些问题，值得我们思考。

1. 案件中如涉及电子材料(答复)，电子数据应如何保留

在当事人没有争议的情况下，电子邮箱或其他电子往来件、网站界面、截图等可以直接作为证据使用。但如果当事人有争议，建议大家事先将电子邮件、网站界面、截图的介入步骤及内容请公证处予以公证，以保证其真实性、完整性，公证材料可作为事后的证据使用。

2. 申请政府信息公开有没有范围限制

《中华人民共和国政府信息公开条例》第二章有明文规定，第十四条对公开的范围作了相应限制，即"政府机关在公开政府信息前，应当依照《中华人民共和国保守国家秘密法》以及其他法律、法规和国家有关规定对拟公开的政府信息进行审查""行政机关不得公开涉及国家秘密、商业秘密、个人隐私的政府信息。但是，经权利人同意公开或者行政机关认为不公开可能对公共利益造成重大影响的涉及商业秘密、个人隐私的政府信息，可以予以公开"。

3. 程序审查时，发现程序有瑕疵怎么办

本案一审的做法是向被告发司法建议书，但案件中并未因此撤销行政行为。从判决书中可以看出，法院认为未署名、未盖章的电子邮件，确有不当，但不足以导致该行政行为被撤销。因为它对原告的权利、义务没有产生实质性影响，原告也承认收到被告的被诉告知书，原告对被诉告知书中有关制定过程及召开听证会信息的答复无异议，原告提起诉讼的实质目的是明确《环境信访办法》第二条、第十六条的制定是否有依据等，而不是质疑被诉告知书的送达程序，所以法院没有撤销该被诉告知书。

一般而言，行政行为程序错误，可能导致该行政行为被撤销。但本案一审考虑原告诉讼的实质目的，对原告权利、义务的影响，对电子材料没有严格的程序规定等各种因素，认为这种行政行为的程序瑕疵不应导致其被撤销。由此可见，每个案件的审理都有各自不同的情况，要结合案件本身综合分析。

第二节　行政诉讼案例分析练习

■ 一、实训目的

(1) 认识案例分析的重要性(启发法律思维，锻炼分析问题和解决问题的能力)；了解相关法律规定和实践中此类案件的基本处理方法；学会处理案件的基本技巧。

(2) 弄清本案事实。

(3) 对本案运用相应理论进行法律知识分析。

(4) 进行法律检索，明确本案应适用《行政诉讼法》或者其他实体法、程序法的哪一条规定进行处理。

(5) 确定最佳处理方案。

二、案情简介

原告孙威系第三人华中科技大学武昌分校(以下简称武昌分校)2003级通信工程专业的本科毕业生。武昌分校是独立的事业单位法人，无学士学位授予资格。根据国家对民办高校学士学位授予的相关规定和双方协议约定，被告华中科技大学同意对武昌分校符合学士学位条件的本科毕业生授予学士学位，并在协议附件载明《华中科技大学武昌分校授予本科毕业生学士学位实施细则》，其中第二条规定，"凡具有我校学籍的本科毕业生，符合本《实施细则》中授予条件者，均可向华中科技大学学位评定委员会申请授予学士学位"，第三条规定"……达到下述水平和要求，经学术评定委员会审核通过者，可授予学士学位……(三)通过全国大学英语四级统考"。 2006年12月，华中科技大学作出《关于武昌分校、文华学院申请学士学位的规定》，规定通过全国大学外语四级考试是非外国语专业学生申请学士学位的必备条件之一。

2007年6月30日，孙威获得武昌分校颁发的《普通高等学校毕业证书》，由于其在本科学习期间未通过全国英语四级考试，武昌分校根据上述《实施细则》，未向华中科技大学推荐其申请学士学位。8月26日，孙威向华中科技大学和武昌分校提出授予工学学士学位的申请。2008年5月21日，武昌分校作出书面答复，因孙威没有通过全国大学英语四级考试，不符合授予条件，华中科技大学不能授予其学士学位。

湖北省武汉市洪山区人民法院于2008年12月18日作出(2008)洪行初字第81号行政判决，驳回原告孙威要求被告华中科技大学为其颁发工学学士学位的诉讼请求。湖北省武汉市中级人民法院于2009年5月31日作出(2009)武行终字第61号行政判决，驳回上诉，维持原判。①

三、实训要求

1. 实训组织

(1) 将_____名学生分为5组，每_____名成员。其中_____名为原告及其委托代理人，_____名为被告负责人或被告职员及被告的委托代理人，_____名为法官，1名为书记员，_____名为观察员。

(2) 课前向学生提供相关素材，包括上述原告方的证据材料，被告方的证据材料。

2. 实训形式

(1) 分组讨论。每组成员就各自扮演的角色，通过讨论形成各自的诉讼思路和技巧，

---

① 中国法院网→审判→典型案例(指导案例39号). http://www.chiancourt.org/index.shtml, 2014-12-4.

然后各组不同角色依次发言，也可以模拟开庭的方式进行。由观察员评价，其他组再次评价，最后教师进行总结。

(2) 书面分析报告。充分讨论后，每组形成自己的分析报告，内容包括：列出参考法条，写出原告委托代理人、被告委托代理人、法官的诉讼思路和技巧。

在进行分组讨论和书写书面报告时，学生要注意仔细研读"案例分析引导"所给出的案例分析思路，体会其中所包含的诉讼技巧，并加以借鉴。

附件一：确定案情及争议焦点的参考模板

(一) 案情简介

原告：＿＿＿＿＿＿＿＿

被告：＿＿＿＿＿＿＿＿

法定代表人：＿＿＿＿＿＿＿＿职务：＿＿＿＿＿＿＿＿

原告＿＿＿＿＿＿＿＿诉称：＿＿＿＿＿＿＿＿。

被告＿＿＿＿＿＿＿＿辩称：＿＿＿＿＿＿＿＿。

(二) 争议焦点

1. ＿＿＿＿＿＿＿＿。

2. ＿＿＿＿＿＿＿＿。

(一般案件的焦点是审查某个行政行为的合法性)

附件二：庭前证据交换的参考模板

确定时间：＿＿＿＿＿＿＿＿年＿＿＿＿＿＿＿＿月＿＿＿＿＿＿＿＿日

书记员：报告审判长，原告＿＿＿＿＿＿＿＿及诉讼代理人＿＿＿＿＿＿＿＿到庭，被告＿＿＿＿＿＿＿＿的法定代表人＿＿＿＿＿＿＿＿及诉讼代理人＿＿＿＿＿＿＿＿到庭，庭前证据交换可以开始。

审判长：原告＿＿＿＿＿＿＿＿不服被告＿＿＿＿＿＿＿＿的＿＿＿＿＿＿＿＿一案，现在由审判员＿＿＿＿＿＿＿＿主持，召开庭前证据交换会议，请双方当事人如实回答下列问题：

1. 双方当事人对对方出庭人员有无异议？

2. 在召开证据会议前，我院已送达诉讼权利义务须知等法律文书给原、被告。原、被告对诉讼权利、义务等法律文书是否清楚？

原告：对对方出庭人员无异议，清楚诉讼权利义务。

被告：对对方出庭人员无异议，清楚诉讼权利。

审判长：先由原告向本庭提交有关证据材料，并具体说明证据材料的名称、份数、来源、证明问题等。

原告：审判长，我方证据现有＿＿＿＿＿＿＿＿份。

1. 名称＿＿＿＿＿＿＿＿，份数＿＿＿＿＿＿＿＿，页数＿＿＿＿＿＿＿＿。

2. 名称＿＿＿＿＿＿＿＿，份数＿＿＿＿＿＿＿＿，页数＿＿＿＿＿＿＿＿。

……

审判长：被告向本庭提交有关证据材料，并具体说明证据材料名称、份数、证据来源、证明问题等。

被告：审判长，我方现有_____份证据，特此呈上请过目。

1. 名称_____，份数_____，页数_____，证据来源_____。

2. 名称_____，份数_____，页数_____，证据来源_____。

……

审判长：现在相互交换证据，各方当事人对对方提供的证据材料没有意见的，请予以确认，已确认的证据，本庭将在庭审时不再详细审查，并将作为认定事实的依据；若有异议，则明确表示异议，待庭审时做详细说明及质证，双方当事人听清楚没有？(将证据材料及清单副本交给原、被告辨认)

原告：清楚。

被告：清楚。

审判长：原告对被告向本庭提供的证据材料有何异议？说明对哪份有异议、对哪份无异议即可。

原告：_____。

审判长：被告对原告提供的证据材料有何异议？说明对哪份有异议、对哪份无异议即可。

被告：_____。

审判长：原、被告双方是否有证人出庭作证？

原告：_____。

被告：_____。

审判长：证人出庭作证必须带身份证原件，以核对身份情况。

审判长：下面询问原告。原告你的诉讼请求是什么？

原告：_____。

审判长：根据原告的诉讼请求及被告的答辩，归纳本案的争议焦点问题为：_____。双方对争议焦点是否有意见？

原告：_____。

被告：_____。

审判长：双方当事人围绕争议焦点做好准备，在开庭时，必须带证据原件进行质证，双方当事人是否清楚？

原告：清楚。

被告：清楚。

审判长：庭前证据交换会议结束，请双方当事人留下，待阅读笔录无误后签名确认。

附件三：开庭审理的参考模板

开庭时间：_____年_____月_____日_____时_____分

开庭地点：_____人民法院_____审判庭。

案号：_____法行初字第_____号。

案由：_____。

开庭次数：第_____次。

合议庭成员：_____。

书记员：_____。

书记员：请旁听人员就座，保持肃静。现在宣布法庭纪律：

(一) 当事人及其诉讼代理人和旁听人员必须听从审判长指挥，遵守法庭纪律。

(二) 开庭时，当事人及其代理人以及旁听人员须关闭移动电话、传呼机以及其他通信工具。

(三) 审判庭内所有台面不准摆放饮料，法庭内不得抽烟，不得乱扔垃圾。

(四) 旁听人员必须遵守下列纪律：

1. 未经法庭允许，不得录像、录音和拍照；

2. 不得随意走动，不得进入审判区；

3. 未经法庭允许，不得发言、提问；

4. 不得鼓掌、喧哗、哄闹和实施其他妨碍审判活动的行为。

对于违反法庭纪律的人，审判长可以口头警告、训诫，可以没收录音机、录像机和摄影器材，责令退出法庭或者经院长批准予以罚款、拘留。

对于严重扰乱法庭秩序，构成犯罪的，依法追究刑事责任。

书记员：请全体起立。

书记员：请审判长、审判员和人民陪审员入庭。

(审判长、审判员或人民陪审员入庭)

书记员：请坐下。

书记员：(待全体人员落座后站起来，面对审判人员)报告审判长，本案原告及委托代理人_____，被告_____的法定代表人_____及被告的委托代理人_____到庭，庭前准备工作就绪，可以开庭审理。

(审判长向书记员点点头。书记员入座，坐下)

审判长：现在核对当事人。原告及原告代理人向法庭报告原告的基本情况、代理人的姓名及职务和代理权限。

原告：_____(自然情况)。

委托代理人：_____，系_____律师事务所律师(特别授权)。

委托代理人：_____，系_____律师事务所律师(特别授权)。

审判长：被告，向法庭报告你单位的名称、住所地、法定代表人姓名及职务、诉讼代理人的姓名及职务和代理权限。

被告：_____。地址：_____。法定代表人：_____，职务：_____。

委托代理人：_____，系_____律师事务所律师(特别授权)。

委托代理人：_____，系_____律师事务所律师(特别授权)。

审判长：双方当事人对对方当事人的出庭人员有无异议？

原告代理人：无异议。

被告代理人：无异议。

审判长：经庭前审查及当庭核对，合议庭认为各方当事人及其诉讼代理人的诉讼身份和代理权限符合法律规定，法庭准予上述人员参加本案庭审活动。(先用力敲击一下法槌，然后大声宣布)_____人民法院行政审判庭现在开庭。

审判长：根据《中华人民共和国行政诉讼法》第五十四条的规定，_____人民法院行政审判庭今天依法公开审理_____(案号)原告_____不服被告_____的_____(案由)一案。本案由本院行政审判庭审判员_____担任审判长并主审，由审判员_____、人民陪审员_____共同组成合议庭，组织法庭审理，书记员_____担任记录。

庭前交换证据时，双方当事人均表示已收到本院发出的诉讼权利、义务须知等文书，对诉讼权利、义务已清楚，故本庭不再宣读有关诉讼权利、义务。

审判长：根据《中华人民共和国行政诉讼法》第五十五条的规定，当事人如认为审判人员、书记员与本案有利害关系，或者有其他关系可能影响公正审判，有权申请审判人员、书记员回避。审判人员的回避，由院长决定；其他人员的回避，由审判长决定。

审判长：原告是否清楚诉讼权利、义务，是否申请回避？

原告代理人：清楚，不申请。

审判长：被告是否清楚诉讼权利、义务，是否申请回避？

被告代理人：清楚，不申请。

审判长：下面围绕被诉行政行为是否合法进行审查。原告简要陈述诉讼请求和理由。

原告：判令_____，事实和理由与行政起诉状一致。

审判长：被告简要陈述答辩意见。

被告代理人：被告认为_____，请求法院驳回其诉讼请求。

审判长：现法庭查明下列事项，首先由被告叙述被诉行政行为的内容。

被告代理人：主要内容为_____。

审判长：原告对被告所述有无意见？

原告代理人：没有意见。

审判长：被告，是否复议前置，原告有无申请复议，说明复议的时间及结果。

被告代理人：原告于_____年_____月_____日申请复议，复议结果是维持具体的行政行为。

审判长：原告对被告所述有无异议？

原告代理人：无异议。

审判长：根据原告的陈述及被告的答辩，本案总结的争议焦点问题为_____。双方当事人对本庭所归纳的争议焦点有无异议？有无补充？

原告代理人：无异议(有异议，我方认为应当补充_____作为焦点问题予以审查)。

审判长：原告要求补充的焦点问题，本合议庭合议时会予以考虑。

审判长：被告对本合议庭总结的焦点问题有无异议？有无补充？

被告代理人：无异议。

审判长：下面围绕争议焦点进行举证、质证和辩论。行政诉讼案件，被告负主要举证责任。被告举证，原告质证。

审判长：被告，你作出行政行为的职权依据是什么？

被告：_____。

审判长：原告，你对被告的职权依据是否有异议？

原告：没有异议(或有异议，_____)。

审判长：下面进行事实、证据审查。被告，你作出行政行为认定的事实是什么？把具体经过说一下。

被告：_____。

审判长：原告，针对被告所述事实，你是否有异议？

原告：有异议，_____。

审判长：被告，对原告的辩驳有何异议？

被告：_____。

审判长：原告，你是否有补充？

原告：_____。

审判长：被告，你认定上述事实的证据是什么？

被告举证(提供原件)：

1._____。

2._____ 。

……

审判长：原告，你对被告的证据是否有异议？

原告质证：有异议，_____。

审判长：被告，你对原告的辩驳有无异议？

被告：_____。

审判长：原告，你是否有补充？

原告：_____。

审判长：被告，还有没有新证据？

被告：没有。

审判长：原告，你有没有证据要提供？

原告举证(提供原件)：

1._____。

2._____。

审判长：被告，你对原告的证据是否有异议？

被告质证：有异议，_____。

审判长：原告，你还有没有新证据？

原告：没有。

审判长：下面进行法律依据审查。被告，说明你单位作出行政行为的法律依据。

被告：_____。

审判长：原告，对被告的法律依据的陈述有无异议？

原告：有异议，_____。

审判长：被告，对原告的辩驳有何异议？

被告：_____。

审判长：原告，你是否有补充？

原告：_____。

审判长：下面进行法律程序审查。被告，你作出行政行为的法律程序是什么？法律对程序有什么样的要求，你是如何做的？

被告：_____。

审判长：原告，你对被告陈述的行政行为的程序是否有异议？

原告：有异议，_____。

审判长：被告，对原告的辩驳有何异议？

被告：_____。

审判长：原告，你是否有补充？

原告：_____。

审判长：下面由合议庭核实几个问题，各方当事人对法庭的询问，应当如实作出直接正面的回答。首先问被告几个问题，_____？

被告：_____。

审判长：被告，_____？

被告：_____。

审判长：下面问原告几个问题。原告，_____？

原告：_____。

审判长：原告，_____？

原告：_____。

审判长：(低声问身边的两位审判员或人民陪审员是否有问题发问)

审判员1：被告(或问原告)，_____？

被告(或原告)：_____。

审判员2(或人民陪审员)：被告(或问原告)，_____？

被告(或原告)：_____。

审判长：经过刚才各方当事人的陈述、举证、质证，本合议庭从职权、事实证据、法律适用及行政行为的程序4个方面，对本案被诉行政行为的合法性进行全面审查，法庭审查结束，下面进行法庭辩论。各方当事人进行法庭辩论，应当围绕本案争议焦点进行。各方当事人在证据审查阶段已经发表的意见，就不要重复发表。法庭辩论时要注意语言和态度的文明，按照原告和被告的顺序依次发表辩论意见。发言完毕，向法庭报告。首先由原告发表辩论意见。

原告：_____。

审判长：现在由被告发表辩论意见。

被告：_____。

审判长：原告有无新的辩论意见？

原告：_____。

审判长：被告有无新的辩论意见？

被告：_____。

审判长：法庭辩论到此结束，如果各方当事人有新的辩论意见，可以在庭后以书面形式补充给法庭。下面进行最后陈述，首先由原告发表最后陈述意见。

原告：_____。

审判长：下面由被告发表最后陈述意见。

被告：_____。

审判长：最后陈述结束。经过今天的庭审，合议庭认为本案各方当事人争议的问题已经审查清楚。合议庭将根据今天庭审中当事人的陈述情况，对本案进行评议。评议结果，依法进行审判。审判日期，另行通知。庭审笔录，各方当事人在庭审后查阅签字。

审判长：现在休庭(然后用力敲击一下法槌)。

书记员：全体起立。请审判长、审判员(人民陪审员)退庭。

(审判长、审判员或人民陪审员退出法庭)。

书记员：请坐。当事人留下，阅读笔录无误后签字确认。

(本案庭审笔录，本案当事人和其他诉讼参与人有权在庭审后到法院阅读)

附件四：宣判的参考模板

审判长：(威严地敲击一下法槌)现在，宣布开庭。本案经过合议庭认真评议，认为本案事实已经查清，_____。综上所述，_____。根据《中华人民共和国行政诉讼法》第_____条的规定，判决如下：

(审判长威严地敲击一下法槌，然后起立)

书记员：(大声地)全体起立！

审判长：_____。

案件受理费_____元，由_____负担。

本判决正本将在10日内发送各诉讼当事人(适用于当庭宣判的情况)。

如不服本判决，可在判决书送达之日起15日内，向本院递交上诉状，并按对方当事人的人数提出副本，上诉于_____中级人民法院。

审判长：(对诉讼当事人)原、被告都听清楚了吗？

原、被告：都听清楚了。

(法庭内全体人员起立，一片寂静，只有审判长的声音在法庭内回荡)

审判长：_____人民法院，原告_____不服被告_____(案由)一案审理完毕。现在，宣布闭庭(威严地敲击一下法槌)。

书记员：请合议庭人员退庭。请旁听人员退庭。当事人留下，请签字确认。

第十六章　行政诉讼的主要法律文书

本章学习目的和要求：

(1) 掌握法律文书的写作要领、注意事项。

(2) 提升学生的法律文书写作能力。

法律文书是行政诉讼中的重要材料，它是各方当事人的观点、意愿的表现。在行政诉讼中，经常用到的法律文书有很多，起诉状、答辩状、判决书只是其中一部分。

第一节　主要法律文书的基本格式

一、行政诉讼案件的起诉状

以下为行政诉讼案件的起诉状的基本格式。

起诉状

原告：_____(主要分两种情况，自然人为原告的，写其自然情况，如姓名、性别、出生日期、民族、住址、单位、电话、身份证号等；如果是法人或其他组织，写其单位名称、住所地、法定代表人或负责人姓名及职务、原告的联系电话等)

被告：_____(写实施被诉行政行为的行政主体的全称、住所地、法定代表人的姓名及职务、被告的联系电话)

如果涉及第三人，在这里要列明第三人的情况。

诉讼请求

1. _____。

2. 请依法判令由被告承担案件诉讼中的一切费用。

(诉讼请求的具体写法参见第二章第二节中的"原告的思路与技巧")

事实与理由

(陈述该行政行为涉及的事实真相，提出行政主体认定事实、采用证据错误之所在，程序上存在什么问题等，并要提出相应理由。这里最好从被告的法定职权、认定事实证据、适用法律、行政行为程序几个方面指出其不合法等错误问题)

此致

_____ 人民法院

原告：_____

(自然人签名并按手印；法人或其他组织写上名称并盖章)

_____年_____月_____日

附件：

1. 本起诉状副本_____份。

2. 提供材料_____份。其中包括：

(1) 行政决定书一份；

(2) _____。

二、行政诉讼案件的答辩状

以下为行政诉讼案件的答辩状的基本格式。

答辩状

答辩人：_____(写明被告行政主体的全称)

法定代表人：_____   职务：_____

委托代理人：_____

答辩人就原告_____不服答辩人的_____(行政行为的名称及编号)提起行政诉讼一案，现依法作出如下答辩意见。

……

(答辩人应从自身职权、事实证据、法律适用、行政行为程序方面进行论述，并针对原告在起诉状中提出的请求及事实理由提出反驳性意见)

综上所述，答辩人的行政行为合法，原告的诉讼请求没有法律依据，请依法予以驳回。

此致

_____人民法院

答辩人：(写明被告名称并加盖公章)

_____年_____月_____日

三、行政诉讼案件的判决书

以下为行政诉讼案件的判决书的基本格式。

_____人民法院行政判决书

(   )行初字第_____号

原告：_____(原告是自然人的，要写明其姓名等自然情况；原告是法人或其他组

织的，要写明其名称、住所地、法定代表人姓名和性别及职务)

委托代理人_____(或指定代理人或法定代理人)：_____(写明委托代理人的姓名等基本情况)

被告：_____(写明被告行政主体的全称及住所地)

法定代表人：_____(写明姓名、性别及职务)

委托代理人：_____(写明委托代理人的姓名等基本情况)

(如果有第三人，在这里要列明第三人，并写明第三人的基本情况，同时要列出第三人的委托代理人的基本情况)

原告_____不服(被告行政主体名称)作出的_____(具体行政行为编号及名称)，于_____年_____月_____日向本院提起行政诉讼。本院于_____年_____月___日受理案件后依法组成合议庭。于_____年_____月_____日向被告送达了起诉状副本及应诉通知书，并于_____年_____月_____日公开(或不公开)开庭审理了本案。本案的原告及其委托代理人(或指定代理人或法定代理人)，被告_____的法定代表人_____及其委托代理人_____、_____(如果有鉴定人、勘验人和翻译人员等，也应在此写清其姓名、身份)到庭参加诉讼(如果有其他重要程序性活动发生，在这里应当写明，如经_____批准延长本案审理期限等情况)。本案现已审理终结。

_____年_____月_____日被告对原告作出_____号_____行政决定(或其他名称)，其主要内容为_____(接下来详细写明被诉具体行政行为认定的事实、适用的法律规范和处理的内容)。

举证期内，被告于_____年_____月_____日向本院提交了作出被诉具体行政行为的如下证据材料：

1._____(证据名称)，_____(证明问题)；……(应将被告在举证期内提交的证据材料全部写明)。

原告_____诉称，_____(概括写出原告的诉讼请求及事实理由)。

本案开庭前，原告向本院提交的证据有：

1._____(证据名称)，_____(证明问题)；……(应将原告提交的证据材料全部写明)。

被告_____辩称，_____(概括写明被告答辩的观点及主要事实理由)。

(如果有第三人，在这里要写出第三人，后面写第三人的主要观点及证据)

本院依法(或依原告、第三人的申请)调取了以下证据：_____。

经庭审质证，原告对被告提交的证据_____(写明原告对被告提交的哪份证据有异议，对哪份证据没有异议)。被告对原告提交的证据_____(写明原告对被告提交的哪份证据有异议，对哪份证据没有异议)。本院对相应证据作如下确认：本院认为被告提交的证据符合最高人民法院《关于行政诉讼证据若干问题的规定》关于证据形式的要求，其内容可以证明_____，本院予以采纳。被告提交的证据不能_____，本院不予采信。原告提交的证据_____符合最高人民法院《关于行政诉讼证据若干问题的规定》关于证据形式的要求，其内容可以证明_____，本院予以采纳。原告提交的证据_____不能_____，本院不予采信。(这一段要写明采纳或不采纳证据的主要原因)

根据各方当事人无争议的陈述内容及本院已采纳的证据，本院审理查明的事实如下：_____(要写明法院认定的被诉行政行为的基本事实情况，庭审中各方当事人陈述的无争议的事实等情况，并要写明这些事实情况有哪些证据能够对其予以佐证)

本院认为，_____(运用行政实体法及程序法的法律规范，对行政行为合法性进行分析论证，对各方当事人的诉讼理由逐一分析，论证是否成立，表明是否予以支持或采纳，并说明理由)。依照_____(写明判决依据的《行政诉讼法》以及相关司法解释的条、款、项、目)之规定，判决如下：

_____(写明判决结果)。

案件受理费_____元，由_____承担。

双方当事人如不服本判决，可于本判决书送达之日起15日内向本院提交上诉状，并按对方当事人人数提交上诉状副本，预交二审案件受理费_____元，上诉于_____人民法院。上诉人在上诉期满后7日内未预交上诉案件受理费，又未提出免交或缓交申请的，视为自动撤回上诉。

审判长

审判员

审判员(或人民陪审员)

_____年_____月_____日

(院印)

本件与原本核对无异(印)

书记员

第二节　行政诉讼案件主要法律文书范文

▋一、起诉状

行政诉讼起诉状

原告：张友良，男，1975年2月22日出生，住河北省保定市阳光路115号361室，个体工商户。身份证号：_____。电话：_____。

被告：中华人民共和国环境保护部，住所地北京市西城区西直门南小街115号。

法定代表人：周生贤，部长。

联系电话：_____。

诉讼请求

1. 请依法撤销中华人民共和国环境保护部作出的2013年第100号《环境保护部政府信息公开告知书》(以下简称告知书);

2. 判令被告对原告申请答复事项重新作出行政行为;

3. 判令由被告承担诉讼中的一切费用。

事实与理由

我住在河北省保定市,在家附近有一个单位为保定市兴达纺织品有限公司,其生产车间声音很大,长年噪声扰民,尤其晚上,周围居民无法安睡。我多次向保定市环保局反映情况,要求环保部门对其进行查处,但一直无结果。后我要求保定市环保局给予答复,我针对保定市环保局的书面答复提起行政诉讼,要求确认答复违法,被河北省保定市二级法院以答复属于信访行为为由驳回。法院判决认为有关答复属于信访答复的法律依据是《环境信访办法》第二条、第十六条第一项。我认为该办法第二条和第十六条与《信访条例》第十四条相冲突,所以我在2013年6月10日通过电子邮箱向被告提出政府信息公开的申请,要求被告公开《环境信访办法》第二条和第十六条的制定依据、制定过程和听证会信息。被告在7月25日作出《环境保护部政府信息公开告知书》,答复我说申请的信息不存在。

被告没有认真审查我的申请事项,也没有告知我对申请事项作相应更改、补充,却以答非所问的方式作出告知书,被告行为实质上违法。而且被告没有在告知书上署名和盖章,被告属于行政行为程序违法。

综上所述,我认为被告作出的告知书在程序上违法,实体上也不符合法律规定,完全没有理会我申请的事项内容,是对我合法权益的侵犯。故请求法院依法撤销被告的告知书,判令被告对我提出的政府信息公开申请重新答复。

此致

北京市第一中级人民法院

原告:张友良(手印)

2013年7月9日

附件:

1. 本起诉状副本1份。

2.《环境保护部政府信息公开告知书》1份。

3. 其他材料_____份。[①]

---

①　说明:第一,这里所提供的供参考的起诉状与前面章节中的"张友良诉中华人民共和国环境保护部政府信息公开案"的起诉状有区别,本起诉状对其诉讼请求做了调整,提出了正确的诉讼请求,以免误导大家。

第二,本起诉状是根据"中国裁决文书网"→北京市高级人民法院→北京市第一中级人民法院→知识产权→"杨俊与中华人民共和国环境保护部其他一审行政判决"的内容书写的,起诉状中的"事实与理由"引用了判决书中的内容,与真实情况的区别是涉案单位名称虚拟了,起诉状的原告姓名作了变更。http://www.court.gov.cn/zgcpwsw/,2014-12-10.

▌二、答辩状

行政诉讼答辩状

答辩人：武穴市城市管理执法局

法定代表人：张子良，系该局局长

答辩人因原告赵伟杰提起行政诉讼请求撤销2011年6月17日答辩人对其作出的行政处罚，答辩如下：

一、答辩人对行政处罚相对人赵伟杰的行政处罚事实证据于法有据、程序合法。2011年4月25日，答辩人接到武穴市市容环境卫生管理处报案称，行政处理相对人即原告赵伟杰在武穴城区正街从事经营服务，该经营户未按政策规定缴纳垃圾处理费。经责令限期改正，原告仍未按规定缴纳垃圾处理费。答辩人于2011年5月4日向行政处罚相对人即原告赵伟杰送达行政处罚前期通知书，行政处罚相对人赵伟杰在规定的时间内仍然拒不缴纳垃圾处理费。至此，答辩人于2011年6月17日对行政处罚相对人赵伟杰依法作出行政处罚决定，并于2011年6月17日送达行政处罚相对人。答辩人对行政处罚相对人作出的行政处罚事实证据充足、于法有据、程序合法。

二、原告赵伟杰诉讼请求的事实理由不充分、不真实。

1. 我们向行政处罚相对人赵伟杰作出的行政处罚决定书由行政执法人员亲自上门送达赵伟杰经营的门店。当时其妻子和雇员在场，并非其诉称在地上拾到了一份行政处罚决定书。

2. 行政处罚相对人赵伟杰提出环卫部门未按照《湖北省城市生活垃圾处理收费管理办法》中的第六条第一项的规定对其经营店定费，理解错误。第一，对于垃圾处理费收费项目标准政策的制定，其职权不在答辩人。第二，《湖北省城市生活垃圾处理收费管理办法》第七条明确规定，城市生活垃圾处理费分收集费、运输(中转)费和处置费。收费标准由城市(含县城)所在地价格主管部门会同建设(环境卫生)部门结合本地实际制定，报城市人民政府批准执行，并报省物价、建设部门备案。依据此规定，答辩人责令行政处罚相对人赵伟杰限期整改不缴纳垃圾处理费的行为。答辩人又向其送达行政处罚前期通知书，行政处罚相对人赵伟杰仍不缴纳垃圾处理费，至此答辩人依法对行政处罚相对人作出行政处罚决定。第三，答辩人责令行政处罚相对人缴纳城市生活垃圾处理费，数额标准没有违法，没有超标准，且程序合法。

综上事实和理由，原告诉求事实证据不足、理由不充分，恳请法院查明事实，驳回原告的诉讼请求。

此致！

武穴市人民法院

答辩人：武穴市城市管理执法局

2011年9月25日

附件：提供证据分类清单及证据材料贰份。①

三、判决书

北京市第一中级人民法院行政判决书②

(2014)北一中行初字第727号

原告：张友良，男，1975年2月22日出生，住河北省保定市阳光路115号361室，个体工商户。

被告：中华人民共和国环境保护部，住所地为北京市西城区西直门南小街115号。

法定代表人：周生贤，部长。

委托代理人：王仁生，中华人民共和国环境保护部政法司行政复议处干部。

委托代理人：李平一，北京市旭阳律师事务所律师。

原告张友良因不服被告中华人民共和国环境保护部作出的2013年第100号《环境保护部政府信息公开告知书》(以下简称被诉告知书)，向本院提起行政诉讼。本院受理后依法组成合议庭，并于2014年3月20日公开开庭审理了本案。原告张友良，被告的法定代表人周生贤、委托代理人王仁生、李平一到庭参加了诉讼。本案现已审理终结。

2013年7月25日，被告作出被诉告知书，主要内容为：我部于2013年7月5日收到你提出的政府信息公开申请。根据《中华人民共和国政府信息公开条例》(以下简称《政府信息公开条例》)、《环境信息公开办法(试行)》，答复如下：关于你申请获取的"《环境信访办法》第二条和第十六条第一项法规不是依法行政的法律依据"，经查，我部未制作上述信息，你申请的信息不存在。另外，关于你申请的所需信息内容描述的相关信息：①制定《环境信访办法》依据的法律法规：《环境信访办法》是根据《信访条例》和环境保护有关法律、法规制定的。②制定过程：2005年6月，由原国家环保总局信访办牵头，成立了以北京市、上海市、河南省、江苏省、青岛市、徐州市环保局为成员的《环境信访办法》起草小组，研究起草《环境信访办法》(初稿)；2005年10月，分别在河北省和安徽省召开由20个省市环保局有关人员参加的座谈会，进行修改完善；2006年1月，原国家环保总局正式发函向全国环保系统征求意见；2006年5月19日，原国家环保总局第五次局务会议审议通过，6月24日正式发布，自2006年7月1日起施行。③听证会信息：制定过程中，没有召开听证会。

在法定举证期限内，被告向本院提交如下证据材料：①政府信息公开申请表，证明原告向被告提起政府信息公开申请，要求公开政府信息的情况；②环境保护部依申请信息公开办理单及附件，证明被告办理原告政府信息公开申请的流程情况。

---

① 百度文库. http://wenku.baidu.com/，2014-12-10. 有删改.

② 杨俊与中华人民共和国环境保护部其他一审行政判决. 中国裁决文书网. http://www.court.gov.cn/zgcpwsw/，2014-12-10. 有删改.

原告诉称：原告多次反映保定市兴达纺织品有限公司存在噪音污染的情况，要求环保部门查处，后原告针对保定市环境保护局和南市区环境保护局的书面答复起诉到人民法院，要求确认有关答复违法，被河北省保定市南市区人民法院和河北省保定市中级人民法院以答复属于信访行为为由驳回。法院判决认为有关答复属于信访答复，其法律依据是《环境信访办法》第二条。原告认为该办法第二条和第十六条与《信访条例》第十四条相冲突，故于2013年7月5日通过电子邮箱向被告提出政府信息公开申请，要求被告公开《环境信访办法》第二条和第十六条的法律依据、制定过程和听证会信息，而被告答复原告所申请的信息不存在。被告没有认真审查原告申请信息公开的具体内容，也没有告知原告对信息内容作出更改补充。被告以答非所问的方式作出的被诉告知书存在违法情况，且被诉告知书没有被告的署名和盖章，属于程序违法。故请求法院判决撤销被诉告知书，判令被告对原告的政府信息公开申请重新答复。

本院开庭审理前，原告向本院提交如下证据材料：①河北省保定市中级人民法院(2012)保行终字第153号行政判决书；②河北省保定市南市区人民法院(2013)南行初字第28号行政裁定书；③河北省保定市南市区人民法院(2013)南行初字第1号行政裁定书；④河北省保定市中级人民法院(2013)保行诉终字第3号行政裁定书；⑤河北省保定市中级人民法院(2013)保行监字23号驳回申请再审通知书；⑥法制日报复印件；⑦河北省保定市高新技术产业开发区人民法院(2012)保高新行初字第17号行政判决书；⑧河北省保定市高新技术产业开发区人民法院(2012)保高新行诉初字第1号行政裁定书；⑨河北省保定市中级人民法院(2012)保行诉终字第31号行政裁定书；⑩南市区环境保护局《关于对保定市兴达纺织品有限公司噪音污染问题调查处理情况的函复》；⑪南市区环境保护局《关于投诉保定市兴达纺织品有限公司噪音扰民问题调查处理结果的答复函》。以上证据用以证明原告提起本次政府信息公开申请的原因。

被告辩称：被告已依法履行政府信息公开法定职责，所作答复合法有效。主要理由为：①被告对原告提出的政府信息公开申请所作出的答复，符合法律关于答复期限的规定；②原告的信息公开申请内容明确，被告未通知其更改、补充，不违反法律规定；③被告已依法对原告的政府信息公开申请逐一进行了答复；④原告起诉的相应事项属于行政咨询。另外，虽然被诉告知书没有署名和签章，但是被告是通过政府信息公开的专用邮箱回复原告的，且被告对该告知行为予以认可，不存在程序违法。综上，请求法院驳回原告的诉讼请求。

经庭审质证，原告对被告提交的证据1没有异议，对证据2的合法性有异议，被告对原告提交的所有证据的关联性有异议。经审查，本院认为被告提交的证据符合最高人民法院《关于行政诉讼证据若干问题的规定》关于证据形式的要求，可以证明原告提起政府信息公开申请，被告予以答复的过程，本院予以采纳。原告提交的证据与本案被诉告知书的审查不具有关联性，本院不予采信。

根据已采纳的证据及当事人无争议陈述，本院认定如下事实：2013年7月5日，被告受理原告通过其政府网站提交的政府信息公开申请。张友良在申请表"信息名称"一栏中填写的内容为：“政府信息公开《环境信访办法》第二条和第十六条第一项法规不是依法行政的法律依据。”在“所需信息的内容描述”一栏填写的内容为：“本人于2012年书面向保定市环保局要求对保定市兴达纺织品有限公司噪音扰民违法行为进行查处，保定市环保局也送达了书面答复。由于只是整改，未对其处罚，本人向南市区法院、保定中级人民法院提起行政诉讼。但两部门都以《环境信访办法》第二条和第十六条第一项法规不是依法行政行为为由将本人的诉讼请求驳回。相关证据为案号〔2013〕南行初字第1号行政裁定书、〔2013〕保行诉终字第3号行政裁定书。根据《信访条例》第十四条的规定，信访人对下列组织、人员的职务行为，提出建议、意见，或者不服下列组织、人员的职务行为，可以向有关行政机关提出信访事项，因此本人行为不属于信访行为。最高人民法院《关于执行<中华人民共和国行政诉讼法>若干问题的解释》第三十九条规定，公民、法人或者其他组织申请行政机关履行法定职责，行政机关在接到申请之日起60日内不履行的，公民、法人或者其他组织向人民法院提起诉讼，人民法院应当依法受理。环保部的《环保信访办法》已经抵触上位法，我要求环保部明确依据哪条法律法规制定出这样的部门规章，以及制定过程及召开听证会信息。”2013年7月25日，被告作出被诉告知书，并于2013年7月25日以电子邮件的方式送达原告。原告不服，于2013年8月30日向本院提起诉讼。

另查，在本院庭审中，原告明确表示其申请公开的信息有三项：被告制定《环境信访办法》第二条和第十六条第一项的法律依据、制定过程及召开听证会的信息。此外，其对被诉告知书中针对制定过程及召开听证会信息的答复无异议。

本院认为，根据《政府信息公开条例》第一条的规定，该条例的制定目的在于保障公民、法人或其他组织依法获得政府信息的权利。因此，单纯的行政咨询事项并不属于该条例的调整范围。本案中，原告明确其申请公开的第一项信息为被告制定《环境信访办法》第二条和第十六条第一项的法律依据，结合其填写的“所需信息的内容描述”可以看出，原告的本次申请并非指向特定的政府信息，而是围绕《环境信访办法》第二条和第十六条第一项的合法性，要求被告解释制定上述法条的法律依据，故被诉告知书中针对该内容的答复对原告的权利义务并未产生实际影响。同时，原告当庭明确其对被诉告知书中有关制定过程及召开听证会信息的答复无异议，故原告关于被诉告知书存在违法情形的上述主张本院不予支持。另，被诉告知书未署名和签章确有不当，但原告已收到该告知书并向本院提起诉讼，被告亦认可被诉告知书为其作出的具体行政行为，故上述程序瑕疵并不足以导致被诉告知书被撤销。

综上，原告要求撤销被诉告知书，并判令被告对原告的政府信息公开申请重新答复的诉讼主张缺乏事实及法律依据，本院不予支持。依照最高人民法院《关于审理政府信息公开行政案件若干问题的规定》第十二条第八项之规定，判决如下：

驳回原告张友良的全部诉讼请求。

案件受理费50元，由原告张友良负担(已缴纳)。

双方当事人如不服本判决，可于本判决书送达之日起15日内向本院提交上诉状，并按对方当事人人数提交上诉状副本，预交二审案件受理费50元，上诉于北京市高级人民法院。上诉人在上诉期满后7日内未预交上诉案件受理费，又未提出免交或缓交申请的，视为自动撤回上诉。

审　判　长　齐　超

代理审判员　吴　森

代理审判员　赵林峰

二〇一四年四月十八日

(院印)

本件与原本核对无异(印)

书　记　员　关玉娟

参考文献

[1] 黄立琳. 民事法律实训教程[M]. 北京：中国人民大学出版社，2011.

[2] 黄松有. 最高人民法院人身损害赔偿司法解释的理解与适用[M]. 北京：人民法院出版社，2004.

[3] 王利明. 中国民法案例与学理研究[M]. 北京：法律出版社，2003.

[4] 郭明瑞. 民法[M]. 北京：高等教育出版社，2003.

[5] 奚晓明. 民事诉讼法修改条文理解与适用[M]. 北京：人民法院出版社，2012.

[6] 宋朝武. 民事诉讼法学[M]. 北京：中国政法大学出版社，2008.

[7] 罗国杰. 中国传统道德[M]. 北京：中国人民大学出版社，1995.

[8] 李本森. 法律职业伦理[M]. 北京：北京大学出版社，2005.

[9] 曹建明. 法官职业道德进程[M]. 北京：法律出版社，2003.

[10] 张智辉，杨诚. 检察官作用与准则比较研究[M]. 北京：中国检察出版社，2002.

[11] 邓基联. 法官法与检察官法[M]. 北京：中国广播电视出版社，2004.

[12] 王新清. 市场经济中的律师和律师工作机构[M]. 北京：中国经济出版社，1999.

[13] [美]克罗曼. 迷失的律师——法律职业理想的衰落[M]. 周战超，石新中，译. 北京：法律出版社，2002.

[14] 陈光中. 刑事诉讼法学[M]. 北京：北京大学出版社，2013.

[15] 马红俊. 律师法学[M]. 北京：北京大学出版社，2013.

[16] 陈瑞华. 刑事证据法学[M]. 北京：北京大学出版社，2012.

[17] 顾永忠. 法庭辩论[M]. 北京：中国政法大学出版社，2007.

[18] 陈卫东. 法律文书写作[M]. 北京：中国政法大学出版社，2009.

[19] 张军. 刑事证据制度与理论[M]. 北京：人民法院出版社，2006.

[20] 沈志先. 刑事证据规则研究[M]. 北京：法律出版社，2011.

[21] 申君贵. 模拟法庭教科书[M]. 湘潭：湘潭大学出版社，2007.

[22] 廖永安，唐东楚，陈文曲. 模拟法庭：原理、剧本与技巧[M]. 北京：北京大学出版社，2013.

[23] 药恩情. 法学实验教程[M]. 北京：知识产权出版社，2013.

[24] 屈耀伦. 刑事案例分析实践教程[M]. 厦门：厦门大学出版社，2011.

[25] 王伟. 模拟法庭演练[M]. 杭州：浙江大学出版社，2012.

[26] 杨宗辉. 刑事案件侦查实务[M]. 北京：中国检察出版社，2011.

[27] 叶必丰. 行政法与行政诉讼法[M]. 北京：中国人民大学出版社，2011.

[28] 吴在存，等. 民事证据规则适用[M]. 北京：中国民主法治出版社，2013.